习仲勋年谱

（一九一三——二〇〇二） 第三卷

中共中央党史和文献研究院
中共陕西省委员会 编

中央文献出版社

目　　录

1978 年 ………………………………………………………（1）

1979 年 ………………………………………………………（48）

1980 年 ………………………………………………………（102）

1981 年 ………………………………………………………（144）

1982 年 ………………………………………………………（171）

1983 年 ………………………………………………………（226）

1984 年 ………………………………………………………（272）

1985 年 ………………………………………………………（324）

1978年　六十五岁

1月1日　致信华国锋并叶剑英、邓小平、李先念、汪东兴，就一九七七年十二月二十四日专案组"结论"草稿涉及的几个问题向中央汇报。信中说：（一）"结论"草稿说我是"高、饶反党联盟的重要成员，积极参与高岗阴谋篡夺党和国家最高领导权的罪恶活动"，我对这一提法有不同的看法。（二）说我"与刘景范、李建彤共谋抛出反党小说《刘志丹》，为高岗翻案"，对这种提法，我也有不同意见。（三）说我在"西北工作期间，乱用职权，包庇和重用了一批叛徒和特务、反坏分子"，这种提法，我也有不同意见。（四）在我参加革命活动前后的十几年里，我家一直是中农成分，解放前我的弟、妹也外出参加革命和学习十几年，到解放时我的家庭实际是我叔父一家，在土改中定为富裕中农，而"结论"草稿说我是"富农出身"，我不能同意。以上几个问题，恳切希望中央在讨论我的结论时予以考虑。至于工作分配的迟早和做什么工作，我都没有意见，请中央根据党的利益考虑决定，我一定坚决服从中央的安排，并尽全力把工作做好。

元旦前后　在洛阳耐火材料厂会见著名歌剧演员王玉珍。王玉珍当时正随剧团到洛阳为驻军慰问演出，专程前来看望习仲勋。

2月中旬　中共中央办公厅电话通知中共河南省委，将习仲勋接回省委并护送到北京。

2月22日　由洛阳乘火车抵达郑州车站。下车后同在站台迎候的王辉[1]拥抱，激动地说："这是我十六年来第一次和人拥抱。我感到自己又回到了党的怀抱。"并提出自己和外面的世界隔绝多年，想在市区走一走。在王辉陪同下，先到"二七"大罢工纪念塔拜谒，感慨地说："二七"烈士的鲜血没有白流，我们永远不能忘记他们。后到劳动公园凭吊烈士，说：这里过去叫碧沙岗，劳动公园是冯玉祥为阵亡烈士修建的，安葬着不少进步人士，也有没有留下姓名的共产党员，他们才是真正的无名英雄。随后从郑州乘火车抵达北京。因家中住房拥挤，暂住在全国总工会招待所。

2月24日—3月8日 作为特邀委员出席全国政协五届一次会议。会议通过《中国人民政治协商会议章程》，选举邓小平为全国政协主席。习仲勋当选为全国政协常委。

2月26日—3月5日 列席五届全国人大一次会议。会议重申在二十世纪内实现四个现代化的奋斗目标；选举叶剑英为全国人大常委会委员长，决定华国锋为国务院总理。会议还通过《一九七六年至一九八五年发展国民经济十年规划纲要（草案）》。会议期间，受到叶剑英的接见，并简要汇报自己的情况。叶剑英说："仲勋同志，你备受磨难，身体竟还这么好！"鼓励他要向前看，以后多为党做工作。

4月3日 中共中央决定：习仲勋任中共广东省委委员、常委、第二书记，省革命委员会委员、副主任。在动身去广东之前，华国锋、叶剑英、邓小平、李先念、汪东兴先后同习仲勋谈话，对他到广东工作寄予很大希望，指出做好广东工作对国内国际都具有十分重大的意义，要他大胆工作，去了要放手干。

4月5日 从北京乘飞机抵达广州，一到住地即投入工作。

---

[1] 王辉，时任中共河南省委书记兼武汉军区工程兵司令员。

4月6日 上午,出席中共广东省第四次代表大会第三次全体会议。韦国清[1]在会上首先介绍了习仲勋:习仲勋同志有丰富的工作经验,中央派他来广东,是对我们的关怀,今后在习仲勋同志主持下,省委一帮人共同努力,广东的工作一定会搞得更好。习仲勋在讲话中说:党中央分配我到广东工作,感到担子很重。我决心和同志们一起,在韦国清同志和省委的集体领导下,努力做好工作。在谈到广东的工作时说:目前,必须把揭批"四人帮"的斗争抓紧、抓好、抓到底,分清路线是非,拨乱反正,把广大干部和群众的积极性充分调动起来;必须把被"四人帮"败坏了的党的优良传统恢复和发扬起来,坚持实事求是、群众路线、社会主义民主,密切联系群众,关心群众生活,艰苦奋斗,勤俭节约的优良作风;必须坚决落实党的干部政策、知识分子政策、统一战线政策、侨务政策、民族政策、对敌斗争政策,以及经济建设中的各项政策;必须赏罚严明,伸张正气,打击歪风,正确区分和处理两类不同性质的矛盾,调动一切积极因素,团结一切可以团结的力量。这样,才能在我省真正掀起一个经济建设和文化建设高潮。在谈到学习问题时说:我们大家有一个共同的学习任务。首先我应当向广东的同志们学习,向广东的人民群众学习。要完整地准确地学习、宣传马克思列宁主义、毛泽东思想,同时还要努力学习文化,学习现代科学知识,掌握现代化生产所必需的劳动技能和管理方法。尤其是各级领导干部,要起带头作用,提高领导方法和改进领导作风。我决心和同志们团结在一起,同心协力把广东工作做好。在讲话中还表示,自己由北方水土养育了大半辈子,现在到了广东,要靠南方水土养育下半辈

---

[1] 韦国清,时任中共中央政治局委员、全国人大常委会副委员长、全国政协副主席、中国人民解放军总政治部主任、中共广东省委第一书记。

子。中共广东省第四次代表大会于三月三十日至四月六日召开。大会选举并经中央批准，产生了广东省委第四届委员会和省委纪律检查委员会。

同日 下午，中共广东省委四届一次全体会议召开。会议选举韦国清为中共广东省委第一书记，习仲勋为第二书记，焦林义为常务书记，王首道、刘田夫、李坚真、郭荣昌、王全国、吴南生为省委书记，李坚真为省委纪律检查委员会书记。会后不久，韦国清返回北京，主要负责解放军总政治部工作，习仲勋主持广东工作。

4月10日 出席广东省地市委书记会议并讲话。在谈到农业问题时说：要坚决把农业搞上去，决不能让农业拖了后腿。要千方百计地解决城市的副食品特别是蔬菜的供应问题。广州四季常青，吃不到青菜，这说不过去。菜为什么上不去，一个是生产的问题，一个是销售的问题，产销没有安排好。菜的品种也是个问题，要好好研究，好好抓一下。当前的农业生产，要同长远的农田水利建设结合起来，要搞机械化。农业还有一个协作的问题。县与县、社与社、队与队的协作，还有我们省与外省的协作，这都是必要的。在谈到揭批"四人帮"斗争时说：对"四人帮"的危害不能低估。在揭批斗争中要严格区分和正确处理两类不同性质的矛盾，团结大多数，缩小打击面，扩大教育面。对犯错误的同志，还要给人家一个改正的机会，让人家想一想，等待他觉悟，要把事情做得细致，不这样就不能调动一切积极因素。要整顿领导班子，选那些政治上、思想上、作风上好的，有一定工作经验的同志做班长。在谈到作风问题时说：要切切实实改变作风。要实事求是，反对主观、武断、弄虚作假，提倡说真话，反对说假话、空话、大话。要鼓实劲，老老实实做工作。要走群众路线。要深入群众，调查研究，发现问题，同群众一起商量解决。这是最好的办法。要精简那些不必要的会议、文件，走出机关，走出办公室，到第一线去，同群众在一起，与他们同呼吸，共命运，心连心。我们坚决反对那种高高在上、官僚主义的作风，不民主的作风、霸王作风。要发扬艰苦奋斗、勤俭节约的优良传统，反对铺张浪费、贪图享乐的不正之风。在谈到学习问题时说：要完整地准确地贯彻执行毛泽东思想，必须抓紧自身的学习。要刻苦学习马克思列宁主义基本原理，学习毛主席著作，学习党的路线、方针、政策，还要学习文化和业务，要在干中学，向群众学。

4月28日 到广州火车站迎接到访的塞舌尔共和国总统弗朗斯·阿尔贝·勒内和夫人。晚上，设宴欢迎勒内总统和夫人。二十九日下午，到机场为勒内总统和夫人送行。

5月2日 出席广东省总工会举行的全省劳动英雄、劳动模范、先进生产者座谈会。

5月3日 上午，出席广东省、广州市各界青年代表举行的纪念五四运动五十九周年座谈会。

5月4日—9日 主持召开广东省各地委、市委工业书记会议，总结交流广东省工业交通战线一年来揭批"四人帮"、开展工业学大庆运动的经验，讨论研究加快工业发展和普及大庆式企业的问题，并对今后三个季度的工作作了部署。

5月4日、9日 出席中共广东省委举办的第一次和第二次学习辅导报告会，听取中山大学黄友谋教授、省科技情报研究所研究人员梁志耀所作的《现代科学技术发展的特点和"四个现代化"的关系》《现代科学技术发展的特点、现状和展望》的辅导报告。

5月10日 中共中央党校内部刊物《理论动态》第六十期

发表经胡耀邦[1]审定的《实践是检验真理的唯一标准》一文。十一日,《光明日报》以特约评论员名义公开发表此文。此后,在邓小平的领导和许多老一辈革命家的支持下,关于真理标准问题的大讨论在全国展开。十二日、十三日,《广州日报》(中共广州市委机关报)和《南方日报》(中共广东省委机关报)分别转载《实践是检验真理的唯一标准》一文。

5月上中旬 同刘田夫[2]等听取段云[3]率领的由国家计委和外贸部组成的经济贸易考察组于四月十日至五月六日赴香港、澳门考察的情况介绍。考察组建议广东把宝安、珠海两县改为省辖市,派出得力干部,加强领导力量,使农业从"以粮食为主"逐步转到"以经营出口副食品为主",积极发展建筑材料工业和加工工业,开辟游览区,办好商业、服务业和文化娱乐场所。习仲勋等广东省负责人向考察组提出在毗邻港澳的地方建立试验区的建议。

5月13日 广东省计委向国家计委报送《关于建立和发展宝安、珠海两县外贸出口商品基地问题的请示报告》。国家计委同意这一报告,但认为这是低标准的,要求广东解放思想,搞个大方案。国家计委提出,要把宝安、珠海建设成为具有相当水平的农副产品出口基地和工业加工基地,建设成为吸收港澳游客的游览区,成为新型的边防城市。

5月29日 听取中共广东省委统战部关于全省统战工作的汇报,指示要认真落实党的各项统战政策。

6月1日 上午,参加在广州市少年宫举行的庆祝六一国际

---

[1] 胡耀邦,时任中共中央组织部部长、中共中央党校副校长。
[2] 刘田夫,时任中共广东省委书记、广东省革命委员会副主任。
[3] 段云,时任国家计划委员会副主任。

儿童节游园会。

6月1日、3日 中共中央政治局召开会议，听取林乎加[1]率领的赴日本经济代表团和段云率领的赴港澳经济贸易考察组的汇报。赴港澳经济贸易考察组向中央提出，把靠近港澳的宝安、珠海划为出口基地、加工基地，力争经过三五年努力，建设成具有相当水平的对外生产基地、加工基地和吸引港澳同胞的游览区。中央政治局表示原则同意，并指示：看准了的东西，就要动手去干，不要议而不决，决而不行。看准了，就要抓落实。凡是中央原则定了的，你们就放开干。

6月初 主持召开广东地市委书记会议，进一步部署揭批"四人帮"的运动，并研究农业发展问题。会议进行到第三天时，参加会议的干部对省委个别常委在路线斗争、农业生产和工作作风等方面提出许多意见，强烈要求省委首先解决路线是非问题，把全省农业和其他各项工作搞上去。习仲勋同广东省委因势利导，决定将地市委书记会议改为省委四届一次常委扩大会议，从省委常委开始，进行整风。通过揭露矛盾，分清是非，进一步端正思想路线，彻底改变工作作风。

6月7日 晚上，出席为纪念毛泽东《在延安文艺座谈会上的讲话》发表三十六周年而举办的广东省音乐演出周闭幕式。

6月上中旬 主持召开中共广东省委常委会议，听取王全国[2]关于由谷牧[3]率领的国务院考察团五月二日至六月六日出访西欧五国的情况汇报。随后，在中山纪念堂召开干部大会，向广东省、广州市处级以上干部进行传达。

---

[1] 林乎加，时任中共上海市委书记、上海市革命委员会副主任。
[2] 王全国，时任中共广东省委书记。
[3] 谷牧，时任国务院副总理、国家基本建设委员会主任。

6月16日 下午,同中共广东省委、省革命委员会负责人看望即将赴北京参加全国财贸学大庆学大寨会议的广东代表团全体代表,勉励他们认真学习中央对财贸工作的指示,虚心学习兄弟省市和兄弟单位的好经验、好作风;要用整风的精神,深入揭批"四人帮",开好这次会议,在财贸系统中当好新长征的带头人。

6月18日 同中共广东省委有关负责人听取关于海丰问题、南路(即湛江、茂名等地)地下党问题的汇报。

6月20日 晚上,主持召开中共广东省委常委会议,研究关于迅速开展对外加工装配业务和宝安、珠海两县的建设问题。会议讨论落实华国锋、邓小平、李先念四月十九日在中央政治局会议讨论《今后八年发展对外贸易,增加外汇收入的规划要点》时的指示和中央政治局六月一日、三日听取赴日本经济代表团、赴港澳经济贸易考察组汇报时的指示,一致认为,党中央对广东十分关心,给予很大支持,省委必须认真贯彻,抓紧落实,切实搞好对外加工装配业务和宝安、珠海两县的建设,绝不辜负党中央的殷切希望。会议决定,由李建安[1]主持召集省有关单位开会研究,提出方案,经省革委会批准后实施。重大问题由省委讨论决定。二十三日,李建安、黄静波[2]联名向省委报送《关于搞好宝安、珠海边防县建设和外贸出口的意见》。习仲勋和省委基本同意这个意见。

6月25日 下午,视察广州市人防工程,接见出席广东省人民防空工作会议代表并讲话。在讲话中说:广东是祖国的南大门,战备地位十分重要。广东的人防工作远远落后于其他兄弟省

―――――――――

〔1〕 李建安,时任中共广东省委常委、广东省革命委员会副主任。
〔2〕 黄静波,时任广东省革命委员会副主任。

市，我们承认落后，就要急起直追，迎头赶上。

6月30日 出席中共广东省委四届一次常委扩大会议并作总结讲话。在讲话中说：（一）这次会议开得很好，既帮助了省委常委整风，也教育了大家，是一次普遍的马克思主义教育运动。会议开展积极的思想斗争，开得很有生气。现在同志们敢讲话了，省委常委内部的民主生活也有了可喜的变化，批评和自我批评搞起来了，有了思想交锋。这是多年来所没有的。（二）会议上大家最关心的问题，是广东的农业为什么上不去？鱼米之乡没鱼吃，水果之城没水果，群众议论纷纷，有些地方甚至怨声载道。现在的确到了非解决不可的时候了！我自告奋勇抓农业，同大家一起把广东的农业搞上去。党委抓农业，第一要抓农业学大寨。学大寨要学根本，坚持自力更生、艰苦奋斗的精神，爱国家、爱集体的共产主义风格。第二要抓党在农村经济政策的落实，搞好经营管理，坚持按劳分配，减轻生产队负担，发展多种经营，保护正当的家庭副业，正确处理国家、集体、个人三者的关系，反对"一平二调"。第三要抓"农轻重"方针的贯彻执行。第四要抓调查研究，树立典型，总结先进经验，及时提出需要注意防止的倾向和问题。最近报纸上有些文章要好好地读，如《马克思主义的一个最基本的原则》《实践是检验真理的唯一标准》等。理论要与实践结合起来，理论要指导实践，实践反过来又丰富这个理论。马列读得多，但不同实践结合，那有什么用处呢？第五要抓农业科研，搞农业现代化，加快农业的发展速度。必须搞好规划，制定几项带战略性的关键措施，并保证贯彻到底。（三）抓好揭批林彪、"四人帮"运动。凡是"四人帮"篡党夺权的阴谋活动及与此有牵连的人和事，一定要彻底查清。对那些帮派骨干，搞打砸抢的，要公开批判。要认真落实党的各项政策，特别是党的干部政策。组织部应该是党员、干部之家，要主动关心党员、干部,组织部的门应该是敞开的。(四)要整顿好领导班子,恢复和发扬党的优良传统和作风。我们究竟是当官做老爷,还是做活到老、学到老、革命到老、改造到老的共产党员?这也是整风中要解决的一个很重要的、而且是不容易解决的问题。要坚持党的民主集中制,要抓好老中青三结合,正确处理好外来干部和本地干部的关系。要坚持党性原则,绝不容许把资产阶级派性、山头搞到领导班子里来。整顿作风,核心是坚持实事求是、群众路线。(五)学习问题。工作再忙,也要挤时间读书看报,要多学点,学好一点,完整地准确地掌握毛泽东思想体系。

同日 安排李坚真在中共广东省委四届一次常委扩大会议上就落实干部政策问题作专题发言。李坚真在发言中提出,要掌握政策,坚持实事求是的原则,严格区分和正确处理两类不同性质的矛盾,尽可能缩小打击面,扩大教育面。凡属冤假错案的坚决平反,凡属应纠正的坚决纠正,错多少纠多少,复查结论可留可不留尾巴的坚决不留。凡定案准确、处理恰当的,维持原来的正确决定。会后,根据习仲勋指示,省委批转李坚真的发言,要求全省各地认真贯彻落实。

7月1日 主持中共广东省委会议,学习《人民日报》当日发表的毛泽东一九六二年一月三十日《在扩大的中央工作会议上的讲话》。在讲话中说:毛主席的这一讲话,是一篇具有重大历史意义和现实意义的马克思列宁主义光辉文献,必须反复阅读,作为我们整风学习的必读文件。省委要发出通知,要求全省共产党员和干部认真学习,并在群众中进行宣读和讲解。

7月4日 出席广东省教育工作会议[1]并讲话。在讲话中说：（一）由于林彪、"四人帮"的干扰破坏，科学文化教育事业受到极其严重的破坏和摧残，整个教育事业与国民经济的发展极不相适应。我省农业发展缓慢，基础工业薄弱，燃料、动力缺乏，技术落后的状况，严重地阻碍国民经济高速度的发展。存在这种状况，固然有多方面的原因，但要看到，这与高等教育和中等专业教育所提供的人才少有密切关系。各级党委对这个问题一定要有充分的认识。（二）联系教育工作实际，深入揭批林彪、"四人帮"。林彪、"四人帮"在广东造成的恶果是触目惊心的，必须彻底予以揭露。对"屯昌教育革命经验"究竟应怎么看？从一九七四年底开始，省委总结、推广"屯昌经验"，提出了不少错误的口号。例如，提出"读书务农""把学校办成农业学大寨的先进单位"，这就抹杀了学校的性质和任务；还提出所谓"一批二干出人才"，所谓批，就是批十七年，把十七年搞臭，干就是提倡大办农场、搞劳动。这实质上是以"两个估计"[2]为出发点的。"屯昌经验"是错误的，从推广"屯昌经验"的后果看也是不好的。学校农场普遍办得过大，劳动过多，文化基础知识学得很少，知识质量严重下降。"屯昌经验"是省总结和推广的，

---

[1] 广东省教育工作会议于1978年6月24日至7月8日在广州召开。会议批判"四人帮"在教育战线所散布的各种流毒，对大、中、小学暂行工作条例进行讨论，并围绕"文化大革命"中全省推广的海南屯昌"一批二干出人才"的教育经验展开争论。

[2] 1971年4月15日至7月31日，国务院在北京召开全国教育工作会议。8月13日，中共中央批转了由张春桥、姚文元审定的《全国教育工作会议纪要》。《纪要》提出所谓"两个估计"，即新中国成立后17年"毛主席的无产阶级教育路线基本上没有得到贯彻执行"，"资产阶级专了无产阶级的政"；大多数教师和新中国成立以后培养出来的高等学校学生的"世界观基本上是资产阶级的"。

责任在省委，不在屯昌的同志。揭批林彪、"四人帮"，要抓紧组织上的整顿，把"四人帮"的帮派骨干、坚持资产阶级派性屡教不改的人，从各级领导班子中清除出去。要恢复和建立各种必要的和行之有效的规章制度，建立正常的教育秩序。（三）落实党的知识分子政策。要抓紧专案复查工作，把"文化大革命"以来本单位发生的案件一宗宗、一件件查清落实，凡是不实之词，要统统加以推倒，错案、假案、冤案要坚决纠正，公开平反，彻底昭雪。还要提高广大教师的社会地位和政治地位。要建立革命的尊师爱生关系，不但学生应当尊重教师，整个社会都应当尊重教师。必须拨乱反正，恢复教师的业务职称，建立教师提升的正常制度。必须抓好教师队伍建设的工作。当前教师队伍青黄不接，后继乏人，省委决定今年内复办省教育学院，各地区也要恢复或新办教师进修学校，培训教学骨干。这是一件大事，一定要抓好。（四）加强党对教育工作的领导。省委和各级党委都要重视教育，帮助教育部门和学校解决一些实际问题。当前，学校要解决的问题很多，要分清缓急先后去办，要尽快扩建一批校舍，以适应教育事业发展的需要。有的地区和单位随便挪用教育经费和占用教师编制，这种现象必须坚决纠正。

7月8日 对信访工作作出批示：中央、国务院及中央部门转来请习仲勋处理的群众申诉或其他要求，转省内有关部门处理后，必须件件落实，并将处理情况上报习仲勋和省委。有的要上报中央、国务院和有关部门。请即清理一下这两三个月来承办此类文件情况，向有关单位催报。

7月上旬 同王全国、张汉青[1]、方苞[2]等到宝安县调研。在罗芳、莲塘、沙头角等地考察时，针对当地干部提出的到

---

[1] 张汉青，时任南方日报社副总编辑。
[2] 方苞，时任中共惠阳地委副书记兼中共宝安县委书记。

香港过境耕作、吸收外资搞加工、恢复边境小额贸易等问题,指出:"说办就办,不要等","只要能把生产搞上去的,就干,不要先去反他什么主义。他们是资本主义,但有些好的方法我们要学习。"随后到皇岗、水围大队渔农村、蛇口渔业一大队等边境社队及两家来料加工厂考察。在听取方苞汇报工作后说:"这是我第一次来到宝安,总的印象是香港九龙那边很繁荣,我们这边就冷冷清清,很荒凉。一定要下决心改变这个面貌,要在全党统一认识,要尽我们最大的努力,逐步缩小和香港的差距。你们反映在英界那边有七千多亩的土地,但是大部分都丢荒了。这些土地还是要很好地经营。因为这是我们边境农民增加收入的主要途径,也是我们边境地区逐渐繁荣起来的可以利用的一个重要资源。""沙头角怎么搞上去,你们要优先考虑。一条街两个世界,他们那边很繁荣,我们这边很荒凉,怎么体现社会主义的优越性呢?一定要想办法把沙头角发展起来。当然,全县其他地方也要加快发展、促进平衡,但是要优先考虑沙头角。""我看主要还是政策的问题,只要政策搞对头了,经济很快就可以上去。这里是我们国家的南大门,你们要给国家争得荣誉,让外国人进来就看到社会主义的新气象。""你们提出要减少粮食种植面积,省委原则上同意,具体减多少,我们回去再仔细研究。边防地区可以不交粮食给省,农民口粮自己解决,然后出口挣外汇。香港市场需要什么,什么可以多挣外汇,你们就养什么、种什么。"

7月11日 下午,主持召开中共广东省委常委会议,听取省委统战部的工作汇报,原则同意省委统战部《统战工作汇报提纲》和《关于贯彻中共中央文件,把政协工作活跃起来的意见》。在讲话中说:(一)《汇报提纲》中有称资本家的,还是提资产阶级工商业者好。对资产阶级工商业者被查抄的财物,要按党的政策办事,该退赔的就要退赔。对他们被挤占的房屋问题,要找有关部门来研究解决。(二)要全部摘掉右派分子帽子。(三)海南[1]、韶关等地的国营农林场与少数民族社队的山林土地纠纷问题,一定要认真解决。要把中央拨给广东建设边防少数民族地区的款额搞清楚,要专款专用。培养少数民族干部很重要,组织部、统战部要共同研究,提出一个规划来。(四)省政协可以把双月座谈会改为双周座谈会,以便更好活跃民主党派和党外民主人士的民主生活。省参事室、文史馆的老人是活材料,很有用处,要弄些人把他们知道的历史材料写出来,省政协文史资料委员会要做这个工作。统战部要管政策,要通过政协这个组织做联系各方面人士的工作,向他们宣传党的方针政策。(五)不要提"从旧社会过来的党外老的高级知识分子",而应提"党外老的高级知识分子",因为五十岁的人都是从旧社会过来的,当然从政治态度来说,他们是有左、中、右之分的。要把党外老的高级知识分子和民主党派成员的分布情况搞清楚,多开展一些工作。(六)全部恢复教堂,要谨慎一点。要按照新宪法办事,有信教的自由,也有宣传科学道理、宣传无神论的自由。恢复宗教事务处,可以一套人马、两个牌子,对外是宗教事务处,对内是省委统战部宗教工作处。

7月14日—10月5日 在中共广东省委直接领导下,广州市委召开常委扩大会议进行整风,省委、市委领导干部及各区、县、局、市直属机关部、委、办及工、青、妇负责同志近四百人参加。整风期间,习仲勋于七月十四日、九月十八日、十月五日到会发表讲话。

7月14日 出席中共广州市委常委扩大会议。在讲话中说:(一)市委整风要揭批"四人帮",联系广州实际,摆事实,揭矛

---

[1] 海南当时属广东省管辖。1988年4月,经七届全国人大一次会议批准,海南建省,海南岛为经济特区。

盾。只有弄清路线是非，才能在思想、政策、作风上分清是非，做到纲举目张。（二）对广州应有两个足够的估计。第一个足够估计，是要充分认识广州所处的重要地位。广州是祖国的南大门，毗邻港澳，靠近台湾，西南面还有越南。广州建设搞得好坏，对全省有很大关系，对国内外也有很大影响，要争取时间，努力把广州市的各项工作做好。第二个足够估计，是林彪、"四人帮"对广州的干扰破坏极为严重，不可低估他们的流毒和影响。肃清这些流毒和影响，不是那么容易，要很长时间。（三）整风要充分发扬民主，广开言路。同志们有什么气、有什么话都讲出来，不要怕讲错话，讲错了绝不会戴帽了、抓辫子、打棍子。这次请大家来帮助市委整风，绝不能出现打击报复的情况。对待群众，态度要好，不要脱离群众，要深入到群众中去，看看群众有什么疾苦。我们共产党人不是要做官，而是要当人民的勤务员，要全心全意为人民服务。整风要强调三条原则：一是敢批；二是敢揭；三要实事求是。（四）关于庄辛辛[1]案件。"文化大革命"时，庄辛辛还是个小孩子，他这样关心国家大事，这样立场坚定，旗帜鲜明，是不简单的，很值得我们学习。对庄辛辛要看主流，求全责备是不对的。（五）要边整边改，不能因为整风就什么都不管，工作不能耽误。"要多为群众着想，像买菜，买面包，现在长龙很多、很长，要想办法多设一些点，我们能够改的，要马上改。"现在衣食住行问题很多，凡是能解决的都要解决。"要克服过去那种办一件事情到处扯皮的现象，提倡少说多干，一说就干，一干就干好的作风。"整风期间，建议在各区设意见箱收集意见，整理出来上简报。简报要充分反映大家的意

---

[1] 庄辛辛，广州半导体材料厂工人，1976年4月7日致信《人民日报》和《红旗》杂志，公开表示怀念周恩来、支持邓小平，打倒"四人帮"，后被捕入狱。

见，不要随便把人家的意见掐头去尾，这样做就要犯错误了。

同日 中共广州市委在中山纪念堂召开为庄辛辛彻底平反大会。受习仲勋委托，李坚真在会上宣布为庄辛辛案件公开平反，恢复名誉。十七日，《人民日报》发表新华社记者汪振华、张跃良撰写的《我以我血荐轩辕——青年工人庄辛辛与"四人帮"作斗争的事迹》，同时发表评论员文章《希望寄托在这一代》。文章说："广东省和广州市政法部门，对庄辛辛的冤案作了平反，领导同志还亲自登门承认错误，表示道歉。这件事做得很好。这正是我们共产党人应具备的坚持真理、修正错误的品德。知错必改，改了就好。"

7月15日 出席中共广东省委、省革委会，中共广州市委、市革委会召开的传达全国财贸学大庆学大寨会议精神大会。在讲话中说：（一）财贸部门支援工农业生产，搞好市场供应，满足人民生活需要，意义十分重大。财贸部门要牢固树立"以农业为基础，以工业为主导"的方针，支持农业打翻身仗，保障农业获得丰收。这样，市场就可以繁荣起来。（二）加强党对财贸工作的领导。各级党委要把财贸工作摆上议事日程，要经常抓，经常讨论。如果哪一级党委不抓财贸工作，这个党委就不是一个好的领导班子。（三）结合整风，整顿、改进和加强财贸工作。在整风中对那些有条件解决的问题，要很快地搞起来。要发扬党的优良传统和作风，干一行，爱一行，努力提高服务质量。要解放思想，改变那些不适应新历史时期总任务的老框框、旧习惯，要提倡实事求是，说干就干，干就干好，大干实干的精神，不要只说空话、大话、好听的话，要勤俭节约、艰苦朴素、扎扎实实、埋头苦干，步子迈得大一点，争取高速度发展。

7月17日 在惠阳地区河源县检查工作。在谈话中说：（一）过去受林彪、"四人帮"干扰，不把农业放在第一位，现在要解决。上面的问题上面解决，下面的问题下面解决。（二）县委要抓农业。开荒、水面、造林都要很好考虑，养蜂业、编织业要发展起来。要认真办好社队企业，这样积累多、粮食多、钱多就好办，要富起来，搞社会主义不富起来怎么行呢？（三）按劳分配政策要认真研究贯彻，生产队要搞好经营管理，搞生产责任制。（四）领导的作风很重要。县委决定一件事，不仅要到公社，还要到大队、生产队去，要到群众中去，使每个人知道。遇事要同群众商量，要讲落实。各县有各县的实际，要因地制宜，不要违反客观规律去办事。"县委书记很重要。管好一个县，管好一个地方，要经常知道群众想什么，要掌握群众的脉搏，群众怎么想，我们就应该怎么想怎么干。这就叫做为人民服务。我们共产党人就是为人民办事的，是搞马克思主义的。"县委负责同志要带好头，要把一切歪风邪气刹住，不要搞铺张浪费、请客送礼。生活小事也要注意。一个人的变，往往是从生活小事打开缺口的。（五）信访工作要加强。人民群众给领导写信反映情况，就是加强上下的联系。我们是人民的勤务员，不是做官当老爷的，千万不要忘记了人民群众。

7月18日—24日 在梅县地区的兴宁、梅县、蕉岭、大埔等地检查工作并多次讲话。在谈到揭批"四人帮"问题时说：要彻底肃清林彪、"四人帮"的流毒，认真搞好整党整风，分清路线是非、思想是非、作风是非。要落实党的政策，把广大干部群众的社会主义积极性充分调动起来。在谈到作风问题时说：各级领导一定要坚决转变作风，特别要坚持实事求是、群众路线的作风。如果群众有什么话都敢跟你们讲，信也给你们写，那就好了，那就真正把你们当作他们的知心朋友了。要教育所有工作人员都要走群众路线。这样，我们就可以少犯错误，把工作做好。在谈到大打农业翻身仗问题时说：农业为基础的问题还没有真正解决，工业、财贸和一些部门还在卡农业，这个问题要从思想上、行动上认真解决。只有不吃返销粮，不吃外调粮，还有余粮，才能说农业上去了，才能说打好了农业翻身仗。农业学大寨，要根据自己的条件，有个标准。学大寨主要学大寨精神，要有自力更生、艰苦奋斗的精神。在谈到"以粮为纲，全面发展"问题时说：梅县地区山多人多地少，要充分利用山区的有利条件，靠山吃山，吃山养山。"四人帮"横行时，把"以粮为纲"变为"以谷唯一"，有的甚至强迫农民把种下的甘薯、木薯拔掉，这是极其错误的。现在各县在这个问题上拨了乱，反了正，鼓励农民尽量多开些梯田种杂粮，首先让农民吃饱，这是一件非常重要的事情。这件事办不好，其余都是空谈。要增加收入，光靠农业是不行的，一定要把多种经营开展起来。山区资源丰富，要很好利用，可多种经济作物，发展加工和编织业，积极发展饲养业，要以副养农。要扩大生产门路，在积极发展集体经济的前提下，鼓励社员发展正当的家庭副业。在谈到社队企业问题时说：社队企业要有一个大发展，特别是与农业有关的社队企业要迅速发展起来，以促进农业，增加社员收入。兴宁县资源丰富，潜力大，有煤、有铁矿，又有炼铁厂，要很好利用。要把社队企业搞起来，先要把县办工业搞起来，有母鸡才能生蛋。在谈到群众生活问题时说：要为梅县地区的群众解决吃饱饭、又有零花钱的问题，上上下下的干部都要和群众想在一起。劳动力多，要找出路，要提高群众生活。扶助困难户，要从生产上帮助。

7月24日—8月4日 在汕头地区的饶平、汕头、南澳、潮安、揭阳、揭西、普宁、潮阳、惠来、陆丰和海丰等县、市检查工作，听取汕头地委、市委和所到各县县委的工作汇报。

7月26日 中共中央军委任命习仲勋为广州军区第二政治委员，广州军区党委常委、第三书记。

7月31日 同中共汕头地委常委谈话。在谈话中说：（一）

林彪、"四人帮"制造的大反彭湃[1]问题，不是一个孤立的事件。事情出在海丰，但它是整个汕头地区的问题，也是全省的问题，是全省深入揭批林彪、"四人帮"问题的一个组成部分。对这样一个大是大非问题，每个同志都要正确对待，要提高认识，首先应该考虑怎么做才对党的事业有利，对人民有利，而不是考虑个人的得失。海丰问题要解决好，关键在于领导，领导干部要立场坚定，旗帜鲜明，放手发动群众，彻底把问题揭开，绝不能介入任何派别、帮派。（二）要实现四个现代化，就要不断提高我们的思想。事物是不断发展的，要跟上形势，就要不断改造自己的世界观，善于学习。不学政治，不看文件，不学文化不行，但更重要的还是要在斗争中学，在实践中锻炼提高，增长才干。（三）各级党委要注意培养干部。要把那些有觉悟、有能力、有文化的机关干部放到基层锻炼一段时间，这是培养和提拔中青年干部的一个好办法。要注意考察干部，做到知人善任。"要创造条件，使下面干部敢讲话，让人能无拘无束地提意见。要带出一个好风气。"（四）进一步落实党的农村经济政策。汕头地区山多地少，人多手巧，一头要抓高产稳产，另一头要抓发展山区。发展山区要因地制宜，以林为主，林粮间种，不能光抓一项，要发展用材林、经济林，还要发展油茶、油桐、竹子、生柑、木薯、剑麻、药材等。靠山吃山，靠山还要养山，不养山，就会坐吃山空。现在这个问题很大，年年砍，森林资源已经到了枯竭的边

---

[1] 彭湃，中国共产党早期著名农民运动领袖。1922年7月在海丰县赤山领导建立农会，1923年1月当选为海丰县总农会会长。1924年加入中国共产党。1927年参加南昌起义，同年8月任中共中央临时政治局委员，同年11月领导海陆丰农民武装起义，建立海陆丰工农兵苏维埃，任委员长。1928年7月任中共中央政治局候补委员，同年11月起任中共中央政治局委员、中共中央农委书记。1929年8月在上海龙华就义。

缘。不仅要育林，还要封山育林，把采和种结合起来。汕头地区有很长的海岸线，一定要把海洋捕捞和海水养殖业搞好。还要把牧业和其他多种经营开展起来，做到农林牧副渔全面发展。汕头地区燃料不足是个大问题，要把沼气搞起来。（五）汕头地区要根据自己的特点，发展轻工业和加工工业，逐步搞成一个外贸出口基地。要发挥当地的长处，充分利用当地资源，还可以进口原料加工出口，以进养出。发展工业，光靠汕头本身是不能解决问题的，梅县资源丰富，两个地区可以搞个经济协作区。现在集体企业问题很多，管理混乱，产供销问题没有解决，要很好研究，把集体企业管理好。（六）各级领导班子的作风要来一个转变。各级领导机关要革命化，精兵简政。党委既要实行民主集中制，也要实行分工负责制。要大兴调查研究之风。上级机关要给下面留有余地，充分发挥两个积极性。解决这些问题，改良是不行的，必须采取革命的方法。

8月3日 在海丰县检查工作，并就解决海丰问题发表讲话。在讲话中说：彭湃同志在我党历史上是有贡献的。过去反彭湃同志时，造了那么多舆论，印发了那么多材料，流毒很广，影响很坏。现在也要大造舆论，大做宣传，把被搞乱的问题澄清过来。彭湃同志领导的海陆丰农民运动在我党历史上是比较早的，这是海陆丰人民的光荣。过去反彭湃，把这个光荣历史抹黑了，群众的革命情绪受到很大打击、很大压抑。现在我们要把它恢复过来，发扬海陆丰人民的光荣革命传统，工作才能前进一大步。

8月4日 结束在汕头地区的考察，到惠阳地区检查工作。七日，主持召开中共惠阳地委和惠阳县、惠州市领导干部座谈会，对二十多天的调研工作作总结讲话。在讲话中说：（一）这次出来，经过梅县、汕头、惠阳地区，共二十一个县、市。虽说是走马观花，但看总比不看好，下去总比不下去好。各级领导干部要多接触实际，了解下情，多找一些同志谈谈，好处很多。长期待在机关里，不下去，就无法了解实际情况，人民群众的呼声和疾苦就往往不知道，下面同志的呼声也反映不上来。坐在机关里作决定，往往是主观主义的。（二）这次走了三个地区，总的感觉是：形势很好，问题不少。首先是政治形势好，干部作风开始转变了，注意调查研究，注意总结经验，大家的思想比以前解放了。广东的工作初见成效，但问题不少。一是农业发展不快，有的还极为落后。二是工业表面上有计划，实际各自为政。搞工业要有全面观点，不能光从一个地区、一个单位去考虑问题。要搞好广东的工作，也要看全国的大局，不能光从广东来考虑。（三）要把农业摆在第一位，千方百计打好农业翻身仗。广东搞农业首先要保吃的。农民群众天天在那里辛勤劳动，连肚子都吃不饱，怎么会有积极性呢！当前最重要的是夺取晚造大丰收，把晚造拿到手，明年的工作就主动了。广东的农田基本建设不光要治水，还要治山。治山要有个总体规划，有组织、有领导地搞，坚持年年搞，十年就变样，二十年就不得了。木材现在很缺，森林资源已经到了枯竭的边缘，再不抓问题就很大。农业要高产稳产，要抓好肥料和改良土壤，精耕细作，科学种田。一定要把群众性的农业科技队伍建立起来，省和地、县要成立种子公司。"在这一点上，我们要向世界上农业搞得好的国家学习。他们对种子抓得很紧，我们为什么就不能这么做呢？"发展社队企业，必须从群众生活、支农方面去考虑，要先办对生产和群众生活关系最密切的，然后再办其他项目，决不能去搞无米之炊，盲目地发展。（四）打好揭批"四人帮"第三战役。要发动群众，把问题查清楚。我们的原则是三条：第一条要敢于批，对犯错误的人要批判和帮助；第二条要敢于揭，每个同志，包括犯了错误的同志，要彻底揭发林彪、"四人帮"；第三条要坚持实事求是，对问题既不夸大，也不缩小。我们要坚持党的政策，扩大教育面，缩小打击面，彻底摧毁林彪、"四人帮"的帮派体系。对受迫害的干部群众，一定要给予平反昭雪。

8月5日—20日 广东省第十次人民司法工作会议召开。其间，到会讲话。在讲话中说：（一）林彪、"四人帮"否定社会主义的法律制度，否定司法干警绝大多数是好的和比较好的，叫嚷"砸烂公检法"，广大司法干警深受其害。在揭批"四人帮"的第三个战役中，要肃清流毒，澄清思想。（二）司法战线的老同志要尽力培养中青年干部，搞好传、帮、带，建设一支思想好、作风好、赤胆忠心的司法队伍。（三）要配备好各级人民法院的第一、二把手，要选好的同志去担任。司法战线要恢复和发扬党的优良传统，大兴调查研究之风，走群众路线。在工作中要实事求是，重调查，重证据。（四）广大司法干警要有计划地加强学习，学好马列著作和毛主席著作，学好新宪法，学好业务知识，要坚持党的原则，坚持依法办事，把司法工作搞得更好。

8月11日—14日 中国人民政治协商会议广东省第四届委员会常务委员会第三次会议在广州召开。会议期间，会见省政协常委并讲话。在讲话中说：省政协恢复起来后做了很多工作。老干部要起带头作用，要当模范，不要背老资格这个包袱，对自己要求严格一点，在新的长征中不掉队，不落后，担负起新时期赋予我们的战斗任务。广东形势很好，问题不少。把广东的工作搞上去，意义重大。希望省政协的工作活跃起来，广泛开展统一战线工作，把一切爱国力量团结起来，把各方面的积极因素大大地调动起来，为实现四个现代化，建设好祖国的南大门贡献力量。

8月12日 上午，同中共广东省委常委听取刘维明[1]、熊

---

[1] 刘维明，时任广东省革命委员会副主任。

飞[1]、苏克之[2]汇报全国民兵工作会议情况和省军区贯彻会议精神的意见。在谈话中说：要在转业干部中选一些专职武装干部，尽量配广东人，语言不通，工作比较困难，特别是县以下要尽量安排本地干部，好开展工作。民兵是军事组织，又是生产组织，训练不要脱离生产时间太多，要加强政治思想工作。打生产仗同打军事仗一样，没有组织好不行。

同日 下午，听取国家经委调查组关于汕头市集体企业产供销情况的汇报。在讲话中说：这个调查对我们是个很大的启发。农业要大上，发展社队企业是一个很重要的方面。广东水源丰富，可多搞小水电站。我们有很多好的典型，从化流溪河水电站就有二十年的历史，应该把经验总结一下。社队办企业，没有电不行。沼气一定要搞。广东副食品供应很紧张，我看一两年完全可以搞起来，自然条件好得很，有的完全是我们工作问题。管理机构乱得很，工人福利、住房问题很严重，这些问题不解决，咋叫人家干社会主义？当调查组反映汕头集体企业职工和全民企业职工同工种而粮食待遇不一致时，习仲勋说：集体职工比国营职工的口粮低二点五斤没道理。大家都要吃饭，吃饭不应该有区别，粮食定量只能按轻重体力劳动分嘛。当汇报到各行业随意收管理费问题时，习仲勋说：有这个问题的要退赔，要算这笔账。当汇报到汕头市搞围海造田、市政建设对集体企业搞平调时，习仲勋说：围海造田是应该搞的，但不应该从这里开源，不应从工人身上搞钱，这些都要说清楚，要退赔。当汇报到汕头电力严重缺乏时，习仲勋说：汕头不搞加工工业和外贸产品没有出路。汕头市委要帮助他们解决电的问题，要改掉那些土政策。梅县可以

---

[1] 熊飞，时任广东省军区政治委员。
[2] 苏克之，时任广东省军区第三政治委员。

作原材料基地，与汕头搞协作。

8月13日 出席中共广东省委常委会议。在讲话中说：（一）这次我用二十三天时间，去了三个地区二十一个县，收获很大。过去没在南方工作过，这次下去走了一趟，感到南方的农业生产确实辛苦，特别是广东妇女劳动很辛苦，很能干。我还深深感到培养本地干部很重要。这是一个关系联系群众的问题。这次下去，同干部、群众通了气，知道了群众在想些什么。看到农民每月平均口粮只有三十斤谷子，折二十一斤大米，一个劳动力怎么够吃？所以，感到农业要争取时间，大干快上这个问题很突出。如果像原来那样的作风不改，农业当然是上不去的。以农业为基础的问题，实际还没有解决。（二）这次省委整风，影响很大，群众感到有希望。整风一开始，我是表了态的。整风不是为了揪哪几个人的问题。一个地方的工作搞得好不好，不在于几个人。如果不把思想、立场、观点转过来，没有一条正确的路线，光靠打倒几个人，还是不行的。广州市委整风一个月来，发展是健康的，收获不小，敢讲话就是一个收获。整风之后，各方面工作都要有新的面貌。在整风中，要做到生产、整风两不误。市委要有这股劲。

8月15日 同刘田夫出席从化流溪河发电厂建厂二十周年庆祝仪式并讲话。

8月21日 在新华社《内部参考》第八十五期刊载的《辽宁省中医工作调查报告》上批示：中医生在"四人帮"横行时深受迫害，广东省卫生局要按辽宁省卫生局办法作一次深入调查研究，在整风中落实中医生政策，把问题解决好。

同日 广州市率先放开部分蔬菜价格，将实行二十多年的蔬菜购销由国家定价改为产销见面，实行百分之五大宗蔬菜品种价格议价成交，浮动幅度规定在百分之四十之内，小品种自由议价的购销形式。

8月21日—9月4日 主持中共广东省委召开的地委书记会议。会议传达中共中央关于一定要把农业搞上去的指示和全国农田基本建设会议精神,强调要揭批林彪、"四人帮",用整风精神解决以农业为基础的问题,努力在短时间内扭转广东农业落后的被动局面。九月四日,出席闭幕会并作总结讲话。在讲话中说:经过这次会议,对于把农业摆在国民经济的首位,大家思想认识有了提高,共同语言也比较多了。不过,这里得切记:有了思想上的共同认识还不行,归根到底还要靠实践,靠干。我们要在斗争中去取得胜利。不管哪方面的工作,不斗争不行。我们每前进一步都有斗争,在斗争中前进。在谈到学习问题时说:党中央提出要加快实现四个现代化,我们的思想、认识、作风、方法都要适应这个要求,这就强迫着我们非学习不可。学习也可比喻为思想领域里的解放战争。要在我们思想领域打一场解放战争,把大家脑子里很多的"禁区"打开,把很多的"紧箍咒"去掉,解放思想,不然跟不上形势。在谈到农民问题时说:农民问题是我们党始终要注意的一个大问题,处理不好就要犯大错误。我们要缩小工农业的剪刀差,实行等价交换,绝不搞伤农、坑农那一套。要把农民的积极性调动起来,要落实党的政策,实行按劳分配,承认差别,多劳多得,少劳少得,不劳动者不得食这个原则。不能干与不干一个样,干好干坏一个样,轻活重活一个样,简单劳动和复杂劳动一个样。农田基本建设要结合广东实际,不要生搬照套,外边的经验必须学习,但更重要的是总结自己的经验,推广自己的典型。在谈到旅游业和环境问题时说:旅游业要大大开展。我们有些地方的名胜古迹,希望各地同志注意一下,将来旅游部门还可以专门计划一下,有些地方帮它一点忙,投一点资,把它搞起来。惠阳那个城市,真山真水,像这些地方总得收拾得干净一点,卫生一点嘛!还有污染的问题,工业"三废"危害水产资源和渔业生产，也是很大的问题。广州市的环境卫生要研究，早一点想办法搞。

8月22日 在新华社《内部参考》第八十五期刊载的《近几年全国行政机关会议多开支大量增加》一文上批示："印发到会〔1〕同志一阅。报道中提出的问题，我省也严重存在，而且多数发生在省直的一些部门，必须认真检查纠正。请省财政局把我们在这方面的情况整理一个资料，提出几条措施、规定，并在会议上作一发言，以引起注意，刹住这股不正之风。"该文反映：近几年来，会议费开支大幅度上升，一九七八年中央和国务院各部门会议费开支已达三千万元，比过去一般年份要多开支三四倍。开会的特点一是多，二是规模大，三是时间长，存在重复开、形式主义、不遵守财经制度、铺张浪费等问题。

8月31日 主持共青团广东省第六次代表大会闭幕式。在讲话中说：（一）尽快实现四个现代化，使社会主义祖国富强起来，是全国人民的共同愿望。共青团作为党的忠实助手，要为实现这个光荣而又艰巨的任务贡献力量，要动员全体团员和青年发挥突击手的作用。（二）共青团员和青年一定要注意学习，增强团结。"四人帮"把理论是非、思想是非、路线是非、政策是非搞颠倒了。比如"实践是检验真理的唯一标准"这个问题，本来是马克思主义的基本知识，现在竟成了问题，以致不得不展开一场争论。对青年来说，要学习马列主义、毛泽东思想，学习党的路线、方针、政策，学现代的科学技术，学文化，学业务。光读书还不行，还要善于思考问题。青年们要注意团结。共青团是先进青年的群众组织，要搞五湖四海，善于团结广大青年投身到新长征的行列中去，作出更大的贡献。（三）各级党委必须加强对

---

〔1〕 指中共广东省委于1978年8月21日至9月4日召开的地委书记会议。

共青团工作的领导。要重视共青团的思想建设和组织建设,整顿和加强各级团委的领导班子。要使党的优良传统和作风在青年中扎根,树立一代新风。老干部要搞好传、帮、带,青年人要虚心向老一辈无产阶级革命家学习,向老干部学习,向老同志学习。新老干部要加强团结,取长补短,共同提高。(四)在党委领导下,共青团组织要按照团的系统,照顾青年的特点,开展工作。但要明确,团的工作不是离开党的中心工作另搞一套,而是要动员和组织青年在完成党的中心工作中起突击队作用,要根据青年的特点,更好地发挥他们的作用。共青团广东省第六次代表大会于二十四日至三十一日召开,选出出席共青团第十次全国代表大会的代表。

8月 叶剑英委托胡耀邦写信给习仲勋并中共广东省委各同志,转告他们说:"仲勋同志去广东后,大刀阔斧,打破了死气沉沉的局面,工作是有成绩的。我们完全支持仲勋同志的工作。如果有同志感到有什么问题,希望直接找仲勋同志谈。"

8月、9月 多次主持中共广东省委会议,研究"李一哲"案件[1],并数次报告中共中央。

9月1日 国务院批复广东省革委会:中央领导同志看了

---

[1] 1974年11月10日,署名"李一哲"的大字报《关于社会主义的民主与法制——献给毛主席和四届人大》张贴在广州市北京路路口。"李一哲"是李正天、陈一阳、王希哲的笔名。时任广东省广播电台技术部副主任的郭鸿志参与写作,但未署名。大字报揭露林彪集团破坏民主法制的罪行,认为林彪路线的表现形式是极左,同时不点名地指出江青等人搞"反复辟""反回潮"等罪行。这张大字报被认定为"反动大字报",遭到批判。1977年12月中旬,广东省第五届人民代表大会宣布"李一哲"为反革命集团,李正天等人被判处有期徒刑,一批与"李一哲"有牵连的干部群众受到审查和批判。

《港澳经济考察报告》，总的同意。并指出，凡是看准了的，就要抓紧落实，说干就干，把它办起来。《报告》提到，为了夺回我在港澳市场的优势地位，切实把宝安、珠海两县的出口基地建设好，拟在今后三年内给两县安排一亿五千万元，每年投资五千万元。望即责成宝安、珠海和省的有关单位，组织力量，调查研究，编制两县的外贸基地建设和市政建设等具体规划方案，报送国家计委和有关部门审批。

9月上旬 主持召开中共广东省委常委关于真理标准问题的学习讨论会，省委常委和省革委会副主任参加。会议集中学习毛泽东、邓小平的有关论著和讲话，讨论真理标准问题，要求准确地完整地掌握毛泽东思想体系，清除林彪、"四人帮"的流毒，批判他们使广东干部受到残酷迫害、工农业生产遭到严重破坏的罪行。在讲话中说：实践是检验真理的唯一标准，这是马克思主义的一个根本问题、常识问题。这绝不是一个单纯的理论问题，而是一个有重要实践意义的问题。要把广东全省的工作搞好，就要配合当前的整风，广泛开展学习运动，特别是领导干部更要好好学习。我们学习马列主义、毛泽东思想，一定要领会其精神实质，学习毛主席观察问题的立场、观点和方法，要准确地完整地理解马列主义、毛泽东思想体系，而不是去抄现成的公式，抓住片言只语去到处套用。二十日，《人民日报》以《实事求是，解放思想，加快前进步伐》为题，报道了这次学习讨论会。

9月14日 接到吴南生[1]转来的广东省公安厅九月五日向省委报送的《关于当前我省偷渡外逃严重的情况报告》。《情况报告》说：八月份全省发现偷渡外逃六千七百零九人，其中逃出一千八百一十四人。外逃人数之多，地区之广，是一九六二年大外

---

[1] 吴南生，时任中共广东省委书记。

逃以后最多的一个月份。

9月18日 出席中共广州市委常委扩大会议。在讲话中说：广州市委整风要解决好几个问题：一是坚决反对派性，使每个同志都站到党性的立场上，团结起来，做好工作。二是要注意弄清路线是非，解决好思想理论路线上的问题。三是整顿好领导班子，以适应建设现代化的形势。四是注意帮同志要帮到底，多提意见，但也要注意不要揪住一两个人不放，这是对整风的干扰。不管是整风还是平常的工作，一切要从党的利益出发，而不是从私利出发。市委要把整风和工作同时抓起来。

9月19日 出席广东省民兵工作会议闭幕式。在讲话中说：民兵是党领导的不脱离生产的群众武装组织，既是"民"，又是"兵"。作为"民"，就要坚持劳动生产；作为"兵"，就要搞好训练，学会打仗。这就是劳武结合。民兵都是青壮年，应该成为生产的骨干、主力军，千方百计把生产搞好，不能过度地占用生产时间搞训练，也不能随便调用民兵做其他事情。要调是可以的，但要按劳付酬，不然，就脱离群众，加重群众的负担，也不能得到党委的支持。要搞好劳武结合，做到劳动练武两不误。绝不能像"四人帮"那样，滥用民兵，浪费民力，妨害生产，破坏战备。劳和武的关系处理好了，民兵就能成为一支加速实现四个现代化的主力军。

9月24日 阅反映广东外事人员给专家教授对外学术交流设置障碍一文后，对这种现象提出严厉批评，并批示找相关部门专门谈一次，严肃规章纪律。

9月26日 出席广州部队召开的万人广播大会。大会宣布为原广州部队副司令员文年生、副政治委员郭成柱和政治部主任相炜、政治部副主任江民风、司令部参谋长陶汉章等大批受迫害的老干部及受株连家属恢复名誉。

10月1日 到顺德县沙滘公社检查沼气的推广、利用工作。

10月3日 下午，到机场迎接尼泊尔首相比斯塔。晚上，为比斯塔举行欢迎宴会。

10月4日 下午，同焦林义[1]、李坚真等出席广东省少数民族国庆参观团座谈会。在讲话中说：（一）毛主席历来都很重视少数民族工作。在战争年代，毛主席亲自做民族工作，在延安时对民族工作作过很多指示。解放后，毛主席创造性地把马克思列宁主义关于民族问题的基本原理同革命实践相结合，为我党解决民族问题制定了一系列的方针政策，使民族工作取得了很大的成绩，民族地区的面貌发生了巨大的变化。粉碎"四人帮"后，我们应该坚决贯彻落实党的民族政策。搞社会主义、共产主义是不分民族的，我们既反对大民族主义，也反对地方民族主义。（二）由于林彪、"四人帮"的干扰破坏，哪些是社会主义、哪些是资本主义都搞乱了。在这方面也要分清路线、政策是非，在民族地区同样要落实党在农村的各项经济政策。少数民族地区，由于历史原因，经济、文化建设比较落后，国家要拨些钱，但我们也要自力更生，由小到大，土洋结合，逐步地搞起来。你们要根据山区特点，发展社队企业，发展山区，发展畜牧业和农副产品加工。少数民族地区社队也要发展文化教育事业。我们还要尊重少数民族的风俗习惯。有些落后的风俗习惯，要引导少数民族群众自觉地进行改革，不能用行政命令强迫改革，主要靠进行耐心教育。

同日 对广州石油化工厂收尾投产工作作出指示：（一）国家给我们这么大的投资、设备，这个厂在广州市是一颗明珠，但是没有重视。省委要作自我批评。（二）按照需要、投资和这个

---

[1] 焦林义，时任中共广东省委常务书记、广东省革命委员会副主任。

厂的重要性，这个厂的建设还是迟缓。基建容易，投产比基建难，投产以后搞不好还会出事故。因此，不要盲目乐观，建一个厂容易，管好一个厂不容易，思想上必须重视。（三）矛盾还没有完全摆开。今天摆的问题，有些要请中央解决；但属于省、市各个部门要解决的，必须积极支持，不要推来推去。从省、市两级管理来说，保这个厂的力量是有的。要有这个雄心壮志，百分之九十的问题我们自己能够解决，还有百分之十靠外援。石化厂的建设时间比较长，一九七四年八月七日动工的，四年多了，建设单位和工厂本身作出了很大成绩。但是有很多问题，省市解决不及时，有很多矛盾，因此要把矛盾揭开。（四）思想要大解放。祖国的南大门，工作要走在别人前面。抓广氮[1]，抓石化[2]，这是全省打农业翻身仗的战略性措施。现在要树立农业为基础的思想，不能光说，要从具体的措施上看位置摆对了没有。（五）体制问题。组织一个领导小组，在领导小组下设立办公室，由省市有关部门派人参加，梁湘[3]任主任，直接负责抓，碰到问题，随时随地解决。油的出厂运输、上下班的交通、职工宿舍问题都要限时解决。工作只许搞好，不许搞坏，要给工人鼓鼓劲，把干部的精神振作起来。

10月5日 出席中共广州市委常委扩大会议并讲话，肯定广州市整风运动所取得的成绩，要求加紧做好整改工作。在谈到整改问题时说：要搞好团结，特别是市委领导班子的团结。要健全民主集中制，遇事多商量。广州是华南第一大城市，又是祖国的南大门。中央把广州的工作摆得那么重要，这是光荣的任务。

---

[1] 广氮，指当时的广州氮肥厂。
[2] 石化，指当时的广州石油化工厂。
[3] 梁湘，时任广东省革命委员会副主任。

希望市委的同志都能以大局为重，团结一致，共同挑起建设南大门的担子。在谈到解放思想问题时说：解放思想，就是要坚持实事求是、理论与实际相结合、一切从实际出发，也就是要尊重唯物论、辩证法。当前正在进行的关于真理标准问题的讨论，就是一次思想解放运动，意义十分重大。这里有一个很重要的问题，就是要真正敢于实事求是。我们不能认为毛主席过去讲过的话一点都不能动，怎么能够把毛主席说过的每一句话，做过的每一件事，生搬硬套地来解决今天的具体实际问题呢？这样做，并不是真正高举毛主席的旗帜，搞得不好，还会损害毛主席的光辉旗帜。我们一定要完整地准确地领会和掌握毛泽东思想，毛泽东思想的基本点就是把马列主义同中国革命的具体实践相结合。毛主席思想最伟大的，就是"实事求是"四个字。这是马克思主义的精华。在谈到振奋精神、大干快上问题时说：在我们领导干部中，精神不振、官僚主义相当严重。要通过整风，扫除思想上的灰尘。市委的领导，要打掉官气，首先在作风上来一个整改，来一个转变。要下去，要到群众中去，要到对自己意见多的地方去，找工人、农民、基层干部谈心，倾听他们的意见，这样才能摸到群众的脉搏，才能和群众有共同语言。"可不可以在今天这个会议上作个规定：市委和各部、委、办、区、县、局，限定在三个月内（即今年年底以前），工作要出现新的面貌，总要办一件、二件、三件得人心的事，办得越多越好。今年年终，来一次大检查、大考核，好的表扬奖励，不好的批评教育。如果老样子一点不改变，经过批评教育也不改变，那就说明你这个领导干部不能适应新长征的要求，障碍了新长征的步伐，应该自行辞职，自请处分。一定要有奖有罚，奖罚分明。"

10月6日　《人民日报》发表题为《发扬民主，实事求是，带领群众抓纲治粤》的长篇通讯，专题报道中共广东省委常委扩大会议开展的整风学习活动。

10月9日 致信丁根喜[1]。信中说：我二月匆匆离开洛阳，又于四月初离京来穗，来后忙得连给您写一封信的时间都没有，很对不起，想您定能见谅。兹趁农机学院胡世厚同志回洛阳之便，捎此信给您，我的详细情况由他面谈，这里不赘。您有什么事，只管来信，如有机会来此出差，定当热情接待。顺祝安好。并向智大姐及丁俊、丁敏、丁红小孩问好，忘记了大姐名字，见谅。深知您是雪里送炭的好同志，绝非锦上添花的人，盼于百忙中来信见告近况。

10月上旬 出席广东省水利会议并讲话，要求全省各级领导树立以农业为基础的思想，从广东省实际出发，大搞农田基本建设，讲政策，讲作风，搞好领导班子革命化建设。

10月14日—18日 中共广东省委在汕头市召开全省反偷渡外逃座谈会，研究部署进一步抓好反偷渡外逃的措施。会议提出，必须切实加强反偷渡外逃斗争的领导，积极搞好生产，发展经济，提高人民生活水平，同时严格边防管理，加强堵截工作。

10月16日 出席暨南大学[2]复办后首届开学典礼和建校二十周年校庆大会，代表中共广东省委和省革委会表示祝贺。在讲话中说：今年一月，党中央作出恢复暨南大学的决定。既然复办，就一定要办好，一定要办成具有先进水平的以文、理、医为主的综合大学。希望暨大根据学校的性质和特点，设置专业，安

---

[1] 丁根喜，时为洛阳耐火材料厂工人。
[2] 暨南大学的前身是1906年清政府创立于南京的暨南学堂，后迁至上海，1927年更名为国立暨南大学。抗日战争期间，迁至福建建阳。1946年迁回上海，1949年8月合并于复旦大学、交通大学等高校。新中国成立后，暨南大学于1958年在广州重建，"文化大革命"期间一度停办，1978年在广州复办。

排课程，提出教学要求和培养目标，面向国内外。同学们回到祖国读书，我们是非常欢迎的。我们坚定地贯彻"一视同仁，不能歧视，根据特点，适当照顾"的十六字方针。考虑许多同学长期居住在海外，生活习惯等各方面同国内有所不同，我们要从实际出发，要承认差别，照顾特点，热情帮助，使同学们逐步适应国内的生活习惯。侨生、港澳生同国内生要互相学习，互相关心，互相促进，加强团结，共同进步，树立一个认真钻研、积极向上的好学风。

10月18日 主持召开中共广东省委常委会议，研究省计委起草的《关于宝安、珠海两县外贸基地和市政建设规划设想的报告》以及中共惠阳地委八月二日报送省委的《关于宝安县改为深圳市的请示报告》。此前，受习仲勋委派，张勋甫[1]于八月率工作组到宝安、珠海调研，修订两县外贸出口商品生产基地计划，并在县委配合下起草了《关于宝安、珠海两县外贸基地和市政建设规划设想的报告》。中共惠阳地委在请示报告中提出："宝安这个地方将要建成为外贸基地，深圳将建为旅游区。为了进一步搞好边防，根据省委的指示精神，经地委常委讨论，我们建议把宝安县改为深圳市。这个市的建制相当于地区级，即低于地委半级，高于县半级的建制，仍受地委领导。"省委常委会议总体同意省计委的报告，决定宝安县建立相当于地区级的中等城市，称为宝安市，张勋甫兼任宝安市委书记。

同日 主持召开中共广东省委常委会议，讨论冬种问题。会议要求全省各级党委和广大群众解放思想，明确冬种的指导方针，决定在当年的冬种生产中普遍推广"三定一奖"[2]生产责

---

[1] 张勋甫，时任广东省计划委员会副主任。
[2] "三定一奖"，指定工、定产、定成本、超额奖励。

任制；强调落实党的政策，尊重生产队的自主权，建立严格的生产责任制，立即动员起来，大抓冬种。十一月，中共广东省委召开电话会议，部署农村工作，要求推广"三定一奖"生产责任制，凡是已建立了"三定一奖"生产责任制的地方，一定要按照制度兑现，保证按劳分配政策的贯彻，不能失信于民。

同日 复信麦子灿[1]。信中说："你九月二十五日的来信很好，对我们各级领导班子特别是负责干部目前的精神状态和工作作风中存在的问题，提出了十分中肯的意见，我表示诚恳接受，并决定将你的来信转发各地，以便进一步把党内民主空气发扬起来。为了更充分地听取你的意见，现趁田夫[2]同志前来帮助惠阳地委整风之便，委托他和你面谈，并请田夫同志帮助地委切实解决你所反映的问题。"麦子灿在九月二十五日写给习仲勋的信中，措辞比较激烈地提出两条"刺耳"的意见：一是省委领导不能光听汇报，爱听漂亮话，喜欢夸夸其谈的人，要认真下去听听群众的意见。一些地区的水利工程，要考虑农民利益，不能蛮干。二是重视群众来信来访，不能只是说一说，要有检查督促。十九日，刘田夫向习仲勋电话汇报了同麦子灿面谈的情况。

10月20日 给广东省县以上党委和省直局以上单位负责同志写信，要求将麦子灿来信和自己的复信以及刘田夫的电话记录在党委中进行讨论。信中说：麦子灿同志对我的批评，是对我们党内至今还严重存在的不实事求是、脱离群众等坏作风的有力针砭，应该使我们出一身冷汗，警醒过来。林彪、"四人帮"对我们党的干扰破坏是十分严重的。办事不从实际出发，不走群众路线，靠"长官意志"，靠行政命令，群众有不同意见就实行压制，

---

[1] 麦子灿，时为惠阳地区检察分院干部。
[2] 田夫，指刘田夫。

一意孤行。这种坏作风，这些年来有了严重的发展。而我们一些同志却没有认识到这一问题的严重性，身有余毒而不知毒。这种情况压抑了广大干部和群众的社会主义积极性，严重障碍着我们抓纲治粤、大干快上、实现四个现代化的步伐，必须坚决克服。我们是辩证唯物主义者，必须实事求是，按照客观规律办事；我们是历史唯物主义者，坚信人民群众是创造世界历史的动力，必须充分走群众路线，倾听群众的呼声。希望各级党委在讨论时联系实际，看看在实事求是、发扬民主、走群众路线和处理群众来信来访等方面，存在什么问题，应当采取哪些有力的措施，纠正缺点，改进作风，把我们的工作做好。十一月八日，《人民日报》以《不要怕听刺耳的话，鼓励干部群众讲话》为题，转载了麦子灿来信、习仲勋复信和致广东省县以上党委和省直局以上单位负责同志的信。编者按说：怎样对待下级干部和群众的批评？建议大家读一读习仲勋同志处理麦子灿同志批评信的报道。只要把干部和群众的批评，看作是对我们的爱护和信任，哪怕批评的话说得再重些，再刺耳些，甚至事实有些出入，有些片面性，也会像习仲勋同志那样，对批评者采取支持和鼓励的态度。领导干部以身作则，广开言路，广大干部和群众就敢于发表不同意见，敢于讲话，我们党被林彪、"四人帮"严重破坏了的好传统、好作风，很快就会得到恢复和发扬，毛主席所期待的那种"又有集中又有民主，又有纪律又有自由，又有统一意志、又有个人心情舒畅、生动活泼，那样一种政治局面"，就会很快出现。

10月23日 广东省革委会向国务院报送《关于宝安、珠海两县外贸基地和市政建设规划设想》。《规划设想》提出："为了在三五年内把宝安、珠海两县建设成为具有相当水平的工农业结合的出口商品生产基地，成为吸收港澳旅客的游览区，成为新型的边防城市，必须重点发展农业生产，迅速改变农业生产面貌，把整个农业搞好，因地制宜发展农副产品和水海产品，建立出口生产基地，壮大社队集体经济，增加社员收入，改善群众生活，调动群众的积极性。在此基础上，积极发展来料加工、装配业务和建材工业，建设旅游区和城市。""省委决定两县建立相当地级的中等城市，配备强有力的领导班子，由省、地双重领导。"

10月27日 上午，同广东省政法干校干部曹士章谈话，感谢他对中共广东省委整风所提的意见，并解释省委整风只是告一段落，并未结束。此前，曹士章于十月八日致信习仲勋，对省委是否停止整风提出疑问。下旬，习仲勋批示将此信送省委常委、省革委会副主任传阅。

10月30日 上午，主持召开中共广东省委常委会议，讨论关于成立省旅游工程领导小组、加工装配和技术设备引进领导小组，成立省物价局，以及研究省直机关整风等问题。会议决定，利用年底前的两个月时间，集中抓省直机关的整风。同时，加快清查和落实政策工作的步伐，对冤假错案要大张旗鼓地平反昭雪。

10月31日 广东省革委会发出《关于进一步落实各项侨务政策的通知》，要求从现在起到年底，各地要安排一段时间，集中抓紧解决好在侨务政策方面反映比较突出的问题，进一步贯彻中央的指示精神，落实各项侨务政策，团结广大华侨，充分调动侨眷、归侨的社会主义积极性，为加快四个现代化建设作出贡献。

10月 先后四次主持召开中共广东省委常委会议，研究起草向即将参加的中央工作会议的汇报材料。十一月八日，形成《关于广东工作问题的汇报》。

11月9日 同王全国、薛光军[1]乘飞机前往北京,出席十一月十日至十二月十五日召开的中央工作会议。

11月10日 下午四时,出席中央工作会议开幕式。会议的主要议题是:(一)讨论《关于加快农业发展速度的决定》和《农村人民公社工作条例(试行草案)》。(二)商定一九七九、一九八〇年两年国民经济计划安排。(三)讨论李先念在国务院务虚会上的讲话。在讨论这些议题之前,中共中央政治局决定,先讨论一下结束全国范围的揭批林彪、"四人帮"的群众运动,从明年起全党的工作着重点转移到社会主义现代化建设上来的问题。

同日 中共广东省委发出《批转〈关于落实起义人员政策中存在的问题和处理意见〉的通知》,强调必须加强党的领导,做好落实起义人员政策的工作。随后,省委成立落实原国民党起义、投诚人员政策工作小组,开展工作。

11月11日 参加中央工作会议中南组的讨论。在发言中说:坚决拥护党中央作出的把全党工作着重点转移到社会主义现代化建设上来的决策,这个伟大的战略决策反映了历史发展的要求,反映了全党全军和全国人民的迫切愿望。当前全国的政治、经济形势都很好,实现全党工作着重点的转移,确实到时候了。国际形势对我们也很有利,我们应当不失时机地利用这个大好形势,吸收外国的技术和资金,加快实现我国的四个现代化。

11月13日 下午,出席中央工作会议第二次全体会议。

11月14日 下午,参加中央工作会议中南组关于农业问题的两个文件的讨论。在发言中说:看了《关于加快农业发展速度的决定》,总的感觉写得太散,没有一个中心,没有很好地总结

---

[1] 薛光军,时任广东省革命委员会副主任。

过去的经验教训，没有提出新的东西来。发下去以后解决不了问题。《决定》的第二页第三行"特别是我国农村人民公社……不论过去、现在和将来都具有巨大意义"，这一段不符合实际，不要这么写。人民公社的优越性是不是经受了种种考验？过去，人民公社的优越性体现得不是那么大，有些地方人民的生活水平还和合作化时差不多，有些还不如合作化的时候。现在，很有必要把过去二十多年的农业情况作个基本的估计。农田基本建设是什么，要解释一下。全国情况不一致，农田基本建设搞什么，怎么搞，也应因地制宜。

11月16日 上午，参加中央工作会议中南组的讨论。在发言中谈到农业问题时说：我感到《决定》草稿的最大缺点，就是没有很好地总结经验和揭露矛盾。建国以来我国农业有了很大发展，成绩必须肯定。但农业发展的速度不够快，还摆脱不了八亿人口搞饭吃的局面，并且很大程度是靠天吃饭，至今有相当一部分农民缺粮。现在"四人帮"垮台了，有可能、也应当认真揭露工作上存在的问题，加以解决。《决定》草稿提出设立国家农业委员会，这很重要。建议省、地、县都设这个机构，专抓农业，加强领导。农业的投资也需要增加。在谈到广东的建设如何大干快上时说：第一，重新认识农业问题。首先，对"农"字要解放思想，放宽眼界。为什么这些年来我们花了很大力气，吃饭问题还是解决得不好，工作越来越被动，路子越来越窄？一个重要的原因，就是对农业理解得很片面，生产布局安排不当。这是个极其深刻的教训。一定要按照农、林、牧、副、渔五业同时并举，五业和农副产品加工业、商业同时并举的原则；按照农业以粮为纲，全面发展，因地制宜，适当集中的原则，制定好规划，狠抓薄弱环节，把畜牧业、渔业提到重要位置上来。其次，在生产布局上，要大胆发挥广东的特点，广辟门路，把经济工作做活做好。可否这样设想：在保证粮食自给的前提下，让广东放手发展经济作物、畜牧业和渔业，放手发展农副产品加工等社队企业，放手发展外贸出口工业，加强同港澳、华侨的各种经济合作。三是要坚决维护政策的严肃性。政策可以有千条万条，但一切政策都要有利于动员千军万马，有利于发挥九亿人民的智慧，有利于调动各方面的积极因素。讲政策，要抓大政策。在今后较长时期内，还是要发展生产队一级经济，维护和尊重生产队的自主权。按劳分配、多劳多得的原则，必须用各种办法，保证实施。凡是行之有效的各项经济政策，都必须维护其严肃性，取信于民，不要轻易改变。四是经济管理体制要按新形势、新任务的要求作出相应改变。要充分发挥各级、各部门、各企业的积极性，普遍推行合同制度，严格按经济规律办事。希望中央能给广东更大的支持，多给地方处理问题的机动余地。第二，千方百计创造条件，开辟新的生产门路。多搞畜牧业、渔业，多搞经济作物和副业生产，增加财富。第三，开发海南。建议国家把海南的开发作为重点，大力发展橡胶、剑麻等热带作物。第四，加强对港澳的经济联系和调动华侨建设祖国的积极性。建议中央考虑：允许广东在香港设立一个办事处，与港澳厂商建立直接的联系；凡是来料加工、补偿贸易等方面的经济业务，授权广东决断处理，以便减少不必要的层次和手续。

11月22日 参加中央工作会议中南组的讨论。

11月25日 下午，出席中央工作会议第三次全体会议。华国锋在会上代表中共中央政治局宣布：为天安门事件和薄一波等六十一人问题、陶铸问题、"二月逆流"问题平反；纠正对彭德怀的错误结论，将其骨灰放入八宝山革命公墓；撤销中央专案组，全部案件移交中共中央组织部；对康生、谢富治的问题可以揭发，材料送中共中央组织部。

同日 宝安县革委会上报惠阳地区革委会和广东省革委会："现根据省委设置宝安市建制的指示精神，经研究，我们认为必须把全县所辖范围改为市，名称叫深圳市为好，因为深圳口岸全世界闻名，而宝安则很少人知道。"文件并提出三个建市方案，建议深圳市相当于地区级，区相当于县级政权机构，市受省、地双重领导，以省领导为主，市委和县委设在深圳。十二月二十二日，宝安县革委会报送《关于宝安县改为深圳市建制的报告》，提出了修正之后的县改市三个方案[1]。不久后，第二个方案被中共广东省委和国务院采纳。

11月27日 上午，参加中央工作会议中南组的讨论。在发言中说：（一）这次会议开得很好。大家畅所欲言，敢讲真话，敢讲心里话，这是一个很好的开端。"我十多年没有参加这样的会了，参加这样的会议心情非常舒畅，受到极为深刻的教育和鼓舞。"（二）天安门事件解决得很好，国内外反映强烈，都认为是好的。天安门事件是广大群众悼念周总理、声讨"四人帮"的革命群众运动，把它定为反革命性质，全国人民抱不平。党中央最近对它作出了公正判断，说明党中央同人民心连心。天安门事件如果早一点处理，对我们的工作更有利。天安门事件不处理，很多问题讲不清楚，使我们被动，给工作造成很多困难。所以，天安门事件的平反，非常适时，非常必要。（三）这次对彭德怀问题的处理，非常正确。（四）老干部不要计较个人，要多为党做工作，要把毛主席为我们党培育的好传统好作风传给下一代。

---

[1] 第一个方案：市辖四区（深圳、龙岗、松岗、龙华）。第二个方案：市辖六区（深圳、葵涌、龙岗、南头、松岗、龙华）。第三个方案：市辖一区（罗湖区）一县（宝安县），罗湖区相当于县级政权机构，包括深圳、沙头角镇、福田、盐田公社，以及布吉公社沙西、沙湾两个大队；宝安县包括布吉、西乡、南头、蛇口等18个公社。

（五）关于实践是检验真理的唯一标准的问题，这次会议上不讲两句，恐怕不好。这是个思想路线问题，对实际工作关系很大，外界议论也很多。是非不搞清楚，就不能坚持实事求是。希望华主席最后讲一下。

同日 下午，参加中央工作会议中南组的讨论。在发言中回顾一九四二年毛泽东接受群众意见、逐年减轻公粮任务的历史。

12月1日 参加中央工作会议中南组的讨论，就河南省的揭批运动发言。

12月2日 参加中央工作会议中南组的讨论，就河南问题发言。

12月3日 王全国在中央工作会议上宣读同习仲勋、薛光军写给华国锋和中共中央政治局的一封信，再次要求会议解决实践是检验真理的唯一标准"这个事关大局的问题"。在中南组参加会议的二十九人中，有二十四人在信上签名。这封信全文刊登于会议简报并上报中共中央政治局。

12月9日 王全国在中央工作会议中南组讨论中代表习仲勋和薛光军作联合发言。主要内容为：（一）关于安定团结问题。一是安定团结的关键在中央。只要中央团结安定，全国就不会出大的动乱。二是必须认真实行社会主义民主。从中央政治局到各级党委要认真实行民主集中制，开展批评与自我批评，认真实行民主选举制度，把各级领导干部置于群众的监督之下。要讲法制，抓紧制定必要的法律和制度。三是切实改善人民的生活。要改善农民的生活，切实解决城市工矿职工的生活供应、住房等问题。这样人民才能真心实意地拥护我们，社会才能安定。四是有关社会主义时期安定团结的理论问题。社会主义时期，阶级斗争还存在，但"文化大革命"中出现的那种动乱局面，并非社会主义制度下的必然规律。为巩固和发展安定团结的政治局面，有必要总结"文化大革命",从理论上把这个问题讲清楚,消除林彪、"四人帮"、康生在这个问题上造成的混乱。(二)关于经济工作必须实行的转变问题。国家计委在文件上讲了实行三个转变〔1〕,讲得很好,但还有值得研究的地方。例如,第二个转变是讲管理方法的转变,但文字上的表达不准确。原文只讲了从小生产方式转到社会化大生产的管理轨道上来。从内容上讲,包括三个方面:一个是从小生产式的和行政的甚至衙门式的管理方法,转到用经济方法,符合社会化大生产要求的科学管理的轨道上来;一个是从统收统交,统得过死,转到统一计划下实行分级管理,充分发挥中央、地方和企业的积极性的体制上来;一个是从分散的半政府状态转到尊重经济规律,加强综合平衡,有计划按比例发展国民经济的轨道上来。经济工作提几个转变如何提?请计委再考虑。(三)当前经济形势和两年计划安排。应当采取调整的方针,下大力气加强短线,压缩长线,不能修修补补。有三个大措施应当决心更大一些,一是多进口几百万吨粮食,让农民有个休养生息机会;二是利用大好时机,更多地利用外国资金,对农业、燃料、电力、交通运输多投点资,步子加快一些;三是在提高农副产品价格和煤炭、木材等原材料工业价格上,可否步子再大点。(四)关于改革经济管理体制。希望在改革时,思想再解放一点,胆子再大一点,冲破小农经济和原来学习苏联的那一套。国家计委文件关于体制的意见比过去进了一步,但还不够放手,不敢多分些职权给地方,扩大企业的权益也比较抽

---

〔1〕 1978年9月5日,国务院召开的全国计划会议提出,经济战线必须实行三个转变:一是把注意力转到生产斗争和技术革命上来;二是把管理制度和管理方法转到按照经济规律办事的科学管理的轨道上来;三是从闭关自守或半闭关自守状态转到积极引进国外先进技术,利用国外资金,大胆进入国际市场的开放政策上来。

象。希望体制改革这次一定要解决。建议中央成立一个体制改革小组，吸收中央和地方的同志参加，弄出个办法来。（五）关于抓好综合平衡和正确利用价值规律问题。要加强国家的综合平衡工作；要给地方统筹安排国民经济的权力；要逐步做到计划留有余地；要加强物价工作，重视利用价值规律。（六）关于广东经济建设问题。希望中央考虑如何利用广东的优势，特别是利用发展外贸的有利条件，给地方以必要的支持和更大的权力。

12月11日 上午，参加中央工作会议中南组的讨论。在发言中说：看了陈云同志十日上午在东北组的发言[1]，我认为很深刻，很重要，提议在小组会上议一议。我完全同意设立中央书记处协助常委、政治局处理日常事务，使中央政治局、常委真正考虑一些决策的大事。如果一下子搞不起来，也可以先考虑成立一个处理日常事务的工作班子，设一个秘书长，由胡耀邦同志任秘书长，再设几个副秘书长。有了这个工作班子，就能够把中央的日常工作全部承担起来，使政治局、常委，特别是常委完全摆脱日常事务。希望这次中央全会能够解决这个问题。

同日 中共中央发出通知，决定韦国清不再兼任中共广东省委、省革命委员会的职务，改由习仲勋任中共广东省委第一书记、省革命委员会主任，杨尚昆任中共广东省委第二书记、省革命委员会副主任。

12月13日 下午，出席中央工作会议闭幕会。邓小平作《解放思想，实事求是，团结一致向前看》的讲话，这个讲话实际上成为随后召开的中共十一届三中全会的主题报告。华国锋、

---

[1] 陈云在1978年12月10日上午中央工作会议东北组的发言中赞成有人提出的关于成立中央书记处的建议，说这可以使中央常委摆脱日常小事，更集中精力于国家大事。

叶剑英在会上讲话。叶剑英在讲话中专门提到习仲勋复信麦子灿一事,认为"习仲勋同志那种不怕听刺耳意见、鼓励别人讲话、勇于自我批评的精神是难能可贵的,值得我们每一个同志学习"。会后,又进行了两天分组讨论。十四日,参加中南组讨论,同王全国作联合发言。十五日,中央工作会议结束。

12月18日—22日 列席中共十一届三中全会。全会批判"两个凡是"的错误方针,充分肯定必须完整地、准确地掌握毛泽东思想的科学体系,高度评价关于实践是检验真理的唯一标准问题大讨论;果断地停止使用"以阶级斗争为纲"的口号,作出把党和国家的工作着重点转移到社会主义现代化建设上来、实行改革开放的历史性决策;决定健全党的民主集中制,加强党的领导机构,增选陈云为中共中央政治局委员、中共中央政治局常务委员会委员、中共中央副主席,增选邓颖超、胡耀邦、王震为中共中央政治局委员,增补黄克诚、宋任穷、胡乔木、习仲勋、王任重、黄火青、陈再道、韩光、周惠为中央委员;全会决定恢复成立并选举产生了以陈云为第一书记的中共中央纪律检查委员会。全会标志着中国共产党重新确立了马克思主义的思想路线、政治路线和组织路线,开启了我国改革开放和社会主义现代化建设历史新时期,实现了新中国成立以来党的历史上具有深远意义的伟大转折。

12月20日 为纪念毛泽东诞辰八十五周年,在《人民日报》发表《红日照亮了陕甘高原——回忆毛主席在陕甘宁边区的伟大革命实践》一文。文章说:一九三五年十月,毛主席率领中央红军胜利完成战略转移,长征到达陕北。从这时到一九四八年三月,一共十三个年头,党中央和毛主席直接领导着陕甘宁边区。毛主席运用马克思列宁主义的普遍真理指导中国革命具体实践,为我党制定了夺取抗日战争和解放战争胜利的政治路线、军事路线和经济建设、文化建设、党的建设等一整套方针和政策。毛主席在陕甘宁边区，直接领导广大党政军民建设模范的抗日民主根据地，成为光明的中国的雏形，为我党我军夺取全国胜利和建设新中国积累了丰富的经验，准备了干部。当时，我作为陕甘宁边区的负责人之一，有幸在毛主席的直接领导下工作，多次聆听他的教诲。这是一段令人难忘的岁月。

12月24日 下午，在人民大会堂出席彭德怀[1]、陶铸[2]追悼大会。

12月25日 出席中共广东省委常委会议，对中共十一届三中全会精神的传达进行部署。

12月29日 中共广东省委常委开会讨论"李一哲"案件，一致认为"李一哲"不是反革命集团，他们写的《关于社会主义的民主与法制——献给毛主席和四届人大》的大字报不是反动大字报，应予平反。一九七九年一月五日，广东省委作出《关于处理"李一哲"事件的决定》，为"李一哲"平反。被拘留的李正

---

[1] 彭德怀，1928年加入中国共产党。曾任中国工农红军第三军团军团长、陕甘支队司令员、八路军副总指挥、中国人民解放军副总司令、第一野战军司令员兼政治委员。新中国成立后，曾任中共中央政治局委员、中共中央西北局第一书记、西北军政委员会主席、中央人民政府人民革命军事委员会副主席、中国人民志愿军司令员兼政治委员、国务院副总理兼国防部部长等职。1959年在庐山会议上受到错误批判。"文化大革命"中遭受迫害，1974年11月逝世。

[2] 陶铸，1926年加入中国共产党。曾任中共福州中心市委书记、中共湖北省工委副书记、新四军豫鄂独立（挺进）游击支队代理政治委员、中共中央革命军事委员会秘书长、中共辽西省委书记、第四野战军政治部副主任等职。新中国成立后，曾任中共广东省委第一书记、中共中央中南局第一书记、国务院副总理、中共中央书记处常务书记、中共中央宣传部部长、中共中央文化革命小组顾问、中共中央政治局委员、中共中央政治局常委等职。"文化大革命"中遭受迫害，1969年11月逝世。

天等人被释放，补发工资，恢复或安排工作。此后，习仲勋指定由吴南生负责处理该案件。

12月底 到北京万寿路中央组织部招待所看望即将到广东工作的杨尚昆，向他介绍广东的情况，研究贯彻中共十一届三中全会精神等问题。

1979年　六十六岁

1月6日　广东省革委会和交通部联名向国务院呈报《关于我驻香港招商局在广东宝安建立工业区的报告》。三十一日，中共中央、国务院决定在广东蛇口建立全国第一个对外开放工业区——蛇口工业区。

1月8日　在梁威林[1]的来信上批示：此信可登第五组简报，请应彬[2]同志办。此前，梁威林于一月七日致信习仲勋并刘田夫：自仲勋同志来后，敢于通过会议、来信等形式听取各界意见，敢讲话的人多了一点，但就全省来说，许多人还不是那么敢讲话。希望省委这次会议能发扬中央工作会议的精神，敢于讲话，敢于开展认真的批评与自我批评，敢于把问题揭出来，敢于分清是非功过。

1月8日—25日　中共广东省委召开四届二次常委扩大会议，传达和贯彻一九七八年底召开的中央工作会议和中共十一届三中全会精神，研究广东省工作重点转移问题。会议决定，要花力气抓好平反冤假错案和落实干部政策的工作，用最快的时间组织好工作重点转移，一心一意搞四个现代化建设。

1月9日　出席中共广东省委四届二次常委扩大会议，传达中央工作会议和中共十一届三中全会精神。在谈到怎样开好省委

---
[1]　梁威林，时任广东省革命委员会副主任。
[2]　应彬，指杨应彬，时任中共广东省委常委兼秘书长。

四届二次常委扩大会议时说：我们一定要解放思想，实事求是，实现工作着重点的转变。参加这次会议的都是各地区和省直各部门的主要负责同志，我们的认识要统一，要有共同语言，思想要跟上去。为了顺利实现工作重点的转移，从我省的实际情况出发，需要解决以下问题：如何善始善终地结束揭批"四人帮"的群众运动，如何尽快地整顿好领导班子，如何进一步落实党的各项政策，如何把主要精力集中到生产建设上来，特别是如何尽快把我省的农业搞上去。讲话还说：中央工作会议和三中全会给我们作出了好的榜样，树立了好的会风。我们这次会议一定要充分发扬民主，畅所欲言，要开得生动活泼。希望同志们发扬敢于思考问题、敢于提出问题、敢于解决问题的精神，把我们这次会议开好。

1月12日 出席欢迎第八届亚洲运动会广东籍运动员归来的大会。在讲话中说：在第八届亚运会上，我们国家的运动员为祖国和人民作出了贡献，取得的成绩超过了上一届亚运会，从原来的第三位变为第二位，仅次于日本。在参加亚运会的代表团中，广东的运动员、教练员、领队、裁判员们尽了最大的努力，取得了良好的成绩。我省体育健儿参加代表团的人数之多，获得金牌之多和获得奖牌之多，都居全国首位。这是值得祝贺的。但是，也要看到我们还有不足之处。亚运会上游泳项目共有二十九个金牌，日本拿了二十五个，新加坡等国拿了四个，我国一个也没有拿到。广东号称"游泳之乡"，在游泳项目上为国争光，是责无旁贷的。我国许多项目的成绩同世界先进水平相比，差距还很大。我们的训练方法比较陈旧，体育场地设施和体育科研都还不能符合需要。我们要认真总结经验，戒骄戒躁，再接再厉，向世界体育高峰攀登。第八届亚运会于一九七八年十二月九日至二十日在泰国曼谷举行。

1月13日 出席中共广东省委党校干部读书班结业式。在讲话中说：去年中央工作会议和十一届三中全会在党的历史上有着十分重要的意义。会议解决了全党工作着重点的转移问题，这是一个重大的战略决策，是具有历史意义的根本性转变，不是一般的转变，不是从初级社到高级社的那种转变，不是党的具体工作的着重点的通常性质的转变。这个转变，符合历史发展进程的客观要求，反映了全党全军全国各族人民的迫切愿望，得到全党全国人民的一致热烈拥护。现在实行转移的条件已经成熟。党心所向，人心所向，时代要求我们转移，不转移我们就会被动挨打，政权就不能巩固，人民不答应。

1月18日—4月3日 党的理论工作务虚会召开。三月三十日，邓小平在会上发表《坚持四项基本原则》讲话，强调必须在思想政治上坚持社会主义道路，坚持无产阶级专政（后表述为人民民主专政），坚持共产党的领导，坚持马列主义、毛泽东思想。这四项基本原则是实现四个现代化的根本前提。

1月20日 出席广东省党、政、军和各界代表举行的陶铸悼念仪式并讲话。讲话回顾了陶铸对社会主义革命和建设事业作出的重大贡献，指出：原中南局和广东省委是红的，不是黑的。原中南局和广东的各级领导干部，绝大多数是好的和比较好的。林彪、"四人帮"把原中南局和广东省许多干部定为"死不悔改的走资派""陶铸死党"等等，这完全是污蔑和陷害。现在，党中央已为陶铸彻底平反。凡是这类污蔑不实之词，均应推倒。

同日 中共广东省委批转省委摘掉右派分子帽子工作领导小组《关于全省全部摘掉右派分子帽子工作会议的情况报告》，要求各级党委认真贯彻中央的指示精神，坚持实事求是的原则，走群众路线，抓紧在第一季度做好全部摘掉右派分子帽子的各项工作。

1月23日 中共广东省委决定将宝安县改为深圳市，珠海县改为珠海市。张勋甫任中共深圳市委书记，方苞为副书记；吴健民任中共珠海市委书记，麦庚安为副书记。三月五日，国务院批复广东省革委会，同意两县改设为市。十一月二十六日，省革委会决定，将深圳市和珠海市由省和惠阳、佛山地区双重领导体制改为地区一级的省辖市，直属省领导。

1月24日 同吴南生等中共广东省委负责人在省委东一楼会议室接见"李一哲"案件的主要成员李正天、陈一阳、王希哲、郭鸿志等人，听取他们的意见。在谈话中提醒他们要冷静，防止被极少数人利用、钻空子，对坏人的观点要顶回去。叮嘱说："你们的路还长。希望你们把路子走对，健康地成长。"有些青年人受林彪、"四人帮"极左思潮的影响，你们要注意，要帮助那些人。

1月25日 出席中共广东省委四届二次常委扩大会议闭幕式并作总结讲话。在讲话中说：（一）广东一定要同全国一道把工作着重点转移到社会主义现代化建设上来。我们各方面的工作都要跟上，要转变，要改革。例如，经济管理体制如何改革，机构如何设置，党的思想政治工作如何做，怎么样用经济的办法来管理经济，我们的作风如何改进，等等，都要很好考虑。利用外资、引进先进技术设备、搞补偿贸易、搞加工装配、搞合作经营，要坚决搞，大胆搞，放手搞。旅游事业要大大发展起来。今天，我们坚持实践是检验真理的唯一标准这个马克思主义的基本原理，就要看我们言论和行动的结果是否有利于生产的发展、人民生活的改善，是否有利于实现四个现代化。强调实践是检验真理的唯一标准，还有个重要意义，就是要鼓励大家去干，去实践，实践才能出真知，才能把毛泽东思想推向前进。（二）实现工作重点的转移，首先必须把农业生产搞上去。要大张旗鼓地揭发批判林彪、"四人帮"的极左路线，落实党的政策；切实尊重和保护生产队的所有权和自主权；坚决贯彻农林牧相结合的方针，积极发展畜牧业、渔业和林业；调整粮食统购任务，认真贯彻以农业为基础的方针，使农民休养生息；坚持按劳分配的原则；加强各行各业对农业的支援工作；有计划有重点地搞好农业现代化试点；切实加强党和政府对农业的领导。省委接受到会同志的意见，会后立即调整加强省委领导农业的班子，成立省农业委员会，解决农业工作中的重大问题。（三）从组织上保证工作着重点的转移。必须整顿和加强各级领导班子；坚决精简机构，改变机构臃肿、层次重叠、人浮于事的现象；各级领导要认真改进工作作风和工作方法，提高领导艺术。目前要抓紧解决两个问题：一是党委要认真贯彻民主集中制，二是要坚决克服"五多"[1]。（四）巩固和发展安定团结的大好形势。要认真解决历史遗留问题，进一步落实干部政策，善于处理人民内部矛盾。广东反地方主义先后有过两次。"对于过去反地方主义搞错了的，处分偏重的，或因地方主义划为右派的，都应当加以纠正。""省委希望地方干部和外来干部都要正确对待历史上的遗留问题，团结起来向前看。"搞四个现代化需要一个长时期安定团结的政治局面，要争取各种可能，发展和巩固我们的政治局面，并争取较长时期稳定下来，这是我们的战略要求，是全国、全省人民的强烈愿望，也是党和人民的最大利益。我们处理一切问题，都要从这样一个战略方针出发。会后，同杨尚昆等省委负责人和广州市委、省军区及省直各部、委、办、局的负责人带领工作组，分赴肇庆、佛山、韶关、汕头等八个地区，以及高要、花县[2]等七

---

[1] "五多"，指机构多、会议多、文件简报多、干部兼职多、领导浮在上面多。
[2] 花县，今广东广州市花都区。

十多个县、市，参加这些地、县召开的干部会议，传达党的十一届三中全会精神，并就地调查研究，帮助各地迅速组织春耕生产。

同日 晚上，出席广州地区军民春节拥军优属拥政爱民文艺晚会。

1月27日 主持中共广东省委常委会议，决定进一步抓紧清查和落实政策工作。会议提出，要加强省委清查办和落实干部政策的机构和力量。落实国民党起义、投诚人员政策的工作，由省委统战部管起来。右派分子摘帽和改正的工作要抓紧。省委纪检委可多安排一些老干部，既要处理案子，又要抓党风。省委组织部要安排分批召开小型的退职离休老红军老干部座谈会，听取他们的意见。省委统战部可分组召开会议，听取爱国人士的意见。

2月1日 上午，同吴南生等中共广东省委负责人接见李正天、陈一阳、王希哲、郭鸿志等人，耐心做他们的思想工作，并商量二月五日在友谊剧院召开为"李一哲"案件平反大会事宜。当郭鸿志讲到他们被抓起来在狱中不服气时，习仲勋说："不服气是对的，是应该的。开始定你们反动大字报，后来又定为反革命集团。你们如何发火，怎么讲都可以，因为我们搞错了。我不只是对现在的省委负责，还要对上届省委负责，因为这是历史上发生、发展起来的，事情虽然不是出在我手里，我也要承担责任。"习仲勋对李正天等人提出两点意见：第一，当时那样处理不对；第二，要谅解当时的情况，理解当时的历史条件。并说：这两次谈话，都是交心的。你们的问题是历史问题，现在解决这个问题要当现实问题来解决，处理这个问题的意义主要是为了今后。我们思想要解放，你们的思想也要解放。你们从去年十二月三十日到现在，本身不断有新的认识、新的看法。你们在平反大会上的发言，要控诉林彪、"四人帮"的极左路线。你们受这么多罪，对你们也是个锻炼，要高姿态。我坐了多次监狱，坐共产党的监狱就有两次。我戴了脚镣,你们没戴吧?还绑了很多绳子。现在有了民主,要正确使用民主权利,要划清社会主义民主和资产阶级民主的界限。"你们正在成长,前途无量。但很难一帆风顺,矛盾很多,一浪跟一浪,这一点你们要懂。""你们要兢兢业业,要有革命精神和干劲,要朝气蓬勃。我虽然六十六岁了,但在革命精神上我不服老,还是过去那样。你们还要努力,要成长为合格的接班人,做到这一点是不容易的。"这次谈话长达三个多小时。

同日 下午,主持中共广东省委常委会议,讨论召开为"李一哲"案件平反大会的问题。

2月2日 收到郭鸿志、李正天、王希哲写给中共广东省委和习仲勋、吴南生的"紧急意见信"。信中提出三点要求:(一)要在中山纪念堂而不是原定的友谊剧院召开平反大会。(二)希望习仲勋参加平反大会。(三)希望省委领导接见"李一哲"案的所有人员。

2月3日 晚十一时二十三分至翌日凌晨二时二十分,在广东省委东一楼会议室接见李正天、陈一阳、王希哲、郭鸿志等人。在谈话中批评他们的"紧急意见信"好像"文化大革命"时给党委的紧急通令。习仲勋解释和回答他们提出的各项问题,说明要搞民主集中制,召开平反大会的地址是省委常委开会决定的;因自己要赶去肇庆参加地委召开的贯彻十一届三中全会精神的大会,参加平反大会实在抽不出时间。习仲勋说:"对你们的问题,省委已经够重视了,省委委托吴南生同志处理你们的问题,平反大会吴南生书记讲话,一个常委主持会议并宣布省委的决定,我去不去参加,意义不大。你们不要把个人的作用看得那么大。""我和你们多次谈话,我的时间就是那么充裕?我已经是六十六岁的人,连续四个晚上连澡都没有洗,你们要谅解老同志。我处理这个事情不是一帆风顺的。""不能感情冲动，一下子这样变，一下子那样变，这正是你们青年的弱点，那不行。要深思熟虑，考虑问题要周到些。"对他们提出接见"李一哲"案件所有成员和有牵连人的要求，习仲勋当即答应。经过工作，郭鸿志等基本同意省委的意见。

2月4日 下午，在广东省委组织部东湖招待所会见室接见"李一哲"案件相关成员三十人。在谈话中说：大家都受了一点苦头，这也不足为奇。历史上这一段很乱。你们经过风浪，我也经过风浪。"李一哲"的问题，本来应该解决，但没有肃清林彪、"四人帮"的流毒，没能早解决。任何事情的解决都有个过程。冤假错案太多，要查清需要时间，如不把情况搞清就平反，又来个反复，那不好。平反会，我不参加了。广东人多，五千五百万人口，现在一千万人口粮在三十斤保护线以下，不解决不行，农业特别是粮食生产要很快搞上去。我要到肇庆去，肇庆一号开会，七号结束，我明晚要去，省委有分工。省委是集体领导，不是我一个人说了算，只要是集体做的决议，哪一个人代表省委去讲都算数。在谈话中，有些人仍坚持要求在中山纪念堂开平反大会，要求习仲勋出席大会并讲话。习仲勋严肃批评他们没有按承诺办事，经反复做工作，终于说服他们同意省委的安排，按计划召开平反大会。

同日 中共广东省委批转省委农村工作部《关于建立"五定一奖"[1]生产责任制问题的意见》，在全省农村中普遍推行"五定一奖"。五月二十日，《人民日报》发表《调动农民积极性的一项有力措施——关于广东农村实行"五定一奖"生产责任制的调查》一文，认为联系产量的责任制在实践中显示了很大的优

---

[1]"五定一奖"，指定劳动、定地段、定成本、定工分、定产量、超产奖励。

越性。

2月5日 晚上，率工作组抵达肇庆，听取中共肇庆地委的工作汇报，同地委和各县、市委书记座谈。

2月6日 中共广东省委在广州友谊剧院召开有一千多人参加的群众大会，公开为"李一哲"案件平反。寇庆延[1]宣读《中共广东省委员会关于处理"李一哲"案件的决定》，吴南生代表省委讲话。李正天等三人分别发言，一致拥护省委关于处理这一案件的决定和吴南生的讲话。会后，广东省委向中共中央报送《关于"李一哲"案件平反的情况报告》，总结"李一哲"案件的经验教训。《情况报告》称：（一）要继续开展真理标准问题的讨论，鼓励大家解放思想，充分发扬民主，坚持实事求是，一切从实际出发，不管是谁说的，不管是什么本本，只要是不符合实际的，都不能照搬，做错了，都要纠正。这样我们的思想才能活跃起来，才能创造一种生动活泼的政治局面。（二）必须坚持民主集中制的原则，当前特别需要强调社会主义民主。我们党的事业是千百万人的事业，应当允许人民讲话，鼓励人民去关心国家大事。人民群众讲话，讲错了不要紧，只要有利于社会主义事业，顺耳的话、刺耳的话都应该听，只有这样才能集思广益，才能生动活泼，热气腾腾。一个革命政党，就怕听不到人民的声音，最可怕的是鸦雀无声。在这个问题上，一定要相信群众的大多数会珍惜自己的民主权利，有了这个根本立场，民主生活才能活跃起来。（三）一定要正确处理人民内部矛盾，决不允许把人民当阶级敌人对待。要学会善于处理人民内部矛盾，而不能用错误的方法去激化矛盾。共产党人采取这样的态度，就会团结千千万万的

---

[1] 寇庆延，时任中共广东省委常委兼省委边防口岸工作领导小组组长、广东省革命委员会副主任。

人民群众，结成浩浩荡荡的大军。

2月7日 出席中共肇庆地委常委扩大会议，传达中央工作会议和十一届三中全会精神。在讲话中说：中央工作会议和三中全会解决了我们党和国家兴旺发达的一个带根本性的重大问题。从今年开始，把全党工作的着重点转移到社会主义现代化建设上来，动员全党全军全国各族人民，同心同德，鼓足干劲，全力以赴，为加快我国社会主义现代化建设而奋斗。这是一个伟大的战略转变，是我们党二十多年来想转而未有转成功的事情。从一九七九年到一九八〇年、一九八一年，是关键时期，国民经济要搞上去，党的实事求是的优良传统作风要恢复过来。现在不是说空话的时候，要千方百计使群众多分钱，有粮食吃，还要有一点东西，不要怕群众东西多了。要把手脚放开，首先各级领导干部思想要放开一点。我们是社会主义国家，与资本主义制度根本不一样，不怕群众富，富还是社会主义公民。怕什么？民富国强嘛！自古以来就是这句话，过去如此，现在还如此，今后也如此。只要对人民有利，对国家有利，我们就干，胆子大一点。大家要把主要精力放在干革命上，放在贯彻党的工作着重点的转移上。如果光讲大话，还是老一套，我们还是要犯大错误的。"搞四个现代化，是全党今天最大的实际工作。今天最大的革命，就是搞四个现代化。现在我们要把第一步迈好，要开个好头，千方百计使工业、农业，使整个国民经济得到进一步的恢复和发展。"

2月9日—18日 带领工作组前往肇庆地区的四会、广宁、怀集、封开、郁南、罗定、云浮等县考察，同地委和县委、公社党委书记及部分大队党支部书记进行座谈，听取工作汇报。

2月9日 在四会县大沙公社听取水稻综合防治的情况汇报。在讲话中说：你们搞综合防治有经验，可以多生产杀螟杆菌供应别地需要。养鸭除虫，鸭子要实行包产，超产有奖励。现在的成活率才百分之七十，可提高百分之二十，把这百分之二十多奖一些给他们。你们这里番薯不算产量，可以发展养猪，养猪有肉食也有肥料。要大搞土杂肥，养猪积肥，不能只靠化肥，要有收购肥料的制度。毛主席讲过，一头猪就是一个小化肥厂，有肥一定能大增产。这样，集体和私人经济都活了，群众就积极了。在谈到为已改造成为劳动者的绝大多数原地主、富农改定成分问题时说：地富摘帽是个大政策，你们要研究一下，把这部分人算一算，包括其家属共有多少人，工作要做具体些。现在的地富子女已是第三代了。你们宣传了这个政策没有？要广泛宣传，家喻户晓。

同日 下午，在四会县清塘公社下布大队察看沼气应用、柑桔山和县办母猪场。在听取猪场负责同志的汇报后说：你们的母猪场有经验，可以多繁殖一些小猪供应外地需要。管理可以改进，还应帮每个公社办起猪场，每个大队都办起猪场，他们的规模可以小些。县的猪场组织技术力量下去帮助，把养猪的技术经验传授给他们。养猪不仅解决肉食问题，还有肥料。全县三十万亩田，能实现一亩一造一头猪，肥料就解决了。要有这个奋斗目标，措施要落实到每队每户中去。搞肥料也是农田基本建设。你们的养猪经验可以写本书，总结经验，全区全省可以推广。

2月10日 出席中共四会县委常委和公社党委书记座谈会，听取清塘、大沙、江谷、下茆等公社党委书记汇报工作。在县委负责同志汇报到右派摘帽和纠正工作情况时，习仲勋说：全县右派一百四十八人这个数字确实不确实，在押的也要复查摘帽，属什么性质就定什么性质。在听取清塘公社党委书记汇报时说：你们公社书记对省委领导、地委领导、县委领导有什么意见？思想要解放一点，你们有切身体会。你们党委有没有实行民主集中制，这方面的情况你们也说说。在大沙公社党委书记汇报到该社安二大队马家生产队集体分配每人每年三百三十元时，习仲勋说：多收入就应多分配，不要限制人家分配，因为集体经济发展了嘛。当然可以多搞一些福利事业，如办托儿所、合作医疗等，可多搞农田基本建设，搞沼气，还可有计划地盖些房子。在谈到县的四级干部会议如何开好的问题时说：县、社领导要组织个大会主席团，先将精神吃透，首先发扬民主，让大家讲话，面对面批评，县委要有这个气魄，要畅所欲言，有意见提意见，有批评提批评，把发扬民主这个风气贯彻下去。然后从实际出发，考虑调动积极性，搞好春耕生产。还有个政策问题，包括干部政策，有的同志受了挫折要平反，地富反坏摘帽要很快做，第一季度搞完，这是解放一大片的问题。一切工作要落实到把今年的春耕工作搞好，把大家引到解放思想，最后落实到解决具体问题。在座谈会结束前说：现在应打破禁区，错就说错，实事求是。干部要改变作风，对群众要有平等的态度。要依靠群众，走群众路线。"要允许群众有小自由，不要卡群众，群众富点好嘛，不要怕富，不要有'恐富病'，过去穷得要命，还在批所谓资本主义，要弄清哪些是社会主义，哪些是资本主义。"土地是集体的，靠劳动所得怕什么。放手搞，活一点，多一些鸡鸭不是更好吗？人民生活搞好，经济繁荣起来，才能搞四化。"这次会议要改变过去的作风，思想要来个大革命，政策要来个拨乱反正，过去说公社政社合一，现在都可以解放思想，公社到底怎么搞好，都变成了行政领导，缺乏经济管理组织，这个搞法行不行？"

2月10日—11日 出席中共广宁县委常委和公社党委书记座谈会，听取古水、江屯公社党委书记汇报工作。当汇报到公社经济核算问题时，习仲勋说：现在搞经济建设就要学会算账。当公社书记就要懂得生产的基本知识，一亩油茶种多少收多少，一亩茶叶能收多少，不懂得这些不能当公社书记。在谈到家庭副业问题时说：要保护全民所有制和集体所有制，在这个前提下发展私人副业。我们不是怕富，首先是集体富裕，集体要多搞，集体收入多了，私人就可以多分，他就更热爱集体了。当汇报到山区口粮低、影响林业生产积极性问题时，习仲勋说：今后要以经济手段管理经济，通过供销社订合同，你给他木材，他给你粮食，用汽车运来对调，要改变过去那套行政命令的手段。在座谈会结束之前，习仲勋说：广宁县要以林为主，全面发展，搞多种经营。林业本身也要一业为主，多种经营。要重视养猪，抓畜牧业可以养猪为中心。把猪发展起来，肥料就解决了。还要搞沼气。毛主席说，农林牧三者缺一不可。把毛主席讲的道理和我们二十多年的经验总结出来，失败的教训是什么，成功的经验是什么，不能只靠本本，真正和我们的实际结合起来，还是很大的学问。我们要有雄心壮志，千方百计把生产搞上去，使经济繁荣起来，把群众生活搞好。我们贯彻政策就是为了调动群众积极性，也只有贯彻政策才能调动积极性。要保护基层干部的积极性，要以干部的行动来影响群众，不要强迫他们干什么，这才有生动活泼的政治局面。

2月11日 听取中共怀集县委常委的工作汇报。当汇报到由于沿途木材检查站的管卡，去年全县预计损失收入二百多万元时，习仲勋说：林业问题上下有矛盾，要好好研究一下，把问题摆出来，不解决，群众会造我们的反。在谈到怀集县的发展问题时说：怀集县地少，要大搞土杂肥，记工分收购肥料。要养猪养牛，这里鸡鸭少，也要多搞。沼气要办。山地可以大种经济作物，种桑养蚕。每个干部要想方设法为群众多搞东西，使经济繁荣起来，让群众生活好些，增加群众的物质利益。历史上哪个阶级革命都是为了他那个阶级的物质利益，无产阶级要革命就是为了有产嘛。思想要解放一点，不要心有余悸。土地是集体的，再搞多也当不了地主，也压迫不了别人，不要怕富，"恐富病"不行。要搞民主集中制，这是优良传统作风，要靠大家办事情，一个人不行，越有本事越要谦虚。要实事求是，不要当霸王，我们要靠群众，什么事情不是群众干出来的！对山区要热爱，过去我们就是山区出来的，山区出马列主义。

2月12日 上午，到怀集县岳山林场检查工作。在讲话中说：这里应发展多种经营，可养蜂、养牛，开几十亩地种东西，改善生活。这里比较艰苦，生活上的物资供应，如肥皂等应作特殊对待。要使林场工人以场为家，家属愿意搬来不要限制，应当欢迎，这样他们就安心工作了。

同日 下午，出席怀集县公社党委书记座谈会。在讲话中说：我们要做好工作就要依靠群众，以共产党的威信影响群众，以我们干部的积极性去影响群众。我们虽然在农村工作十几二十年，还不能说我们就会做工作了，要学习，要学会做群众工作，带领群众搞四化，搞生产建设，把人民生活搞富裕起来。广东主要考虑如何把农业搞上去。现在林业问题很严重，你们可以充分利用山区的木材搞加工，增加收入。林场要开展多种经营，多种多养，以林为纲，全面发展。将来木材可以订合同，交多少木材换多少米和其他物资，加工以销定产。

同日 中共广东省委、省革委会作出决定，严肃处理反彭湃烈士事件，相关人员交司法机关严惩。

2月13日 在怀集县接见在"文化大革命"中遭迫害致死者家属。在讲话中说：我们要向前看，家属也要向前看。要相信县委，有意见可当面向县委提，他们会解决的，不能解决的向地委提，还不能解决的向省委提。前段做了很多工作，但还有遗留问题，现在要进一步解决好，要按政策办事，不能以感情代替政策。

同日 出席中共封开县委常委座谈会。当县委常委汇报到地主富农摘帽问题时，习仲勋说：摘帽不能偏严，偏严就犯错误，就搞不彻底，只要多数群众通过的一律摘掉，要走群众路线，只要依靠群众贯彻中央政策就不会有错误。过去搞强迫命令厉害，搞政治运动太多。革命要有个目的，要发展生产，工作重点转移就是要发展生产。要学会处理人民内部矛盾，学会做群众工作。我们要靠政策调动群众积极性，靠干部以身作则影响群众。现在我们的工作难做，就是因为不能搞过去那套强迫命令。我们的干部要学会算经济账，学会做经济工作。"我们不能只想卡农民，农民是卡不住的，再这样下去，生活不改善，群众会造你的反，过去他们消极怠工就是对付你的一种造反。"我们要学习辩证法，学习马列主义，也要总结我们的经验，真正宝贵的经验是本地的经验。当汇报到县委领导班子的情况时，习仲勋说：县委领导班子要团结，要真正成为能够领导全县工作的指挥部。大事不犯错误拿什么作保证呢？就是靠民主集中制。你们这个指挥部要设在农业战线上，你们的战斗岗位就在农业前线上，一切工作都以打好农业这一仗为中心。不要讲空话、假话，要老老实实。

2月14日 晚上，出席封开县公社党委书记和几个大队党支部书记座谈会。当莲都公社清水大队党支部书记汇报到该大队分配水平很低的情况时，习仲勋说：你们公社想办法帮助他们解决问题没有？除了木材加工这个办法外，还要多想些生产的办法。过去毛主席在延安的时候，号召自己动手，丰衣足食。你们提出的问题要解决，但不能等，等解决还叫什么革命精神。如果没有革命精神，给了东西也搞不好，要有一股劲。当长安公社书记汇报到"文化大革命"的遗留问题时，习仲勋说：历史问题要解决，要按政策办事。解决了遗留问题，才能使大家安心搞好生产。在座谈会结束之前说：现在工作着重点转移，我们的思想作风要来个大转变。搞经济工作是个新课题，要学会做群众工作，学会处理人民内部矛盾。如果人民内部矛盾处理不好会转化的，现在的工作要做得很细致，不能粗枝大叶，任何一件事都要把各方面的关系考虑到。今后工作还要学会算账，订合同，立约为据。遇事要和群众商量。我们做任何一件事都是为了人民，为了人民富裕起来，今后不要怕富。要按照十一届三中全会精神，把本社队二十年的经验好好总结一下，为什么发展快，为什么发展慢，有什么经验教训，把问题揭露出来，哪些是上面来的，哪些是我们下面的，解放思想，联系实际，很多问题可以解决。光靠省、地、县也不行，要靠我们大家。

同日 国务院对广东省革委会一九七八年十月二十三日报送的《关于宝安、珠海两县外贸基地和市政建设规划设想》作出批复，原则同意这一《规划设想》。批复指出："凡是看准了的，说干就干，立即行动，把它办成、办好。"国务院深信，经过三五年的努力，把宝安、珠海两个县建设成为具有相当水平的工农业结合的出口商品基地，建设成为吸收港澳游客的游览区，建设成为新型的边防城市，是完全可能的。

同日 中共广东省委批转省委组织部、农村工作部《关于认真做好落实农村基层干部政策工作的请示报告》，强调对在"文化大革命"和各次政治运动中受到错误处理的基层干部，要认真进行复查。凡是搞错了的，坚决给予平反昭雪；对林彪、"四人帮"强加给农村基层干部的各种污蔑不实之词，要统统推倒，迅速把那些有经验、有能力的农村基层干部提到各级领导岗位上来，充分发挥他们的作用。

2月15日 出席中共郁南县委常委和公社党委书记座谈会。在讲话中说：生产方针要因地制宜，从实际出发，还是中央提的以粮为纲，全面发展，因地制宜，适当集中。这几句话真正做起来就不容易，我们头脑要清楚，要搞集体富，不能搞两极分化。要解放群众的思想，首先要解放干部的思想。现在农民的手脚还没有解放出来，干部的手脚也没有完全解放。要调动群众的积极性，首先要调动干部的积极性。过去我们对基层干部批评太多了，其实许多工作上的缺点错误是上面来的，要承担责任，保护干部积极性。林业问题，准备这个月下旬专门开会解决。山区的同志要求有"自留山"，可以留点"自留山"，但必须由集体统一管理。

同日 中共广东省委发出《关于认真贯彻落实中央工作会议和三中全会精神，联系实际，实现工作重点转移的通知》，要求各级党委认真学习领会中央工作会议和十一届三中全会的精神实质，认识党的工作重点转移的伟大历史意义，联系实际，总结二十年来农业上不去的经验教训，肃清"左"的流毒，认真解决阻碍工作重点转移的一批突出问题，改进工作方法和工作作风，加强经营管理工作，搞好生产责任制。

2月16日 出席罗定县公社党委书记座谈会。在讲话中说：过去十多年来，林彪、"四人帮"鼓吹极左路线，农村中的政治运动一个接着一个，造成的恶果是非常严重的。要识别什么是"左"，什么是右。"恐右病"是一种要命的病，不好治的病，不是一下子就可以改过来，要有好的政策、作风，才能把这个病治好。"恐富病"同"恐右病"的表现形式不一样，但实际是一个东西，怕人家富了。医治这两种病的最有效药方，就是到实际中去，到群众中去，依靠千百万人民的实践来检验。现在要富，怎么个富法？首先要把集体经济发展起来，是集体富裕，共同富裕。如果单使农民富，那不全面。集体收入要大于个人收入，农民才能更相信集体，集体经济才能巩固。解放思想为的是把政策搞对头，把作风搞对头，把方法搞对头，这样农村就会五业兴旺。解放思想不是胡闹，乱来，把工作搞坏。不符合政策的都要制止，要做到既有民主，又有集中；既有自由，又有纪律。解放思想也要做政治思想工作，要用马列主义、毛泽东思想来领先，要有正确路线指导，不能放弃领导。我们要从政治上关心基层干部。现在有的基层干部说：干部难当。其实，只要方针、路线对头，干部就好当了。干部同群众要合拍，大家想到一起，干部全心全意为群众服务，像罗定县华石公社那个"光棍"队长（单身汉）那样，关心群众，一心为集体，群众也关心他、照顾他，这样工作就好做了，干部就好当了。我们干部总要给群众做点好事，群众才会关心你，把你当自己人。

2月17日 出席云浮县公社党委书记座谈会。在讲话中说：今年我们的工作重点转移，中心就是抓农业，把农业搞上去，争取农业大丰收，这是工作重点转移最紧要的要求。要完成这个任务，首先要使思想上来个大转变，把思想障碍扫除。最大的障碍就是极左思潮，过去十多年来一直批右没有批"左"，一直批资本主义，实际上是批了社会主义，把什么东西都批掉了，鸡、鹅、鸭、牛、猪都批少了，批得农民吃不饱肚子。我们要肃清流毒，要解决"恐右病""恐富病"。再一个是政策思想问题。我们首先要有个集体观点、全局观念，要处理好国家、集体、个人三者关系，国家、集体是排在前面的。过去集体不富，优越性没有发挥出来。今天把政策放宽，就是为了巩固和发展集体经济，把集体搞得更富。要大力发展社队企业，这个问题请你们好好研究。发展社队企业一定要就地取材，首先要为当地的农业生产、群众生活服务，然后才是搞些为大工业加工之类的东西。还有一个干部群众普遍关心的问题，就是政策变不变的问题。现在政策放宽了，大家很欢迎，但就是怕变。其实，任何政策都会变，条件、环境发生变化了，党的政策也就要相应地改变。在不同的历史时期，党的路线也是要变的。变是一个基本规律。正确地变，是正常现象，怕的是乱变。我们反对的是乱变一气。一个政策决定了，有一段稳定的时间，但不可能一成不变。只要是对发展生产有利，对处理国家、集体、个人三者关系有利，就应当变。这是正确的变，向好的方面变。我们要用辩证的观点看问题，不要搞形而上学。

2月18日 上午，出席中共肇庆地委正副书记座谈会。在听取地委负责人汇报工农业生产及贯彻十一届三中全会和省委常委扩大会议精神等情况后说：木材任务过重，把一些中幼林也砍了，这是自杀政策。像德庆这样的地方，应该以封山育林为主，一年适当采伐一些，不然的话，林业生产多少年都搞不起来，我们这一辈子也搞不起来。省委准备最近开个林业会议，来一些公社和县的同志，把发展林业生产的矛盾揭开，把问题提出来，提得越尖锐越好，要真正解决问题。电一定要搞，现在电缺得很，有充足的电力供应，我省工业产值就能提高百分之三十，对农业的发展也大有好处。这次贯彻三中全会和省委常委扩大会议精神，你们这里是比较好的。肇庆地委班子基本上是团结的，意见也是一致的，工作积极，经常接近和深入下层，和各县的关系也是密切的。你们还要继续努力，不仅地委班子要搞好，县委、公社党委班子也要搞好。这次到了几个县，接触了一百多名公社书记和大队支部书记，总的看来，干部精神面貌是好的。

2月23日 中共广东省委将习仲勋在肇庆地区农村基层干部座谈会上的讲话印发全省。

3月3日 中共广东省委召开常委会议，研究贯彻中共十一届三中全会精神问题。在改革开放问题上，习仲勋、吴南生等主张广东先行一步。随后，习仲勋、吴南生向叶剑英汇报省委意见。叶剑英很高兴，指示习仲勋和吴南生赶快向邓小平汇报。

3月9日　《南方日报》报道，中共广东省委举行常委扩大会议，清理广东十一个重大遗留问题，并作结论。会议指出：（一）抗日战争时期，广东党组织是在周恩来为书记的南方局领导下坚持革命斗争的，是我们党领导革命斗争的一个组成部分。林彪、"四人帮"一伙策划揪"南方叛徒网"，其矛头是对着周恩来的，必须彻底揭露和清算。至于全国解放前活跃在广东各地的人民武装队伍，都是党所领导的革命武装，在革命斗争中起了重要作用。林彪、"四人帮"一伙的一切诬蔑之词，必须统统推倒，凡因这些案件受迫害的同志，都应当平反昭雪。（二）广东是著名的侨乡，华侨和侨眷绝大多数是劳动人民，华侨一向有爱国的传统，一九七〇年推行的所谓《处理有港澳海外关系干部的六条意见》是错误的，应予以彻底批判。凡因这个六条受到迫害的人，都要平反昭雪。（三）对在广东反地方主义中被搞错了的，处分偏重的，应根据实事求是的原则予以纠正。凡属搞错了的，必须改正，错多少纠正多少，全部错的全部纠正，不留尾巴。地方干部和外来干部要正确对待历史上的遗留问题，团结起来向前看，为加快广东现代化建设作贡献。

3月12日　出席中共广东省委举行的省委党校一九七九年第一期县委书记以上领导干部读书班开学大会并讲话。在谈到学习问题时说：这期读书班是在全党贯彻党的十一届三中全会精神的情况下举办的。读书班按照三中全会文件精神，将学习马列主义、毛泽东思想的基本理论同实现四个现代化的伟大实践密切结合起来，有计划地安排学习，大家一定会学得更好。毛主席当年给中央党校题了几个字，叫"实事求是"，这是马列主义最基本的原理。希望大家按这一基本原理，搞好学习。在谈到工作重点转移问题时说：工作着重点的转移，首先看领导思想能不能转移。领导关起门来坐在办公室，不能解决什么问题，也不可能把问题解决得更好。要到下面去，同干部群众一起，征求他们的意见，商量讨论，这样问题才解决得好。现在农村的情况，归纳起来是两个稳定（农村稳定、城镇稳定）和三个活跃（思想上活跃、政治上活跃、经济上活跃），形势很好，但问题也很多。揭批查的群众性运动可以基本结束，争取在今年国庆节前把冤假错案基本搞完，在这方面还要做很多工作。在谈到政策的转变问题时说：粉碎"四人帮"两年多来，我们的政策变得多，大家很高兴，很拥护，但又担心能否坚持下去，怕过一段又变了。变是基本规律，任何政策都有变的时候，变是基本的，不变是暂时的。环境变了，历史条件变了，政策就得变。比如养猪政策，今天是放宽养猪，因为现在肉少，买肉排队。将来卖猪要排队，肉没人要，到那个时候，我们不变，农民也要求变，你们县干部、公社干部也要求变，政策就要变。这个不要怕，怕的是乱变，变错了。只要你变得对，变得对生产生活有利，就要变，否则就不能变。变坏了，就是乱变，我们是反对乱变的。在谈到要学会做群众工作的问题时说：党的工作着重点转移了，怎样领导农民搞好农业生产，这是个新问题。要依靠群众，走群众路线，学会处理人民内部矛盾，善于处理人民内部矛盾。

同日 同杨尚昆、刘田夫等到白云山植树。

3月17日 在珠岛宾馆同李正天、陈一阳、王希哲、郭鸿志谈话，批评他们召开理论讨论会和擅自邀请港澳或海外人士等回来参加政治活动的错误做法。此前，三月十五日，李正天、陈一阳、王希哲、郭鸿志以"李一哲"的名义，在广州街头贴出《为纪念"四五"运动三周年理论讨论会启事》。十六日，李正天、王希哲就召开理论讨论会一事联名致信习仲勋。习仲勋同李正天等人谈话后，李正天、王希哲等于十七日致信习仲勋和中共广东省委，表示取消理论讨论会。十九日晚，李正天等在广州贴出署名"李一哲"的《再启事》，表示理论讨论会因故取消。

3月20日 中共广东省委批转省委组织部《关于落实干部政策的情况和意见》。省委在批示中提出，力争在本年上半年基本完成落实干部政策的工作任务，国庆前圆满结束这项工作。此后，广东省委从省、地、县机关抽调二千四百多名干部，组成联合工作组，分赴各地检查验收，加快了各项政策的落实和冤假错案的平反工作。

3月21日—23日 中共中央召开政治局会议，讨论一九七九年计划和国民经济调整问题，原则同意国家计委对一九七九年国民经济计划进行的修改和调整，决定用三年时间调整国民经济。

3月23日—29日 广东省侨务工作会议和第二次全省归侨代表大会在广州召开。会议强调要正确认识华侨的地位和作用，吸取历史经验教训，彻底肃清"左"的影响，全面贯彻落实各项侨务方针政策，充分调动华侨、港澳同胞和归侨、侨眷建设家乡的积极性，努力开创侨务工作的新局面。

4月1日—2日 出席中共广东省委常委会议。会议讨论为即将召开的中央工作会议准备的《关于广东经济工作的汇报材料（送审稿）》和《对外经济技术交流专题报告》。汇报材料和专题报告提出：（一）改革现行管理体制，给地方多一些权限；（二）外汇收入扩大地方分成比例；（三）充分利用外资，搞综合补偿等形式，解决广东电力、燃料、交通等薄弱环节；（四）划定贸易合作区[1]，吸收外商来广东投资设厂，建议运用国际惯例，

---

[1] 会议在讨论出口工业区的名称时认为，称"出口加工区"，与台湾的出口工业区叫法一样，不合适；称"自由贸易区"，怕被说成是搞资本主义，也不行；称"贸易出口区"，又与实际不相符。最后暂定为"贸易合作区"。

将宝安、珠海和汕头划为对外加工贸易区；（五）解决资金、材料、劳动力等的供应渠道；（六）建立广东驻港澳专办业务的机构；（七）尽快制定有关规章制度和法律，改革不合理的规章制度；（八）地方外汇进口物资权限下放到省。会议提出，请求中央充分利用广东毗邻港澳、华侨众多的有利条件，允许广东在开展对外经济技术交流方面先走一步，多给广东一点权（审批权）和钱（外汇）。

4月2日 出席中共广州市委党员领导干部大会并讲话，代表省委宣布广州市委班子的调整决定，由杨尚昆兼任广州市委第一书记。在谈到全省的形势和任务时说：（一）省委在去年抓了以农业为基础的问题，较早地实行了生产责任制，落实了经济政策，拨乱反正，调动了广大农民的积极性，各种经济作物和家庭副业有了发展。农民有粮有钱，心里就踏实。这是形势稳定的物质基础。在政治上，省委和各级党委都适时地开展了整风，批判林彪、"四人帮"的极左路线，带动和促进了各项政策的落实。整风使全省工作出现了一个转折，由被动转向主动。开展实践是检验真理的唯一标准的讨论，解放了思想。这个讨论还要继续抓下去。（二）当前的任务，就是坚决贯彻三中全会决议，集中全力搞四个现代化。在两三年内要切实搞好调整、整顿、改革，首先要把农业搞上去。要以整风的精神，集中力量，带着问题，深入基层，大办专案，落实政策，整顿领导班子。市委应该走在各地区的前面。广州市的干部要本着正确的态度，面对现实，解除疙瘩，加强团结，增强党性，向前看。广州市的农村，同其他县有不同情况，首先要解决城市的副食品问题，要发展养鱼、养猪、养鸡。不仅眼前的问题要解决，还有很多新情况、新问题，要根据广州市的特点，不断总结经验，不断提高。希望大家团结起来，同心同德，共同努力，把祖国南大门建设好。

4月3日 晚上，接见香港总督麦理浩。

同日 晚十时半，同杨尚昆接见广州科学社会主义学会、《未来》编辑部主要成员及李正天等人，劝说他们取消准备在四月五日举行的公开集会。在讲话中说：我们的安定团结，是经过艰苦斗争赢来的。没有安定团结，没有四个现代化，前途不堪设想。林彪、"四人帮"把国家破坏到什么程度？再经不起任何折腾了！安定团结第一，国家的利益第一，你们要懂得这个大前提。广东省在粉碎"四人帮"之后，特别是去年六月省委整风之后，我们解决了多少问题，现在还在解决。最近还要采取大措施，把"文化大革命"中挨整受迫害的老干部都组织起来，走向基层，处理冤假错案，落实政策，整顿领导班子。要善始善终地搞好，这是省委的方针。去年九月开展以农业为基础问题的讨论，冬种放宽了政策，虽然晚造碰到大灾年，但现在农村很稳定。如果没有物质基础，你空话讲得再多，民主的口号喊得再响，也稳定不了局面。我们要珍惜今天的大好形势，不利于安定团结的话不说，不利于安定团结的事不做，不利于搞四个现代化的话不说，不利于搞四个现代化的事不做，这就是大道理。随后，广州科学社会主义学会撤销了四月五日集会的公告。

同日 同王全国赴北京参加中央工作会议。

4月5日—28日 出席中央工作会议，任中南组召集人。五日，李先念代表中共中央、国务院作关于国民经济调整问题的讲话。会议讨论了李先念的讲话，决定对国民经济实行"调整、改革、整顿、提高"的方针。

4月7日 上午，主持中央工作会议中南组讨论会。在发言中说：不仅经济体制，整个行政体制也要考虑改革。中国这么大的国家，各省有各省的特点，有些事应该根据各省的特点来搞，这也符合毛主席讲的大权独揽、小权分散原则。

4月8日 下午,参加中央工作会议中南组讨论。在发言中说:(一)中央提出,集中三年时间搞好整个国民经济的调整工作,进一步为加快实现四个现代化奠定更稳固的基础,这个重大决策是完全正确的。(二)搞什么样的现代化,不能离开中国的社会经济的基础和条件。我们只能搞中国式的现代化,走自己的现代化道路。学外国,只是借鉴人家的经验和引进先进科学技术。前段有一阵风,好像外国什么都好,他们什么都愿意帮我们的忙,其实并不是这么回事。还是要从中国的国情和基础出发,不能买一个现代化,也不能照搬一个现代化。(三)比例失调,工农业的失调最严重,在调整中首先要集中力量解决这个关键问题。农业内部的失调,主要是没有因地制宜,多种经营搞不好。如何按照各地的不同条件,发挥其长处,克服其短处,取得最大的经济效果,是大学问。这就有分工,有协作,使地区、省和全国的因地制宜能够衔接起来。像广东可以多搞糖、黄麻、蚕丝,海南岛可以多搞橡胶,为国家多作贡献。工业的调整,有下有上,也就是有停有保。这次一定要体现农、轻、重的方针。(四)要充分揭露矛盾,总结经验教训。计划上有缺口也不是不知道,但没有引起重视,或者不敢正视现实。不是留有余地,而是留有缺口,盲目干。这次先念同志的讲话,强调要集中统一,注意发挥中央和地方两个积极性,这个原则是正确的。现在地方感到办事难,没有权。希望会上能够就改革经济管理体制问题,定出若干条,以便有所遵循。(五)广东邻近港澳,华侨众多,应充分利用这个有利条件,积极开展对外经济技术交流。希望中央给点权,让广东先走一步,放手干。"麻雀虽小,五脏俱全。"广东作为一个省,是个大麻雀,等于人家一个或几个国。但现在省的地方机动权力太小,国家和中央部门统得过死,不利于国民经济的发展。我们的要求是在全国的集中统一领导下,放手一点,搞活一点。这样做，对地方有利，对国家也有利。（六）搞好三年调整，一定要加强党的领导。现在党的领导作用薄弱得很，不少基层党组织不起作用，缺乏战斗力，还要强调调整领导班子，要配备好能搞四个现代化的领导班子。

同日 在《人民日报》发表《永远难忘的怀念》一文。文章回顾了同周恩来的交往，缅怀其为中国革命和建设建立的丰功伟绩。文章说："敬爱的周恩来总理离开我们已经三年多了。在这三年多里，想起在总理领导下工作的日子，想起总理为革命和建设建树的丰功伟绩，想起总理通宵达旦地为人民操劳，我就深切怀念，心潮澎湃。我总觉得总理没有离开我们，总理的革命精神，总理的崇高品质，总理的音容笑貌，总理的光辉形象，无时无刻不萦绕在我的脑海之中。""从一九五二年由西北局调到国务院工作起，我在恩来同志亲自领导下工作了十年左右，朝夕相处，耳提面命，亲聆教诲，获益良多，是我一生中受到教育和帮助最多的时期。"

4月17日 参加中共中央政治局召开的中央工作会议各组召集人汇报会，华国锋、邓小平、李先念等出席。习仲勋汇报中南组讨论情况和广东省的工作。在谈到体制机构、环境污染、粮食增长赶不上人口增长、旅游事业等问题后说：广东临近港澳，可以发挥这一优势，在对外开放上做点文章。广东打算仿效外国加工区的形式，进行观察、学习、试验，运用国际惯例，在毗邻港澳的深圳市、珠海市和重要侨乡汕头市划出一块地方，单独进行管理，作为华侨、港澳同胞和外商的投资场所，按照国际市场的需要组织生产，并初步定名为"贸易合作区"。讲话还说：我们省委讨论过，希望中央让广东能够充分利用自己的有利条件，先走一步。邓小平在听取习仲勋汇报时插话说：广东、福建实行特殊政策，利用华侨资金、技术，包括设厂，这样搞不会变成资本主义。因为我们赚的钱不会装到华国锋同志和我们这些人的口袋里，我们是全民所有制。如果广东、福建两省八千万人先富起来，没有什么坏处。对习仲勋提出的希望中央给点权的建议，华国锋说：统死了，影响速度，经过两年认识更深刻了。要进行大的体制改革，如广东要有一个新的体制。小平同志提的问题，会后谷牧同志去广东、福建，还有上海，研究一下如何发展。有关税收、民航、交通、通讯、利润、法律问题，外汇能不能拿走，这些问题不解决，无法发展。珠海、宝安要研究搞加工贸易区，加工区通过香港商业网销售，产品不受配额限制。对习仲勋提出让广东在毗邻港澳的深圳、珠海和侨乡汕头兴办贸易合作区的设想，中央主要负责同志表示赞同和支持。在中央工作会议期间，习仲勋专门向邓小平详细汇报了在深圳等地建设贸易合作区的设想。习仲勋汇报说：究竟叫什么名字大家一时还定不下来，叫"出口加工区"与台湾名称雷同，叫"自由贸易区"又怕被认为是搞资本主义，最后只好暂时定名叫"贸易合作区"。邓小平对习仲勋说："还是叫特区好，陕甘宁开始就叫特区嘛！"邓小平还鼓励习仲勋放手干，他说："中央没有钱，可以给些政策，你们自己去搞，杀出一条血路来。"根据邓小平的提议，中央工作会议正式讨论了广东省的提议。

4月21日 中共广东省委决定成立广东省农业委员会。习仲勋兼任广东省农业委员会党组书记、主任。

4月23日 参加中央工作会议中南组讨论。在发言中说：（一）小平同志代表中央在党的理论工作务虚会上的讲话，是一个十分重要的文件，是党中央在重大的历史转折时期给全党同志和全国人民提供的一个强大的武器。我学习以后，感到很受教育和启发，表示完全拥护和赞成。（二）我们一定要坚定不移地继续贯彻十一届三中全会精神，而决不是什么"收"了。这次工作会议讨论国民经济调整，还存在思想不够解放的问题。特别是关于经济管理体制问题，应当根据二十多年来的实践来加以检验，并借鉴外国的经验，大胆地走一条中国式的道路。在我们的机构设置和规章制度上，也必须下决心改革。这个问题的解决，需要通盘规划，拿出切实可行的方案，看准了的、可以先改的，就要早些动手。（三）小平同志讲的实现四个现代化，必须坚持四条原则，非常重要。现在，一方面，林彪、"四人帮"的流毒还没有肃清；另一方面，存在着一些怀疑社会主义、怀疑无产阶级专政、怀疑党的领导、怀疑马列主义毛泽东思想的思潮。对于这些错误思潮，我们的态度是：第一，这种思潮是客观存在，要正视它，不纠正不行，它会蔓延；第二，通过做工作和必要的斗争，体现和加强党的领导；第三，这些人都是青年，要通过积极的工作，尽可能把他们争取过来，引导到正确的轨道。在同错误思潮作斗争中，要树立正面典型，要扶植正气，压倒邪气。广大群众、青年、干部是好的。只要加强党的领导，立场坚定，态度鲜明，积极引导，正气就会上升，各种错误思潮就会遭到抵制。（四）回顾这一段的工作，必须肯定成绩，有些问题也可以总结一下，不断改进。现在出现的一些煽动反动思潮的大字报、小字报、小册子，实际上是反对党中央的路线，反对三中全会所规定的解放思想，实事求是，团结一致向前看的方针。对此，要保持清醒的头脑。对那些败坏社会风气的严重现象，要给予打击。（五）思想理论战线任务很重大，也很光荣。小平同志讲话中对思想理论工作提出了严格的要求，也有批评，但总的是满腔热情、语重心长的。中央及时把问题指出来，是爱护，是引导。这些，在党内讲清楚，加深认识，一定能够成为前进的动力。还要继续发扬民主，贯彻实事求是的唯物主义认识路线，活跃思想，团结一致向前看；要运用马列主义、毛泽东思想的基本原理，研究实现四个现代化中的新情况，解决新问题，不要变成又不敢讲话了。

4月30日 晚上，陪同叶剑英出席在广州举行的庆祝五一国际劳动节文艺晚会。

5月1日 晚上，陪同叶剑英接见广东省市的劳动模范、先进生产工作者代表并讲话。

5月3日 主持中共广东省委常委会议，传达中央工作会议精神。在讲话中说：广东要求先走一步，不光是广东的问题，是关系到整个国家的问题，是从全局出发的。中国社会发展到现在，总得变，你不提，中央也会提。拼老命我们也要干。到底怎么搞，要好好准备，把大的盘子定下来。这也是从全局出发，二十多个省、市也总要有先有后地上。我们挑的担子很重，但很光荣，要好好搞。

5月4日 出席共青团广东省委、共青团广州市委联合举办的纪念五四运动六十周年大会。在讲话中说：历史已经证明，只有社会主义能够救中国，而指明这条道路并使之成为现实的只有中国共产党。党和人民希望青年站在时代的前列，继承和发扬五四运动的光荣革命传统，成为新长征的英勇突击队。我们要以祖国的繁荣富强为己任，紧紧跟上全党工作着重点转移的步伐，在党的领导下，同心同德，为我国社会主义现代化建设贡献自己的力量。

5月6日 接见参加广东省农业科学工作座谈会的全体同志。在讲话中说：目前，广东省农村形势是好的，但问题不少，发展农业生产的盲目性还很大，这就是缺乏科学性。农业是国民经济的基础，要实现四个现代化，必须首先把农业搞上去。把农业搞上去，要靠政策、作风加科学。必须总结农业科学工作的经验，认真解决工作中的困难，努力为从事农业科学工作的专家、教授和科技人员提供必要的工作条件。要加强对农业科学工作的领导,把各方面的力量组织起来。希望大家当好顾问、参谋,为把农业搞上去献计献策。

5月8日 上午,到机场迎接来访的马来西亚总理达图·侯赛因;晚上,举行宴会,欢迎侯赛因。九日上午,到机场为侯赛因送行。

5月11日—6月5日 受中共中央委托,谷牧带领中央工作组到广东、福建调研,帮助两省对在对外经济活动中实行特殊政策和灵活措施等设想进行论证,提出具体实施方案,提请中央讨论决定。

5月14日 同杨尚昆、刘田夫等按事先准备的《汇报提纲》和《关于试办深圳、珠海、汕头出口特区的初步设想》,向谷牧带领的中央工作组作汇报。谷牧就广东实行特殊政策和灵活措施的必要性、经济体制改革要解决的若干问题、立法工作和当前要给广东解决的具体问题提出意见,要求"广东更要改革快一些","要杀出一条血路,创造经验"。谷牧并向广东提出三个目标:一是五十亿美元的外汇收入,要争取超额;二是要夺回被日本、台湾地区夺取的香港市场;三是要赶超香港。

5月17日 下午,到火车站迎接参加同日本福冈市结成友好城市签字仪式和庆祝活动归来的广州市友好访问团。

5月26日 出席中共广东省委四届三次常委扩大会议和省、地、县三级干部会议,在会上传达中央工作会议精神。在讲话中说:党中央对我们广东的工作极为关心和支持,批准了广东省委关于在改革经济管理体制中让广东先走一步的要求。这个问题对我们广东来说,是关系重大的事。我的心情是一喜一惧。喜的是,我们在中央的统一领导和大力支持下,能充分利用我省的有利条件,加速四化建设的步伐,在体制改革上为全国摸索一点经验，这个任务很光荣；惧的是，我们的担子很重，任务很艰巨，又没有经验，困难不少，怎样搞好，能否搞好，我是有些担心的。但是，党中央这样关心和支持我们，只要我们团结一致，兢兢业业，埋头苦干，千方百计把事情办好，就一定能够为国家作出更多的贡献。当然，完全不出一点乱子是不可能的，出点问题不要怕，但一定要避免出大乱子。要谦虚、谨慎、戒骄、戒躁。我们要有勇气去闯，要有信心完成中央交给我们的任务，要一步一个脚印，踏踏实实地干。只要我们团结战斗，总有办法。中共广东省委四届三次常委扩大会议和省、地、县三级干部会议于五月十四日至六月十日在广州召开。

5月30日 下午，在广州出席周小舟[1]追悼大会并致悼词。

6月1日 下午五时，同许世友[2]、杨尚昆等陪同叶剑英接见参加广东省、地、县三级干部会议的地、市、县委书记。叶剑英在讲话中说：中央决定广东、福建先行一步，把广东作为试点。广东搞好了，可以推动全国，促进全国。中央对广东抱有很大希望，希望广东一年一年都有新成绩。

6月3日 中共广东省委批转省林业厅党组和韶关地委《关于制止乱砍滥伐山林问题的报告》。《报告》指出：全省乱砍滥伐山林的情况十分严重，森林资源遭受重大损失。对严重乱砍滥伐山林的案件，要根据情节轻重，进行批评教育、退物、罚款或给予法纪处分。对个别严重破坏山林的为首分子和杀害护林人员的

---

[1] 周小舟，曾任中共湖南省委第一书记、中国科学院中南分院副院长等职，"文化大革命"期间遭受迫害，1966年在广州逝世。1979年2月15日，中共中央为其恢复名誉。

[2] 许世友，时任中共中央政治局委员、广州军区司令员。

惯犯，要依法惩处。

6月6日 中共广东省委向中共中央、国务院报送《关于发挥广东优越条件，扩大对外贸易，加快经济发展的报告》。报告说：根据中央指示精神，最近谷牧同志带领工作组同我们一起，研究了让广东先走一步，改革经济体制，加快经济发展问题。共同商量的意见如下：（一）初步规划设想。从现在到一九八五年，前三年要认真贯彻执行调整、改革、整顿、提高的方针，使广东国民经济比例失调状况有显著的改变，后四年进一步发展、提高，建立起农轻重关系比例协调、出口能力强的经济结构。（二）广东省的经济体制，建议在中央统一领导下，实行大包干的办法。即外贸和外汇以一九七八年实绩为基数，财政和基建投资以一九七九年实绩为基数，从一九八〇年开始，一定五年，除外贸出口外汇增长部分上缴中央三成以外，财政和其他各项外汇收入的增长部分，全部留给广东省，由省内综合平衡，包干安排。从一九八五年开始增加上缴，为国家多作贡献。体制改革的主要内容有：计划体制以地方为主；扩大地方对外贸易的权限；财政体制实行"划分收支，定额上交，五年不变"的包干办法；金融体制给地方以适当的机动权；物资、商业方面，实行以省为主的管理体制；劳动工资体制允许地方有灵活性；物价政策方面，适当扩大地方定价产品的范围。（三）在深圳、珠海和汕头三市试办出口特区。特区内允许华侨、港澳商人直接投资办厂，也允许某些外商投资设厂，或同他们兴办合营企业和旅游等事业。特区的管理原则是，既要维护我国的主权，执行我国法律、法令，遵守我国外汇管理和海关制度，又要在经济上实行开放政策。外商投资办厂受我国法律的保障。九日，中共福建省委向中共中央、国务院报送《关于利用侨资、外资，发展对外贸易，加快福建社会主义建设的请示报告》。

6月10日 出席中共广东省委四届三次常委扩大会议和省、地、县三级干部会议并作总结发言。在谈到按照农轻重次序调整好广东国民经济，全党动员，大办农业时说：（一）要真正从行动上而不是口头上摆正农业的位置。要从实际出发，重新认识广东农业的特点。只有发挥长处，克服短处，全面权衡利弊，变不利条件为有利条件，我们在战天斗地、发展经济中才能收到事半功倍的效果。这正是我们共产党人运用辩证唯物主义观点来指导工作，充分发挥主观能动作用所要求的。（二）要坚定不移地落实党在农村的方针和政策。农业具体方针的制定，要经过深入调查研究，看准了就要采取一切有力措施，坚决实行，一抓到底。这些年我们确实对农民要得多，支援少，今后一定要十分注意兼顾国家、集体和个人，不得以任何借口把亏损负担转嫁给农民，不得随意提价或压价。农产品价格的调整也不能马虎从事。（三）要切实加强对农业的财力、物力支援。（四）加强农业科学队伍建设。（五）要认真抓好两头。一头是支持珠江三角洲二十七个县（市）加速商品粮基地建设，抓紧对海南岛的开发。另一头是山区、沿海地区（包括渔盐区）和少数民族地区，除了动员群众自力更生挖掘潜力外，还要尽量给予帮助，使他们能把生产搞上去。我省很多山区是革命老根据地和少数民族聚居区，必须从财力、物力和交通运输方面给予大力支持，把林业搞上去，使山区经济繁荣起来。要成立老区建设委员会。（六）合理调整农业布局，大力开展多种经营。在谈到加强党的领导、搞好党风问题时说：要强调深入基层，深入群众，调查研究，掌握客观规律，扎扎实实做好工作。实现社会主义现代化对我们是个崭新的课题，这里面有许多必然王国有待我们去认识。如果没有眼睛向下，甘当小学生的精神，是不可能把事情办好的。在加强党对经济工作领导的同时，必须加强党对思想政治工作的领导。思想政治工作要全党动手，并结合经济工作一起做。各级党组织的领导干部要搞好党的团结，全面贯彻民主集中制，开展批评和自我批评，反对特殊化。

6月10日—13日 国务院、中央军委在北京召集广东省革命委员会、广东省军区和有关部门负责人开会，紧急研究制止偷渡外逃的措施。十三日下午，李先念、余秋里[1]和王震[2]等听取寇庆延关于广东大量群众偷渡外逃情况的汇报。李先念提出，解决这个问题，一是宣传教育；二是政策上要给点压力，不能一出去就有优待；三是根本一条发展生产。要把这个工作摆到党委的议事日程上，书记要下去做工作。十四日，国务院、中央军委发出《关于坚决制止广东省大量群众偷渡外逃的指示》。

6月11日 下午，听取中共广东省委党校的工作汇报。在讲话中说：党校是一个很重要的阵地，一是对干部进行教育，一是抓党风。你们不仅搞教育，还要与省委配合，结合广东的实际研究些理论问题，写些文章，《南方日报》可以登。一次写不好，可以讨论，讨论后再修改、再提高。要收集掌握学员的思想动态和意见，进行分析研究，有针对性地去讲课。在方法上要有创新，多想些办法。学员来到党校，当然有个清理思想的问题，不联系思想实际和工作实际学习，是学不好的。整风就是一个马列主义教育运动。要把党风搞好，要实事求是，不搞教条主义、经验主义，按马列办事。党校要办好。党校每一期学员学习结业，都要搞好总结，书面报告省委，在学习期间，要出《情况反映》。

---

[1] 余秋里，时任中共中央政治局委员、国务院副总理、国家计划委员会主任。
[2] 王震，时任中共中央政治局委员、国务院副总理、中共中央军事委员会常务委员。

6月17日、18日 两次主持中共广东省委常委会议，研究贯彻国务院、中央军委六月十四日《关于坚决制止广东省大量群众偷渡外逃的指示》。会议对反偷渡外逃工作作出部署，要求打好反偷渡外逃战役，六月底刹住偷渡风。会议决定成立反偷渡外逃十人领导小组，习仲勋任组长，黄荣海[1]、寇庆延任副组长。会后，习仲勋、寇庆延到惠阳，吴南生到汕头，黄荣海到深圳，坐镇指挥反偷渡外逃工作。

6月20日 出席中共惠阳地委反偷渡外逃会议，惠阳地委常委及宝安、惠阳、惠东等沿海地区的县委书记参加。在讲话中说：坚决制止偷渡外逃，是当前我省的一件大事，要把反偷渡外逃作为紧急的政治任务来抓。开展反偷渡外逃的斗争，光是堵截还不行。最根本的还是要把生产搞上去，把落后面貌改变过来，使经济繁荣起来。农民是最讲现实的，如果不把生产搞上去，生活不能改善，他就安不下心来，就会跑。偷渡外逃问题的性质，总的来说，是属于人民内部矛盾问题，是非对抗性的，但是，其中有极少数坏人，这两个方面都要注意到。解决偷渡外逃问题的方针，要治标治本并举，以治本为主。治本，就是要从物质基础上、精神上和组织上为巩固社会主义阵地和制止外逃创造牢固的条件。这就是：（一）发展生产，改善人民生活。只要生产上去了，收入增加了，就是与香港那边还有相当差距，也可以稳定人心，大大减少外逃。（二）思想上牢固树立"只有社会主义能够救中国"的坚强信念，热爱党，热爱社会主义，热爱新中国。要确立"为祖国四个现代化出力光荣，外逃可耻"的社会风气，做到家喻户晓。（三）要使我们的基层成为坚不可摧的社会主义阵地。基层工作必须下苦功夫搞好。治标，就是要在边沿大力搞好

---

[1] 黄荣海，时任广州军区副司令员。

堵截、收容工作，坚决打击煽动、组织、策划外逃的坏人。对于截回的外逃分子，要采取有效办法进行教育。讲话还提出，要注意发挥政策的威力，组织强有力的工作组下去，军民要互相配合。

6月21日 广东省革委会发出《关于坚决制止偷渡外逃的布告》。《布告》规定：一切人员出境，都必须经过批准，按指定的口岸凭证出境；对偷渡外逃者，要按照政策收容、教育、遣送；屡教不改者，要严肃处理；对干部偷渡外逃者，要从严处理；对反偷渡外逃有功者，给予奖励。二十七日，《南方日报》发表《布告》全文，同时发表题为《坚决执行〈布告〉，制止偷渡外逃》的社论，号召全省人民特别是边防地区的广大干部和群众，坚决拥护和模范地执行《布告》，立即行动起来，同偷渡外逃活动作斗争。

6月23日—24日 到深圳检查反偷渡外逃工作。二十四日，从深圳赶往珠海。

6月25日 上午，在珠海参加珠江三角洲反偷渡工作会议，佛山地区各县、市和珠海市有关负责人一百多人出席。在讲话中说：反偷渡工作要依靠群众，这是根本的。因为多数人民群众是不赞成铤而走险去闯边境、搞外逃的，偷渡的是少数，反偷渡的是多数。要正确执行对待外逃者的政策，要准确地严惩组织偷渡的团伙和首恶。收容站要加强对偷渡者的宣传教育工作，不要抓了就送走，连几句开导的话都不说。外逃多的县，要派人到收容站接人并负责教育。但是，不要歧视和虐待外逃者。偷渡问题，目前已成为破坏安定团结的重要因素，我们要坚决做好工作，相信这种现象是能够制止的。在珠海检查完工作后，乘船经伶仃洋再回深圳。

7月初 在深圳收容站检查工作，同被港英当局遣送回来的收容人员谈话。离开深圳前,听取深圳市委负责人关于深圳市及宝安县收容情况的汇报。

7月6日 从深圳返回广州。

7月7日 晚上,致电李先念、陈慕华[1]并中共中央,就制止广东群众偷渡外逃问题作简要报告。报告说:这次反偷渡外逃,省委确定采取治标治本并举的方针。我和吴南生、黄荣海、寇庆延等同志,先后于六月十八、十九、二十一日,到了外逃最严重的惠阳、汕头、佛山地区和一些市、县,同当地党委一起研究部署。毗邻港澳的沿海一、二线地区,由部队负责堵截,同时三线纵深地区也加强了民兵的巡逻堵截。从总的趋势来看,去年底以来发生的这股偷渡外逃风,已经得到遏制。报告还指出,要根本制止住偷渡外逃,任务仍很艰巨。这次反偷渡外逃,暴露了我们工作上存在许多严重问题。官僚主义,思想僵化、半僵化,不注意抓思想政治工作的情况相当严重。收容工作存在严重问题,多年来把外逃人员当犯人看待,收容站卫生条件极差,根本不做思想教育工作,加上遣返回乡后,还有各种处罚、批斗,许多人千方百计逃跑。有些同志仍坚持过去那套想法、做法,把偷渡外逃制止不下来归咎于按处理人民内部矛盾的方法来对待外逃分子。经过花大力气教育,已改变了一些同志的观点。收容站的条件和管理方法稍为改变之后,外逃人员的对立情绪大为改变。这样做,更有利于争取教育外逃人员。二十一日,中共中央复电中共广东省委,认为省委贯彻执行国务院、中央军委关于坚决制止偷渡外逃的指示,作出具体部署,负责同志亲自到外逃严重地区做深入细致的工作,采取坚决有效的措施,在较短时间内基本

---

[1] 陈慕华,时任中共中央政治局候补委员、国务院副总理、对外经济联络部部长。

刹住了偷渡外逃风，取得了很大成绩。复电并要求省委及时总结经验，继续做好防范和堵截工作，防止出现反复。

7月15日 中共中央、国务院批转广东省委、福建省委关于对外经济活动实行特殊政策和灵活措施的两个报告。批语指出：中央、国务院原则同意广东省委《关于发挥广东优越条件，扩大对外贸易，加快经济发展的报告》和福建省委《关于利用侨资、外资，发展对外贸易，加速福建社会主义建设的请示报告》。广东、福建两省靠近港澳，华侨多，资源比较丰富，具有加快经济发展的许多有利条件。中央确定，对广东、福建两省对外经济活动实行特殊政策和灵活措施，给地方以更多的主动权，使之发挥优越条件，抓紧当前有利的国际形势，先走一步，把经济尽快搞上去。这是一个重要的决策，对加速我国的四个现代化建设，有重要的意义。两省提出的初步规划设想，是可行的。两省报告所建议的在中央统一领导下实行大包干的办法，中央和国务院原则同意试行。关于出口特区，可先在深圳、珠海两市试办，待取得经验后，再考虑在汕头、厦门设置的问题。

7月31日 中共广东省委发出《关于印发习仲勋同志在惠阳地委反偷渡外逃会议上的讲话要点的通知》。《通知》指出：六月下旬以来，在人民解放军边防部队的大力支持下，我省毗邻港澳的前沿地区偷渡外逃人数逐步下降。到七月初，这股偷渡外逃风已基本刹住。但这还只是治标工作。要从根本上解决偷渡外逃问题，还要继续治本，要做大量的艰苦细致的工作，特别是要把偷渡外逃严重地区的生产建设搞好，把党风和党的基层组织整顿好，把思想教育工作抓好。此件可传达到全体干部和党员。请你们根据仲勋同志讲话的精神，结合自己的实际情况，对党员和群众广泛地进行思想教育工作。

同日 晚上，出席中共广东省委、广东省革委会举行的庆祝中国人民解放军建军五十二周年文艺晚会。

8月4日 中共中央批转中共中央组织部七月十四日《关于为小说〈刘志丹〉平反的报告》。《报告》提出：（一）李建彤写小说《刘志丹》是工人出版社的约稿，并非康生说的"蓄谋已久"，同习仲勋没有关系。（二）习仲勋只是在一九六〇年以后向作者和工人出版社的同志谈了两次他对小说《刘志丹》样稿的意见，除此对小说创作没有过问过，康生说习仲勋是这本书的主谋、"第一作者"是没有根据的。习仲勋两次谈话内容也是正确的，康生说习仲勋企图在小说中把陕甘边写成"中国革命的正统"和"中心"，作为"篡党篡国的纲领"，全属诬陷不实之词。（三）习仲勋在被审查时向党说明真相，不承认康生强加的罪名，这是实事求是的表现，也是党章规定的党员权利，更不应该以此定案。《报告》认为：《刘志丹》小说的创作过程，是正常的，没有什么阴谋，没有根据说习仲勋、刘景范、李建彤在此书创作过程中"结成反党集团"。习仲勋关心这部小说的创作，对如何改好这部小说发表过意见，是完全正当的，根本谈不上反党阴谋集团活动。所谓利用小说《刘志丹》进行反党活动一案，是康生制造的一起大错案。中央决定，为小说《刘志丹》平反，并为此案受到诬陷的习仲勋等同志一律平反昭雪。

8月11日 出席中共广东省委、广东省革委会在广州召开的全省工业交通增产节约工作会议。在讲话中说：（一）要以这次会议为起点，把领导的主要精力集中到经济工作上来。省委决定：省委常委会每月至少讨论一次经济工作；省委指定刘田夫、王全国、吴南生等八位同志定期召开经济工作办公会议，及时研究和处理经济工作中的主要问题，协调各方，解决矛盾。（二）解放思想，努力把工业生产搞活，把经济工作做活。"社会主义制度下的经济工作，应该是生气勃勃的，充满生命力的。如果人为地卡死了，社会生产力就必然受压抑，受破坏。现在我们经济工作中存在的许多问题，正是由于没有把经济搞活，而是卡死了的缘故。"把企业搞活，要突出解决好扩大企业自主权的问题，要把企业和职工的积极性调动起来，克服盈利亏本一个样、干好干坏一个样的"吃大锅饭"现象。另一个重要方面，要把产供销搞活，做到按需要生产，搞好产销见面，以销促产，要研究和试行计划调节和市场调节相结合的办法。（三）要突出抓重点、保重点。"我们做任何工作，都要抓住重点，统筹全局，以点带面。这是一条十分重要的工作方法。没有重点，就没有政策。目前，事情繁多，问题成堆，任务重，时间紧，我们更应排排队，分清先后缓急，不能齐头并进，平均使用力量。有所不保，才能有所保，这样重点才能突出。"（四）要充分发动和依靠群众，认真贯彻执行政策，切实搞好增产节约运动。最重要的是要贯彻按劳分配政策，要把经济责任、经济效果与经济效益紧密结合起来。二十三日，出席会议闭幕会。会议肯定和推广清远经验[1]，强调要认真扩大企业自主权，把企业搞活；决定在全省选择一百家企业作为第一批进行扩大企业自主权的试点，选择三百家企业试行利润留成，并要求各地在县属工业企业中推广清远县超计划利润提成奖的办法。

8月15日—18日 出席广东省政协常委会第四次会议。会议主要讨论如何进一步发挥政协作用的问题，并对政府工作和政协的任务提出意见和建议。

---

[1] 清远县从1978年10月开始，在全县17个国营工厂中推行超计划利润提成奖。此后又改革工业管理体制，取消县委工业部、县政府交通局等部门，成立县经济委员会，统管全县工交系统的产、供、销、人、财、物。

8月17日 中共广东省委向中共中央报送《关于复查地方主义案件的请示》，随《请示》并附中共广东省委《关于复查地方主义案件的通知》。《通知》指出：（一）过去两次反地方主义斗争，特别是第二次，存在着简单化、扩大化的缺点错误。当时批判的地方主义，大量的是党内的思想认识问题。（二）当时认定古大存[1]、冯白驹[2]两同志"联合起来进行反党活动"，存在一个"以冯白驹同志为首的海南地方主义反党集团"，有的地方也定了一些地方主义反党小集团。现在看来，这些结论都是不当的，应予以撤销。（三）在反地方主义中受处分的县（科）级以下干部，一律撤销原处分。十月十九日，中共中央批复广东省委，同意上述请示意见。一九八三年二月九日，中共中央发出《关于为冯白驹、古大存同志恢复名誉的通知》，撤销一九五七年十二月广东省委第八次全体会议（扩大）《关于海南地方主义反党集团和冯白驹、古大存同志的错误的决议》，撤销对冯白驹、古大存原处分的决定，恢复他们的名誉。《通知》还指出：冯白驹、古大存都是我党的老党员，他们在极其艰苦的条件下，长期坚持武装斗争，对

---

[1] 古大存，曾任东江苏维埃政府副委员长、中国工农红军第十一军军长、东江红军游击总队政治委员、中共中央西满分局常委兼秘书长、中共中央东北局组织部副部长等职。新中国成立后，曾任中共中央华南分局第一副书记、中共广东省委副书记、广东省人民政府副主席等职。1957年在反地方主义运动中受到错误处分。"文化大革命"中遭受迫害，1966年11月逝世。1983年2月，中共中央为其平反。

[2] 冯白驹，曾任中共琼崖特委书记、广东省琼崖抗日游击队独立纵队司令员兼政治委员、中国人民解放军琼崖纵队司令员兼政治委员等职。新中国成立后，曾任中共海南岛区委第一书记、中共中央华南分局第四副书记、中共广东省委副书记、广东省人民政府副主席等职。1957年在反地方主义运动中受到错误处分。"文化大革命"中遭受迫害，1973年7月逝世。1983年2月，中共中央为其平反。

党对人民是有重要贡献的。

8月21日 出席广东省农田基本建设会议。在讲话中说：（一）必须坚持大搞农田基本建设。我们现在的农业，总的还是"半由人力半由天"。搞农田基本建设，就是要从"老天爷"手里多争一点主动权，以便天气好时能尽量多收一点，天气坏时能尽量少减产或不减产。必须把农田基本建设与农民的切身利益紧密结合起来，逐步扩大规模，扎扎实实地、持续地坚持下去。（二）搞农田基本建设要坚持实事求是。不问自己本地的实际情况，盲目照搬外地经验，或者搞劳民伤财的形式主义，动不动就来个"三十华里一条线""人造平原"，这是不对的。要从实际出发，讲究时效。违反自然规律，是要受到惩罚的。要加强调查研究，做好规划，讲求科学，因地制宜，量力而为，不能把摊子铺得太大，战线拉得过长。要集中力量打歼灭战，做一件成一件。要十分爱惜耕地。小水电应作为我省农田基本建设的一个重要项目，特别是对暴雨中心地区和水力资源丰富的一些地区，要大搞特搞。（三）要注意政策。农田基本建设的政策，主要的就是"自愿互利，等价交换"。农田基本建设国家要有投资，但主要应靠劳动积累。要注意正确处理积累与消费的比例关系、长远利益与当前利益的关系。农田基本建设投入的劳力、资金少了，不利于农业生产条件的改变，过量也会影响收益，挫伤农民的积极性。对待农田基本建设这样一项经济活动，必须按经济规律办事，否则是办不好的。

8月27日 中共广东省委发出《关于进一步做好反偷渡外逃工作的指示》。《指示》提出，各级党委要把反偷渡外逃作为一项长期的政治任务，贯彻治本治标并举，以治本为主的方针，切实改进收容遣送工作，帮助偷渡外逃人员解决存在的困难。

8月28日 下午，接见广东省工艺美术艺人、创作设计人员代表大会的全体代表，并同二十四名代表进行座谈。在讲话中勉励大家解放思想，发挥才智，大力发展广东省的工艺美术事业。此次大会于八月二十五日至二十九日召开，大会宣布广东省工艺美术学会成立。

8月30日 到广州白云机场迎接来访的美国副总统沃尔特·弗·蒙代尔。三十一日，出席美国驻广州总领事馆开馆仪式；晚上，出席欢迎蒙代尔和夫人来访的宴会，并致祝酒词。九月一日上午，到广州火车站为蒙代尔和夫人送行。

9月5日 看望即将参加第四届全国运动会的广东省体育代表团全体运动员、教练员和工作人员。在讲话中说：希望同志们用实际行动，发扬社会主义体育道德，发扬共产主义风格，证明自己是一支有政治觉悟，有自觉纪律，有高尚风格，有较好技术水平的体育队伍。全运会是一个极好的学习机会，也是攀登世界高峰的重要时机。希望运动员认真学习兄弟队伍的一切长处，提高自己，以突破全国纪录和世界纪录为自己的奋斗目标。全运会结束时，我们准备热烈欢迎你们胜利归来，不只带着优异的成绩，而且满载着宝贵的学习心得和经验回来。九月十五日至三十日，第四届全国运动会在北京举行。

9月8日 下午，同杨尚昆等接见参加全国上山下乡知识青年先进代表座谈会归来的广东代表。在讲话中说：广东省广大城镇知识青年响应党中央、毛主席的号召，上山下乡，作出了可喜的成绩，应当表彰。党和政府要关心上山下乡知识青年，做好思想教育工作，逐步解决他们的实际问题。全国上山下乡知识青年先进代表座谈会于八月二十六日在北京召开。

同日 接见出席广东省民委委员（扩大）会议的全体委员和代表。在讲话中说：海南岛包括少数民族的干部和人民是有光荣的革命传统的。解放以来，民族地区各项工作取得很大成绩。对海南岛的建设问题，省委还要研究，中央也要来人一起研究，过去没有很好地规划。海南岛的自然条件很好，大有作为，发展工业、农业、热带作物，搞现代化农场、现代化养牛场，搞外贸，搞旅游，整个海南岛可以建设成一个很好的旅游区。中央批准广东对外经济活动实行特殊政策和灵活措施，我们一定要满怀信心把工作搞上去。

9月上旬 听取广东省、市商业局长座谈会情况汇报。在讲话中说：解决工商矛盾问题，主动找自己的差距，不埋怨人家，搞好协作，这种精神很好，这就是党风、党性。商业部门要积极收购工业产品，不仅为工业部门搞代销，而且要主动做推销。讲话还提出：收购一定要有个原则，产品不合格，商业部门就不要收购。要推行产销合同制，要协调工商关系，工商要成立协调组，经常调查研究，解决问题。

9月10日 《解放军报》发表题为《补课要补到实处》的评论，提出在补好实践是检验真理的唯一标准这一课中，要联系实际，实实在在解决问题。十三日，《人民日报》转载此文。

9月13日 出席广东省地委书记和省直局以上领导干部报告会。在讲话中说：小平同志明确指出三中全会文件要重新学习，关于真理标准问题的讨论要补课。我们必须坚决这样办。我省对这个问题的讨论虽然开展得不算迟，但还不普遍、不深入，各级党委还抓得不够紧。党委抓大事，首先就要抓贯彻党的思想政治路线这件大事。十一届三中全会精神传达以后，广大干部群众热烈拥护，但有一些同志不理解，跟不上。对这些同志，要着眼于教育提高，要满腔热情地帮助他们，带着他们一道前进。当前要着重解决和抓好如下几点：第一，要把对实践是检验真理的唯一标准这个马克思主义基本原则的认识提高到自觉的程度，脑子里要牢牢地树立这个观点。第二，要正确认识当前阶级状况和阶级关系，妥善地处理阶级斗争问题，更加自觉地把四化建设作为工作的中心。党中央关于阶级斗争的论断，既反对阶级斗争已经熄灭的观点，又反对阶级斗争扩大化的观点，明确指出不再搞急风暴雨式的阶级斗争。这是付出很大代价得来的经验总结，完全符合毛主席《关于正确处理人民内部矛盾的问题》的精神，完全符合现阶段阶级斗争的实际情况。第三，要认识当前的主要矛盾，自觉地、理直气壮地、全心全意地搞四化。第四，要把开展真理标准问题的讨论同实际紧密结合起来，并用实践是检验真理的唯一标准这个基本原则来指导各方面工作的开展。要自觉地运用实践提供的丰富、生动、具体的材料，发动群众来参加讨论。

9月20日 前往机场迎接到广州参观的丹麦王国玛格丽特二世女王和亨里克亲王。应中国政府邀请，玛格丽特二世女王和亨里克亲王于九月十二日至二十一日对中国进行正式访问。二十一日，为玛格丽特二世女王和亨里克亲王送行。

同日 向陪同玛格丽特二世女王和亨里克亲王来广州的谷牧汇报贯彻执行中央五十号文件[1]的情况。

9月21日 出席广东省地委书记会议并作总结讲话。在谈到贯彻中央五十号文件问题时说：中央决定对广东实行特殊政策和灵活措施，这一方面是省委向中央"要权"要来的；另一方面，也是更重要的一方面，是中央从搞好四化建设出发，对体制改革所作出的一个具体的、又是重要的决策。广东要从全国的大局出发，把这件事搞好。现在不是搞不搞的问题，也不是小搞、中搞，而是要大搞、快搞。形势逼人，我们要全力以赴，一定要在如何把对外经济活动搞活和办好特区等方面闯出一条路子来，

---

[1] 指1979年7月15日《中共中央、国务院批转广东省委、福建省委关于对外经济活动实行特殊政策和灵活措施的两个报告》。

作为全国的参考。对这个问题，在态度上要有"三要"和"三不要"：第一，要有决心有信心，不要打退堂鼓；第二，要有胆识，勇挑重担，不要怕犯错误，怕担风险；第三，要有务实精神，谦虚谨慎，不要冒失，不要出风头，不要怕否定自己。特别是我们各级领导干部，拼老命也要把广东这个体制改革的试点搞好。要下这样一个决心，即使是可能犯错误，也要干。一方面，要有闯劲，要当孙悟空，解放思想，敢于创新，敢于改革，只要不背离四项基本原则，就可以大胆试验，不要等。等，不符合唯物辩证法，不是我们共产党人的世界观。另一方面，要有科学的态度和扎扎实实的作风，要调查研究，总结经验，多商量，多动脑筋，不要毛毛草草。当我们开步走的时候，困难会很多，阻力会很大，甚至还可能挨一点骂，要有这个精神准备。在谈到共同富裕问题时说：林彪、"四人帮"搞贫困的社会主义，其论点之一就是"富必修"。要继续批判这种谬论。肇庆地委提出要把农民搞富，要医治"恐富病"，这很重要。"我们要敢讲社会主义的'生财之道'。在三中全会精神指引下，充分发挥本地区的优势，多增加社会财富，使农民富裕起来，这完全是社会主义的正道。这是共同富裕。"有一个问题："让一部分农民先富裕起来"，这同"共同富裕"是否有矛盾？不矛盾。走共同富裕的社会主义道路，这是一个不可动摇的总原则。但社会主义是承认差别的，不能搞绝对平均主义。先富起来的一部分人，也是靠按劳分配和党的政策允许的个人劳动富起来的，并不是剥削别人的，有什么可怕呢？在党的政策范围内，大家都逐步富裕起来，尽管有快有慢，有先有后，但整个社会的富裕程度就会不断提高，就会促进共同富裕。

9月22日 同杨尚昆、刘田夫、王全国等向谷牧汇报广东工作。谷牧在讲话中说："仲勋同志提到的，是小搞、中搞还是大搞的方针问题。我看不能有第二个方针，只能下决心大搞快搞。""广东非得快马加鞭不可，要抢时间走在全国的前面。广东除了要把本身的经济很快搞上去之外，还负有创造经验、闯路子的任务。""办特区，就看你们广东的了，你们要有点孙悟空那样大闹天宫的精神，受条条框框束缚不行。"

同日 下午，接见参加广东省上山下乡知识青年先进分子代表座谈会的全体代表。座谈会于九月二十日至二十六日在广州召开。

9月25日—28日 出席中共十一届四中全会。会议讨论通过叶剑英代表中共中央、全国人大常委会和国务院在庆祝中华人民共和国成立三十周年大会上的讲话和《中共中央关于加快农业发展若干问题的决定》。

10月3日—10日 出席中共中央召开的省、市、自治区党委第一书记座谈会。会议主要讨论经济工作和确定一九八〇年的计划安排。会议期间，同杨尚昆向邓小平汇报工作。邓小平要求广东放手搞，不要小手小脚，只要不丧权辱国，能够把经济快点搞上去，就放手搞。深圳、珠海划两块地方，就叫特区好。

10月14日 中共中央批转中央统战部《关于地方民族主义分子摘帽问题的请示》。《请示》指出：凡是在一九五七年反右派斗争期间及以后几年内划为地方民族主义分子的，不论是按照敌我矛盾或者人民内部矛盾对待的，都应根据中央的精神，全部摘掉帽子；对确实划错了的，也要实事求是地改正过来。对摘帽和改正的人都应妥善处理。

10月16日 为纪念刘志丹七十六岁诞辰，在《人民日报》发表《群众领袖，民族英雄——回忆刘志丹同志》一文。文章回忆了同刘志丹的交往，讴歌其崇高的品德风范。文章说：志丹同志牺牲时只有三十三岁，但他经历了那么多的艰辛和曲折，进行了那么多惊心动魄的斗争，建立了那么多的功勋。毛泽东同志称他是"群众领袖，民族英雄"。周恩来同志题诗说："上下五千年，英雄万万千，人民的英雄，要数刘志丹。"朱德同志称他是"红军模范"。这就是党和人民对他最崇高的评价。

同日 下午，接见以李菊生[1]为团长的港澳同胞国庆代表团。晚上，出席欢迎代表团的宴会。

10月19日 出席广东省体育代表团立功授奖大会，为在第四届全国运动会上立功的运动员、教练员颁奖。广东省体育代表团在全运会上奖牌总数名列第三位，打破两项世界纪录和二十三项全国纪录。在讲话中说：运动员和教练员们要把参加全运会的成绩作为攀登高峰的新起点，更加刻苦练习，努力提高体育技术水平，作出更大贡献，为祖国争光。希望各级党委、各行各业都要关心体育工作，重点抓好全省一千多万青少年学生的体育活动，培养德智体全面发展的建设人才。

10月24日 出席中共广东省委召开的地、市委书记会议，在会上传达中共十一届四中全会精神和省、市、自治区党委第一书记座谈会精神。会议进一步讨论了贯彻执行中央对广东在对外经济活动中实行特殊政策和灵活措施的问题，并对改进财政体制、外汇分成和地方外汇管理等作出规定。广东地、市委书记会议于十月二十四日至三十一日召开。

11月2日 广东省革委会批转省商业局《关于开展商业企业扩大自主权试点的报告》。《报告》指出：扩大商业企业自主权，搞好商业体制改革，对发展生产、繁荣经济关系很大。《报告》对开展试点的指导思想、扩大企业权力、企业的义务等作了明确规定，强调要发扬民主，搞好民主管理。

---

[1] 李菊生，时任新华社香港分社第二社长。

11月9日 出席中共广东省委召开的农业专家座谈会。会议讨论如何加快广东农业发展和经济建设问题。在讲话中说：(一) 要把农业科学研究工作摆到很重要的位置上。我省在五六十年代农林牧副渔生产发展较快，很重要的一条，就是在农业科研方面有许多重大的突破，并用这些科研成果促进了农业生产。我们必须充分认识农业科学研究工作的重要性。要长期保持一个安定团结的政治局面，使科学技术人员能够专心致志地搞科学技术工作；要明确科技人员是工人阶级的一部分，是我们的依靠力量，充分发挥他们的积极性。(二) 当前农业科研工作的主要任务，一是搞好农业自然资源调查和农业区域规划；二是贯彻正确的农业生产方针，搞好农业科学研究；三是认真抓好农业教育。现在我省农业大专院校和中专的学生在校人数，仍然达不到"文化大革命"前的一半，农业教育正处在极大的困难之中。华南农学院和其他农业高等专科学校要坚决办好。四是充分发挥老专家的作用。我们热切希望老专家都能在晚年出新成果，将自己多年的经验整理成书，尽量多带出一些"得意门生"，为实现四个现代化作出新贡献。(三) 加强党对农业科研工作的领导。从省委到各级党委都要把农业科研工作摆到重要的议事日程上来，定期讨论和解决农业科研工作中存在的问题。省、地、县都要制定出积极而又可行的近期和远期的农业科研规划，明确农业科研的方向和任务。要改革农业科研的管理体制，下决心在全省范围内建立一个统一领导、合理布局、学科配套、分工协作的适合广东农业特点的农业科研体系。

11月12日 上午，出席中山大学建校五十五周年庆祝大会。

同日 晚上，观看甘肃省歌舞团在广州举行的大型历史舞剧《丝路花雨》首场公演。

11月23日—12月6日 应澳大利亚新南威尔士州政府总理

内维尔·兰恩的邀请，以广东省革命委员会主任的身份，率广东省友好代表团对新南威尔士州进行友好访问。

11月23日 在新南威尔士州首府悉尼拜访新南威尔士州总督罗登·卡特勒。

11月26日 晚上，出席内维尔·兰恩举行的欢迎宴会。在讲话中说：我们两省州的友谊不是在今天开始的，在很久以前，中澳两国人民就早有往来，许多广东人移居到新南威尔士州和澳大利亚其他地区，同澳大利亚人民结成了深厚的友谊。我们代表团的访问，对于增进中澳两国人民业已存在的传统友谊和发展两省州之间的友好合作关系，必将取得卓有成效的结果。

12月3日 参加澳大利亚总督泽尔曼·考恩会见广东省友好代表团的活动。

12月4日、5日 同内维尔·兰恩进行会谈，并于五日共同签署关于发展中国广东省同澳大利亚新南威尔士州友好合作的共同声明。声明规定，在广东省建立一个模范牧场和为州政府人员提供学习中文的设施；广东省帮助新南威尔士州发展水果生产等。五日晚，在中国驻悉尼总领事馆举行答谢酒会。在澳期间，先后访问悉尼、纽卡斯尔等海滨城市和北部、中西部和南部的一些城市和农村，访问澳大利亚首都堪培拉和维多利亚州的首府墨尔本，到政府机关、广场、港口、码头、医院、学校、市场和科研机构考察，广泛接触各阶层人士，了解情况，洽谈合作。

12月6日 结束对澳大利亚的访问，抵达香港。

12月7日 下午，同署理港督姬达会面，就广东居民来港和经济合作等问题进行会谈。在谈话中重申中方的一贯政策，强调广东省人代会要通过有关反偷渡的法令，将进一步采取有效措施解决偷渡问题。姬达表示，港方愿意在互利的基础上加强与广东省的经济合作。习仲勋对此表示赞赏，并说深圳特区的建立为中国实现封闭到半封闭状态转变到全方位开放进行开拓性的探索，希望港方给予大力支持。双方并就深圳工业区、海陆交通运输和往来等问题，说明了各自的看法和设想。在港期间，带领代表团考察九龙长河湾的果菜、塘鱼批发市场以及新界、葵涌的货柜码头、地下铁路和一些企业。

12月11日 下午，在香港会议中心出席王匡[1]为广东省友好代表团举行的酒会并向香港新闻记者发表书面谈话。书面谈话说：我和广东省友好代表团一行顺道来香港进行参观访问，逗留的时间虽短，但是香港各方面的发展变化给我们留下了深刻印象。香港的发展与稳定是符合我们共同的利益的，我们为香港经济发展所取得的成就感到高兴。内地和香港的经济合作和其他方面的联系，有着十分广阔的前景。经济上的良好合作，必将有助于持久地保持我们之间的良好关系，有助于促进香港的稳定和繁荣。当前，我国正在进行社会主义四个现代化建设。在我这次访港期间所接触到的许多科技专家、工商界朋友、爱国人士，以及其他港澳同胞，都很关心祖国的这一宏伟事业，都热切表示希望为国家的四化贡献力量。这种热忱使人深为感动。我想借此机会明确表示：广东省对于不论是香港有关当局或工商界朋友，不论是华人资本或外国资本进行经济合作的良好愿望和要求，都将尽可能给予支持和满足。不论是在发展能源、交通运输、工商贸易、文化教育、科学技术、旅游事业和生活必需品的生产等方面，我们之间都有着广泛合作的可能性，也都需要得到朋友们的支持与合作。我们最近在临近香港的深圳地区和临近澳门的珠海地区开辟特区，目的在于更好地加强同外地的经济联系和合作，以加快我们的四化建设。当然，这方面的工作我们刚刚开始，还

---

[1] 王匡，时任新华社香港分社第一社长。

缺少经验，有些条例规定也还不够完善，但相信在实践过程中将会逐步完善起来。关于广东省邻近港澳地区近年来人口不断外流的不正常状态，这是双方都极为关心和迫切要求解决的问题，我们正在采取有力措施来解决，我们无意增加香港方面的困难。在谈话的最后，再次对香港广大同胞和各界人士热情关怀广东省的四化建设表示感谢。

12月12日 率广东省友好代表团从香港乘火车回到广州。

12月15日 出席广东省政协第四届委员会第二次会议开幕式。二十七日，出席会议闭幕式。会议选举尹林平为广东省政协主席。

12月16日 下午，出席广东省第五届人民代表大会第二次会议预备会议。

12月17日—26日 出席广东省第五届人民代表大会第二次会议。会议决定设立广东省人民代表大会常务委员会；将广东省革命委员会改为广东省人民政府；海南行政区革命委员会改为海南行政区公署，各地区革命委员会改为各地区行政公署。会议讨论通过《关于处理偷渡外逃的规定》（一九八〇年一月八日实施），通过关于广东省设置经济特区的决议等。会议选举李坚真为省人大常委会主任，区梦觉等为副主任；决定习仲勋为省长，杨尚昆等为副省长。

12月17日 上午，出席广东省五届人大二次会议，作政府工作报告。报告提出：到一九八五年，全省将建立起农业基础比较雄厚，轻工业比较发达，出口能力比较强，农轻重比例关系比较协调的经济。全省工农业总产值要比一九七八年有成倍增长，外汇收入要增长两倍。报告强调要抓好以下几项工作：（一）集中力量把农业搞上去，为国民经济大发展打下牢固的基础；（二）大力发展轻纺工业，为人民生活、外贸出口提供更多、更好的产品；（三）大力发展对外贸易和旅游事业，积极试办经济特区；（四）搞好工业调整和企业整顿，厉行节约；（五）积极地有步骤地改革经济管理体制；（六）积极发展科学、文教、卫生事业，加速培养建设人才；（七）在发展生产的基础上，逐步提高人民生活水平。

同日 出席中共广东省委常委会议，作关于访问澳大利亚和顺道访问香港的情况汇报。在讲话中说：国外很重视科学精神，各个行业都讲科学、规划、配套，讲求经济效益。农业科研不只是在研究室搞，出成果后立即到农村推广，一件事情没有十分把握不上马。澳洲很重视利用外资，他们实际上也是利用外资和外国商人发展起来的，这个方面的经验值得广东借鉴学习。

12月18日 下午，参加广东省五届人大二次会议港澳地区代表团小组讨论。在发言中说：党中央、国务院批准广东在对外经济活动中实行特殊政策和灵活措施，先走一步。希望港澳同胞为加快广东的经济建设进行更多合作，多提建议，使我们的工作进一步改进，合作得更有成效。希望港澳同胞也为广东的反偷渡外逃出力，共同合作，把这个问题处理好。

同日 晚上，主持中共广东省委常委会议，研究反偷渡外逃问题。会议决定：继续加强反偷渡外逃的斗争，调整和加强反偷渡外逃领导小组；要造舆论，尽快颁布《关于处理偷渡外逃的规定》，采取多管齐下的措施，在全省范围内开展反偷渡外逃的专项斗争。

12月22日 出席中共广东省委召开的民主协商会。会议邀请广东各民主党派的负责人和爱国民主人士，就省人大常委会主任、副主任、委员，省长、副省长，省政协主席、副主席、常委、秘书长，省高级人民法院院长、地区中级人民法院院长，省人民检察院检察长、人民检察分院检察长的候选人问题，进行民主协商。在讲话中说：凡属国家政治生活中的重大问题，召开各方面代表人士参加的会议，进行民主协商，广泛听取意见，这是毛主席、周总理给我们树立的光荣传统。这样做对加强团结，搞好工作，同心协力，搞好四化，大有好处。今后，我们将继续发扬这一好的传统和好的作风。有关广东的重大问题，都要和大家座谈协商，沟通思想，进一步把工作做好，把广东建设好。

12月23日 上午，主持广东省五届人大二次会议主席团第三次会议。会议讨论选举问题和各项候选人草案，通过省五届人大常委会主任、副主任、委员候选人名单，省长、副省长候选人名单，省高级人民法院院长和地区中级人民法院院长候选人名单，省人民检察院检察长和人民检察分院检察长候选人名单。

同日 同杨尚昆设宴欢迎前来广东访问的黄文欢[1]。

12月26日 出席广东省五届人大二次会议闭幕式，宣布大会闭幕。

12月30日 上午，同广州地区各界青年举行新年座谈。在讲话中说：搞四化必须有一个安定团结的环境。青年人要做安定团结的促进派，做四化建设的促进派，做学习科技文化的促进派，要以新的战斗姿态迎接八十年代的第一个春天。

---

[1] 黄文欢，越南共产党元老，曾任越南共产党中央政治局委员、越南国会常务委员会副主席等职，1979年8月到中国后长期在北京居住。

1980年 六十七岁

1月7日 同杨尚昆、刘田夫、李坚真等在广州出席广东省第五次妇女代表大会开幕式。十四日，出席闭幕式并讲话。在讲话中说：妇女工作必须围绕四化建设这个中心来开展，进一步动员妇女为四化建设贡献自己的聪明才智。各级党委要充分重视妇女在四化建设中的重大作用，积极培养、选拔妇女干部，帮助妇女更好地成长。希望全省的妇女记清自己肩负的历史任务，积极参加增产节约运动，搞好计划生育，搞好民主和睦新家庭，促进安定团结，为四化建设贡献力量。

1月8日 中共广东省委决定：省委第一书记、省长习仲勋不再兼任省农业委员会党组书记、主任职务；由省委书记王德兼任省农业委员会党组书记、主任。

1月10日 出席中国科学院在广州举办的粒子物理理论讨论会闭幕酒会。在讲话中说：这次为期六天的学术讨论会，不仅在粒子物理方面进行了学术交流，取得了令人满意的成功，而且增进了海内外学者的彼此了解，加深了友谊，加强了团结。看到这么多海内外学者欢聚一堂，自由讨论，实在使人高兴。中华民族从来都是人才辈出的民族。我们相信，只要奋发图强，共同努力，中华民族今后一定会涌现出更多的优秀人才，我们的国家一定会强盛起来，四个现代化一定能实现。十二日晚，出席广东省人民政府举行的宴会，欢迎出席讨论会的学者。

1月21日 向胡耀邦[1]并中共中央、国务院报告出访澳大利亚的情况,对国外工作提出两点建议。报告说:第一,十一届三中全会以后,全党全国工作着重点开始转移到四化建设上来,而从我驻外机构来看,如何结合外事活动的特点,更好地为国内的四化建设服务,似乎还未很好解决。特别是对驻在发达国家和地区的外事机构来说,大力加强对所在国的经济发展和先进科学技术的分析研究,向国内提供有关的资料和建议,这对国内工作是很需要的,应该提到他们的重要议事日程上来。第二,此次在国外,比较广泛地接触了各阶层的人士和在澳大利亚的许多华侨、华人,他们对我们的态度都很友好。包括一些从台湾去的人士,对我都表示热情、礼貌,愿意与我们接近。如何充分利用各种机会,广泛结交,多做这些人的工作,对推动台湾回归祖国,也是一个值得重视的问题。特别是在美、日、东南亚和大洋洲,还有香港、澳门,常有机会接触台湾去的人士,我认为都应当有计划地多开展这方面的工作,以推动爱国统一战线的开展。

1月25日 出席广东省、广州市直属机关干部大会,传达邓小平一月十六日《目前的形势和任务》的讲话[2]。在谈到同心同德、鼓足干劲、力争上游、满怀信心搞四化时说:中央批准广东在对外经济活动中实行特殊政策和灵活措施,充分发挥我省毗邻港澳、华侨众多、商品经济比较发达等有利条件,加快四化步伐。这方面的门路是很多的,生财之道很广。解决我们省内经济工作上碰到的问题,一定要同打开对外经济活动的门路结合起

---

[1] 胡耀邦,时任中共中央政治局委员、中共中央秘书长、中共中央纪律检查委员会第三书记、中共中央宣传部部长、中共中央党校副校长。
[2] 邓小平在讲话中提出反对霸权主义、维护世界和平,台湾归回祖国、实现祖国统一,加紧四个现代化建设三大任务。

来考虑，两者互相配合，互相促进。要及早定出全省的经济发展规划，搞好调查研究，弄清各地区、各企业需要解决的关键问题，有针对性地提出引进技术、设备和资金的计划。当然，我们还缺乏经验，钻研得也很不够，许多事情还处于"必然王国"的状态，不熟不懂，加上许多困难是过去林彪、"四人帮"遗留下来的，要一下子解决也不可能。现在最重要的，是要坚决按十一届三中全会指出的路子走下去，同心同德，齐心协力，认真总结经验，向前看，提出积极的建议，虚心钻研新情况、新问题，不要互相埋怨，互相责备。要看到，广大群众是强烈要求我们尽快把经济搞上去的，我们要充分调动广大群众的积极性，群策群力，把我省的工作搞好。在谈到思想政治工作时说：我们党的思想政治工作，就是要深入到群众中去，密切结合经济工作去做。不要以为重点转移到搞经济建设，就可以不注意思想政治工作了。各级党组织和工会、共青团、妇联，都要做思想政治工作，不断提高群众为四化多作贡献的思想觉悟，同时又使群众能够得到一定的物质利益。

同日 在《人民日报》发表《彭总在西北战场》一文，深情回顾同彭德怀的战斗情谊，讴歌其崇高的品德风范。文章说："彭总这位劳动人民忠诚的儿子，他总是把胜利和功劳归之于人民群众。延安、陕北，对我们许多老干部来说，是第二故乡，对彭总说来也是如此。他曾说：'这里是中央红军与陕北红军会师的地方，是党中央居住的老根据地。我们和人民群众在一起亲自建设这里的一草一木，创造了美好的生活。我们的血和汗洒遍了这里的每一个山头和每一条山沟。'这就充分表达出彭总对陕北、延安以及这里的人民群众，充满了发自内心的阶级之情。""现在当盖棺论定的时候，我想，他之所以有德可怀，那是因为他无私无畏。他之所以无私无畏，那是因为他像我们那些老一辈无产阶级革命家一样，满心里装着人民群众啊！""敬爱的彭总，你是不朽的。你曾经为之英勇奋战的中国人民，将会世世代代铭记着你的高大形象，传诵着你的战斗业绩，并以你为榜样，奋勇前进。"

1月29日—2月5日 出席中共广东省委在广州召开的地委书记会议。在讲话中说：要从广东的特点出发，把开展对外经济活动同对内调整国民经济和改革经济管理体制结合起来，继续把经济搞活，加快全省经济发展步伐。

1月 兼任广州军区第一政治委员。

2月6日 上午，在海军广州基地和海军疗养院慰问人民解放军指战员。

同日 同吴克华[1]率驻广东的万名解放军官兵，冒雨参加治理东湖公园的劳动。

2月9日 上午，出席广东省、广州市党政军负责同志座谈会。在讲话中说：新的一年里，我们一定要进一步加强团结。军政、军民团结一致了，就筑成了万里长城，就能战胜任何困难。我们还要进一步发展安定团结的大好形势。安定团结就能前进，不安定团结就会动乱和后退，也就搞不好四化建设。

2月11日 上午，出席共青团广东省委、共青团广州市委、省青联和市青联联合举行的迎春茶话会。在讲话中说：八十年代正是青年人大显身手、奋发有为的年代，是青年人为祖国四化立功的大好时机。青年人一定要自觉地投身到四化建设中去，要把时间抓得很紧很紧，一天也不能耽误，一天也不能浪费。希望青年做安定团结的模范，同无政府主义、极端个人主义、封建迷信等干扰和破坏安定团结的歪风邪气作斗争。共青团要对青少年做教育引导工作，要成为这方面党的得力助手。青少年要刻苦学习

---

[1] 吴克华，时任广州军区司令员。

科学文化知识，学好本行业务，又红又专，做四化的创业者。

同日 下午，出席中共广东省委、省政府和中共广州市委、市政府召开的广州地区老红军、老干部春节座谈会。在讲话中说：老同志为革命作出了贡献，立下了功劳，有丰富的经验，希望老同志把这无价之宝发扬光大，特别要现身说法，教育好下一代，使下一代健康成长。老同志能多做一点工作就多做一点，有一份热，发一份光。

2月12日 下午，出席广东省政协、广州市政协联合举办的各界人士迎春茶话会。在讲话中说：在座的同志，三十年来在不同的岗位上为新中国的革命和建设事业做了不少工作，并在实践中有了很大进步。尽管许多人遭受了林彪、"四人帮"那样严重的摧残和迫害，但并没有动摇对共产党的坚定信念，始终为祖国的建设辛勤地工作。希望大家团结一致，齐心协力，尽自己之所能，为开展广东省对外经济工作，为加快四化建设，为实现祖国统一，作出新的贡献。

2月13日 下午，出席广东省社会科学学会联合会举行的广州地区社会科学工作者迎春茶话会。在讲话中说：一年来，广东省社会科学界很活跃，精神面貌很好，在理论宣传、学术研究和教学活动方面是有成绩的。通过开展真理标准问题的讨论，砸碎了"四人帮"设置的精神枷锁，人们的思想进一步解放；理论工作者和实际工作者相结合，对广东在实行特殊政策和灵活措施方面出现的新情况、新问题，提出了一些有益的建议。希望社会科学工作者面向四个现代化的实际，研究社会主义建设中出现的问题，从理论上加以概括，作出科学分析；也希望大家坚持"百花齐放，百家争鸣"的方针，团结一致、奋发努力，互相学习、共同研究，取长补短、共同提高，在学术和教学活动中作出新的贡献。

2月23日—29日 出席中共十一届五中全会。全会决定重新设立中央书记处，作为中央政治局和它的常务委员会领导下的经常工作机构，选举胡耀邦为中央委员会总书记；通过《关于党内政治生活的若干准则》；通过为刘少奇平反的决议；建议全国人大修改宪法第四十五条，取消关于公民"有运用大鸣、大放、大辩论、大字报的权利"的规定。

2月25日 中共中央发出《关于为"习仲勋反党集团"平反的通知》。《通知》指出：中央已于一九七九年八月批转了中央组织部关于为小说《刘志丹》平反的报告，并于一九七九年六月批复同意中央组织部关于贾拓夫同志的复查报告，一九八○年批复同意中央组织部关于习仲勋、刘景范同志的复查报告。上述报告说明，习仲勋、贾拓夫、刘景范同志都不存在所谓反党问题，他们之间是工作关系和同志关系，所谓"习仲勋反党集团"，纯属不实之词。这三位同志自一九六二年以后长期受批判、审查，"文化大革命"运动中被关押多年，是康生等人蓄意制造的一起冤案。习仲勋、贾拓夫、刘景范同志参加革命几十年来，为党和人民做了大量的工作，对革命是有贡献的。强加给他们的反党罪名应予以推倒，彻底平反，恢复名誉。对受株连迫害的干部群众，均应予平反，恢复名誉。

3月3日 在北京向广东省工会第六次代表大会致贺信。贺信说：获悉省工会六大胜利召开，谨致以热烈的祝贺。我和杨尚昆同志现在都还在中央开会，不能在这次工会代表大会结束前回来同代表同志们见面。我们相信，这次大会一定会动员全省职工，贯彻党的五中全会精神，加强和改善党的领导，为努力完成我省工交、农业、财贸、文教、科技等各条战线的任务，迎接党的十二大的召开，作出重大贡献。祝大会圆满成功！广东省工会第六次代表大会于三月一日至七日在广州召开，选举产生了广东省总工会第六届执行委员会。

3月17日—23日 出席中共广东省委四届二次全会。二十三日，在闭幕会上发表讲话。在谈到调整和充实各级领导班子、增强党的战斗力问题时说：搞好各级领导班子的建设，挑选好接班人，不光是个年龄问题，而是要精心培养和选拔那些坚决拥护党的政治路线和思想路线，大公无私，坚持党性，有独立工作能力的比较年轻的干部，形成能够领导四化建设的坚强的领导集体。这件事上下都要做，而首先在公社和县、市要先动起来，主要的应先从县上做起，使班子年轻化，并把优秀的干部输送到上一级领导班子里去。在谈到各级领导干部要带头执行《关于党内政治生活的若干准则》、整顿党风党纪问题时说：特殊化，群众非常反感，议论很多，它严重地损害党群关系，伤害党的威望，挫伤群众搞四化的积极性，必须加以克服。对情节严重、群众非常愤慨的，要揭露，要处理，以教育全党。我们的党员，特别是领导干部，要自觉地遵守《准则》和党章的规定，接受党和群众的监督，不搞特权。

3月18日 上午，同杨尚昆接见出席广东省各民主党派和工商联代表大会的全体代表。在讲话中说：新时期加强和扩大革命的爱国统一战线具有重要意义。我省的民主党派，不少人是文教、科技、医药、卫生等部门的业务骨干，有技术专长，有些还是有名的专家。原工商业者中，许多人具有经营管理企业和做经济工作的能力。各民主党派和原工商业者，在港澳同胞、台湾同胞、国外侨胞中也有联系和影响。你们可根据各自的特点，充分利用有利因素，把直接的和间接的、国内的和国外的一切积极力量都调动起来，努力为四化建设和实现祖国统一作出贡献。长期的革命斗争证明，各民主党派和工商联是我们的朋友。我深信，在新的历史时期，广东省各民主党派和工商联同样能够在巩固和发展安定团结政治局面，发扬社会主义民主，加强社会主义法制，促进四化建设，促进台湾归回祖国，完成祖国统一大业等方面，作出新的更大的贡献。

3月22日 出席广州军区党委常委扩大会议并讲话。在谈到经济特区问题时说：特区的管理，要定出一套办法、法律，出入境要简化手续，要给外商一定的优惠待遇。我们的目的，就是要为国家多创外汇，并有利于解决就业，学习先进技术和管理经验。要利用港澳，不可能没有斗争；办经济特区，同资本家直接打交道，更不会没有斗争。开头也可能吃点亏，要付出一些代价，但只要头脑清醒，不骄不躁，注意总结经验，看准的事就办，那就不怕。要搞好作风，要进行反腐蚀教育，但还是要解放思想，大胆搞，绝不能因噎废食，光怕不行。要鼓干劲，不能泄气，工作总是在斗争中前进的。在谈到为刘少奇平反的问题时说：为刘少奇同志平反，把毛泽东同志在晚年所犯的这个错误纠正过来，这正是体现了毛泽东同志经常讲的实事求是的原则，是符合马列主义、毛泽东思想的。我们要把毛泽东思想的科学体系和毛泽东同志本人在某个时期的某些缺点、错误区别开来。我们要继续下功夫进行辩证唯物主义和历史唯物主义的教育，继续解放思想，坚持实事求是，一切从实际出发，理论和实践相结合，实践是检验真理的唯一标准。只有确立了这个基本观点，才能正确理解十一届五中全会的决定，才能正确评价革命领袖的功过是非。在谈到进一步搞好军政、军民关系时说：当前要注意处理好转业干部的安置问题，烈军属的优抚问题，伤残人员的安置问题，老战士退伍安置问题，随军家属子女就业和入学问题。这些问题涉及面很广，有许多是带有全国全军性的。一方面，地方各级党政组织应当按照中央的有关规定，积极给予解决；另一方面，要教育干部、战士和随军家属，体谅地方上的实际困难，照顾大局，维护安定团结的局面。在谈到加强部队政治思想工作时说：在新的历史时期，政治工作会碰到许多新情况、新问题，要去研究解决，有三点需要特别注意：一是要了解战士，同战士交朋友。二是要耐心教育，与战士交心。教育而不耐心，不用平等的态度同战士交心，是达不到教育的目的的。三是要把工作做到连队上，要搞好连队的党支部建设。

3月23日 下午，到机场欢迎来华访问、从孟买到达广州的扎伊尔共和国[1]总统蒙博托·塞塞·塞科。二十四日上午，到机场为蒙博托总统前往北京送行。二十九日上午，到机场欢迎来广州访问的蒙博托总统。三十日晚，出席欢迎蒙博托总统的宴会并致祝酒词。三十一日上午，欢送蒙博托总统离开广州。

3月24日—30日 出席谷牧[2]主持的广东、福建两省会议。会议检查总结中央一九七九年五十号文件贯彻执行情况，讨论研究当前的问题和措施。会议认为：中央决定对广东、福建两省在对外经济活动中实行特殊政策和灵活措施，是改革经济体制的一种试验。这一重大改革，受到两省广大人民的欢迎，在国内外特别是港澳地区，反映非常强烈，海外侨胞也纷纷表示愿以实际行动支援祖国建设。几个月来，两省省委和国务院有关部门做了大量工作，已取得初步成果。去年两省外贸出口收汇创造历史最好水平，对外经济活动开始出现一个蓬勃发展的新局面。实践证明，中央的决策是完全正确的。会议还提出要积极稳妥地抓好经济特区建设，要充分利用现有基础，先上那些投资少、周转快、收效大的项目。在发展加工出口工业的同时，有条件的要逐步发展住宅、旅游等事业。在建设步骤上，先搞好水、电、道

---

[1] 现为刚果民主共和国。
[2] 谷牧，时任中共中央书记处书记、国务院副总理、国家基本建设委员会主任、国家进出口管理委员会主任、国家外国投资管理委员会主任。

路、通讯等基础设施，要认真搞好总体规划，做到心中有数，打主动仗。经济特区的管理，在坚持四项基本原则和不损害主权的条件下，可以采取与内地不同的体制和政策。特区主要是实行市场调节，吸收侨资、外资进行建设。原则同意广东省起草的《经济特区暂行条例》，待经进一步修改后报国务院批准实施。五月十六日，中共中央、国务院将《广东、福建两省会议纪要》批转全国，出口特区被定名为经济特区。

3月28日 下午，出席广东省特级教师命名大会，为特级教师颁发证书和奖章。

3月31日 下午，出席中共广东省委、省政府举行的传达学习中国科协第二次代表大会精神报告会。在讲话中说：科协是党团结和联系科技工作者的纽带，各级党组织要支持科协积极主动地、独立负责地开展活动。一要切实加强和改善党对科技工作的领导；二要认真贯彻"八字方针"，在调整中加强科技战线；三要进一步认真地、具体地落实知识分子政策；四要加强科委和科协的建设，充分发挥其职能作用和助手作用。

4月1日、12日 同中共广东省委、省政府直属机关党委负责同志谈贯彻中共十一届五中全会精神和机关党的工作问题。在谈到党的建设问题时说：搞四化建设，核心是要有一个好的党。回顾我国革命的历程，我们之所以能够战胜一个又一个的困难，取得一个又一个的胜利，就是因为有一个坚强的有战斗力的马克思主义的党。教育党员的问题，一定要引起各级党委的高度重视。我们要通过学习十一届五中全会文件，把党的政治生活健全起来。加强和改善党的领导，要特别注意贯彻民主集中制，要民主，又要集中。要立即改变党不管党的状况，把党员管起来，把党员的教育和思想政治工作抓起来。现在党章修改草案已经发下来，《关于党内政治生活的若干准则》已经公布，这就是党规党法。我们应该按照这个去做,按照这个标准要求党员,教育党员,监督党员。要提出这样的奋斗目标,争取做一个合格的共产党员。今年机关党委的工作要以贯彻五中全会精神为中心,把党风党纪搞好。要善于抓典型,解剖麻雀,总结经验,指导全面,点面结合。学习要结合实际,联系自己,开展批评和自我批评,以自我批评为主。要充分发扬民主,揭露矛盾。要与人为善,和风细雨,既要提出批评,也要提出积极的改进意见。要树立好的榜样,表扬好的党员。要注意克服派性,增强党性,增强团结。省委要加强对省直机关党的工作的领导。省委对许多问题作了决定,当前就要狠抓落实。搞四化,搞经济建设,慢腾腾不行,决而不行、按兵不动更不行,一定要有紧迫感、责任感。

4月4日 同杨尚昆、刘田夫等出席广东省文学艺术工作者第二次代表大会闭幕式。在讲话中说:文艺工作者要跟上时代,创作出无愧于我国伟大人民、伟大时代的作品。我们提倡文艺工作者投身到火热的斗争生活中去,到人民中间去。只有这样,才能写出在向四化进军的典型环境中的典型人物,用英雄人物的崇高理想和品质来教育人民。同时,我们也不能规定文艺工作者只能写四化。人民的生活是丰富多彩的,文艺家们的生活经历和积累、专长和兴趣又各不相同,应当允许他们自由决定写什么和怎么写。要真正做到广开文路,广开言路,广开才路,把广大文艺工作者的积极性和创造性充分调动起来。一切有利于社会主义的文艺,一切有利于人民的文艺,都应当加以欢迎、鼓励和爱护。打棍子、戴帽子、抓辫子的恶习,必须彻底扫除。要加强和改善党对文艺工作的领导,继续肃清林彪、"四人帮"的流毒。要继续贯彻党的文艺政策,用平等的态度对待文艺工作者,按照艺术规律来进行领导。文联各协会应当在党的领导下进行工作,认真贯彻执行党的各项政策,通过各种途径联系和团结文艺界一切愿意为祖国社会主义建设、为祖国统一和为人民服务的团体和个人，发挥他们的积极作用和聪明才智。广东省文学艺术工作者第二次代表大会于三月二十四日至四月四日在广州召开。

同日 为《广东青年》杂志第五期撰写的《光荣属于献身四化的青年》一文在《南方日报》发表。文章说：（一）我们中国共产党人毕生为之奋斗的目标是什么？无数革命先烈抛头颅洒热血是为了什么？都是为了我们的祖国能够翻身解放，繁荣富强，使人民都能够过上幸福美满的日子，使社会主义、共产主义的理想在中国九百六十万平方公里土地上成为壮丽的现实，而实现四化，正是朝着实现我们的崇高理想前进的一个重要步骤。我们年老的同志，不一定都能看到四个现代化实现的那一天，但是我们并不悲观，而是满怀着革命的乐观主义精神。对我们来说，最重要的、带战略性的任务，就是要精心挑选和培养接班人。（二）共产主义事业是要经过一代又一代的不懈努力才能实现的。因此，我们总是把希望寄托在未来，寄托于青年一代。八十年代正是新中国青年大显身手、奋发有为的年代，是青年为四化事业立功的大好时机。希望全省青年在各级党委的领导下，自觉地投身到四化建设中去，在各条战线上充当四化的光荣突击手，抓紧时机把我们的国家建设好，把我们广东省的事情办好。（三）我们一定要满腔热情对广大青年做好教育引导工作，把工作做在前头，而且要做得非常细致，非常耐心。要采取多种形式，对青年反复进行正面的引导，包括举办多种多样的、丰富多彩的、有益于青年身心的文化娱乐体育活动。全党要做这个工作，各部门、各群众团体都要做这个工作，共青团在这方面要成为党的得力助手。（四）希望青年们珍惜自己的黄金时代，让青春放出光彩。希望全省青年发扬五湖四海的精神，加强各条战线青年的团结，增进同港澳青年、台湾同胞青年、海外侨胞青年的团结。团结就有力量，团结就有前途，团结战斗就能实现四化。

4月7日 上午，到机场迎接来华访问的澳大利亚新南威尔士州政府总理兰恩及其率领的友好代表团。代表团于八日前往北京访问。九日下午，到机场欢迎从北京到广州访问的代表团，陪同他们参观从化温泉。十日上午，陪同兰恩到花县花东人民公社访问，参观李溪拦河坝、李溪水电站、流溪河灌区；晚上，同杨尚昆等出席广东省政府举办的欢迎代表团的宴会。十一日下午，同兰恩举行会谈，双方就发展两省州的友好合作关系交换意见，并签订有关协议；晚上，出席兰恩的答谢宴会。十二日上午，到机场为兰恩及其率领的代表团送行。

4月8日 上午，同杨尚昆在广东迎宾馆接见冯景禧[1]、胡应湘[2]、陈琛铭[3]等。

4月13日 晚上，同杨尚昆等观看广东潮剧团的首场汇报演出《春草闯堂》。

4月17日 晚上，观看广州部队战士话剧团的话剧《报春花》。

4月18日 晚上，从广州到达南海县进行调研。同县委负责人谈话，询问县委新班子选举的情况和县党代会代表对县委工作报告的意见。

4月19日 下午，出席中共南海县第四次代表大会闭幕式。在讲话中说：这次来，是向同志们学习，下级党委是上级党委的先生。今后领导要尽可能走出办公室，跳出文件堆，摆脱事务，到工人农民中去。这次党代会选举产生的班子是好班子，干实事

---

[1] 冯景禧，时任香港新鸿基证券公司董事长。
[2] 胡应湘，时任香港合和实业发展有限公司总经理。
[3] 陈琛铭，时任香港新鸿基中国有限公司经理。

的班子，但县委成员平均年龄达到四十九点四岁，大了一些，委员中没有一个青年干部，没有上山下乡的知识青年。今后提拔干部要有文化水平这一条。没有文化，不懂科学，不会领导生产，不会做经济工作里的群众工作，就不能当领导。我这次来参加你们的党代会，还有一个意思，就是表明省委在把工作着重点转移到四化建设以后，必须努力抓好党的建设，加强和改善党的领导。省委希望南海县的党组织，佛山地区的党组织，以至全广东的党组织，都能够按照十一届五中全会精神，认真建设和整顿好。新选举产生的南海县委和全体到会代表，第一要按照《关于党内政治生活的若干准则》和新党章修订草案的精神，采取和风细雨的方法进行小整风。不论新老党员，都要努力使自己成为一个合格的党员，发挥先锋模范作用；每个党支部，都要整顿好，真正起到战斗堡垒作用。第二要一心一意扑向四个现代化。每个党员和党组织要自觉地为四化创造一个安定团结的环境，抓经济、抓生产，努力学习和掌握现代科学技术，做到又红又专。第三要充分发挥南海县的优势，按照自然规律和经济规律办事，把经济搞得更快一些，为国家作出更大贡献。

4月20日 下午，同新选出的中共南海县委委员座谈，鼓励大家有事要同群众商量，跟群众打成一片，使南海在全省各县中做到先走一步。

4月24日 出席广州部队举行的吕士才[1]事迹报告会。在讲话中说：吕士才同志不仅是医务工作者学习的榜样，也是广大

---

[1] 吕士才，中国人民解放军第二军医大学附属第二医院外科医生、主治军医，先后立二等功一次、三等功两次，被评为"先进工作者""社会主义建设积极分子"，1979年10月30日逝世。1980年2月13日，中共中央军委追授其"模范军医"荣誉称号。

指战员学习的榜样。广州部队全体指战员要以饱满的政治热情，认认真真地、扎扎实实地开展"学习吕士才、献身新长征"的活动。要学习吕士才同志热爱党，热爱社会主义，为共产主义事业奋斗终身的崇高思想；学习他全心全意为人民服务、艰苦奋斗的革命精神；学习他勤奋好学，对技术精益求精，做又红又专的实干家。开展学习吕士才同志的活动，最重要的是付诸行动，作出成绩。各级党委和领导干部要带头学，带头见行动。

4月25日、28日 主持中共广东省委常委会议，讨论研究人民公社的经营管理等问题。会议认为，一些穷困地区的部分"三靠队"[1]，为了调动群众的积极性，解决暂时困难，可以允许在生产队统一经营管理的前提下，实行包产到户，但是要向干部说清楚，这是对困难社队的临时措施，是权宜之计，最根本的措施还是要靠发展壮大集体经济。同时，要坚决制止分田单干。

4月25日 下午，同杨尚昆等到机场欢迎到广东访问的由意大利共产党总书记恩里科·贝林格率领的意大利共产党中央代表团。晚上，出席中共广东省委举行的欢迎宴会。

4月29日 晚上，同杨尚昆等广东党政军负责人陪同叶剑英、李先念在广州出席庆祝五一国际劳动节联欢晚会。

4月30日 同马文瑞[2]、汪锋[3]、白如冰[4]在《人民日报》发表《深切怀念贾拓夫同志》一文。文章说："一个人的功过是非，终究是颠倒不了的。党中央拨乱反正，给长期蒙受不白之冤的贾拓夫同志平反昭雪，对他一生的革命活动作出了全面

---

[1] "三靠队"，指"吃粮靠返销，生产靠贷款，生活靠救济"的生产队。
[2] 马文瑞，时任中共陕西省委第一书记、陕西省人大常委会主任。
[3] 汪锋，时任中共新疆维吾尔自治区委第一书记。
[4] 白如冰，时任中共山东省委第一书记。

公正的评价。我们和拓夫同志一起工作过多年，抚今忆昔，思绪万端，情不能已。""拓夫同志离开我们已经十三年了，但他对党对人民无限忠诚的优秀品质；谦虚谨慎，平易近人，密切联系群众的优良作风；坚持原则，实事求是的科学态度，都值得我们学习。"

5月1日 下午，同杨尚昆到广州造纸厂看望坚守生产岗位的工人们，了解他们的工作和生活情况，勉励企业要继续走挖潜、革新、改造的道路。

同日 晚上，同杨尚昆、刘田夫等在中山纪念堂出席广州地区庆祝五一国际劳动节文艺联欢晚会。

5月4日—9日 陪同叶剑英到海南岛视察。四日，陪同叶剑英在崖县[1]三亚镇接见中共海南行政区委、中共海南黎族苗族自治州委和部分县委、公社党委及农垦部门负责人；视察海南岛国营兴隆华侨农场，听取农场负责人的工作汇报。八日，陪同叶剑英视察海军榆林港，接见驻军负责人，观看海军舰艇的编队训练。在视察中，对大家反映的海南场社纠纷问题极为重视，回到广州后即派工作组赴海南调查情况。

5月13日—17日 陪同叶剑英到广东梅县地区视察。十三日，到达梅县。

5月14日 陪同叶剑英参观梅县雁洋人民公社雁上大队。

5月15日 陪同叶剑英参观梅县东山中学。

5月16日 听取中共梅县地委常委的工作汇报并讲话。在谈到贯彻十一届五中全会精神、加强和改善党的领导问题时说：要搞好外来干部和本地干部的团结，求同存异，大的原则要统一，小的不要去计较。"处理问题，都要有利于团结，有利于促

---

[1] 崖县，今海南三亚市。

进生产，有利于改善人民生活。对亲疏之别的问题，领导干部要对己严，对人宽；对亲的熟的要严一点，不亲的疏的要宽一点、亲近一点，要同不熟悉的人多接触多交换意见。要养成这个习惯。这是团结所必需，工作所必需。"党委本身就是集体领导，要坚持民主集中制，决定重大问题要经过反复商量，统一意见。少数人不同意的，意见可以保留，但对党委的决定要坚决执行。总之，经过几十个头脑，总比你几个头脑强一点，集体智慧是无穷无尽的。贯彻五中全会精神要结合实际，领导机关要带头，领导干部要带头，党员要带头。新老党员都要按《准则》对照自己，检查自己。上一次党课，这是最好的教育。要改进工作作风，注意工作方法，讲究领导艺术。要总结推广典型经验，典型不可能十全十美，要把典型看宽一点。在谈到经济工作时说：要搞协作，把经济搞活。企业有体制、经营管理的问题，工人不参与意见，光是党委行政领导，这个企业是搞不好的。要搞好长远规划，有个奋斗目标，不能走一步想一步。农业要农林牧副渔全面发展。要发挥主观能动性，步子要放大一点。要多想办法，广开门路，争取外汇，发展经济。你们的土特产品，争取到香港出口一些。自留地、家庭副业要允许社员搞，要搞好，但集体经济应该不断壮大。社队企业要搞好，一是为大工业服务，二是为当地生产服务，三是为群众生活服务。要向生产深度和广度进军。深度，就是有些地方高产的要再高产，低产的要赶上去。广度，就是向山上发展，多搞商品经济。煤炭、水泥、化肥、钢铁，特别是煤要继续勘探，要大搞，可以搞坑口发电。要认真做好华侨工作，梅县华侨多，要利用华侨关系，多搞点侨汇，加工工业、补偿贸易可以搞，还可以搞合营。

5月17日 上午，陪同叶剑英在梅县地委大院接见梅县地区和军分区、梅县和梅州市的机关干部和群众。

5月27日 出席中共广东省委召开的农村工作会议并作总结讲话。在谈到如何使农村尽快富裕起来时说：（一）使农村尽快地富裕起来，把我们的农村建设成为繁荣富庶的社会主义新农村，这是一个长期的战略思想。目前，各地程度不同地出现分田单干问题、场社纠纷问题，归根到底，还是一个经济问题，还是由于我们党在这些地区的工作做得不够好，农民的生活没有或者很少得到改善，所以又是党和农民的关系问题。要从根本上解决这些问题，还是要靠发展生产，使农民变穷为富。如果不紧紧抓住这个主要矛盾，就事论事，修修补补，那是解决不了问题的。（二）必须继续端正思想路线，解除思想顾虑。只要是符合社会主义方向，符合国家政策法令，有利于发展生产和改善群众生活的，都应大胆地干。对于过去被错误批判的富裕队和好干部、好社员，应为他们恢复名誉；对有革命事业心、有经济头脑的人才，要大胆使用。（三）必须处理好集体富和个人富的关系。在集体生产劳动中，由于个人劳力强、技术高、贡献大，因而多劳多得，应当受到鼓励；政策允许的小自由，也应鼓励其发展。但从领导来说，重点应放在发展集体经济上。集体富裕起来，分配多了，增加个人收入才有根本的保证，才能共同富裕。在把农村搞富方面，也不可能均衡地发展，应当允许一些社、队和农户首先富裕起来。（四）必须因地制宜，充分发挥本地自然资源和人力资源的优势，广开门路，发展生产。广东"七山一水二分田"，除了要继续搞好"二分田"外，还要把"七山""一水"充分利用起来。农工商综合经营，也是搞富的重要门路，要积极试点，作为集体致富的一项重要措施来抓。在谈到全省出现的分田单干问题时说：解决这个问题，领导上既要态度明确，旗帜鲜明，又要善于因势利导，讲究工作方法。不要用压制办法，不要同群众顶牛。应当明确讲清楚：（一）坚决反对分田单干。因为它改变了所有制性质，背离四项基本原则。（二）包产到户同分田单干有原则区别。一些特殊困难的社队，已经出现了包产到户，并且农民群众一时还不愿意改为实行联系产量到组或实行定额管理和评比奖励的，可以允许继续实行。但要讲清楚，这是对特殊困难的社队的临时措施，是权宜之计。会后，省直机关要抽人组成调查组下去，和当地党委一起，进行系统的调查研究。如果有的政策规定不适合当地实际情况，也可以变通，重大问题要请示报告。该会议于五月十四日至二十七日召开。七月二日，中共广东省委批转《农村工作会议纪要》。《纪要》指出，农村工作的中心任务是使农村尽快富裕起来，要切实搞好人民公社的经营管理，稳定生产关系，加强农村思想政治工作和党对农业的领导。

5月29日 同王首道[1]、杨尚昆在《人民日报》发表《革命一生无愧怍——纪念林伯渠[2]同志逝世二十周年》一文。文章说：林伯渠同志是我党少数几个从本世纪之初就从事革命活动的老一辈革命家之一。他经历了资产阶级领导的旧民主主义革命、无产阶级领导的新民主主义革命和社会主义革命三个历史阶段，并以自己的彻底革命精神和对中国人民革命事业的无限忠诚，经受了历史的严峻考验。在每个历史阶段，他都大公无私，勇往直前，为中国人民的解放事业作出了不可磨灭的贡献。文章在谈到林伯渠担任陕甘宁边区政府主席期间模范遵守民主集中制原则时说：西北局每次开会，他都拄着手杖按时到会，西北局作出的决定，他都坚决执行，模范地贯彻。政府工作中的重大问题，哪些事先经过西北局讨论后再提交政府讨论通过，哪些文件

---

[1] 王首道，时任全国政协副主席。
[2] 林伯渠，曾任中共中央政治局委员、中央人民政府秘书长、全国人大常委会副委员长。

经过西北局审阅后发布，他都掌握得十分认真、严肃。他的这种高度的党性原则，给同他一道工作的同志以极为深刻的教育。

5月下旬—6月上旬　在海南岛检查工作。先后到万宁、崖县、保亭、琼中、昌江等地国营农场和人民公社调研，并同县、国营农场、人民公社负责人就场社关系和纠纷问题连续三天进行座谈。在谈到如何解决场社矛盾时说：场社矛盾问题，实质上是党和群众的关系问题。我们要本着实事求是的精神，既尊重历史又照顾现实，既要发展农垦事业又要发展社队生产，通过深入调查研究，根据各地具体情况，耐心协商，妥善处理，公平合理地解决。第一，必须从解决领导的问题做起，从统一思想认识做起。双方都要增强党性，照顾大局，互相谅解，不要埋怨，各自多作自我批评，解开疙瘩向前看。第二，一定要采取处理人民内部矛盾的办法来解决，心平气和，分清是非，充分协商，妥善处理，不能激化矛盾，更不能动拳头，动刀枪。特别是领导干部，头脑一定要清醒，要有正确的态度，并积极地给群众做工作。第三，要广泛开展法制宣传，增强广大干部和群众的法制与纪律观念。场社的土地和林权争议，都要在当地党政统一领导下解决。当地的党政领导，要挺起腰杆，勇于负责，勇于拿出办法解决问题。涉及法律的按法律办，涉及政策的按政策办，坚持原则，毫不含糊。对那些损害国家和集体利益、破坏场社团结的事件，场社双方都要听从政法部门的调解和处理，任何一方都不得自立章程，各行其是，擅自处置。农场和人民公社是两种不同的社会主义所有制，两者之间存在矛盾，是可以理解的。但是，我们的总目标是一致的。国营农场要加强支援社队发展橡胶事业，使社队尽快富裕起来。社队要教育社员，维护国营农场的财产和正常生产秩序，搞好工农关系。在谈到海南一些地方发生的乱砍滥伐问题时说：乱砍滥伐不制止，海南岛将会变成沙漠岛，美丽的五指山将变成秃山，我们就会成为历史的罪人。各级党政部门要按照《森林法》，采取有力措施坚决制止破坏山林。国营林场要有计划地采伐，要大力植树造林。驻海南岛的党、政、军、民、学，都要把植树种草当作自己的经常任务。

6月2日 同吴克华出席广州军区政治工作会议并讲话。在谈到加强和改善部队政治工作时说：（一）部队政治工作就是党的工作。我们党历来强调党指挥枪的原则。部队的指战员特别是政治工作人员，必须十分明确、十分自觉地把贯彻党中央的路线、方针、政策作为自己的最重要的任务。（二）要把我军政治工作的优良传统恢复起来。就部队内部来说，要发扬官爱兵、兵爱官，官兵一致的好传统，上下级之间、同志之间要互相爱护，互相尊重。要发扬民主，使部队做到团结、紧张、严肃、活泼，打破死气沉沉的那一套。就部队同群众的关系来说，要处理好军政、军民关系，真正做到军爱民、民拥军。（三）搞好部队政治工作，一定要加强党的领导。一要整顿和调整好各级领导班子，选拔一批比较年轻的优秀干部来接班。这个问题，我们要想得深一点，想得远一点，否则会失掉时机，贻误我们的事业。二要加强团结。处理历史遗留问题，既要分清是非，又要十分细致谨慎，宜粗不宜细，宜宽不宜严。毛主席讲的"五湖四海"，应该包括犯过严重错误而又真正愿意改正的同志。要坚决克服派性，增强党性。在干部问题上，应该坚持党的原则，反对搞圈圈、搞亲亲疏疏的关系。三要认真纠正不正之风。少数干部的生活特殊化、利用职权、走后门安排子女亲属的工作，违犯政府法令走私套汇等不正之风，引起群众、干部的强烈不满。对这个问题，应该引起我们的足够重视。纠正不正之风，要领导带头。四要讲究工作艺术，改进领导方法和工作方法。要很好地解决认识事物的共同性和特殊性的关系问题；要弄清楚统一和独立、集中和分散的关系；要解决组织性、纪律性同积极性、主动性、创造性的关系；要解决好务虚同务实的关系。作为部队的一级党委，要既会务虚，又会务实，善于虚实结合，既保持坚定正确的政治方向，又能够正确地、迅速地处理部队中的各种问题，带领部队前进。

6月4日—7日 应澳门总督埃吉迪奥的邀请，同梁威林[1]等一行八人对澳门进行访问。四日上午，乘车抵达澳门。下午，拜访总督埃吉迪奥，双方就共同关心的问题进行交谈，其中包括广东省向澳门供应电力、架设广州到澳门的公路桥、两地贸易以及加强两地今后的联系等。在会谈中介绍珠海特区的情况，希望加强珠海特区同澳门的合作。在谈话中说：澳门的经济圈与香港的经济圈有着各自的特点和联系，在某些有共同经济利益的地方可以合作起来。广东省作为邻近的地区，也希望能与你们两个经济圈加强合作。在澳门期间，会见澳门各界知名人士；走访蔬菜、水果和家禽批发市场，了解广东副食品在澳门的供应情况；参观发电厂、医院、制衣厂、毛纺厂；游览市容。六日晚上，在澳督府出席埃吉迪奥为代表团举行的宴会。七日上午，结束对澳门的访问，乘车返回广州。

6月11日 主持中共广东省委常委会议，研究委托刘田夫赴北京参加五届全国人大二次会议期间办理的一些事项和广东省委当前的工作安排。会议决定，刘田夫赴京开会期间，报请中央、国务院及有关部门解决的问题有十一项，其中包括《关于加快海南经济建设几个问题的提议（草案）》。六月三十日至七月十一日，国务院在北京召开海南岛问题座谈会。七月二十四日，国务院批转《海南岛问题座谈会纪要》。

同日 中共中央批转《中央统战部关于爱国人士中的右派复

---

[1] 梁威林，时任广东省副省长。

查问题的请示报告》。中央批语指出：按照实事求是、有错必纠的原则对被划为右派的人进行复查，把错划的改正过来，这是严肃处理历史遗留问题的一项重大政治措施。

6月12日 同杨尚昆、吴冷西[1]出席中共广东省委宣传部召开的新闻单位负责人座谈会。在讲话中说：全党工作着重点已转移到四化建设上来，省、市各新闻单位都要十分注意搞好经济宣传，要宣传党的路线、方针、政策，反映群众的呼声。当前要继续批判林彪、"四人帮"的极左路线，肃清其流毒。现在，在农业、工业、商业工作中，不是思想解放过了头，政策落实过了头，而是思想还不够解放，各项政策的落实还有大量工作要做。对于在实际工作中，包括农村中某些困难较多的地方，出现这样那样的问题，是属于支流方面的问题。我们要重视解决这些问题，但又不要大惊小怪，不能采取简单粗暴的方法，要毫不动摇地坚决相信农民是跟共产党走的。只要我们解放思想，做好引导工作，正确执行党的政策，就能使问题迎刃而解，使农民逐步富裕起来。打倒"四人帮"以来，特别是十一届三中全会以来，各个新闻单位做了很多工作，是有成绩的。报社的同志要大胆地工作，同时要遵守党的纪律，对宣传报道上的某些差错，要认真总结经验，提高政治思想水平和执行纪律的自觉性。省委支持报纸、电台、电视台发扬成绩，克服缺点，把工作搞得更好。

6月14日 就京广铁路南段复线和广深铁路电气化建设问题向中共中央、国务院呈送请示报告。报告说：建设京广铁路南段复线，是全国特别是南方经济发展和交流的迫切需要，是广东的命脉所在。如果国家不下决心，争取尽早把京广南段复线及电气化和广州枢纽工程建设好，不仅对广东，甚至对全国四化建

---

[1] 吴冷西，时任中共广东省委书记兼中共中央文献研究室副主任。

设，都将产生很大影响。鉴于目前国家财政困难，建议先集中力量把衡阳至广州的复线修通，增强运输能力。广州枢纽和电气化工程，可全面设计，视货源情况，分期建设，京广铁路南段复线一九八四年一定要建成通车。广深铁路也越来越不适应对外贸易和旅游事业的发展。香港当局为了扩大铁路运输能力，对九龙至罗湖铁路已开始进行电气化建设，并对广州至深圳铁路电气化建设甚为关注，多次表示愿与我进行经济、技术合作。为了适应我省经济特区、外贸运输、旅游事业和国际交往的发展，建议批准广深线电气化改造工程项目，以便及早与港英洽谈合作事宜并安排施工。

6月19日 主持中共广东省委举行的省、市直属机关处以上党员干部报告会，传达中共中央、国务院《关于广东、福建两省会议纪要的批示》。在讲话中说：中央的批示极为重要。它的基本精神，是要我们结合广东的具体实际，充分发挥广东的优势，扬长避短，加快四化建设的步伐。同时，这也是中央对经济体制改革的一个重要决策，要求我们在经济体制改革方面先走一步，拿出经验来。我们一定要坚决贯彻中央的指示，大大加快我省经济的发展。现在我们的经济总的还是搞得不够活，这固然有经济体制问题、政策问题，但更主要的或首要的还是思想不够解放的问题。要继续肃清林彪、"四人帮"极左路线的流毒和影响，冲破小生产的狭隘眼界，坚持实事求是，按自然规律和经济规律办事。在新长征的道路上，一定会遇到许多新的情况和新的问题，会遇到不少困难。各级领导干部一定要发扬党的优良传统和作风，走向第一线，研究新情况，解决新问题，密切结合本地区、本部门的实际，创造性地贯彻执行中央制定的一系列方针政策，带动全省人民尽快地把经济搞上去，使全省人民尽快地富裕起来。

6月20日 在广东省第二轻工业厅党组关于原省二轻工业公司滥发实物的再次检查报告和中共广东省委纪委关于广州海难救助打捞局私运进口物品的调查报告上批示："这两个报告，按各书记意见，要省纪委立即专案检查，提出人、物处理意见，除通报全党外，我意当作严重违法乱纪事例登报，进行教育。此事请应彬同志负责催办，不要手软，越快越好。"

6月21日 出席广东省工交系统增产节约、增收节支工作会议闭幕会并讲话。在谈到继续解放思想、进一步把经济搞活问题时说：（一）解放思想必须和深入实践统一起来。在解放思想过程中，必然会出现各种各样的思想和意见，光在机关、会议里争论，是不能真正统一起来的。应该到实践中去调查研究，到群众中去听取意见，在实践中辨明是非，统一认识。比如，关于推广清远经验问题一直有争论。实践证明，清远经验的方向是对的，把国家、企业和职工个人的利益结合起来，取得了显著的经济效果。当然，清远的做法也有不够完善的地方，需要进一步总结提高。清远经验是我们自己创造的，土生土长的，大家熟悉，学起来也容易。不要老是墙里开花墙外香。要重视和珍惜自己实践创造出来的好经验，只要能增产增收，真正做到国家多收，企业多留，个人多得，就可以推广。（二）解放思想必须和执行党的政策统一起来。党的政策是党的生命。我们要依靠党的政策，去调动群众的积极性、创造性，推动生产和各项事业的发展。这次会上大家对奖金问题讨论比较多。中央规定的奖励制度今后还要坚决贯彻执行，要严格按规定的奖金来源提取奖金，坚持国家、企业、个人都有利，而国家得大头的原则。对滥发奖金要进行整顿，坚决制止。只有把奖励同经济效益联系起来，把物质奖励同加强思想政治工作结合起来，才能持久地促进生产发展，有利于团结。这次会上，大家也谈了市场调节的政策问题。在社会主义条件下，不能只有计划调节，没有市场调节。应该把计划调节和市场调节结合起来，在国家计划指导下把市场调节进一步搞好，尤其是在国家任务不足的情况下，更要发挥市场调节的作用。（三）要从实际出发，扬长避短，充分发挥自己的特点和优势。解放思想，要讲求经济效益。不要以为讲解放思想就可以搞高指标，这是有深刻教训的。既要思想解放，又要扎扎实实。要讲量力而行，计划要留有余地。经济工作要把讲求经济效益放在首位，过去把讲求经济效益当作资本主义来批是错误的。大至国家经济计划的制定、经济结构的调整、经济体制的改革，小至某项建设方案的选择、个别企业经营管理的改进，都必须以经济效益的有无、大小来权衡其是否可行。这次会议于六月十日至二十一日召开。会议期间，同刘田夫用两天半时间，同部分与会代表座谈。

同日 晚上，同吴克华、杨尚昆等观看一九八〇年广州国际足球友好邀请赛决赛并出席闭幕式。比赛开始前，接见出席邀请赛的各足球代表团团长及参加决赛的德意志联邦共和国青年队和中国队的运动员。

6月26日 出席广东省纪检干部学习班结业会。在讲话中说：纪委的任务，最主要的抓什么？我看就是三个字：抓党风。现在我们做的很多工作，都是恢复和发扬党的优良传统和作风。对《关于党内政治生活的若干准则》，有人说要求太严太高了。其实，过去就是这样的要求，并不是今天要求严了，高了。抓党风，要抓影响全局性的党风。首先要抓党的路线、方针、政策贯彻执行的情况和问题，同违犯党纪、败坏党风的行为作坚决斗争。广东省偷渡外逃、走私漏税、送子女去港澳等问题很突出，省委要全面研究，认真抓一抓。"解决这些问题要解放思想，要有群众观点，看群众拥护不拥护，群众不拥护就不好办。我们办事情不能从感情出发,要按政策办事。政策本身就是大感情,群众意见就是大感情,我们要这个大感情,不要那个小感情。"希望纪委同志要铁面无私,按党的原则办事,不怕得罪人,不怕打击报复。现在,各级纪委都有一些应该严肃处理的案子没有及时处理,这是不行的,不适应当前形势的急切需要。因此,必须加强各级纪委的班子,特别是领导班子。纪委的同志要经常下去搞调查研究工作,不要光坐在家里办案。办案既要维护政策的严肃性,又要实事求是,谦虚谨慎,确保案情准确,处理适当,绝不能搞新的冤假错案,造成新的遗留问题。另外,办事要公道,不公道就是没有原则,就不能取得群众的信任。纪委的同志责任非常重大。你们是执行党规党法的人,这是党和人民给的权力,你们要勇敢地去战斗。

6月30日 上午,同杨尚昆等在广州中山纪念堂出席华罗庚[1]《在国民经济中所用到的数学方法》报告会。

7月1日 就学习贯彻《关于党内政治生活的若干准则》,给广东省和广州市机关党员干部讲党课。在讲话中说:(一)领导干部要带头执行《准则》,做一个合格的共产党员,首要的一条是坚决执行党的路线。每个同志要经常客观地衡量一下自己,看有多少分量,多少本事?我们办的事合不合党的原则,合不合群众的利益,合不合事物发展的客观规律?要经常动脑筋想想这些问题,用高度对人民负责的态度,想想自己出的主意、做的事情,是否对人民有利。共产党员还是要靠实干,我们一切胜利成果,都是靠实事求是、老老实实干出来的。(二)执行《准则》,要发扬党的优良传统和优良作风。一是平等待人,发扬民主作

---

[1] 华罗庚,数学家,时任中国科学院副院长、中国科学技术协会全国委员会副主席、中国民主同盟中央副主席。

风，密切联系群众。能不能做到真正平等待人，真正尊重群众，这是世界观问题。我们应该给下边创造条件，特别是领导干部要叫人家敢于提出自己的意见，敢于发表不同的见解，发挥大家的积极性、创造性。二是开展批评和自我批评。领导干部要有"闻过则喜"的精神，虚心听取批评意见，勇于自我批评，勇于改正错误，严于律己。经得起别人的批评和勇于自我批评固然重要，而敢于批评别人，敢于同各种不良倾向作斗争，也同样重要。三是顾大局，讲团结，坚持党性，根绝派性。在新的历史时期，实现四化就是大局。共产党员要在四化建设这个政治路线上，维护党的团结和统一。要反对派性，坚持党性。四是党的领导干部不仅要严格要求自己，而且要严格要求亲属和子女。（三）学习问题。对于我们共产党人来说，努力学习，不断提高自己，以适应斗争形势的需要，更好地为党的事业作出贡献，这是天经地义的事情，可以说是共产党员的天职。当前，首先要抓好《准则》和党章修订草案的学习。"学习《准则》，重要的是要执行《准则》。《准则》就是'规'和'矩'，我们把它拿到手里，就是为了用，为了画出'方'和'圆'来，也就是为了正党风，扶正气。"每个共产党员都要努力改造世界观。学习问题也不能理解得太窄。搞四个现代化建设，必须精通本行业务，具备专业知识。长期当外行，是无法领导或者说没有资格领导四化建设的。我们要学管理，学会按自然规律和经济规律办事，学会同外商、同资本家打交道。

同日 晚上，到达佛山，听取杨德元[1]、吕金湖[2]的工作汇报。

---

[1] 杨德元，时任中共佛山地委书记。
[2] 吕金湖，时任中共佛山地委副书记兼中共佛山市委书记。

7月2日 下午，出席中共佛山市第四次代表大会闭幕会并讲话。在谈到珠江三角洲和佛山市的建设时说：这次党代会提出，今后的发展方向应以发展轻纺工业为主，经过十五年到二十年的努力，把佛山市建设成为轻纺工业发达、科学文化繁荣、内外经济活跃、整洁文明的社会主义现代化城市。这次党代会确定的佛山市今后的发展方向，是很对的，是符合佛山市的实际和国家对你们的要求的。珠江三角洲在广东是一块富饶的宝地，条件很好，宝地就一定要出宝。但宝地能不能献宝，能不能最大限度地献宝，这要靠我们奋发图强，去挖潜，去创造。我们决不要辜负大自然给予我们的优越条件，决不要辜负前人艰苦创业打下的基础。一定要靠我们的努力把这块宝地开发出来。我到广东来以后，有同志告诉我，说珠江三角洲的人很精明，很会打算盘。我说这很好嘛，搞经济建设就是要精明，要会算账，要懂得动脑筋，想办法。做经济工作不会打算盘，不会算账还行！搞四化就是要"精"，要有朝思暮想的精神。现在就是要解放思想，按照自然规律和经济规律办事，把经济搞活，扬长避短，取得最大的经济效果。听说你们都有雄心壮志，暗暗下了决心，要同南海县比一比，我很赞成。社会主义没有竞争也不行，不竞争就是吃"大锅饭"。我们要保护竞争，你追我赶，看谁在社会主义的道路上跑在前头，最快地富起来。中共佛山市第四次代表大会于六月十八日至七月二日召开。

7月5日—15日 到韶关地区检查工作，先后到清远县、阳山县、乳源瑶族自治县、韶关市、仁化县、佛冈县考察，沿途听取地、市、县委和十一个公社、十二个厂矿的汇报，在工厂、田间同一些干部、工人、社员、技术员进行座谈。

7月5日—9日 在清远县调查研究，了解超计划利润提成奖的情况，总结、推广清远经验。五日下午，到达清远。六日下午，到农机厂、酒厂视察，召开两个座谈会。七日，到清远经验创始单位氮肥厂视察，到飞来峡检查旅游工作情况。八日，到洲心人民公社视察，并出席清远县、社干部会议。在清远期间，多次发表讲话。在谈到清远经验时说：清远经验总的是要把经济搞活，给企业以自主权。中央允许我们搞新体制的试验，这就是推广清远经验的依据。清远经验是一个扭亏增盈的好办法，体现了"三兼顾"的原则，国家发大财，企业发中财，职工发小财，这很对嘛。我们应该把它看成是全省经济体制改革的大事。清远经验，全国有二十二个省市、五千多人来参观，很多省已经全面推广，跑到我们前面去了。清远在广东，在韶关，发明权在我们这里，如果用经济上的话来说，就是专利权在我们这里。广东应该推广得更好一点，韶关地区更要全面地、积极地推广。在谈到民富国强问题时说：我们搞四化，就是为了搞富，国家搞富，群众搞富，这是国强民富。过去讲国富民强，现在讲民富国强，民富了国就强了。群众肚子吃不饱，国家强什么呢？清远给我印象深刻的是大家都在忙忙碌碌地把经济搞上去，朝思暮想，想方设法，让人民能够吃饱肚子，同时还有钱花。我这次来，是向你们学习，把你们的客观反映到我们脑子上来，加以总结。在谈到飞来峡的旅游问题时说：飞来峡名胜古迹很多，风景很美，要把飞来峡的旅游事业搞好。将来搞好了，就是一个很大的收入。现在看来搞旅游并不那么容易，人家来不但要看风景，还要吃，还要住，许多工作要跟上去。飞来峡的美完全是自然风光，过去的布局就很好，不要破坏，要美上加美，好上加好，建设后更加自然一点，不要给人家一看就是人工做的。一切旧的东西不要一下子全盘否定。任何事物、任何经验都不能来个一刀切，都要一分为二，不好的要丢掉，好的要继续学，发扬光大，使它更加发展，更加有利于我们的工作，有利于我们的经济。

7月10日 出席中共阳山县第四次代表大会。在讲话中说：要充分认识和发挥阳山山区的优势。第一是电，第二是煤，第三是山多、树多，第四是山区玉米、番薯等增产潜力大。还有一个优势，就是可以大办社队企业。你们优势很多，潜力很大，加上你们的干劲，经济很快可以繁荣起来。要敢于和南海比一比，你追我赶，互相促进。

7月11日 到乳源县检查工作，出席乳源县委、县革委会及部分公社党委负责人参加的座谈会，听取乳源县委关于经济建设汇报和盘才万[1]关于瑶族乡镇的少数民族生产和生活等方面的情况汇报。在讲话中说：乳源的条件很好，优势很多，有山、有水、有田地、有矿产，比单纯的农业地区要发展快。有山可以发展林业，有水可以发展水电，你们已经利用水力资源办了很多电站。当前，砍伐木材、破坏自然生态问题要很好研究解决。林木要养起来、保护起来，有些还要封山，要做到有计划砍伐。你们的山，除种用材林之外，还要种经济林和木本粮油，例如板栗、油茶、油桐、棕、竹，等等。要向生产的深度和广度进军，做到地尽其利。要扬长避短，把集体养猪搞起来。要养牛，养羊，养兔，还可以养蜂。你们这里松树多，可搞松香。总之，要大搞多种经营，大搞社队企业，但要搞个长远计划，还要有年度计划，做到有计划发展。你们可以不可以提一个响亮的口号：让瑶山先富起来，经济繁荣起来！瑶族勤劳、勇敢、聪明，不仅经济上要富裕起来，而且文教、卫生、体育等各方面都要发展，要培养少数民族干部，培养各方面的人才。要搞好党风，搞好瑶、汉族的团结，你们的党风和瑶、汉族团结搞得不错，希望乳源同志带个头，把党风和民族团结搞得更好。希望过一两年，乳源的

---

[1] 盘才万，时任中共乳源瑶族自治县委常委、必背人民公社党委书记。

面貌大改变，到那个时候我还要再来乳源，还要到瑶胞家里做客，吃你们瑶家的饭，喝你们瑶家的酒。这次因时间关系，没有到下面去，请你们转达我对全县瑶、汉族干部群众的问候。

7月11日—12日　在韶关市视察，参观齿轮厂、工具厂、棉纺厂、韶关钢铁厂、韶关冶炼厂，听取企业负责人的工作汇报，到职工群众中调研，询问企业生产、管理和生活福利情况，勉励大家搞好生产，办好企业。十二日下午，听取中共韶关地、市委的工作汇报。在讲话中说：农村的形势是好的。现在上造大局已定，关键是搞好晚造，一定要在立秋前插完秧。要大力推广良种。要推广和落实生产责任制，充分调动社员的生产积极性。工业要大抓，绝不能放松，搞好工业生产，关键是"活"字。要继续贯彻调整、改革、整顿、提高的"八字方针"，在调整中前进，在前进中调整。要继续抓好增产节约，挖掘潜力，特别是要抓好煤、油、电的节约。要搞好小改小革，为将来大改大革打下基础。要发挥下面的积极性，把企业搞活。韶关市是新兴的工业城市，有原材料，也有动力，条件很好，要充分发挥自己的优势，加快建设的步伐。各地要结合本地区的实际，作出五年、十年、二十年的长远规划，并交群众讨论，然后形成文件，组织实施。各级领导要学科学，学技术，学管理，逐步把自己变成内行。

7月13日　在仁化县考察调研，听取张帼英[1]的工作汇报。在视察仁化县农科所时说：当前的"双夏"[2]工作，一定要有强烈的季节观念。时间紧，任务重，要很好地安排。早插一天秧就能多打好多粮食，迟插一天秧就要少打好多粮食。在丹霞

---

[1]　张帼英，时任中共仁化县委书记。
[2]　双夏，指夏收、夏种。

山视察时说：丹霞山旅游资源丰富，发展旅游业时不我待。首先给韶关厂矿企业职工、人民群众有个游览休闲的地方，广州的人民群众来这里游玩也不远，再就是港澳同胞、华侨华人回来可以观光祖国的美好河山。旅游业是为人民服务的，必须从这一点出发。搞旅游建设一定要为子孙后代着想，注意保护自然生态，不要在风景区内乱砍、乱伐、乱建，不要大搞菩萨，原有的可以作为文物保存下来。适当搞点供人民群众小休、小吃的地方，旅游景区一定要规划好、管理好。

7月18日 出席中共广东省委党校第五期领导干部轮训班结业大会并讲话。在谈到形势问题时说：一年来，全国的形势发展很快，广东的形势也不断发展，整个经济比较活了，城乡经济都得到发展。前一段，我到南海、佛山看了看，最近又到粤北六县走了走，看见各级领导对抓经济比较重视了，到处都在谈富论富，都在讲扬长避短，找自己的优势，这是当前一个很可喜的现象。这两年来我们走的路子是对的，但是也要看到我们存在的问题和差距。我们头脑要很清醒，既肯定成绩，充满信心，又不盲目乐观，稳步前进。在谈到清远经验时说：清远经验是解放思想的产物，也是生产力发展的要求对经济体制方面旧框框的冲击。它是我省土生土长的扩大企业自主权的一种形式。各级党委和各部门要为推广和发展清远经验创造条件，主动研究涉及自己部门的问题，改进自己的工作。清远经验是个新生事物，既有强大的生命力，又不可避免地有某些局限性，需要进一步完善和提高。各地对于清远的某些具体做法，不要生搬硬套，照抄照搬，一定要结合自己的实际，找出妥善的办法，解决自己的问题。要调整和放宽政策，在坚持计划经济和按劳分配的前提下，应当允许多种经济成分存在，允许多种经营形式存在。工业要走农业的路子，用政策来调动各方面的积极性。

7月20日 上午,到广东省委机关干部宿舍大院,就大院居住干部联名写信反映大院长期管理不善、治安情况不好、用水不方便和危房不及时修缮等问题举行座谈会,并察看大院的厨房、宿舍和公用厕所等。在座谈中说:我们的机关行政管理工作,要把安排好群众的生活放在第一位,有问题一定要解决,今天解决不了明天解决,应该给广大干部创造良好的生活环境,让他们安心做好工作。

7月29日 中共广东省委、省政府批转《清远县国营工业企业试行超计划利润提成奖和改革工业管理体制的情况报告》,决定在全省范围推广清远经验。八月一日的《人民日报》和八月二日的《南方日报》报道了清远率先试行企业承包制的经验。

7月31日 晚上,同吴克华、杨尚昆等出席广州地区庆祝中国人民解放军建军五十三周年文艺晚会。

8月1日 上午,同吴克华、杨尚昆出席广州解放纪念像[1]落成揭幕仪式暨庆祝中国人民解放军建军五十三周年活动。在讲话中说:纪念像是一座庄严的历史纪念碑,它充分表现出人民战士永远忠于党,忠于人民,坚决保卫祖国南大门的威武雄姿。全省和全广州市人民永远不会忘记解放军北战南征,为人民解放事业建树的丰功伟绩。纪念像是军民团结共同战斗的有力象征,它表达了解放军对人民的热爱,人民群众对子弟兵的支持。正是在广东人民革命武装和广大群众的支持配合下,人民解放军解放了广州城,并建立了人民政权,使人民成了城市的主人。这里有一条极为宝贵的经验,就是在共产党领导下,只要紧密团结,英勇奋斗,就能无往而不胜。纪念像又是号召书,它歌

---

[1] 1959年,为纪念广州解放10周年,广州解放纪念像建成。"文化大革命"期间,该纪念像被拆除。1979年纪念像重建,1980年7月落成。

颂了人民在战争岁月中的英雄业绩，更将激励人们发扬革命战争年代的那股革命热情和干劲，投入新的战斗，进行新的长征。

8月5日 出席广东全省教育工作会议并讲话。在谈到加强党对教育工作的领导时说：第一，必须提高对教育工作的认识。教育直接关系到每个家庭。学校教育工作的一个更大责任，就是转变社会风气。光说转变社会风气还不够，整个下一代接班人的培养，这个重任都在教育工作者的肩上。我们要引导青少年去学习，引导他们关心我们的祖国，热爱我们的祖国，树立建设四化的雄心壮志。我们搞社会主义，要把中华民族的优良文化道德风尚继承下来。学雷锋、学先进人物的活动还要开展，可以请一些老红军、老干部做辅导员。将来有些老同志退休后，去学校当个顾问也好嘛！我老了，愿意到学校去当个顾问，讲讲过去的斗争史，讲讲革命史也好。第二，要调整好教育行政部门和学校的领导班子。要大胆选拔一批有专业知识的，有行政工作能力、领导能力，年富力强的同志，充实到教育部门和学校的领导班子里来。第三，要继续落实党的知识分子政策。要把知识分子看成是工人阶级的一部分，信任他们，放手使用他们，选拔他们中间的一些优秀人才到适当的岗位上去。要大力提倡尊敬老师，尊师爱生要成为风尚。凡是要求入党而又具备了党员条件的教师，要吸收他们入党。要切实帮助教师解决一些生活上的实际困难。第四，要逐步增加教育经费，提高教育投资的比例。我省教育经费和教育基建投资在全省财政总支出中占的比例太低，省委和省政府最近决定，除上半年省地方财政增加给普教经费一千二百五十万元以外，下半年再增拨一千万元。凡是生产好的地方，都要从地方财政中拿一点钱办教育。我特别提一下，现在社会上发生的犯罪情况，青少年最多。我们要把他们教育好，把这一代的风气扭过来。

8月8日 出席中共广东省委召开的地、市委书记会议并作总结讲话。在谈到当前农村政策问题时说：一些生产队一时找不到克服困难的其他办法，搞了包产到户，我们应当允许，不要因此去指责基层干部和党员，不要去硬扭。对已经分田单干或正在闹分田单干的，在群众自愿的原则下，用包产到户的办法去取代它，是可以的。边远山区、深山老林的单家独户，硬要合在一起大排工，费时误事，对生产不利，实行包产到户不失为一种比较好的办法。对那些已分田单干的地方，也不允许单干户完全脱离生产队集体，他们还要对集体承担一定的责任。应当讲清楚，实行包产到户的地方，经济主体还是生产队。这些地方将来会怎么样？只要生产发展了，经济发展了，肯定会有所前进，会从低水平的集体化发展到高水平的集体化，集体化不巩固的会逐步变得巩固。不论在哪种地区，我们注意力的重点都应放在加快生产力的发展上，不应当离开生产和经济发展的具体条件去盲目追求高级的组织形式，这在我们农村工作的历史上是有沉痛教训的。我们应当一面帮助农民发展集体生产和集体经济，一面帮助他们提高经营管理水平，逐步变包产到户为"四专一联"[1]的生产责任制，或其他形式的专业化分工协作的生产责任制。我们全党都要下工夫研究总结这方面的经验，这是当前搞好农村工作的一个很重要的问题。广东地、市委书记会议于七月二十九日至八月八日在广州召开。会议讨论如何充分利用中央给广东实行特殊政策和灵活措施的有利条件，发挥优势，扬长避短，调整经济结构，改变管理体制，把经济搞活，加快广东省经济管理体制改革和经济发展的步伐等问题。

8月12日—18日 同杨尚昆主持中共广东省委常委会议，

---

[1] "四专一联"，指专业队、专业组、专业户、专业工，联系产量计算报酬。

就广东省委、省政府贯彻落实国务院批转的《海南岛问题座谈会纪要》进行讨论。会议对贯彻民族区域自治政策、解决场社纠纷、支持海南岛经济建设、加强和改善党的领导等问题作出决定。在会上代表省委宣布：海南黎族苗族自治州今后不仅继续存在，而且要进一步加强。此前，国务院于六月三十日至七月十一日在北京召开海南岛问题座谈会，就海南岛农业发展方针、发挥海南地区优势、解决农场和社队之间矛盾等问题进行研究。会议确定：海南岛应以加速发展橡胶等热带作物为重点，大力营造热带林木，努力提高粮食产量，全面发展农林牧副渔各业的生产，逐步建立适应海南特点的新的生态平衡和农业结构。会议期间，中共中央、国务院负责人听取海南岛问题座谈会的汇报。七月二十四日，国务院批转《海南岛问题座谈会纪要》。

8月13日—16日 列席广东省人大常委会第五次会议。

8月24日 在广州对外贸易中心参观美国电子工业产品展览会。

8月26日 五届全国人大常委会第十五次会议决定，同意在广东省深圳、珠海、汕头和福建省厦门分别划出一定区域，设置经济特区，批准《广东省经济特区条例》。

8月底9月初 到遭受强台风灾害的湛江市和阳江、电白、徐闻、海康[1]、遂溪等县视察灾情，并出席湛江地区和县、社、队干部座谈会。在讲话中说：这次依靠集体力量取得了抗灾的重大胜利，显示了社会主义制度的优越性，应当向社员广为宣传，引导他们坚定地走社会主义道路。要把恢复和发展生产同发挥当地的优势联系起来，沿海地区要考虑因地制宜地发展蚝、珍珠、海参、鱿鱼、海马、蟹等水产养殖业，扬长避短，增加收

---

[1] 海康，今广东雷州市。

入。灾区特别要注意放宽政策，进一步调动社员的积极性，搞好生产救灾。

8月30日—9月10日 五届全国人大三次会议在北京召开。根据中共中央建议，决定华国锋不再兼任国务院总理，由赵紫阳接任；同意一批老一辈革命家不再兼任国务院副总理和全国人大常委会副委员长职务的请求；补选彭冲、习仲勋、粟裕、杨尚昆、班禅额尔德尼·确吉坚赞为全国人大常委会副委员长。

9月14日—22日 同杨尚昆在北京出席中共中央召开的各省、市、自治区党委第一书记座谈会。会议由胡耀邦主持，主要讨论制定长远规划的一些基本设想、关于经济体制改革的初步意见、关于农业生产责任制问题、关于党的十二大中央机构的设置和人事安排的设想。二十七日，中共中央印发《关于进一步加强和完善农业生产责任制的几个问题》的会议纪要，肯定党的十一届三中全会以来各地建立的各种形式的农业生产责任制。

9月24日、25日 同杨尚昆、刘田夫在中南海勤政殿向中共中央书记处会议汇报广东工作。会议就如何在广东实行特殊政策和灵活措施进行讨论。胡耀邦主持会议，赵紫阳、万里[1]、谷牧、姚依林[2]等参加。二十四日上午，在汇报时说：中央给了广东权力，但我们还没有很好运用这个权力，思想不够解放，闯劲不足，同时深感迈步碰到困难重重，中央有些部门还是按老章程办事，并且以广东搞大包干为由，反而卡得很死。二十五日上午，谷牧、姚依林、万里、赵紫阳、王任重[3]先后发言，胡

---

[1] 万里，时任中共中央书记处书记、国务院副总理、国家农业委员会主任。
[2] 姚依林，时任中共中央书记处书记、中共中央副秘书长、中共中央办公厅主任、国务院副总理、国家计划委员会主任。
[3] 王任重，时任中共中央书记处书记、中共中央宣传部部长。

耀邦作总结讲话。二十八日，中共中央印发《中央书记处会议纪要》。《纪要》指出：中央在广东、福建实行特殊政策和灵活措施，目的是要充分发挥广东、福建两省的优势，使两省先行一步富裕起来，成为全国四化建设的先驱和排头兵，为全国社会主义经济建设和体制改革探索道路，积累经验，培养干部。中央要求广东充分利用和发挥本地优势，尽快把广东的经济搞活，闯出一条道路，使广东成为我国对外联系的枢纽。

9月26日—29日 五届全国人大常委会第十六次会议召开，决定成立最高人民检察院特别检察厅和最高人民法院特别法庭，对林彪、江青两个反革命集团案进行公开审判。十一月二十日至翌年一月二十五日，最高人民法院特别法庭开庭公审林彪、江青两个反革命集团案主犯。

10月3日 听取王越丰[1]关于海南问题的汇报，强调要先把场社纠纷停止下来，注意加强和改善党的领导。

10月6日—14日 中共广东省委在广州召开地、市委书记座谈会。六日至七日，在会上传达中共中央召开的各省、市、自治区党委第一书记座谈会精神和中央对广东工作的指示。十一日，在会上讲话。在谈到立志改革问题时说：要贯彻执行好中央书记处对广东工作的指示，有一个很重要的问题，就是要立志改革。要改革，确实会碰到阻力。每前进一步都有斗争。这里有旧框框和习惯势力的束缚，也有对新事物的实践和认识的过程。有阻力，有斗争，不奇怪。重要的是要对改革抱坚定的态度，踏实的作风，细致的方法；要坚持调查研究，实事求是。今后改革的方面很广，从经济基础到上层建筑都要进行。在谈到特区问题时说：（一）建设经济特区是广东实行特殊政策的一个重要组成部

---

[1] 王越丰，时任中共海南黎族苗族自治州委副书记、自治州州长。

分，但现在特区建设没有经验，可以说是在空地上白手起家，困难不少，各部门要大力给予支持和帮助。（二）中央批准广东实行特殊政策，而经济特区在我省又有其特殊性。各部门下达的指令和要求，要尽可能考虑到和照顾到特区的特殊情况。如有同特区的情况不适合的，允许特区采取灵活办法，变通办理。特区和各部门之间，都要从互相支持、搞好工作出发，主动通气、商量，协商解决问题。（三）特区的重大问题，要多向中央和省委请示报告，最好能定期（例如每个季度）向中央、省委作一简单明了的汇报。

10月16日 应美中关系全国委员会邀请，率中国省长代表团乘飞机离开北京，前往美国进行友好访问。习仲勋为代表团团长，宋平[1]为副团长，代表团成员有鲁大东[2]、马兴元[3]、陈璞如[4]等。在美期间，访问纽约、得梅因、丹佛、达拉斯、洛杉矶、檀香山等州、市。

10月22日 在纽约出席美中关系全国委员会年会。在讲话中说："正如美国朝野许多著名人士所说，中美关系的发展符合中美两国人民和全世界人民的利益。我们非常赞赏这一有远见的看法。"只要双方恪守互相尊重主权、平等和互利的原则，按照上海公报和中美建交公报的原则办事，中美关系将会继续发展。

11月2日 率代表团访问洛杉矶，同洛杉矶市市长布雷德利进行会谈。在讲话中说：应该珍惜两国人民间的友好关系，任

---

[1] 宋平，时任中共甘肃省委第一书记。
[2] 鲁大东，时任中共四川省委第二书记、四川省省长。
[3] 马兴元，时任中共福建省委书记、福建省省长。
[4] 陈璞如，时任中共辽宁省委书记、辽宁省省长。

何人制造的不和都是违反历史潮流的。十月十日事件〔1〕涉及原则问题,广州市有理由提出抗议。鉴于加利福尼亚州州长布朗先生、布雷德利市长和其他朋友为促进中美关系所作的长期努力以及从两国人民关系的长远利益考虑,希望这不愉快的事件成为过去。在美期间,同美国总统国家安全事务助理布热津斯基、副国务卿克里斯托弗会见,考察美国的工业、农业、商业、文教、科研、旅游等机构和设施,同各界人士进行接触和交流。代表团并同美国实业界的德莱赛公司、弗罗尔公司、大通银行、通用汽车公司等接触洽谈,向美方介绍中国改革开放的情况;在纽约和檀香山,出席华人总会和中华总商会举行的招待宴会。

11月10日 晚上,结束对美国的访问,率代表团回到上海。十四日,向中共中央报送中国省长代表团访美总结报告。

11月10日—12月5日 中共中央政治局连续召开九次会议,讨论、批准向中共十一届六中全会提出的人事更动方案。中央政治局通过三项决议:(一)向将要召开的中共十一届六中全会建议,同意华国锋辞去中央委员会主席、中央军委主席职务。(二)向十一届六中全会建议,选举胡耀邦为中央委员会主席,邓小平为中央军委主席。(三)在十一届六中全会前,暂由胡耀邦主持中央政治局和中央常委的工作,由邓小平主持中央军委工作,都不用正式名义。会议决定,对《关于建国以来党的若干历史问题的决议(讨论稿)》,参照讨论中提出的意见进行改写,最后提请十一届六中全会讨论通过。

11月13日 晚上,同杨尚昆会见并宴请来访的朝鲜劳动党

---

〔1〕 在中国省长代表团访问美国前,洛杉矶市议会把10月10日宣布为"中华民国日",并升起一面台湾的所谓"国旗"。广州市革委会主任杨尚昆通知布雷德利市长:两个城市结为友好城市的初步协议宣告无效。

代表团。

11月16日 上午,出席中共广东省委在广州中山纪念堂举行的干部大会。会议宣布中共中央十一月九日决定:习仲勋、杨尚昆调中央工作;任仲夷任中共广东省委第一书记,梁灵光任中共广东省委书记兼广州市委第一书记。在会上作中国省长代表团访问美国的报告。

12月19日 同刘澜涛[1]、杨静仁[2]、汪锋、阿沛·阿旺晋美[3]、扎喜旺徐[4]在《人民日报》发表《爱国老人喜饶嘉措[5]》一文。文章说:喜饶嘉措是藏语系文化学术界的知名学者,在西藏讲学多年,三大寺[6]学者及前西藏地方政府高级官员,多出其门下。喜饶嘉措是一个热爱中华民族、有爱国思想的正直的人。他从解放前后事实的对比中,很快看清了共产党是为各族人民谋利益的,认识到社会主义是少数民族和宗教界应走的光明道路。十余年中,他在中国共产党和人民政府的领导下,努力工作,为祖国、为人民作出了许多有益的贡献。他是应该受到人民尊敬的爱国老人,是永远值得我们怀念的一位诤友,是宗教界朋友学习的好榜样。

---

[1] 刘澜涛,时任全国政协副主席兼秘书长。
[2] 杨静仁,时任国务院副总理、中共中央统战部副部长、国家民族事务委员会主任。
[3] 阿沛·阿旺晋美,时任全国人大常委会副委员长兼民族委员会主任委员、西藏自治区人大常委会主任。
[4] 扎喜旺徐,时任中共青海省委书记、青海省政协主席。
[5] 喜饶嘉措,曾任全国政协常务委员、青海省副省长、中国佛教协会会长等职。
[6] 三大寺,指西藏拉萨的色拉寺、哲蚌寺、甘丹寺。

1981年　六十八岁

1月1日　上午，在人民大会堂出席元旦茶话会。

2月4日　晚上，在人民大会堂出席春节联欢晚会。

2月25日—3月6日　出席五届全国人大常委会第十七次会议。会议通过决议，批准国务院调整一九八一年国民经济计划和国家财政收支的报告。会议对审判林彪、江青反革命集团案主犯的工作表示满意，并鉴于最高人民检察院特别检察厅和最高人民法院特别法庭的任务已经完成，决定予以撤销。会议还通过其他决议，通过国务院顾问、秘书长和十五个部委主任、部长的任免事项。

3月28日　中共中央决定，习仲勋参加中共中央书记处工作。

3月30日　上午，出席中共中央书记处会议。胡耀邦传达中共中央政治局常委的意见：同意习仲勋参加中央书记处的工作；同意彭真[1]意见，习仲勋兼任全国人大常委会法制委员会主任，先做工作，经全国人大常委会通过后，正式任命。

4月2日　上午，出席中共中央书记处会议。会议听取并讨论韩光[2]关于小城镇建设和发展问题的汇报。

---

[1] 彭真，时任中共中央政治局委员、中共中央政法委员会书记、全国人大常委会副委员长。

[2] 韩光，时任中共中央纪律检查委员会常务委员、国家基本建设委员会主任。

4月9日 上午，出席中共中央书记处会议。会议讨论中共中央组织部和国家科委党组《关于〈科学技术干部管理工作试行条例〉修改情况的请示报告》。

4月11日 下午，在人民大会堂出席沈雁冰[1]追悼会。沈雁冰于三月二十七日在北京逝世，享年八十五岁。

4月13日 上午，出席中共中央书记处会议。会议听取并讨论韩光关于基本建设调整问题的汇报。

4月18日 出席文化部举行的一九八〇年优秀影片授奖大会。

4月23日 上午，出席中共中央书记处会议。会议讨论《中共中央关于加强政法公安工作的指示》；讨论并通过《中国儿童和少年基金会章程（草案）》。

4月28日 会见以丹麦哥本哈根市议会议长盖尔达·洛马·拉森为团长的哥本哈根市代表团。

4月30日 上午，出席中共中央书记处会议。会议讨论全国妇联《关于四届五次常委扩大会议情况及一九八一年妇联工作要点的请示报告》和全国妇联代中央草拟的批语。

5月1日 晚上，会见由众议员穆尼奥斯率领的哥伦比亚众议院代表团并主持宴会。在宴会上讲话说：我们两国都十分珍惜自己的独立和主权，反对一切形式的殖民主义、霸权主义和外来干涉；我们都主张发展民族经济，决心把自己的国家建设得更加繁荣、富强，进一步提高人民的物质和文化生活水平。为此，我们都热爱和平。我们愿同哥伦比亚加强联系和合作，为维护各自所在地区的安全与稳定，为促进两国友好合作关系的发展，为保

---

[1] 沈雁冰，笔名茅盾，逝世前任全国政协副主席、中国文学艺术界联合会名誉主席、中国作家协会主席。

卫世界和平而共同努力。

5月7日 上午，出席中共中央书记处会议。会议同意关于一九八一年给中小学教员等增加工资的意见。

同日 下午，出席国家体委、共青团中央、中华全国体育总会在人民大会堂举行的大会，欢迎参加第三十六届世界乒乓球锦标赛胜利归来的中国乒乓球代表团。中国乒乓球代表团在此次锦标赛中获得全部七项冠军。

5月11日 上午，出席中共中央书记处会议。会议讨论国家劳动总局《关于劳动就业问题的汇报提纲》。

同日 下午，在人民大会堂出席朱蕴山[1]追悼会。朱蕴山于四月三十日在北京逝世，享年九十四岁。

5月14日 上午，出席中共中央书记处会议。会议讨论一九八一年形势等问题。

5月16日—6月11日 率中华人民共和国全国人民代表大会代表团对芬兰、瑞典、挪威和丹麦四国进行友好访问，考察这些国家的工厂、乡村、科研单位，了解先进的科学技术和管理经验。

5月17日 晚上，抵达芬兰。

5月20日 晚上，出席由芬兰议会议长约翰尼斯·维洛莱宁举行的欢迎宴会。在致答词中表示，中国政府和人民一贯尊重和支持芬兰政府奉行的和平中立政策和为捍卫本国独立和安全所作的努力。

5月22日 上午，结束对芬兰的访问，率代表团乘飞机前往瑞典。中午，同瑞典国王卡尔十六世·古斯塔夫举行会谈。晚

---

[1] 朱蕴山，逝世前任全国人大常委会副委员长、中国国民党革命委员会中央主席、全国政协常务委员。

上，出席瑞典议会议长英厄蒙德·本特松举行的欢迎宴会。

5月26日 同瑞典首相图尔比耶恩·费尔丁举行会谈。

5月28日 晚上，出席由挪威议会议长古托尔姆·汉森举行的欢迎宴会。在致答词中说：中国人大代表团是在近几年来中挪两国关系顺利发展的情况下访问挪威的，两国人民对这种双边关系的发展都很高兴。

5月29日 听取挪威议会议长古托尔姆·汉森介绍挪威议会情况，会见挪威议会各党的一些议员并回答他们提出的问题。同挪威代理首相、外交大臣克努特·弗吕登伦见面。

5月31日 晚上，出席中国驻挪威大使丁国钰为代表团举行的告别宴会。

6月1日 上午，会见挪威石油和能源大臣阿维德·约翰森，了解挪威的石油生产情况和石油政策。双方认为，中挪两国在海上石油勘探和生产方面发展经济合作有着广阔的前景。晚上，出席挪威议会议长古托尔姆·汉森举行的饯行宴会。

6月2日 上午，离开挪威，前往丹麦访问。晚上，出席丹麦议会议长克努兹·伯尔尼·安诺生举行的欢迎宴会。

6月3日 上午，分别同丹麦首相耶恩森、丹麦女王玛格丽特二世和亲王亨里克会面。

6月7日 结束对丹麦的访问，率中国人大代表团回国。十一日晚，乘飞机抵达北京。

6月10日 五届全国人大常委会第十九次会议决定：接受彭真副委员长辞去兼任的全国人民代表大会常务委员会法制委员会主任职务的请求，任命习仲勋副委员长兼任全国人大常委会法制委员会主任。

6月24日 参加中共十一届六中全会预备会华东二组的讨论。在发言中说：对中央的人事变动，我的态度，一是坚决拥护，二是寄希望于新上去的同志，在几位老中央副主席的传帮带下，把党和国家的事情办好。至于我本人，中央政治局这次建议选我进中央书记处，小组会上许多同志对我的评价，都使我诚惶诚恐，非常惭愧。我觉得这个担子很重，不能胜任，这不是谦虚。虽然我曾经在中央担任过领导工作，但那已是五十年代的事，现在情况与过去有很大的不同。人贵有自知之明：一、我的缺点毛病很多；二、工作能力不强，水平不高，虽有一些实践经验，但不适应目前形势的发展；三、年近古稀，已有力不从心之感，不符合领导班子年轻化的要求。总之，无论从哪方面讲，我都不够条件，比我强的同志有的是。今年三月底，中央通知我参加中央书记处的工作，我对耀邦同志讲过，我将竭尽全力，做一点力所能及的事，帮帮忙，在有生之年，力争为党多做一点工作，以不辜负党中央对我的信任及期望。现在我仍然是这个态度。我并且准备随时让贤与能。

6月27日—29日 出席中共十一届六中全会。全会通过《关于建国以来党的若干历史问题的决议》，对新中国成立三十二年来党的重大历史事件特别是"文化大革命"作出正确总结，实事求是地评价毛泽东的历史地位，科学论述毛泽东思想作为党的指导思想的伟大意义。《决议》的制定，标志着党在指导思想上拨乱反正任务的完成。全会同意华国锋辞去中央委员会主席和中央军委主席职务的请求，选举胡耀邦为中央委员会主席，赵紫阳、华国锋为副主席，邓小平为中央军委主席。中央政治局常委会由胡耀邦、叶剑英、邓小平、赵紫阳、李先念、陈云、华国锋组成。会议增选习仲勋为中共中央书记处书记。

6月27日 晚上，在首都体育馆观看首都文艺工作者的朗诵演唱会，庆祝中国共产党成立六十周年。

6月30日 列席中共中央政治局会议。会议讨论有关柬埔寨国际会议的问题和我国的方针。

7月1日 下午,在人民大会堂出席中国共产党成立六十周年庆祝大会。

7月3日 晚上,在人民大会堂主持宴会,欢迎由自由党参议员戴维·约翰·海默率领的澳大利亚议会代表团。在致词中说:中澳两国建交以来,两国的友好合作关系在各个领域都有了令人满意的发展,希望这种友好合作关系今后不断得到加强。中澳两国都处于亚洲太平洋地区,两国都关心这个地区的和平和稳定。面对当前动荡不安的国际形势,全世界一切爱好和平的国家需要联合起来,协调行动,制止霸权主义的侵略扩张行径。

7月5日 下午,出席中共中央书记处会议。会议讨论《广东、福建两省和经济特区工作会议纪要》。

7月6日 上午,出席中共中央书记处会议。会议根据中共十一届六中全会通过的《关于建国以来党的若干历史问题的决议》,讨论新疆工作。会议提出,搞好民族关系,加强民族团结,是进一步做好新疆各项工作的关键。新疆的汉族干部要确立这样一个正确观点,即离开了少数民族干部,新疆各项工作搞不好;新疆的少数民族干部也要确立这样一个正确观点,即离开了汉族干部,新疆各项工作也搞不好。十六日,中共中央转发《中央书记处讨论新疆工作问题的纪要》。

7月14日 上午,同胡耀邦、李先念、万里、宋任穷[1]、王鹤寿[2]到邓小平住地谈话。

7月15日 上午,出席河北工作会议闭幕式并讲话。河北工作会议是中共十一届六中全会结束后不久,由中共中央书记处

---

[1] 宋任穷,时任中共中央书记处书记、中共中央组织部部长。
[2] 王鹤寿,时任中共中央纪律检查委员会副书记。

主持召开的。与会同志开展批评和自我批评，对经验教训进行了总结。

7月16日 上午，出席中共中央书记处会议并发言。会议听取并同意周惠[1]关于内蒙古自治区工作情况的报告。报告提出，内蒙古自治区的经济建设方针，应以二三十年或半个世纪的时间，因地制宜，走出一条以林牧业为主的多种经营的路子。报告还提出，内蒙古的汉族干部要确立这样一个正确观点，即离开了少数民族干部，内蒙古的各项工作搞不好；内蒙古的少数民族干部也要确立这样一个正确观点，即离开了汉族干部，内蒙古的各项工作也搞不好。汉族干部和少数民族干部要继续加强团结，做到亲如手足，相依为命。会议还讨论中共中央宣传部《关于鲁迅诞辰一百周年纪念活动的几个问题的请示》。八月三日，中共中央转发《中央书记处讨论内蒙古自治区工作的纪要》。

7月20日、21日 出席中共中央书记处会议。会议听取国家经济委员会关于一九八一年上半年工业生产和交通运输情况的分析，工业生产和交通运输中的几个重大问题，抓好下半年生产的几项工作，对一九八二年工业生产发展速度的想法的汇报。

7月23日、24日 出席中共中央书记处会议。会议听取国家能源委员会关于能源工业的发展规模、方针和政策问题的汇报。

7月27日 出席中共中央书记处会议。会议听取国家进出口委员会关于对外经济贸易工作问题的汇报。

7月30日 出席中共中央书记处会议。会议传达邓小平七月十七日谈话精神，并决定在八月三日由中央召集一个包括中央、地方、军队三方面共三百人的会议，正式传达邓小平的谈

---

[1] 周惠，时任中共内蒙古自治区委第一书记。

话，研究部署在思想文化界开展批评和自我批评的问题。邓小平在七月十七日谈话中指出：当前思想战线存在着涣散软弱的状态，对错误倾向不敢批评。批评的武器一定不能丢。必须坚持党的领导，必须坚持社会主义制度，不能搞资产阶级自由化，搞无政府主义。

8月2日 上午，在吴江[1]七月十七日致冯文彬[2]、胡耀邦的来信上批示："今年十月、十一月把各省市委一、二把手调来党校试办高级研究班，学习再生产理论，在目前是不现实的。下半年那样忙，调不出，即使来了也不安心，他们现在脑子里想的是传达六中全会文件，如何把工作搞好，把生产搞上去。索性放在明年再办。还有一个补充办法，在年内利用某一集会机会，把一、二把手留几天，讲几次课，辅导一下，让他们回去在工作中自学，或是比较可行的一个好办法。督促一、二把手学习，大兴全党学习之风，总是一件大好事，如何？请耀邦核批后转任穷[3]。"吴江的来信建议，在十月、十一月抽二三十位省市委一、二把手到中央党校举办的高级研究班，学习再生产理论。来信并附中央党校政治经济学教研室《中央党校第六期高中级干部轮训班学习再生产理论的情况反映》。胡耀邦七月二十三日批示：请仲勋、任穷同志考虑一下。

8月3日 上午，出席中共中央书记处会议。会议听取王丙乾[4]关于目前国家财政状况，"六五"期间国家财政收支的预测，筹集资金、平衡财政的措施，以及同财政平衡有关的几个问

---

[1] 吴江，时任中共中央党校副教育长、理论研究室主任。
[2] 冯文彬，时任中共中央办公厅第一副主任、中共中央党校副校长、中共中央党史资料征集委员会主任。
[3] 任穷，指宋任穷。
[4] 王丙乾，时任财政部部长。

题的汇报。

8月8日 下午，在中南海怀仁堂出席中共中央宣传部召开的全国思想战线问题座谈会，讨论邓小平七月十七日关于思想战线问题的谈话。在讲话中说：小平同志的谈话，耀邦同志的讲话[1]，以及乔木[2]同志今天的报告，回去要很好地消化，吃透精神，联系实际，解决问题，不要走过场。我们现在是有"左"就反"左"，有右就反右。要坚持批评的武器，这个武器我们任何时候都不能丢。但是批评要讲理，是讲道理的批评，说理的批评，摆事实的批评。在座的都是社会主义精神文明的引导者，你们的文章、戏剧、影片，影响十分大，全国人民都看，这个口子一定要把紧。任何一个单位，都要把自己那个口把紧。光靠宣传部这个力量还单薄，省委也要抓。全国思想战线问题座谈会于八月三日至八日召开。

8月10日 下午，同李先念、韦国清、宋任穷等接见出席共青团十届三中全会和全国青联五届二次会议的代表。在讲话中说：党中央对青年一代寄予很大希望。你们今天的学习、工作条件比我们青年时代优越多了，你们要努力学习文化，学习马列主义、毛泽东思想，学习科学技术知识和经济知识，要使你们的明天胜过我们今天十倍、百倍，在实现四个现代化的事业中贡献你们的力量，并取得胜利。

8月11日 同李先念、万里在中南海怀仁堂接见出席全国学校思想政治教育工作会议的部分代表。在讲话中说：（一）中央提出第一抓经济，第二抓思想，这两方面是互为因果的。过去

---

[1] 指胡耀邦1981年8月3日在全国思想战线问题座谈会上发表的讲话。
[2] 乔木，指胡乔木，时任中共中央书记处书记兼中共中央文献研究室主任、中共中央党史研究室主任。

在困难条件下要思想先行，现在条件好了，仍然要思想先行。必须有一个正确的政治方向，要坚持四项基本原则。（二）教育战线的同志确实很辛苦，但是大家能体谅国家的困难，坚持工作，这是很不容易的。你们肩负着教育青少年的重大历史使命。现在犯罪的很多是青少年，看到这种现象，我们心里很难过。当然，从根本上说，这是"四人帮"造成的恶果，我们对这个问题要有足够的估计。（三）党的工作本身就是政治工作。我们的学校一定要立场坚定，旗帜鲜明，理直气壮地抓思想教育工作，同歪风邪气进行斗争，要克服软弱无力和涣散状态。党委要深入到教学领域，发动教师把政治思想工作做到学生的心坎上去。全国学校思想政治教育工作会议于八月一日至十一日在北京召开。会议强调要以《关于建国以来党的若干历史问题的决议》为教材，加强学生的思想政治工作，加强和改善党对学校的领导，运用批评和自我批评的武器，同一切违反四项基本原则的错误思潮和倾向进行斗争，积极引导学生德、智、体全面发展，走又红又专的道路。

8月13日 上午，主持中共中央书记处会议。会议讨论并通过《中共中央、国务院关于广开门路，搞活经济，解决城镇就业问题的若干决定》。十月十七日，《决定》正式发出。

8月15日 上午，在中南海勤政殿主持会议，研究全国思想战线问题座谈会精神的贯彻落实问题。

8月17日 上午，主持中共中央书记处会议。

8月23日 晚上，在民族文化宫观看墨西哥教师民间歌舞团的演出，并会见歌舞团团长佩德罗·阿隆索、艺术指导夸得莫克·莫拉莱斯及演员代表。

8月25日 彭真致信武新宇〔1〕。信中说：除已向习仲勋汇报法委〔2〕情况外，还应在法委正式会上（包括机关工作人员参加）介绍仲勋和大家见面，见面后即由他主持会议。因病近期不可能参加会议，请并代为介绍欢迎。

8月27日 上午，出席中共中央书记处会议。会议听取程子华〔3〕关于全国县级人大代表直接选举工作情况的汇报，讨论并通过民政部党组《报送〈全国县级直接选举工作总结〉和关于县级直接选举工作中几个问题的请示报告》。

9月1日 上午，出席中共中央书记处会议。会议听取王磊〔4〕关于商业工作的汇报。

9月2日 列席在中南海怀仁堂举行的中共中央政治局会议。会议听取关于经济情况的汇报，通过第五届全国人民代表大会常务委员会第二十次会议议程和第五届全国人民代表大会第四次会议的开会时间，通过为贺龙〔5〕彻底平反的报告等。

9月3日—10日 出席五届全国人大常委会第二十次会议。会议通过《关于召开第五届全国人民代表大会第四次会议的决定》《关于全国县级直接选举工作总结报告的决议》《关于刑事案件办案期限问题的决定》和《关于将第八机械工业部和第七机械

---

〔1〕 武新宇，时任全国人大常委会副秘书长、法制委员会副主任。
〔2〕 法委，指全国人大常委会法制委员会。
〔3〕 程子华，时任民政部部长。
〔4〕 王磊，时任商业部部长兼国务院财贸小组组长。
〔5〕 贺龙，1926年参加北伐战争。1927年参加领导八一南昌起义，任起义军总指挥。1927年秋加入中国共产党。曾任红二军团总指挥、红二方面军总指挥、八路军一二〇师师长、晋绥军区司令员、西北军区司令员。新中国成立后，曾任中共中央政治局委员、国务院副总理、中共中央军事委员会副主席、国防委员会副主席，1969年6月被迫害致死。

工业部合并的决议》，还通过了任免名单。

9月7日 出席由公安部召开的第八次全国劳改工作会议并讲话。在谈到劳改工作的重要性时说：公安工作千头万绪，劳改工作是一个重要方面。新中国成立以后，我们不仅有效地改造了一般的罪犯，还成功地改造了战犯，改造了清末皇帝溥仪。只有我们社会主义制度的国家才有这个气魄，这么大的信心，把犯罪分子改造成为新人。当然，劳改工作也存在一些问题，特别是十年内乱，劳改工作受到了很大的破坏。现在是新时期，劳改工作也跟其他工作一样，有很多新情况、新问题。对劳改犯要作具体分析、具体研究，把他们的思想情况摸清楚。我提议，公安部成立一个劳动改造罪犯的研究所，好好研究这方面的问题，怎样做劳改犯的政治思想工作，怎样摸清他们的思想，从中引出规律性的东西来。在谈到克服涣散软弱状态时说：每个同志都要振奋精神，要挺起腰杆跟一切不良倾向作斗争，特别是同资产阶级自由化的倾向作斗争。劳改机关不但要学会同敌人作斗争的本领，还要学会处理人民内部矛盾，处理这种属于特殊情况的、被激化了的人民内部矛盾。这是一门很大的学问，我们要好好学习。在谈到同心同德、把劳改工作做好时说：一是加强和改善党对劳改工作的领导。要改变作风，要深入调查研究，不要浮在上面；要适应新情况，取得新经验。二是劳改工作干部要加强对工作的自豪感，扫除自卑感。劳改工作是改造人、改造社会伟大事业的一部分，党中央很重视，社会上很关心。广大劳改工作干警为党的劳改事业进行了艰苦努力，立下了功劳，他们是无名英雄，应该受到全党和全社会的尊重。第八次全国劳改工作会议于八月十八日至九月九日在北京召开。

同日 会见出席全国消防重点保卫工作现场会议的全体代表。在讲话中说：消防重点保卫工作是全民的一项重要工作。各级党委要加强领导，加强宣传，搞好消防队伍的建设，发动和依靠群众，把消防重点保卫工作做好。这次会议于八月二十八日至九月七日在北京召开。

9月10日 上午，出席中共中央书记处会议。会议讨论并通过《中共中央关于落实居住在祖国大陆台湾同胞政策的指示》。《指示》提出：台湾是中国的地方，在台湾的亲友是国内关系，不是"海外关系"。把在台亲友称为"海外关系"，并一律视为政治问题，是极不恰当的。凡因这种"海外关系"在政治上被错误对待的，应即改正。对台湾同胞中的冤假错案，要逐人复查。二十八日，《指示》正式发出。

9月12日 下午，在人民大会堂会见委内瑞拉执政党基督教社会党领导人、参议院国防委员会主席佩德罗·巴勃罗·阿吉拉尔。

9月14日 下午，代表叶剑英委员长在人民大会堂东门外广场主持欢迎仪式，欢迎来访的瑞典国王卡尔十六世·古斯塔夫和王后西尔维娅。晚上，主持宴会，欢迎瑞典国王和王后。

9月15日 在胡耀邦批转的中共中央党史研究室给胡耀邦的"关于编写'中国共产党六十年'党史长编以及党史正本等任务，需要复制一套抗日战争时期、解放战争时期和建国以来毛泽东、周恩来、刘少奇、朱德等同志在中央召开的各次重要会议上的讲话材料和接见外宾的重要谈话记录等档案材料"的请示上批示：目前复制一套有困难，哪些该复制，哪些不该复制，谁去统一审定，工作量很大，为了研究方便起见，需要时，经批准借阅为妥。请文彬[1]同志酌处。

9月16日 在人民大会堂会见委内瑞拉争取社会主义运动

---

[1] 文彬，指冯文彬。

副主席、众议院副议长埃洛伊·托雷斯。在谈话中说：（一）十一届三中全会以来，我们改变了过去的一些做法。过去中国学苏联的东西多，因为没有一个社会主义的典型模式。中国人口多，资源丰富，经济文化方面落后，但也不是一切都落后。有些国家经济技术先进，但并非一切都先进。我们应学习各国好的经验。（二）我们通过流血牺牲和奋斗，建立了社会主义社会，但社会主义制度还不完善，需要继续发扬社会主义民主，加强社会主义法制。（三）各国有各国的情况，任何国家都不应干涉他国的内政，每个国家都有自己独立自主的权利，一个党也不应该把自己的意见强加给另一个党。两个党之间不可能在所有问题上意见都一致，只要在大的方面有共同语言就行了，因为各国、各党的情况不同，但存在分歧并不妨碍国与国、政府与政府、党与党之间的友好往来和交换意见。（四）中国社会主义已搞了三十二年了，究竟应该走什么道路，我们还在摸索之中，这个摸索的过程可能要很久，才能搞一个较完善的社会主义制度。我们要在二十世纪末达到小康之家的水平。中国主要是农业国，农民安定了，社会就能安定。我们说现在形势很好，因为农民很安定，二千万工人很安定。我们在农业和工业方面都实行了责任制，改变了过去"吃大锅饭"、干好干坏一个样的做法，把生产同国家、集体、个人的利益联系在一起。在社会主义社会中，人民当家作主。生产为人民，使人民生活更好、更幸福。如果社会主义达不到这个目的，也就失去了它的意义。（五）搞四个现代化需要两个基本条件，一是要有一个和平的国际环境，二是要实现国内的安定团结，有了这两条才能专心致志地搞建设。因此，我们反对霸权主义，反对世界战争。我们愿意同一切爱好和平的国家和政党发展友好合作关系，特别是同拉美，包括委内瑞拉的政府、议会和人民发展友好关系。

同日 晚上，在人民大会堂出席瑞典驻中国大使斯滕·松德费尔特奉国王卡尔十六世·古斯塔夫和王后西尔维娅之命举行的宴会。

9月18日—19日 陪同瑞典国王到西安访问。十八日晚，出席陕西省政府在陕西宾馆举行的欢迎宴会。

9月20日—21日 陪同瑞典国王和王后到成都访问。二十日，在灌县[1]参观都江堰水利工程。

9月21日 下午，陪同瑞典国王和王后从成都到上海访问。晚上，出席上海市政府举行的欢迎宴会。

9月22日 陪同瑞典国王参观上海虹口区第三中心小学、上海市少年宫、上海市工业展览馆和豫园。

9月23日 上午，到上海机场送别瑞典国王卡尔十六世·古斯塔夫一行。

9月28日 出席中共中央书记处会议。会议讨论并通过中共中央组织部《关于为刘晓[2]同志平反的报告》。

10月2日 下午，会见由潘特主席率领的印中友好妇女协会代表团。在会谈时说：中印两国都是大国，又是近邻，历史上有过同样的遭遇。我们两国和睦相处不仅对亚洲，而且对世界和平都有重要意义。

10月4日 上午，同胡耀邦等在人民大会堂接见全国少数民族参观团全体成员。

10月6日 出席中共中央书记处会议。会议讨论并通过中

---

[1] 灌县，今四川都江堰市。
[2] 刘晓，时任全国政协常务委员。此前，曾任中共上海市委第二书记，中国驻苏联、阿尔巴尼亚大使，外交部副部长等职。"文化大革命"期间遭受迫害。1979年2月至4月曾任外交部顾问。

共中央组织部代拟的《中共中央关于同外宾接触中要维护国家荣誉和民族尊严的通知》。十六日,《通知》正式发出。

10月7日 下午,同胡耀邦在中南海勤政殿与共青团中央负责同志座谈。在谈到如何搞好社会主义精神文明建设时说:你们要确立这样的信念,就是世界上没有不可解决的问题,没有不可克服的困难,没有不可改变的不良风气。在谈到团与党的关系时说:一九二七年四一二国民党反动派背叛革命、血腥屠杀人民以后,很多地方党组织被破坏了,于是青年团就在那里坚持斗争,天不怕,地不怕。团是党的助手,是在党领导下工作的。党一有号召,团就毫不迟疑地一马当先,自觉地紧跟上来,去贯彻,去执行,冲锋陷阵,争取打胜仗。

10月8日 列席在中南海怀仁堂举行的中共中央政治局扩大会议。会议听取姚依林关于第六个五年计划控制数字的汇报;讨论并通过宋任穷关于新疆维吾尔自治区党委和吉林、福建、江西省委第一书记及领导班子调整问题的报告。

同日 在国务院办公厅信访局编印的《信访简报》第八十三期《西安市卫生不好 古迹毁坏严重》一文上批示:任重[1]同志,这个简报所反映的情况,只是不够,并未过头。我不久前仅是路过一下,一出飞机场就尘土飞扬,市内到处如此,令人痛心!尤其在目前情况下,凡来我国的外宾和旅游的外国人,大多都去西安参观,给他们的观感影响太坏,有失古都的文明尊严,请给文瑞[2]通个电话,狠抓一下这件事,如何请酌。

10月9日 下午,在人民大会堂出席辛亥革命七十周年纪念大会。

---

[1] 任重,指王任重。
[2] 文瑞,指马文瑞。

同日 晚上，出席全国对外友协举行的宴会，欢迎由朝鲜劳动党中央委员、朝中友协委员长金宽燮率领的朝中友协代表团。

10月10日 上午，会见由日本共同社编辑局局长犬养康彦率领的日本共同社记者访华团，并回答日本记者提出的问题。

10月10日、12日、13日 在中南海怀仁堂列席中共中央政治局扩大会议。会议讨论《关于第六个五年计划控制数字的汇报要点》。

10月12日 上午，出席中共中央书记处会议。会议听取并讨论杜润生[1]关于全国农村工作会议和农业会议情况的汇报；讨论国家农业委员会代中央起草的《中共中央关于农村工作的通知》。会议决定，根据中央书记处提出的意见，由国家农委和农业部把《中共中央关于农村工作的通知》加以修改，先发到各省、市、自治区征求意见，然后再定稿。

10月13日 上午，会见由市长诺尔登恩率领的挪威奥斯陆市代表团。

10月15日 上午，出席中共中央书记处会议。会议讨论中央和国家机关机构改革问题，决定中央机关机构改革由胡耀邦、赵紫阳主持；中央直属机关机构改革由习仲勋牵头，宋任穷、冯文彬、邓力群[2]等参加；国务院机关机构改革由万里牵头，余秋里[3]、谷牧、姚依林、袁宝华[4]等参加。党政两大系统，要在一个月之内，提出改革的具体方案，报中央政治局常委审核

---

[1] 杜润生，时任国家农业委员会副主任。

[2] 邓力群，时任中共中央办公厅副主任、中共中央书记处研究室主任、中国社会科学院副院长。

[3] 余秋里，时任中共中央政治局委员、中共中央书记处书记、国务院副总理、国家能源委员会主任。

[4] 袁宝华，时任国家经济委员会主任。

后，提请中央政治局扩大会议讨论通过，然后再开大会进行动员。

10月19日 上午，出席中共中央书记处会议。会议讨论五届全国人大四次会议和中央工作会议的有关问题。

10月20日 晚上，会见并宴请已故国民党元老于右任的女儿于绵绵和她的丈夫郑履义、孙子于子桥和他的夫人张品丝。

10月21日 下午，出席中共中央书记处会议。会议讨论吉林省领导班子的调整问题。

10月22日 下午，会见以农业和自然资源部部长萨特卡姆·布莱尔为团长的毛里求斯工党代表团。在谈到中国的对外政策时说：中国很大，有十亿人口，但我们不欺侮任何国家，国家不论大小，一律平等。中国搞社会主义，搞了三十二年，但还是属第三世界，所以我们要竭尽全力同第三世界国家站在一起，做出一点有益于第三世界的事情。在谈到学习外国经验时说：一个国家有一个国家的国情，不能所有的国家都是一个模式，用一个样子来套。任何国家的经验只能参考、借鉴，不能完全搬用，向别国学习要多请几个先生。在谈到国民经济调整时说：为什么要搞调整，因为要改变经济结构和体制。农民有了粮食吃，手里有了钱，他们要买自行车、缝纫机、电视机，所以要把重工业转到为满足人民需要服务的农业、轻工业方面。现在要解决一个问题，群众手里有钱，如何搞好市场供应，以满足他们的需要。农业也要搞工业，搞加工业，否则农民收入太少。大国有大国的困难，小国有小国的困难。我们现在还有一大堆问题摆在那里要解决，但总的形势是好的，安定团结，一年比一年好。在谈到特区政策时说：我们提倡实际，扎扎实实，一步一个脚印。你们要到广东，可以看看我们的特区，可以同那里的同志谈。关于特区的政策，你们可以放心，那是在社会主义制度下的特区，和台湾、新加坡的不一样。外国资本家愿意投资，我们也愿意合作。我们的政策是平等互利，各有所得。

10月26日 主持中央机关机构改革座谈会。

10月27日 下午，会见由奥斯陆大学校长比·沃勒尔教授率领的挪威知名人士代表团。

11月3日 在中共中央办公厅拟发的《转发〈关于把原工商业者中的劳动者区别出来的工作总结报告〉》上批示：同意照发。这个文件指出，实践证明，把带进公私合营企业的小商、小贩、小手工业者，从原资产阶级工商业者中区别出来，是完全必要的。希望各地认真落实好对区别出来的劳动者和原工商业者的政策，认真团结他们，教育他们坚持四项基本原则，为国民经济调整和社会主义现代化建设积极贡献力量。

同日 晚上，出席中国杂技艺术家第一次代表大会闭幕式并讲话，对中国杂技艺术家协会的成立表示祝贺。

11月5日 上午，出席中共中央书记处会议。会议讨论并原则通过中央"两案"审理领导小组《关于"两案"中受审查的中管干部处理意见的请示报告》。

同日 在人民大会堂出席庆祝《中国少年报》创刊三十周年茶话会。在讲话中说：《中国少年报》不仅少年儿童要看，少年儿童教育工作者更应该看，家长们也要看。希望《中国少年报》越办越好，进一步提高质量，扩大发行数量，在新时期为培养和教育我们的下一代作出新的贡献。

11月7日 下午，在人民大会堂会见由副总编辑尼·高尔布率领的罗马尼亚《火花报》代表团。

11月9日 上午，出席中共中央书记处会议。会议决定，由习仲勋、万里分别负责制定中直机关和国务院机构改革方案。会议还讨论《中共中央关于进一步落实去台人员在祖国大陆亲属政策的通知》（草稿），决定由习仲勋负责，根据中央书记处讨论的意见对这个文件加以修改；落实过程中的具体工作由中央统战部负责。二十六日，《通知》正式发出。

11月10日 下午，同李先念、万里、杨尚昆[1]等出席庆祝新华社建社五十周年茶话会。在讲话中说：我们的任何纪念活动，都不是为纪念而纪念。纪念某一个节日，总是为了总结历史经验，更好地前进。新华社在延安清凉山驻了十年，这十年是新华社初具规模、逐步成长的十年。清凉山时期那种艰苦奋斗的革命精神，即延安精神，应该继承下来，发扬光大。对新华社的编辑业务工作我提几点希望，也就是几个字：一、真——真的对立面是假。新闻必须真实。延安时代就反对过"客里空"[2]，这几年又反对"假大空"，假字排在第一，所以首先要反假。二、短——短的对立面是长。新闻、通讯、文章都要短，长了没人看。三、快——快的对立面是慢。新闻报道的时间性很强，不快就成了旧闻了。现在技术装备比延安时代强多了，但是仍然有一些新闻实际上不新，变成旧闻了。这说明我们的工作还不适应新的形势。四、活——要生动活泼，不要老一套、老框框、老面孔，那些没有人看。五、强——要做到思想性强、政策性强、针对性强。一篇新闻报道，总要给人一点有益的东西，使人们看了受到教育，受到鼓舞，精神振奋，斗志昂扬，团结一致干四化。

11月16日 上午，出席中共中央书记处会议。会议听取杨尚昆关于五届全国人大四次会议有关问题的说明；决定《关于开

---

[1] 杨尚昆，时任全国人大常委会副委员长、中共中央军事委员会常务委员兼秘书长。

[2] "客里空"，是苏联剧本《前线》中的一个惯于捕风捉影、捏造事实的新闻记者。后来我国新闻界借以泛指那些脱离实际、虚构浮夸、说空话的新闻报道作风。

展全民义务植树的决议（草案）》以国务院名义向全国人大提出；决定根据中央书记处的意见，由习仲勋汇总，对《中共中央关于加强政法工作的指示》进行修改后送胡耀邦审核。

11月18日 晚上，前往首都机场迎接荣获第三届世界杯女子排球赛冠军的中国女排。在讲话中说：同志们辛苦了！你们漂洋过海，打了一场硬仗，打了一场胜仗！热烈欢迎你们，祝贺你们！你们的每一场胜利，都是用汗水和心血换来的。全国人民都要向中国女排学习，用中国女排那种顽强的战斗意志和英勇奋斗的精神，把各方面的工作推进一步。

11月20日—26日 出席五届全国人大常委会第二十一次会议。会议讨论通过提请五届全国人大四次会议审议的法律草案、议案草案以及五届全国人大四次会议议程草案和其他事宜。

11月23日 出席中共中央书记处会议。会议讨论《关于国务院精简机构和人员的意见》和《关于中直机关机构改革方案（草案）》，听取万里和冯文彬的说明。会议决定，由万里、习仲勋分别负责对文件进行修改，由中央书记处再讨论一次后报中央政治局常委审核，提交中央政治局扩大会议讨论通过。

同日 下午，出席全国新长征突击手、先进团支部代表会开幕会。在讲话中说：争当新长征突击手的活动，符合社会主义现代化建设事业需要，适合青年特点，为广大青年所欢迎，为全国人民所称赞，因而是具有强大生命力的。人总是要有一点精神的。这就是革命的精神，顽强奋斗的精神。青年人富有理想，朝气蓬勃，是整个社会力量中最积极、最有生气的力量。新长征突击手更应该是青年中的带头人。为了把争当新长征突击手的活动更加广泛更加深入地开展下去，向同志们提出几点希望：第一，希望你们不仅在创造物质财富的斗争中争当英雄，而且要在改变社会风气、建设社会主义精神文明的斗争中争当模范。第二，希望你们不仅要当生产能手、工作模范,而且要当改革闯将。第三,希望你们进一步密切联系群众,带领群众一起前进。最后,各级党团组织要关心突击手及其他先进模范人物的健康成长,支持和帮助这些同志不断提高觉悟,搞好生产、做好工作。

11月24日—25日 在人民大会堂出席中共中央举行的民主协商会。会议就如何开好五届全国人大四次会议和全国政协五届四次会议,邀请各民主党派和无党派人士进行充分的商讨。

11月25日—26日 在中南海怀仁堂列席中共中央政治局扩大会议。会议讨论五届全国人大四次会议的政府工作报告。

11月27日 上午,出席中共中央书记处会议。会议讨论《关于国务院精简机构和人员的意见》和《关于中直机关机构改革方案》,决定提交中央政治局扩大会议讨论。

11月29日 五届全国人大四次会议预备会在北京召开。会议通过五届全国人大四次会议议程,通过由罗青长为主任委员的五届全国人大四次会议提案审查委员会人选。会议还通过习仲勋为五届全国人大法案委员会主任委员,增补朱学范为五届全国人大代表资格审查委员会副主任委员、平措汪杰(藏族)为民族委员会副主任委员。

同日 五届全国人大四次会议主席团第一次会议推选主席团十九名常务主席,习仲勋当选为主席团常务主席;决定彭冲[1]、习仲勋、武新宇、朱穆之[2]为五届全国人大四次会议副秘书长。

11月30日—12月13日 出席五届全国人大四次会议。会议通过关于批准国务院一九八〇年国家决算和一九八一年国家概

---

[1] 彭冲,时任中共中央政治局委员、全国人大常委会副委员长。
[2] 朱穆之,时任中共中央宣传部副部长。

算执行情况报告的决议,通过《中华人民共和国经济合同法》和《中华人民共和国外国企业所得税法》,原则批准《中华人民共和国民事诉讼法(草案)》等。

11月 阅新华社《国内动态清样》(第二八五二期)十一月二十二日刊载的《我国唯一的一座完整的封建古城垣遇到严重破坏》一文后,十分痛心,即让秘书给国家文物事业管理局打电话进行查证,要求采取紧急措施,立即制止破坏行为,认真保护、抢救西安古城墙。根据习仲勋的批示,国家文物事业管理局于十二月三十一日形成关于加强西安城墙保护工作的意见,并致函陕西省政府。翌年一月二十日,陕西省政府将该《意见》以送阅件下发。八月二十日,西安市政府发布《关于保护西安城墙的通告》。一九八三年,西安环城建设委员会成立。

12月1日 在中央纪委信访室《信访简报》第九十五期《关于不属于纪委业务的来访情况和意见》一文上批示:为了分头抓,而又不让上访"油子"和坏人钻空子,同时也为了上访人员方便起见,似可搞一段恢复联合接待,统一把口的做法,以便做到随访、随分、随办,提高工作效率。请冯文彬同志参酌。

12月3日 签发中共中央、国务院、中央军委《关于恢复新疆生产建设兵团的决定》。《决定》指出:生产建设兵团屯垦戍边,发展农垦事业,对于发展自治区各民族的经济、文化建设,防御霸权主义侵略,保卫祖国都有十分重要的意义。

12月7日 上午,出席中共中央书记处会议。会议讨论国家经委党组九月二十四日《关于工业学大庆问题的报告》和中央书记处研究室代拟的《中共中央转发国家经委党组〈关于工业学大庆问题的报告〉的通知》。《通知》于十八日正式发出。

12月8日 上午,出席五届全国人大四次会议主席团第二次会议。

12月9日 晚上,在人民大会堂出席中共中央统战部、全国人大民族委员会、国家民族事务委员会举行的茶话会,欢迎出席五届全国人大四次会议的少数民族代表和出席全国政协五届四次会议的少数民族委员。

12月10日 上午,出席中共中央书记处会议。会议讨论十二月省、市、自治区党委第一书记座谈会的有关问题和下一年中央工作的初步打算。

12月11日 下午,出席五届全国人大四次会议主席团第三次会议,作关于《中华人民共和国经济合同法(草案)》《中华人民共和国外国企业所得税法(草案)》和《中华人民共和国民事诉讼法(草案)》的审查报告。

同日 晚上,观看天津市第二电子仪器厂职工自编自演的话剧《分忧》。在同编导、演员们交谈时说:粉碎"四人帮"以后,拨乱反正的问题很多,首先要平反大量的冤假错案。毫无疑问,这项工作我们做得是很成功的。还有许多遗留问题,当前突出的是住房和就业两大问题,矛盾也很尖锐。一方面,党和国家要想人民之所想,急人民之所急,积极创造条件逐步解决人民的这些困难,满足人民的要求;另一方面,人民群众又要体谅党和国家目前的困难,不可要求过高、过急。解决这些问题,要有一个过程。有许多人不理解这一点,所以对党和政府产生了许多怨言。你们这个戏明确表达了这样一个主题,就是要为党分忧,为国分忧,为民分忧,同时批评了分忧的对立面——"分油"思想。这在目前来说,是很有现实教育意义的。工人是国家的主人、企业的主人,工人不仅是为国家分忧,也是在解决自己的问题。帮助国家解决困难,也是解决工人自己的困难。现在我们就是要提倡这种主人翁的责任感。

12月12日 出席五届全国人大四次会议主席团第四次

会议。

12月19日 在马文瑞上报胡耀邦并中共中央书记处的关于西安电影制片厂制作的《西安事变》故事片公开上映问题的报告上批示：文瑞阅转周巍峙[1]：这个影片，耀邦同志已有批示，我和乔木同志在前天晚上也看了，都认为可以放映，但不是没有缺点，大改不易，不妥当的能小改一点也好。请文化部召集制片负责同志邀请熟悉西安事变的同志座谈一次，研究改不改，改多少，都请你们商定后放映。

12月26日 上午，出席中共中央书记处会议。会议讨论解决香港澳门问题的方针政策。

同日 出席全国中小学工会思想政治工作经验交流会并讲话。在谈到中小学教师的思想政治工作时说：把全国两亿多青少年教育好，这是带有战略意义的大事。教育青少年是全社会的责任，但是首先是中小学教师的责任。现在全国中小学教师有一千多万人，这支队伍绝大多数是好的。中小学教师的思想政治工作谁来做呢？当然是党委、支部。我们要加强党的领导，还要改善党的领导。现在有些学校的党委和支部工作做得很好，有些不那么得力，在工作方法上也有不少问题。通过教育工会对教师进行思想政治工作，这个方法就很好。可以采取各种各样的形式做很多工作，这就是群众工作。在谈到尊重教师问题时说：我们历来提倡尊师爱生。老师要爱生，学生要尊师。不仅学生要尊师，整个社会都要尊师。要大造舆论，要写文章。教育工会要理直气壮地做这方面的工作。

12月27日 下午，同胡耀邦、胡乔木会见出席全国故事片电影创作会议的代表。在讲话中说：第一，我们的电影事业有进

---

[1] 周巍峙，时任文化部代部长。

步。不管是从内容上来讲，还是从艺术上来讲，都超过了过去的水平。电影事业正在蓬勃发展，这是很好的现象。应该肯定，主流是好的，成绩是主要的。第二，有人才。从电影作品看，老艺术家更加成熟，新秀也涌现出不少。老人带新人，新人要学老人、超老人。可谓人才济济，人才辈出。第三，有困难。关于钱的问题，做财政工作的同志对你们的困难不能说不关心，相信他们会关心的。第四，有缺点。有缺点不要紧，大家来评论，群众来评论，专家来评论，评论了以后，还可以再改嘛。批评和自我批评，任何时候都是我们前进的动力。第五，有希望。电影事业是大有希望的。现在是英雄有用武之地，特别是大转变的时期，改变党风，改变社会风气，建设社会主义的物质文明和精神文明，很多事情可以大做文章。希望同志们明年能出一大批思想性强、艺术水平高的故事片，在建设社会主义精神文明方面作出更大的成绩。

12月28日 上午，出席中共中央书记处会议。会议讨论国家农业委员会代拟的《中共中央关于批转〈全国农村工作会议纪要〉的通知》和《全国农村工作会议纪要》。一九八二年一月一日，中共中央发出通知，批转《全国农村工作会议纪要》，肯定包产到户等各种生产责任制都是社会主义集体经济的生产责任制。

12月30日 上午，出席中共中央书记处会议。会议讨论《全国第五次"两案"审理工作座谈会纪要》。会议决定，书记处各位书记将意见写在文件上，由习仲勋将文件加以修改，并加一个按语（由王鹤寿拟稿），送陈云审核。

12月31日 在新华社《国内动态清样》十二月二十六日刊载的《"大锅饭"带来的悲剧——〈创业史〉中梁生宝的生活原型王家斌由富变穷记》一文上批示："王家斌一家，确属清样反映情况，很值得深思，也确是一场悲剧。这不是一个人的经历和遭遇，而是'左'的错误所造成的恶果。请文瑞同志亲访一次，不是当作一个人去访，而是向他请教，看当前像这些地区的生产和经济采取什么办法才能搞上去。这是个大政策问题，似有必要在省委常委会上认真讨论一下。"该文反映，王家斌是《创业史》中梁生宝的生活原型。解放后，王家斌带领村民组织互助组、初级社，粮食产量和收入大幅度提高。自一九六四年"四清"运动后，王家斌所在的村子粮食产量和收入逐年减少，王家斌家成为全村生活最困难的一户，几乎到了要讨饭的地步。记者采访了王家斌及当年互助组成员，他们认为，造成生活困难的主要原因是生产队长期"吃大锅饭"。王家斌曾向当地县委领导请求包干到户，获得批准，但未得到生产队干部的支持。王家斌说，如果生产队再继续"吃大锅饭"，明年春荒时将有更多农户发生生活困难。

1982年　六十九岁

1月3日　下午，在人民大会堂出席全国农村文化艺术工作先进集体、先进工作者表彰大会闭幕式，作题为《适应新的形势，努力搞好农村文化艺术工作》的讲话。在讲话中说：我们发展对外经济关系，实行对外开放政策，经济搞活了，也大大地向前发展了，但也不可避免地带来了一些消极因素，不少淫秽的、黄色的书刊、图画和录像带等所谓西方文化被带进来了，毒害人们特别是青少年的心灵，破坏我们的社会主义精神文明。这是一场严肃的斗争。农村文化工作，也就是思想政治工作。农村文化工作的主攻方向，就是要努力拿出足够的好的电影、好的戏曲歌舞、好的电视片和其他好的艺术作品，来满足广大农民在文化生活上的迫切要求，来影响农民，教育农民，提高农民的觉悟，用社会主义的文化艺术去占领农村这个阵地。怎样才能把农村文化艺术工作做得更好呢？第一，教育者必须先受教育。要农民热爱党，热爱社会主义，我们自己和我们的作品就应该表现出对党、对社会主义的热爱。要农民敢于向坏人坏事和封建迷信作斗争，我们自己和我们的作品就应该表现出这种斗争的勇气。要教育和提高农民，自己要先受教育和提高。第二，要深入生活，向农民学习。只有深入生活，熟悉农民，才能创作出农民喜欢的作品，才能教育农民。第三，要勇于开展批评和自我批评。批评和自我批评是我们党的优良传统、优良作风，是我们前进的动力。我们的文化艺术要繁荣起来也离不开这个武器。

1月4日 上午,出席中共中央书记处会议。会议讨论并原则通过国家进出口委员会报送的《沿海九省、市、自治区对外经济贸易工作座谈会纪要》。

1月5日 在中南海怀仁堂接见出席全国统战工作会议的全体代表。在讲话中说:(一)党的三个主要法宝,统一战线、武装斗争、党的建设,这是毛主席总结了十八年的经验提出来的。现在我们有六十年的经验,我们面临的任务也不同于当年,但三大法宝不能丢。(二)对现在的民主人士,我们要有一个新的、足够的认识。他们中有些人前些年受的苦,可能比我们共产党内有的干部受的苦还要大,也算经过了一次严峻的考验,这一点必须肯定。我以为现在可以把他们当作我们的同志看待。这次我看了几位党外人士提出的意见,都非常之好,没有套话,非常中肯。所以,我提出来要向这些老民主人士学习,学习他们的谦虚精神,学习他们的爱国精神。(三)统战部也要管干部,负责考核、挑选和推荐一些党外的、各民主党派的干部。现在不管搞经济的也好,搞文化科学的也好,搞其他方面的也好,大都是四五十岁的中年人。他们是骨干,真正办事的是这些人,我们的统一战线工作要向这个方面扩展。统一战线也有一个接替的问题。要广泛地交一些新朋友、年轻的朋友,这一条非常之要紧。(四)中央统战部要当好党中央的参谋和助手,各地区的统战部也要当好各地党委的参谋和助手,要经常深入调查研究,总结经验,推广好的经验,把统战工作进一步开展起来。希望各级统战部都要成为党外人士之家。全国统战工作会议于一九八一年十二月二十一日至一九八二年一月六日在北京召开。

1月6日 在中共中央宣传部编发的一份材料上批示:穆

之[1]同志：读了此件，我认为部分政协委员所提对台、对外宣传的意见，特别是最后的七点建议很好。要说是批评的话也切中要害。建议对过去一年的对台、对外宣传工作进行总结，加以改善，也可邀请一些党外朋友和有关同志座谈一二次，虚心听取他们的意见，使今年的对台、对外宣传工作出现一个新面貌。

同日 出席中共中央联席会。会议讨论军工生产体制问题。

1月7日 在北京日报社《内部参考》（第二七二二期）刊载的《先进人物招架不住"一窝蜂"式的采访》一文上批示：穆之同志：对一个先进人物，采取"招架不住""一窝蜂"式的采访，相继不断地拍电视，拍影片，拍照片，使许多职工当"群众演员"，兴师动众，使职工群众不满，厂方接待单位应接不暇，影响生产；又使先进人物负担过重，脱离群众，脱离实际，也影响他们的工作和学习。这也是一股不正之风。回顾以往历史，常因这种情况毁掉一些劳模和先进人物。联系到近来欢迎女排和一些不必要的茶话会，接见照相等，把耀邦同志一九八一年新年茶话会上"一杯清茶代酒"的好风气又忘得一干二净了。似应由中宣部拟订几条，通知全党注意这个问题，正确对待宣传工作，提倡实事求是的恰如其分的宣传，不搞形式主义，要讲究宣传教育效果，树立起一个好的风气。

1月11日 上午，出席中共中央书记处会议。会议讨论陈云、邓小平等中央政治局常委一月五日关于《广东一些地区走私活动猖獗》一文的批示，传达陈云关于反走私问题的补充意见。会议认为，陈云、邓小平的批示非常正确，非常重要，是整顿党风的一项重要措施。会议决定，立即以中央名义起草紧急通知，向各省、市、自治区党委，中央党政军各部门和各大军区打招

---

[1] 穆之，指朱穆之。

呼。此前，陈云于一月五日将中央纪律检查委员会报送的《广东一些地区走私活动猖獗》的《信访简报》批转胡耀邦、邓小平、赵紫阳、李先念，在批语中指出："对严重的经济犯罪分子，我主张要严办几个，判刑几个，以至杀几个罪大恶极的，并且登报，否则党风无法整顿。"邓小平同日在陈云的批语中加写"雷厉风行，抓住不放"八个字。此后，陈云又补充三条意见：第一，批的是广东的事，但不一定要先办广东的，要先办罪大恶极的；第二，有的要判刑；第三，有的要给党纪处分。

同日 《中共中央紧急通知》发出。通知指出：中央和国家机关，由两个直属党委立即分别召开各部委党组负责同志会议，要求他们以党性保证贯彻执行中央常委的批示；军队系统，由杨尚昆、杨得志[1]、韦国清召开相应的会议，保证全军坚决带头贯彻执行中央常委的批示；派习仲勋、余秋里、彭冲、王鹤寿立即去广东、福建、浙江、云南等走私贩私最为严重的省，传达中央常委的批示，并采取紧急措施；其他各省、市、自治区党委，也要重视这方面的问题，采取相应措施；要首先把那些负责干部中的现行的经济上的重大犯罪案件，认真查处，如果哪一个省、市、自治区和部门的党委优柔寡断，熟视无睹，姑息养奸，中央将考虑追究责任；所有需要逮捕和严厉处置的职务较高的负责干部，一定要把他们的犯罪事实核对清楚，保证材料确实无误，并将处理意见及时报告中央纪委和最高人民检察院、最高人民法院，以便统一量刑，并考虑哪些特大案件需要在全国公布，对全党全军和全国各族人民进行教育。

1月11日、13日 中共中央政治局扩大会议召开，讨论中

---

[1] 杨得志，时任中共中央书记处书记、中共中央军事委员会常务委员、中国人民解放军总参谋长。

央机构精简问题，原则同意《关于中直机关机构改革方案》和《关于国务院精简机构和人员的意见》。十三日下午，邓小平在会上发表讲话，指出：精简机构是一场革命。

1月13日　出席共青团省、市、自治区委书记座谈会并讲话。在谈到一九八二年共青团的工作时说：今年的工作要两手抓，一手抓社会主义物质文明，一手抓社会主义精神文明。社会主义的精神文明并不限于"五讲四美"，爱党、爱国、爱社会主义，这是更高的精神文明。要大讲中国的近代史、党史，理直气壮地讲。不懂得旧中国的历史，不懂得我们党的斗争史，怎么能知道新中国来之不易呢？怎么能懂得社会主义社会的优越呢？在谈到团的工作要更加放手、要打开一个新的局面时说：共青团本来应该是打冲锋的、最积极最活跃的，应该到处都能看到你们的活动。党一有号召，一有决定，团就应该自觉地紧跟上来，去贯彻，去执行，并且是结合团的工作实际，创造性地去贯彻执行。这才是团和党应有的正确关系。在谈到共青团的工作阵地时说：共青团更广阔的阵地在哪里？一个在农村，一个在工厂，再一个是在学校。哪里有青年，哪里就是共青团工作的阵地、战斗的阵地。现在，宗教同我们争夺青年很厉害。对于信教的青年，要去做工作，要他做一个爱国的教徒。还要教育他们提高警惕，以防那些披着宗教外衣的帝国主义分子插进手来。在谈到整顿团的组织时说：核心是整顿团的领导班子。领导班子要革命化、年轻化、知识化、专业化。还有两句话，叫"依靠群众，相信地方"。在谈到工作作风和工作方法时说：第一点，要深入到基层去，到工厂、农村、学校，多搞几个点，搞出点经验来。第二点，要发扬延安精神。要提倡共青团员找苦吃，要向青年宣传找苦吃。现在，吃苦在先、享受在后很少提了，在这方面要进行教育。要提倡勤俭节约，扭转铺张浪费的风气。座谈会于一月五日至十四日召开。

1月14日 中午，乘飞机抵达昆明。下午，听取中共云南省委常委和昆明军区党委负责同志关于学习、讨论《中共中央紧急通知》的汇报，并同他们一起研究贯彻执行的措施。

1月15日 上午，出席云南省省级机关党员领导干部会议，传达《中共中央紧急通知》、中央政治局常委对《广东一些地区走私活动猖獗》的批示、中央书记处讨论中央政治局常委批示的主要精神。在讲话中说：全国的投机倒把、走私贩私、贪污受贿这种不正之风，还有蔓延和发展的趋势，不采取紧急措施不行。这就是当前出现的新情况和新问题。我们实行对外开放政策，积极发展对外经济关系的方针是完全正确的。而由此发生的渗透和反渗透、腐蚀和反腐蚀的斗争是必然的、长期的。我们能不能取得这场斗争的胜利，不仅仅是关系到我国社会主义现代化建设成败的大问题，而且更重要的是关系到我们党和国家生死存亡的大问题。大量触目惊心的事实告诉我们，这个问题已经到了必须下最大决心，采取最有力的措施解决的时候了。讲话提出：第一，全党同志都要在政治上同中央保持一致，领导同志特别是高级干部，要坚决贯彻执行党的路线、方针、政策和指示，决不允许有丝毫的含糊敷衍。必须做到一声令下，立即行动，一马当先，冲锋陷阵。第二，要加强对全党同志的党性、党风、党纪教育，加强党在群众中的思想政治工作。要充分认识党性、党风、党纪的重要性，充分认识在经济、思想、文化领域开展反渗透、反腐蚀的斗争，是整顿党风的重要举措。第三，要加强各级领导班子的建设，特别要加强党的基层组织的建设，研究和解决在新的形势下基层组织在工作中遇到的新情况和新问题。第四，要认真调查研究和正确掌握政策。情况越是复杂，斗争越是尖锐，越要重视调查研究，越要重视正确掌握党的政策。要善于严格区分和正确处理两类不同性质的矛盾，还要讲求方法。处理重大案件决心要大，工作要细。不要把方法问题看成是枝节问题，方法问题也是一个原则问题。近一两年，各种恶性案件经常发生，如果情况摸得准，工作做得细，就可以预防，可以在萌芽状态加以解决。

1月16日—20日 在安平生[1]陪同下，先后到玉溪、红河、曲靖三个地、州的七个县、市，对走私情况和农村的生产生活问题进行调研。要求云南各级党委和政府，一定要落实《中共中央紧急通知》精神，动员一切力量打击走私贩毒、贪污受贿的违法活动，并以此为突破口，争取党风、民风和社会治安的根本好转。临回京前，又和中共云南省委常委、昆明军区负责人座谈当前工作中的一些情况和问题。

1月24日 上午，在人民大会堂出席中共中央、国务院举行的春节团拜会。

1月26日 向胡耀邦报送云南之行有关材料，并致信说：这是我在云南省的传达和讲话，请抽空审阅，如有不当之处，请批评。至于我在云南乡下所见所闻，当另写报告送中央。胡耀邦批示："讲得好。"

1月28日 出席中共中央书记处会议。会议讨论中央机关的精简问题，通过《中央书记处各同志对精简机构工作的分工》。习仲勋总负责中直机关的精简工作，冯文彬协助，负责的单位有中共中央办公厅、中共中央调查部、中共中央书记处研究室、中共中央党校、全国总工会、共青团中央、全国妇联和全国人大常委会机关等。会议提出，要把精简机构作为中央书记处当前工作的头等大事，集中力量抓紧抓好，决心要大，步骤要稳，工作要

---

[1] 安平生，时任中共云南省委第一书记、云南省人大常委会主任、昆明军区政治委员。

细。会议要求一九八二年、一九八三年中央机关的干部学校停止招收各省市的学员,专门轮训中央机关的干部,由习仲勋负责规划,起草一个文件,经中央书记处讨论后下发。

1月30日 在新华社《国内动态清样》(第一九六期)刊载的《朱宣人[1]认为发展农业生产应重视农民教育》一文上批示:"此件所提意见有道理,请新宇[2]、汉斌[3]同志考虑。"该文说,朱宣人认为,发展农业生产,应处理好农民教育和生产的关系。各地应在中央有关政策、法令的指导下,因地制宜地立好三个法,一是农业教育法,二是农业科学研究法,三是农业技术推广法。

同日 向胡耀邦并中共中央报送关于云南情况的调查报告。报告说:(一)云南省走私贩私、投机倒把、贪污受贿等情况同样严重,广大党员、干部和群众深感忧虑,极为关注,一致认为《中共中央紧急通知》抓得非常准,非常及时,是争取党风、民风和社会治安根本好转的突破口,也是关键措施。共同希望全党排除干扰,一抓到底,夺取全胜。特别要注意,在坚决打击走私贩毒等违法犯罪活动的同时,保护和发展平等互利、互通有无的内外贸易。严禁走私贩毒的根本措施是:教育群众,发动群众,依靠群众;党政军民,团结一致,共同行动。(二)农村到处五谷丰登,六畜兴旺,市场繁荣,干部群众团结振奋,形势十分喜人。最重要的是,人们的思想和精神状态发生了大变化。广大干部、群众从生动的事实中深刻认识到党的路线、方针和政策完全正确,对共产党更加热爱、更加信赖。(三)当前在农村工作中

---

[1] 朱宣人,时任甘肃省副省长、甘肃农业大学校长。
[2] 新宇,指武新宇。
[3] 汉斌,指王汉斌,时任全国人大常委会法制委员会副主任。

需要研究解决好两大问题。一是坚决贯彻执行农业经济必须以计划经济为主、市场调节为辅的基本原则。有的县、社、队负责同志多注意支持、奖励和宣传少数"冒尖"户,不讲劳动致富,走共同富裕的道路,对如何关心、帮助和扶持困难户发展生产、逐步改善生活,对认真落实优待烈属、保障五保户生活的政策却有所忽视。社员盖新房的越来越多,这当然是一件好事,但现在一般占地较多,而且是占用良田,必须解决好统一规划和节约用地问题。在目前农贸市场已经相当繁荣的情况下,如何改善和加强管理也是个大问题。此外,有些工矿企业对周围环境污染严重,群众意见很大,工农关系紧张。边远、贫困地区群众在生产和生活上还有不少困难。二是切实加强党的宣传工作和组织工作,特别是加强对干部、群众的思想、政策教育。要大力宣传劳动光荣,鼓励劳动致富,坚定地走社会主义道路。教育社员群众服从国家计划,按党的政策办事,发扬团结互助精神,正确处理国家、集体和个人三方面的关系。要经常动员和组织思想、理论、宣传、文化工作者到农村去,到一切需要去的地方,调查研究,帮助工作,从各方面巩固和扩大社会主义思想阵地,抵制封建思想残余和资产阶级思想的侵蚀。还要继续加强各级领导班子建设,整顿和健全基层组织,继续加强民族工作,解决好遗留问题。二月二十日,中共中央书记处研究室根据胡耀邦的意见,在《情况通报》上摘要刊发了习仲勋的这个报告。

2月1日 上午,出席中共中央书记处会议。会议同意冯纪新任中共甘肃省委第一书记,由中央组织部起草通知,报中央政治局常委核批。

2月4日 上午,出席中共中央书记处会议。

2月5日 上午,在中南海怀仁堂会见出席全国三好学生、优秀学生干部和先进集体代表会议的全体代表。在讲话中说:希望大家保持荣誉，团结同学，不忘重任，奋发图强。还要发扬延安精神，学习老一辈革命家刻苦学习、艰苦奋斗、为革命事业自我牺牲的精神。

2月6日 出席教育部召开的纪念徐特立[1]诞辰一〇五周年座谈会。在讲话中说：徐特立同志是伟大的共产主义战士和人民教育家。他生前在我们党内，在我国教育界、思想界拥有很高的声望，很多党的干部、知识分子把他看作是学习的楷模。今天，党中央号召全党和全国各族人民在建设物质文明的同时，建设高度的社会主义精神文明，徐特立同志正是体现了这种精神文明的典范。我认为有三点需要特别提出来学习。第一，崇高的共产主义理想。第二，顽强的学习精神。第三，非常质朴的作风。每个共产党员都要以徐特立同志做榜样，增强党性锻炼，树立良好的党风，并且把它推广到广大青年和全国人民中间去。

2月8日 上午，出席中共中央书记处会议。会议同意习仲勋提出的《关于召开全国人大常委会第二十二次会议的请示》。

同日 晚上，观看中国青年杂志社、人才杂志社、北京西城职业学校青年文学创作讲习班和首都体育馆为筹集老年、少儿福利基金而举办的义演。

2月13日 下午，在八宝山革命公墓礼堂主持王观澜[2]追悼会。王观澜于一月十九日在北京逝世，享年七十六岁。

2月15日 上午，出席中共中央书记处会议。会议决定由习仲勋、冯文彬和王玉清[3]将中央书记处会议讨论六个部的干

---

[1] 徐特立，曾任中华苏维埃共和国临时中央政府教育部部长、中共中央委员、中央人民政府委员、中共中央宣传部副部长、全国人大常委会委员等职。
[2] 王观澜，逝世前任全国人大常委会委员、农业部顾问组组长。
[3] 王玉清，时任中共中央书记处研究室副主任。

部配备情况，分别向叶剑英、邓小平、李先念、陈云作汇报。由万里、习仲勋组织中央组织部、国家人事局尽快把新中国成立前参加革命的老干部离休、退休条例搞出来，经中央书记处讨论后，按法定程序审议通过公布。

2月18日　上午，出席中共中央书记处会议。会议讨论《商业部机构精简方案》和商业部部级领导班子的配备方案；讨论《关于纺织工业部机构改革的意见》。

2月19日　在《法制来信简报》（第十期）关于北京市煤矿机械厂热处理车间党支部书记乔冠中反映公安、保卫部门在车间将偷车嫌犯当众抓走的行为是否合乎法律规定的问题一文上批示：彭冲阅转赵苍璧[1]：此件反映，似应派出专人调查，如果属实，对这种执法犯法的行为，应作严肃处理，并通过这一典型事例，教育公安干警，同时应向该厂职工承认错误，进行自我批评，不然会激化矛盾。请酌。

2月20日、23日　在中南海怀仁堂出席中共中央政治局扩大会议，讨论《中华人民共和国宪法修改草案》。

2月22日　出席中共中央书记处会议。会议讨论《关于中联部精简机构方案的汇报提纲》和中联部部、局两级领导班子配备方案；讨论并原则同意《全国总工会机关精简机构的初步方案》及全国总工会领导班子的组成和全国总工会局级干部配备方案。

2月22日—3月8日　出席五届全国人大常委会第二十二次会议。会议原则批准国务院机构改革初步方案，通过《关于严惩严重破坏经济的罪犯的决定》《中华人民共和国民事诉讼法（试行）》《关于宽大释放全部在押的原国民党县团以下党政军特人

---

[1]　赵苍璧，时任公安部部长。

员的决定》等。

2月25日 出席中共中央书记处会议。会议讨论并通过中共中央宣传部代拟的《中共中央、国务院关于严禁进口、复制、销售、播放反动黄色下流录音录像制品的规定》；讨论《农口机构设置和部级干部配备方案》。二十七日，《中共中央、国务院关于严禁进口、复制、销售、播放反动黄色下流录音录像制品的规定》正式下发。

2月26日 上午，出席中共中央书记处会议。会议复议了准备第一批公布的国务院几个部的人事安排；决定筹建中国儿童少年活动中心和中国儿童发展中心，地点选在北京官园西院。

2月28日 上午八时，同胡耀邦、彭冲、万里等及中直机关干部二百多人到北海公园西岸的马路上打扫卫生，参加"全民文明礼貌月"活动。

3月1日 在中南海怀仁堂列席中共中央政治局会议，研究国务院六个部的干部问题。

3月4日 上午，出席中共中央书记处会议。

同日 同王任重致信陕西省政协并转黄子祥[1]亲属。信中说：惊悉子祥同志不幸病逝，无限悲痛。子祥同志在渭北群众中有崇高的威望，在开辟渭北根据地的斗争中作出了重大的贡献。举行追悼会时，请以我们的名义送一花圈，以示悼念，并向亲属致以亲切的慰问。

3月5日 在《内部参考》（第二七八九期）反映一些企事业单位以及国家机关、部队的干部不择手段用公款给个人买房子

---

[1] 黄子祥，解放战争时期曾任关中军分区副司令员、三原军分区司令员兼军管会主任。新中国成立后，曾任陕西省交通厅厅长、陕西省政协副主席等职。

引起群众强烈不满一文上批示：请段君毅[1]同志查处。

3月6日 下午，出席五届全国人大常委会第二十二次全体会议，作关于建议作出惩治贪污、受贿、走私、套汇、投机倒把牟取暴利、诈骗、盗窃公共财物、盗卖珍贵文物罪行的决定的说明。在讲话中说：近两三年来，这些犯罪活动大量增加。有些案件数额巨大，情节很严重。特别是极少数国家工作人员与社会上的犯罪分子内外勾结，进行经济犯罪活动，危害极大，不但严重腐蚀干部群众，败坏社会风气，而且严重破坏社会经济秩序，破坏国家经济建设。为了适应打击这些经济犯罪活动的需要，建议对《刑法》作补充和修改的决定。

3月8日 上午，出席中共中央书记处会议。会议讨论并原则批准《地质部机构精简及人事安排方案》《工商行政管理总局机构改革及人事安排方案》。

3月11日 上午，出席中共中央书记处会议。会议讨论《关于最高人民检察院机构精简和领导班子调整的初步意见》《关于最高人民法院领导班子的配备意见》；讨论并原则批准《民政部党组关于民政部机关精简方案和领导班子配备的意见》《中央调查部机构精简及领导班子配备方案》。

同日 在吴作人[2]关于采取措施保护文物的情况反映一文上批示："请任重同志阅批，文物局考虑解决办法。"吴作人认为，在我国古代各王朝的建都遗址及其郊围，如洛阳、西安等，为我国古墓葬群最集中的地区。历年来，政府在各地区设置有专门点，负责保护文物，各地区也收存了不少出土文物。但近年来由于一些单位拒收，一些文物遭到破坏。建议订出法律条文，以

---

[1] 段君毅，时任中共北京市委第一书记、北京卫戍区第一政治委员。
[2] 吴作人，时任中国文学艺术界联合会副主席、中国美术家协会副主席。

充分利用文物内部流通，使古文物在文化普及和为社会主义文化事业服务中发挥活力。

3月12日 在中共北京市委办公厅编发的《北京简讯》（第二四七四期）刊载的《滥用权力瓜分职工宿舍的一个典型事例》一文上批示：请君毅[1]同志责成有关部门，当作一个不正之风的典型事例，认真处理并予以通报。该文反映，北京电子电容器厂职工用劳动补偿的办法得到二十五套宿舍，其中二十二套被上级单位和"关系户"侵占，剩下的三套也都落入干部之手，引起广大群众的极大义愤。

同日 在《部分台湾同胞对改进对台宣传的意见》一文上批示：这些意见，对我们改进对台、对外宣传工作，大有启发和裨益，像这样的座谈会，可不定期地邀集台胞和初次回国探亲的华侨或旅游观光的有识人士（包括各方面的人）多举行几次，是会大开眼界，增进知识的。此件似可加发有对台、对外宣传任务的省、市、自治区宣传部门，要他们也仿照这个办法，加深对台情况的了解。《部分台湾同胞对改进对台宣传的意见》一文提出：宣传要重在沟通两岸人民的感情，消除台湾人民的疑惧；通过各种不同的角度，运用各种方式，宣传大陆的情况，具体地宣传优越的社会主义制度；系统地宣传新中国成立三十三年来社会主义建设的成就，宣传四化建设的远景规划；加强新闻报道和时事评论；介绍中国近代史和中国地理，启发台湾青年一代的爱国主义思想；重视对妇女的宣传。

3月13日 在中共中央统战部《情况简报》刊载的根据北京市委统战工作会议反映整理的《统战工作中"左"的种种表现》一文上批示：统战工作中"左"的影响还是很严重的，一些

---

[1] 君毅，指段君毅。

遗留问题，负责同志说了话，组织上作了决定，也可置若罔闻，一拖再拖，处理不下去。据我所知，此种情况绝不是只此一家。北京市，全国各省、市、自治区统战部门和各级行政、企事业以及教育（学校）、文化科研单位，都或多或少存在着这种情况，其实质是一个拨乱反正落实党的各项政策问题。有鉴于此，我建议将北京市委统战会议上的反映以中央统战部名义加按语通报全国有关单位和部门，并指定一位副部长负责协助北京市委（先商段君毅同志），把这次市委统战工作会议所反映的问题，务必一件一件地查清落实，并将处理结果报告书记处。《统战工作中"左"的种种表现》一文提到，许多基层单位在统战工作中对党外人士的政策落实既慢又差，阻力重重，甚至顶着不办；在安排使用上，排斥党外人士，习惯于"清一色"；歧视非党知识分子等。

3月14日 上午，同胡耀邦等到北京郊区参加义务植树活动。

3月15日 上午，出席中共中央书记处会议。会议讨论关于干部离休、退休问题的条例；讨论并原则批准《机械口各部、公司的机构设置和领导班子配备方案》；讨论《关于中央统战部精简机构问题的请示》。

3月18日 上午，出席中共中央书记处会议。会议讨论《中共中央关于自费出国留学若干问题的决定》。会议认为，在目前情况下，发这样一个文件是很必要的；决定中央书记处研究室和教育部根据书记处讨论的意见把文件修改后送习仲勋，经胡耀邦、赵紫阳审核后下发。会议讨论了是否成立贯彻《中共中央紧急通知》领导小组的问题，决定不再成立这个小组，日常工作由中央纪委负责，中央纪委不能解决的问题，向胡耀邦、习仲勋汇报解决，大的问题交中央书记处讨论决定。

3月20日 上午，出席中共中央书记处会议。

3月22日 上午，出席中共中央书记处会议。会议讨论《中央宣传部领导班子配备方案》。

3月24日 会见罗马尼亚驻华大使杜米特列斯库。

3月25日 上午，出席中共中央书记处会议。会议同意习仲勋、王任重、胡乔木、邓力群的意见，决定在中央书记处下成立思想工作小组，协助书记处指导思想战线的工作；会议讨论并原则批准《中央宣传部领导班子配备方案》。

3月27日 上午，出席中共中央书记处会议。会议听取王鹤寿关于贯彻一月十一日《中共中央紧急通知》的汇报。会议决定，召开一次电话会议，由习仲勋主持，王鹤寿讲话，总结前一段工作的经验，讲清楚政策界限，同时布置五六月份的工作。

3月28日 到北京官园视察中国儿童少年活动中心筹建工作，详细了解中心建设、园区规划、业务展开、安全保障等各方面情况。

3月29日 上午，出席中共中央书记处会议。会议决定，关于是否搞民族节和其他节日，中央要通盘考虑，请乌兰夫[1]、彭冲、习仲勋、杨静仁商量后，向中央政治局常委写个报告，再提交全国人大常委会审议。会议还讨论王任重给胡耀邦、习仲勋、邓力群的信。会议认为，广播电视是正在发展中的、对人民群众进行宣传教育的一项十分重要的事业，它的领导机构既要管宣传业务，又要抓广播电视的建设。因此，同意王任重的意见，将广播事业局改为广播电视管理部，新华社是国家新闻社，均属国务院序列。以上两单位和人民日报社、红旗杂志社都按部级待遇。

---

[1] 乌兰夫，时任中共中央政治局委员、中共中央统战部部长、全国人大常委会副委员长、全国政协副主席。

4月1日 上午，出席中共中央书记处会议。

同日 下午，在全国政协礼堂出席民盟中央举行的纪念张澜[1]诞辰一百一十周年大会。

4月3日 在中南海勤政殿出席安徽问题座谈会，讨论安徽省领导班子问题。

同日 签发中共中央办公厅文件，转发中共中央组织部《关于中央机关检查对高级知识分子落实政策情况的报告》。中央办公厅文件指出：近几年来，中央和国家机关虽然在落实知识分子政策方面做了大量工作，但是遗留问题仍然不少。同时也说明，只要领导真正重视，坚决按照中央有关指示的精神，把落实知识分子政策作为一项重要工作去做，许多问题并不难解决。中央书记处原则同意这个报告中对需要统筹解决的几个问题的意见，中央和国家机关各有关部门、北京市委和市人民政府党组要抓紧研究、落实。

4月5日 上午，出席中共中央书记处会议。会议决定，中共中央办公厅的班子配备先放一下，由习仲勋再走走群众路线，召开中办处级干部座谈会，听听大家的反映。

4月6日 下午，出席中共中央书记处会议。会议讨论《中共中央、国务院关于打击经济领域中严重犯罪活动的决定》。会议决定，全国总工会党组《关于"五一"国际劳动节纪念活动的请示报告》和《关于制定职工守则情况报告》，由习仲勋审批。

4月8日 上午，出席中共中央书记处会议。会议讨论《中华人民共和国宪法修改草案》（四月五日修改稿），讨论并通过《中共中央关于宪法草案中规定农村人民公社政社分开问题的

---

[1] 张澜，中国民主同盟创始人之一，曾任中央人民政府副主席、全国人大常委会副委员长、中国民主同盟中央主席等职。

通知》。

4月9日 同中共中央调查部十二名领导干部座谈,赵振清[1]参加。在谈话中说:这次精简机构是一场深刻的革命,触及到每个人。党中央这个决心下得对,不仅是一项战略决策,而且有深远的历史意义。退下来的老同志要"余热"利用,还可以为党为人民做许多事情。调查部班子都是长期从事情报工作的同志,是党的宝贵财富。解决接班问题对你们部来说更有重要意义,因为情报工作专业性强,连续性强。你们部的领导干部,更需要一茬一茬接下去。调查部在"文化大革命"中多灾多难,受的苦很大,真正恢复过来是一九七五年邓小平同志主持中央日常工作、调整调查部的班子以后。长期以来,广大干部战斗在这条特殊的、隐蔽的战线上,工作做得是好的,有很大成绩,这一点一定要充分肯定。部里有人来信反映过情况,大多数情况是真的。"文化大革命"情况那么复杂,看一些同志所犯的错误,不能离开当时的特殊历史条件,有一些问题不要再纠缠了,不要揪住不放。有的人说了点错话,做了点错事;有的是违心地奉命办事;有的可能想得不周到而犯了点错误。有错误不要紧,只要勇于作自我批评,善于听取正确的批评,向群众说清楚,群众是会谅解的。这些同志今后要严格要求自己,改造世界观,争取不犯或少犯错误。在谈到对新领导班子的希望时说:调查部要有一支革命化的队伍,一个革命化的领导班子。新的班子要按照干部"四化"的要求,要德才兼备,年富力强,朝气蓬勃,要有战斗的精神,要鼓起勇气,挑起担子。年轻的同志多向老同志学习,多向老同志请教,拜他们为师,必要的会议请他们参加。老同志要主动、热情地帮助年轻的同志。要坚持民主集中制,大事要广

---

[1] 赵振清,时任中共中央组织部副部长。

泛征求意见，不要各行其是，不要搞"一言堂"。要搞五湖四海，不要搞帮派，对干部不要分亲疏，办事要公道，坚持原则。这样，就可以搞出一个生动活泼的局面来。

同日 下午，同李先念、彭真等在人民大会堂接见出席国家民委第二次委员（扩大）会议和宗教会议的代表。

同日 在人民日报社《情况汇编》（第一八二期）刊载的《西安车站亟待整顿》一文上批示：建章[1]阅转文瑞并陕西省委：此件反映的问题如果属实，真是令人吃惊，影响极坏。西安在外国人眼里是中国的文明古都，也确是历史悠久的文明古都。然而文明古都现在却缺乏文明。目前，特别是在"全民文明礼貌月"之后，这把全民的扫帚还没有把西安车站这个"死角"清除干净，这究竟是怎么一回事？令人费解。请陕西省委会同西安市委、西安铁路局党委认真研究，彻底解决。据我所知，存在这类问题的绝不是仅此一家，请铁道部把西安车站作为一个典型，总结经验，吸取教训，并通报全国铁路系统，认真加强整顿，使各个车站成为真正的文明车站。《西安车站亟待整顿》一文反映，西安车站职工态度恶劣，打骂旅客；敲诈勒索，搜刮财物；擅立规章，私分罚款；搅乱秩序，乱中取利，在群众和外国人中造成很坏影响。

同日 签发中共中央办公厅文件，转发科协党组、共青团中央《关于全国青年自学经验交流会情况的报告》。文件指出：建设社会主义现代化强国，需要各方面的优秀人才。由于高等学校和中等专业学校招生数量有限，每年小学、初中和高中毕业生中都各有数百万人不能升入高一级的学校而进行自学。对自学青年的考核、待遇、使用等方面的问题，有关部门和共青团、科协等

---

[1] 建章，指刘建章，时任铁道部部长。

人民团体应主动协商，密切配合，有计划、有组织地进行调查研究，逐步制定出一套切实可行的办法。习仲勋对文件中"需要各方面的优秀人才"一句批注："有专业知识的"。

4月10日 下午，列席中共中央政治局会议。会议讨论并通过《中共中央、国务院关于打击经济领域中严重犯罪活动的决定》。十三日，《决定》正式发出。

4月12日 上午，出席中共中央书记处会议。会议讨论中共中央组织部《关于修订出国人员审查办法的请示报告》。

4月13日 上午，出席宪法修改委员会第三次会议全体会议并发表意见。会议讨论审议宪法修改草案（修改稿）序言部分。

4月14日—16日 出席宪法修改委员会第三次会议全体会议并发表意见。会议讨论审议宪法修改草案（修改稿）第一章《总纲》。

4月15日 上午，出席中共中央书记处会议。会议讨论解放军总政治部《关于纪念中国人民解放军建军五十五周年的请示报告》，决定由总政治部根据中央书记处讨论的意见将报告修改后，送习仲勋签发。二十三日，签发中共中央转发总政治部《关于纪念中国人民解放军建军五十五周年的意见》。

同日 下午，在人民大会堂会见以瑞典总工会主席贡纳·尼尔松为团长的瑞典总工会代表团。

4月17日 上午，出席宪法修改委员会第三次会议全体会议并发表意见。会议讨论审议宪法修改草案（修改稿）第二章《公民的基本权利和义务》。

4月19日 上午，出席中共中央书记处会议。会议讨论《中央办公厅机构精简情况和领导班子配备方案》和《中央党史研究室等八单位精简机构和领导班子配备方案》。

4月19日—20日　出席宪法修改委员会第三次会议全体会议。会议讨论审议宪法修改草案（修改稿）第三章《国家机构》和第四章《国旗、国徽、首都》。

4月21日　在《文汇报情况反映》（第一〇八期）刊载的《演员中争名夺利现象十分突出》一文上批示："穆之〔1〕、巍峙〔2〕同志：送上此件请阅。所反映问题，不仅'十分突出'而且带有普遍性，如果不及早加强戏德教育和抓紧整顿，发展下去，危害很大，也不能有助于各种戏剧的繁荣和发展。关键是整顿领导班子问题，加强党的领导。克服派性，纠正各种不正之风。建设社会主义精神文明，戏剧界应该先有这种文明。"《情况反映》刊载的文章认为，演员中争名夺利现象十分突出的原因主要有：一些文艺单位党的领导力量薄弱，思想工作长期无人抓；文艺队伍近年来放松了学习和思想教育，错误思想未能得到应有的抵制和批判等。

4月22日　上午，出席中共中央书记处会议。会议决定，关于各省、市、自治区的领导班子的调整和机构的设置，由万里和习仲勋牵头，吸收中央组织部和国务院等有关部门负责同志参加，在五月份召集一些省的领导同志来京开些座谈会，听听各省、市、自治区同志的意见。

同日　下午，在人民大会堂出席五届全国人大常委会第二十三次会议全体会议。彭真代表宪法修改委员会作《关于中华人民共和国宪法修改草案的说明》。

4月24日　下午，列席中共中央政治局会议。会议讨论通过赵紫阳将在全国人大常委会第二十三次会议上作的《关于国务

---

〔1〕　穆之，指朱穆之，时任文化部部长。
〔2〕　巍峙，指周巍峙，时任文化部第一副部长。

院机构改革进展情况和三项议案的说明（草稿）》。

4月25日 在中国青年报社《青运情况》（第四四一期）刊载的《台籍医生周朗赤诚报国却得不到应有信任》一文上批示：对五十年代回大陆的台籍医生周朗同志应热情诚恳相待，要相信他对党对社会主义建设事业的赤诚热爱。他是经过长期考验的老党员、老技术专家，我们还以这种不信任的态度对待，是十分错误的。如果对这样的台湾籍同胞和同志都团结不好，怎能谈得上广泛开展对台工作？这是对台工作的方针政策问题，务必严肃对待。请认真听取周的意见，并解决他的困难。请廖公[1]、静仁[2]同志阅，转天津市委陈伟达[3]同志查处。

4月27日 在人民大会堂出席由中华全国总工会召开的全国劳动模范和先进人物代表座谈会开幕式。五月一日上午，同邓小平、赵紫阳、李先念等会见出席全国劳动模范和先进人物代表座谈会全体代表及边疆少数民族青年参观团成员。

4月28日 上午，在人民大会堂主持五届全国人大常委会第二十三次会议全体会议。会议听取姚依林关于一九八二年经济和社会发展计划草案的报告、王丙乾关于一九八二年国家预算草案的报告、吕克白[4]关于《国家建设征用土地条例（草案）》的说明。

4月29日 上午，出席中共中央书记处会议。会议讨论中

---

[1] 廖公，指廖承志，时任全国人大常委会副委员长、国务院侨务办公室主任、国务院港澳事务办公室主任、全国归国华侨联合会名誉主席，1982年9月起又任中共中央政治局委员。
[2] 静仁，指杨静仁，时任国务院副总理、中共中央统战部部长、国家民族事务委员会主任。
[3] 陈伟达，时任中共天津市委第一书记。
[4] 吕克白，时任国家基本建设委员会副主任。

共中央组织部《关于建议中央批发工业企业、财贸企业基层党组织工作的两个暂行条例的报告》，决定由中央组织部根据中央书记处的意见对文件进行修改，送邓力群审定，由习仲勋核发。六月三日，中共中央颁发《中国共产党工业企业基层组织工作暂行条例》和《中国共产党财贸企业基层党组织工作暂行条例》。

4月30日 在人民大会堂出席庆祝五一国际劳动节联欢晚会。

5月3日 上午，出席中共中央书记处会议。

5月4日 上午，同王震[1]、万里、王任重等会见参加"全民文明礼貌月"活动总结座谈会的全体代表。座谈会于四月二十六日至五月四日在北京召开。

同日 下午，在人民大会堂出席五届全国人大常委会第二十三次会议闭幕会。会议通过《关于国务院部委机构改革实施方案的决议》《关于批准一九八二年经济和社会发展计划的决议》《关于批准一九八二年国家预算的决议》《关于设置最高人民法院顾问、最高人民检察院顾问的决议》，原则批准《国家建设征用土地条例》。会议还通过其他任免事项。

5月5日 听取铁木尔·达瓦买提[2]关于新疆工作的情况汇报。在讲话中说：现在，新疆的局势是稳定的，不论从政治上、经济上、社会秩序等方面来说都是比较好的。在讲到工作成绩的时候，还要充分看到摆在你们面前的问题还不少，特别是各族人民的团结问题。没有各族人民的团结和各族人民群众的共同

---

[1] 王震，时任中共中央政治局委员、中共中央军事委员会常务委员、中共中央党校校长、国务院国防工业办公室临时党组书记。

[2] 铁木尔·达瓦买提，时任中共新疆维吾尔自治区委书记、新疆维吾尔自治区人大常委会主任。

努力，什么事情也做不成。希望区党委和恩茂〔1〕同志既要大胆、放手地工作，又要慎重稳妥地解决问题。现在新疆的情况比过去有很大变化，要多作调查研究，了解新情况，研究新问题，解决新矛盾，把工作做得更扎实一些。特别是要把毗邻苏蒙边境地区的工作搞好。边境地区工作的好坏，对内外都有很大影响。在这方面要多用些人力物力，下功夫改变边境地区的落后面貌。

5月6日 在国家信访局报送的《反映聊城地区一些单位至今仍是"三种人"〔2〕掌权》一文上批示：请如冰〔3〕同志考虑并将情况摸清，妥善处理。现在有越来越多的干部和群众，敢于挺身而出揭发"三种人"在有些单位掌权的情况，这是一件大好事情，说明自三中全会以来党的路线、方针、政策，越来越深入人心，也是对党中央的信任。因此，不管反映的情况是否属实，其可靠性有多大，但都值得重视，深入调查，只要弄清了真相，看准一个就处理一个，当然要按具体情况分别对待，慎重处理，既不能手软，更不可留下后遗症。请你把这件事就近告知任穷同志。

5月10日 上午，出席中共中央书记处会议。会议讨论《中央党校、中央组织部关于在中央党校开设中央机关领导干部研究班的请示报告》。会议决定，中央组织部根据中央书记处的意见，将文件加以修改，送习仲勋核发。会议还讨论公安部党组《关于人民武装警察管理体制问题的请示报告》。

5月11日 下午，在人民大会堂出席沙千里〔4〕追悼会。沙

---

〔1〕 恩茂，指王恩茂，时任中共新疆维吾尔自治区委第一书记。
〔2〕 "三种人"，指"文化大革命"中追随林彪、江青反革命集团造反起家的人，帮派思想严重的人，打砸抢分子。
〔3〕 如冰，指白如冰。
〔4〕 沙千里，逝世前任全国政协副主席、全国人大常委会法制委员会副主任。

千里于四月二十六日在北京逝世,享年八十一岁。

5月13日 上午,出席中共中央书记处会议。会议讨论中共中央组织部《关于妥善安排退出现职的老干部继续发挥作用的意见》。

5月14日 在财贸部五月七日《情况反映》(第九十五期)上批示:请守一[1]同志注意这个情况,据我所知是一个带有普遍性的问题,都假借安置知青就业为名,大批安插关系户进来,特别是以农民冒充知青变为职工,吃商品粮,成为"公家人"的身份,似应予以重视。请摸清情况。采取措施,加以整顿,很有必要。《情况反映》称:山西省运城县知青商店冒牌人员太多,有一半以上并非知青,而是农民冒充。

5月16日 会见葡萄牙武装力量总参谋长梅洛·伊芝迪上将和夫人一行。

5月17日 出席全国妇联第四届执行委员会第四次扩大会议并讲话。在谈到对妇女工作的几点希望时说:(一)要积极培养、选拔妇女干部,特别是要把年富力强、有社会主义觉悟、有专业知识的妇女干部提拔到各级领导岗位上来。(二)全国妇联应把抚育、培养、教育三亿以上儿童和少年作为自己工作的重点。现在入托难的问题在有些地方还比较突出,妇联组织要主动配合有关部门切实加以解决。办幼托可以采取多种办法,不要都由国家包下来,可以搞民办公助,允许私人办幼托。(三)要切实保障妇女、儿童的合法权益。现在妇女、儿童受虐待、受摧残和迫害的问题相当严重,恶性事件不断发生。重男轻女的封建思想和习惯势力,还在不少人的头脑里作祟。各级妇联组织要调查研究,及时向党和政府反映情况,并提出你们的意见,同这种行

---

[1] 守一,指赵守一,时任劳动人事部部长。

为进行坚决的斗争。（四）要配合工会做好女职工和职工家属的工作。有些青年女职工缺乏远大理想和正确的人生观，在恋爱、婚姻、家庭三方面出现不少问题。这个问题处理不好，学习、生产、工作都不可能搞好。（五）要实行妇联组织群众化。各级妇联组织要到第一线去发现问题，研究问题，解决问题。要关心妇女的疾苦，倾听妇女的呼声，切实地为妇女、儿童办好事，把工作做到妇女群众的心坎上，使妇联真正成为妇女群众的代言人，妇女利益的重要代表者，真正成为妇女之家。

5月22日 签发《中共中央关于抽调中央机关部分部、局级干部到中央党校研究班学习的通知》。《通知》指出：在这次中央和国家机关的机构改革中，将有很大一批老同志要从领导岗位上退下来。为了给刚退出领导岗位的老同志提供一个读书学习、总结经验、适当休息的环境，并逐步适应离休后的新的情况，以发挥老同志的长处，体现党对老同志的关心，中央决定，在中央党校开设中央机关领导干部研究班。

同日 下午，在北京医院向马寅初[1]遗体告别。马寅初于五月十日在北京逝世，享年一百零一岁。

5月24日 上午，出席中共中央书记处会议。会议讨论中共中央统战部《关于班禅[2]去西藏和川、甘藏区的请示报告》。

5月26日 同乌兰夫、杨静仁在人民大会堂福建厅约见班禅额尔德尼·确吉坚赞，传达中央对其去西藏的意见。在谈话中说：中央郑重研究了你去西藏的问题，决定你今年可以去西藏。

---

[1] 马寅初，逝世前任全国人大常委会委员、全国政协常务委员、北京大学名誉校长等职。

[2] 班禅，指十世班禅额尔德尼·确吉坚赞，时任全国人大常委会副委员长、中国佛教协会名誉会长。

你既是大师，又是副委员长，是双重身份，在思想上要把副委员长放在第一位，宗教领袖放在第二位。一言一行，多从国家领导人的角度考虑问题。宗教活动不是不可以搞，但不宜多，多了会影响当地群众的生产和生活。要尊重地方党委及地方政府，尊重地方党政领导同志。对"文化大革命"中的问题，宜粗不宜细。要正确对待下面的同志，要团结起来向前看，不要翻历史的旧账，对反对过你的人，要特别注意团结。达赖[1]要搞大藏族自治区，在西藏安了不少钉子，在国外又搞了不少名堂。你这次去可以了解点情况，多做些工作，宣传民族大团结，宣传走社会主义道路，宣传祖国统一。既然回西藏，能去的地方都可以去。此前，班禅于三月十一日致信习仲勋并转胡耀邦，希望在适当的时候去西藏和甘肃、四川、云南的一些藏区考察。三月十二日，胡耀邦同意了班禅的要求，并批示："请仲勋、兰夫[2]、彭冲同志商定。"

5月29日 上午，在宋庆龄故居出席中共中央、全国人大常委会、国务院举行的纪念宋庆龄逝世一周年仪式。

同日 同乌兰夫、杨静仁等在人民大会堂接见达赖喇嘛代表。在讲话中说：一九七九年以来，邓小平副主席、李先念副主席和胡耀邦主席都先后接见了嘉乐顿珠和参观团[3]。邓副主席讲得很清楚，以西藏作为一个国家与中央对话，还是以西藏是中国的一部分来讨论问题，这是个原则问题。西藏是中国的一部

---

[1] 达赖，指第十四世达赖喇嘛·丹增嘉措，原西藏地方宗教和政治领袖之一。1951年西藏和平解放后，曾任全国人大常委会副委员长等职。1959年3月西藏上层反动集团发动武装叛乱，达赖出走印度。

[2] 兰夫，指乌兰夫。

[3] 嘉乐顿珠，达赖喇嘛·丹增嘉措的二哥。参观团，指嘉乐顿珠带队的受达赖派遣的回国参观团。

分。对与不对，要用这个标准来判断。你们提出，用对台湾的九条方针〔1〕或者更宽一点的办法对待西藏，这是不行的。西藏早在一九五一年就和平解放了，而且成立了西藏自治区，享有民族自治权利。一九五一年十七条协议后，又搞了三十年社会主义建设。台湾现在还没有回归祖国。西藏和台湾是两个性质完全不同的问题，根本不能相提并论。提这个问题起码是没有常识。据我们了解，美国在搞一中一台，也还有人想搞一藏，即一中一台一藏，这是绝对不能允许的。你们还提出要搞什么大藏族自治区，这个根本不现实，也绝不可能。"最主要的问题是提醒你们，把西藏搞成一个'国家'不成，搞个所谓'高度自治'也不成，要改变这个态度，不然我们就没有共同语言。"

5月30日 下午，同乌兰夫、万里等在人民大会堂会见北京、天津三百名少年儿童代表，同他们举行座谈，欢庆六一国际儿童节。

5月31日 同乌兰夫、杨静仁等在中南海勤政殿约见阴法唐〔2〕，就班禅额尔德尼·确吉坚赞回西藏事宜作出安排。七八月间，班禅回西藏视察。习仲勋亲自审阅新华社关于班禅回藏的报道稿，并作出批示。

6月4日 晚上，在人民大会堂福建厅会见以坦桑尼亚革命党全国执行委员会委员马卡洛为团长的坦桑尼亚革命党代表团。在谈到中共十一届三中全会以来的方针政策时说：是吃饱了干社会主义好，还是饿着肚子干好呢？只有吃饱了肚子，社会主义的优越性才能够体现出来。饿着肚子是体现不出社会主义制度的优

---

〔1〕 九条方针，指1981年9月30日全国人大常委会委员长叶剑英向新华社发表谈话中阐明的关于台湾回归祖国、实现祖国和平统一的九条方针。
〔2〕 阴法唐，时任中共西藏自治区委第一书记。

越性的。这一点是我们经过几十年的斗争学来的。现在我们在经济上有两条，一条是对外实行开放政策，尽量利用外国资本和它们先进的技术，一条是对内把经济搞活。第二条牵扯到一系列的问题，如比例失调、消费和积累之间的比例关系，等等。不仅要让群众吃饱肚子，还要他们能生产。否则光能吃饱，不能搞别的，就没有积极性了。我们的党就是要代表人民意愿行事。一切违背人民利益的事情都办不成，这是我党的重要经验。"过去，我们对社会主义这个概念理解不够，看得很窄。现在政策有变化就不是社会主义了吗？还是社会主义。而且是更好的社会主义，有更坚实的经济基础、物质基础，一个社会主义国家没有强大的经济基础是不能维持的。"我们的又一条经验是要量力而行，不要勉强。随着我国经济形势的真正好转，将来会对兄弟、朋友们在力所能及的范围内多提供一些帮助，包括经济、技术方面的帮助。不仅是对坦桑尼亚，对整个第三世界的朋友们都要多作一点贡献。

6月7日 在六月六日新华社《国内动态清样》上批示：野苹[1]同志，请考虑将此件加按语刊登《组工通讯》。《国内动态清样》反映，天津水利局党委提拔有专业知识的中青年干部进入领导班子，在战胜水荒中发挥了重大作用。

6月9日 上午，出席中共中央书记处会议。

6月10日 上午，出席中共中央书记处会议。会议通过中共中央组织部《关于公安部机构精简后负责干部配备名单的报告》。

6月11日 在新华社《国内动态清样》（第一二五〇期）上批示：静仁同志：此件可供参考，在今年不搞全国性的表彰大会

---

[1] 野苹，指陈野苹，时任中共中央组织部副部长。

是对的，但可在各民族自治地区仿照新疆区党委的做法，集中进行一次民族政策、民族团结教育的活动仍有必要，时间由各自治区自定，如何，请考虑。

同日 晚上，同邓颖超［1］、乌兰夫、万里等出席北京人民艺术剧院建院三十周年庆祝会。在讲话中说：北京人民艺术剧院三十年来在艺术上作出了很多成绩，在贯彻执行百花齐放、推陈出新方针，在体现古为今用、洋为中用方面都做得比较好。这个成绩今后要发扬光大。同志们要以自己的优良作风和表演艺术，继续为人民服务，为社会主义服务。

6月14日 上午，出席中共中央书记处会议。会议通过《中共中央批转中国作家协会党组、总政治部文化部〈关于军事题材文学创作座谈会情况的报告〉的通知》，决定由习仲勋审核后，以中央文件形式发出。十九日，签发该《通知》。

6月16日 上午，出席中共中央书记处会议。

6月29日 上午，出席中共中央书记处会议。会议讨论《中共中央、国务院关于轮训中央党政机关干部的决定》和《中共中央、国务院关于切实加强外汇管理的决定》。

7月1日 上午，到北京市西城区中南海登记站申报家庭人口状况，参加第三次全国人口普查。

7月2日 在李昌［2］六月十八日的来信上批示：李昌同志的信，确是指出了一个带普遍性的问题，应予重视。李昌在信中说：一九三次旅客快车因维修铁道工人擅离职守去吃冰棍，致使通行的客车颠覆。管理基础工作薄弱、领导不力、不遵章守纪的

---

［1］ 邓颖超，时任中共中央政治局委员、中共中央纪律检查委员会第二书记、全国人大常委会副委员长。

［2］ 李昌，时任中国科学院顾问。

现象，不仅存在于铁路系统，而且存在于很多企事业系统和工矿场地。应从这件不幸的责任事故中吸取教训，对全体职工加强教育，重申规章制度，严格劳动纪律，防止事故，保障安全；对全国广大群众特别是青年进行一次遵守纪律的教育。

7月5日 签发《中共中央批转中央宣传部、中央文献研究室〈关于毛、周、刘、朱和现任中央常委著作的出版、发表及审核办法的请示报告〉的通知》。

7月6日 上午，出席中共中央书记处会议。会议讨论《关于全国人民代表大会换届问题的请示报告》。

7月8日、10日、11日、12日、13日、14日 下午，出席中共中央书记处会议。会议讨论中共十二大人事安排小组提出的中央委员会、中央顾问委员会、中央纪律检查委员会候选人名单。

7月16日 上午，出席中共中央书记处会议。会议通过《中共中央、国务院关于严禁鸦片烟毒问题的紧急指示》。

同日 在首都剧场出席金山[1]追悼会。金山于七月七日在北京逝世，享年七十一岁。

7月19日 上午，出席中共中央书记处会议。会议讨论并原则批准劳动人事部报送的《国务院关于一九八二年调整国家机关、科学文教卫生等部门部分工作人员工资问题的通知》（代拟稿）的请示报告。

7月22日 上午，出席中共中央书记处会议。

7月23日 上午，同邓小平、彭真等在人民大会堂接见出席全国政法工作会议和中国法学会成立大会的全体代表。

---

[1] 金山，逝世前任中国戏剧家协会副主席、中央戏剧学院院长、广播电视部艺术委员会主任。

7月24日 下午，在人民大会堂会见以副总编辑金锡来为团长的朝鲜劳动党机关报《劳动新闻》代表团。

7月26日 上午，出席中共中央书记处会议。会议讨论并原则通过《中国共产党章程(修改草案)》。

同日 在国营北京市永乐店农场《制酒厂增建啤酒车间，请求给予支持帮助》的来信上批示：我昨天上午去过这个农场，情况很好，办得不坏，主要是场的几位领导同志都很年轻，有干劲，动脑筋，也有创新精神，都想在三几年时间内，把这个场建设成为北京市的一个重要副食品基地。这个场可称得上有几个"明白人"管家。我认为北京市能给予具体指导和帮助，他们的设想是会变成现实的，这将对北京市有很大好处，请万里同志阅批，段君毅同志酌处。

7月27日 上午，出席中共中央书记处会议。会议讨论并原则通过十一届中央委员会向中国共产党第十二次全国代表大会作的报告。

同日 中国儿童少年活动中心筹建委员会向习仲勋并中共中央办公厅报送中国儿童少年活动中心开幕仪式方案的请示。

7月29日 上午，出席中共中央书记处会议。会议通过《中国共产党第十一届中央委员会第七次全体会议公报》(草稿)。

7月30日 出席中共中央政治局扩大会议。会议讨论召开中共十一届七中全会的各项事宜。

8月3日 出席中华全国总工会九届执行委员会第四次会议并讲话。在谈到机构改革问题时说：机构改革是适应历史发展的客观要求、合乎人民心愿的一场深刻的革命，决不是简单地为了撤并一些机构，减少几个干部。工会要通过机构改革，更好地实现群众化，使工会真正成为职工群众自己的组织。我们一定要坚持这样的精神：即不论遇到多大的矛盾和困难也不能后退。要用机构改革去促进体制和其他方面的改革，从改革中找出新路子，继续前进。搞好机构改革的首要问题，是把领导班子建设好。工会的领导班子，同样要坚持革命化、年轻化、知识化、专业化的方向。要注意在机构改革中，不要把工会等群众团体当作一些老同志安排荣誉职务的地方，更不应该把工会作为安排离休退休同志的场所。在谈到对今后工会工作的意见时说：第一，动员和组织职工群众，积极参加企业整顿工作。第二，加强职工队伍的建设，特别是要把做好青年职工的工作放在重要位置上。"从现在起，必须大大加强党在生产第一线的工作，动员符合条件的党员进到生产第一线，同时积极吸收具备党员条件的工人入党。"第三，党在工会中的工作必须大大加强，使工会成为联系党和工人群众的强大纽带，在思想教育、企业管理和改善工人日常生活中切实发挥重要的作用。

8月4日 上午，出席中共中央书记处会议。会议讨论关于召开中共十二大人事安排座谈会有关事项，决定参加座谈会的名单由习仲勋、宋任穷和胡启立[1]拟定。

8月5日 上午，同邓颖超、方毅[2]、倪志福[3]、万里、胡乔木等在北京官园出席中国儿童少年活动中心开幕式。该中心正式向少年儿童开放。

8月6日 上午，出席中共中央书记处会议。会议听取杨尚昆关于本年下半年召开两次全国人大常委会和一次代表大会的汇报。

---

[1] 胡启立，时任中共中央办公厅主任。
[2] 方毅，时任中共中央政治局委员、中共中央书记处书记、国务委员、国家科学技术委员会主任。
[3] 倪志福，时任中共中央政治局委员、中华全国总工会主席。

同日 出席中共十一届七中全会。全会决定，在九月一日召开中国共产党第十二次全国代表大会；审议并通过中央委员会向党的十二大的报告和《中国共产党章程（修改草案）》，决定将这两个文件提交到党的十二大审议。全会还讨论并通过分别给刘伯承[1]、蔡畅[2]的致敬信，决定在他们因年高久病，不再担任领导职务之际，以全会的名义表达全党同志对他们的亲切问候和崇高敬意。

8月10日 晚上，在北京首都体育馆出席第一届全国大学生运动会开幕式。十九日，在人民大会堂出席运动会闭幕式。

8月12日 晚上，出席中共中央书记处会议。会议讨论中共第十二届中央委员会、中央顾问委员会、中央纪律检查委员会候选人参考名单。

8月16日 上午，出席中共中央书记处会议。会议讨论并原则通过《彭真同志在全国政法工作会议上的讲话要点》《全国政法工作会议纪要》，决定由彭冲根据中央书记处讨论的意见将《纪要》加以修改以后，由习仲勋送中央政治局常委批发。

8月19日—23日 出席五届全国人大常委会第二十四次会议。会议通过关于召开五届全国人大五次会议的决定、关于一九八一年国家决算的决议，通过《中华人民共和国海洋环境保护法》和《中华人民共和国商标法》，通过关于我国加入《关于难民地位的公约》和《关于难民地位的议定书》的决定、关于批准《中华人民共和国和南斯拉夫社会主义联邦共和国领事条约》的

---

[1] 刘伯承，新中国成立后，曾任中共中央政治局委员、中共中央军事委员会副主席、全国人大常委会副委员长、国防委员会副主席等职。

[2] 蔡畅，新中国成立后，曾任中共中央妇女工作委员会书记、全国人大常委会副委员长、全国妇联主席等职。

决定等。

8月23日 上午，出席中共中央书记处会议。会议讨论关于中共十二大筹备工作的几个问题。

8月24日 签发中共中央办公厅文件，转发全国地方对外宣传和对台宣传工作会议两个文件。

同日 签发中共中央办公厅、国务院办公厅转发的《出国人员审查暂行规定》。

8月26日 上午，出席中共中央书记处会议。会议讨论关于清理"三种人"问题。

8月30日 上午，出席中共中央书记处会议。

同日 下午，在人民大会堂出席中国共产党第十二次全国代表大会预备会议，在会上当选为中共十二大主席团成员。会议通过中共十二大的议题和代表资格审查委员会名单，通过《关于确认十一届三中、四中全会增补中央委员的决定的决议》。《决议》指出：党的十一届三中全会和四中全会考虑到十一大以来党的生活的实际变化，为了充分发挥一些久经考验的老同志在党和国家政治生活中的重要作用，充实党中央的领导力量，以适应新的形势和任务的需要，先后决定增补黄克诚、宋任穷、胡乔木、习仲勋、王任重、黄火青、陈再道、韩光、周惠、王鹤寿、刘澜波、刘澜涛、安子文、李昌、杨尚昆、周扬、陆定一、洪学智、彭真、蒋南翔、薄一波二十一位同志为十一届中央委员会委员，并请求党的第十二次全国代表大会对这一决定予以确认。当时采取这一措施是完全必要的，因为党的第十一次代表大会召开的时候，历史上的大批冤假错案尚未平反，上述应当选入中央委员会的同志没有可能参加这次大会。实践证明，十一届三中、四中全会的这一措施是完全正确的。大会一致同意对十一届三中、四中全会增补中央委员的决定，予以确认。

同日 下午，出席中共十二大主席团会议。在会上当选为主席团常务委员会委员、大会副秘书长。会议通过宋任穷代表十二大代表资格审查委员会所作的审查报告和中共十二大日程，还通过关于大会秘书处的工作任务和机构设置的报告。

8月 致信西安易俗社。信中说：欣闻易俗社成立七十周年，我向你们表示热烈的祝贺。祝贺你们所取得的巨大成就。衷心希望你们发扬移风易俗的优良传统，把易俗社办得更好，把秦腔艺术提高一步，为建设社会主义精神文明和物质文明作出新贡献。

9月1日—11日 出席中国共产党第十二次全国代表大会。大会正式代表一千六百人，候补代表一百四十九人，代表全国三千九百多万党员。邓小平在致开幕词时提出，把马克思主义的普遍真理同我国的具体实际结合起来，走自己的道路，建设有中国特色的社会主义。大会通过的报告《全面开创社会主义现代化建设的新局面》，提出分两步走，在二十世纪末实现工农业年总产值翻两番的目标，人民物质文化生活达到小康水平。大会通过新的《中国共产党章程》。大会决定设立中共中央顾问委员会。习仲勋在会上当选为中央委员。

9月2日 邓小平在胡乔木九月一日致胡耀邦、邓小平的来信上批示："退耀邦同志：可以考虑。如仲勋留，仍由胡启立同志任常务书记。"来信说：胡启立同志找我谈话，谈到中央书记处和办公厅日常工作十分繁重，他又很生疏，认为仲勋同志对他帮助很大。来信建议习仲勋仍留中央书记处一段时间。

9月4日 在铁道部政治部办公室《参阅材料》（第六十四期）刊载的《西安铁路局、西安铁路局政治部关于整顿西安车站的情况报告》上批示：这个报告很好。我们不怕有问题，只要领导重视，认真对待，像西安铁路局抓西安车站那样，进行整顿，问题就会解决，局面就会改变，工作就会前进，关键还是党的领导。请穆青〔1〕同志考虑，可否加按语登《内部参考》。

9月12日 出席中共十二届一中全会。会议选举胡耀邦、叶剑英、邓小平、赵紫阳、李先念、陈云为中共中央政治局常委，胡耀邦为中共中央总书记，决定邓小平为中共中央军事委员会主席。习仲勋当选为中共中央政治局委员、中共中央书记处书记。

同日 晚上，出席中共十二届一中全会选出的中共中央书记处会议。会议由胡耀邦主持，初步讨论中央书记处当前工作的日程安排和书记处成员的分工。原则确定，新选进书记处的几位年轻同志，不再兼任原来的部长职务，以便集中精力从事书记处的工作；由习仲勋、胡启立、乔石〔2〕负责安排今后三个月书记处会议日程；由习仲勋、胡启立考虑书记处成员的分工，拟出方案，提交书记处会议讨论。

9月13日 出席中共十二届一中全会。全会批准邓小平为中共中央顾问委员会主任，陈云为中共中央纪律检查委员会第一书记。

9月15日 上午，在全国政协礼堂出席由民革中央举行的冯玉祥〔3〕诞辰一百周年纪念大会。

9月17日 上午，出席中共中央书记处会议。会议决定由习仲勋协助胡启立负责书记处日常工作。

9月19日 上午，会见前来参加庆祝中日邦交正常化十周年活动的七个日本青年友好访华团。在讲话中说：无论在五十年

---

〔1〕 穆青，时任新华社社长。
〔2〕 乔石，时任中共中央书记处候补书记、中共中央对外联络部部长。
〔3〕 冯玉祥，爱国将领，曾任中国国民党革命委员会中央常务委员和政治委员会主席。

代、六十年代，还是在两国邦交正常化后的十年间，中日两国青年都开展了多种形式的友好活动，为促进两国友好关系的发展作出了有益的贡献。发展中日友好不仅对中日两国人民有利，而且对维护亚洲太平洋地区的和平和安全有着很重要的意义。希望越来越多的青年参加中日友好活动，使中日友好事业后继有人。

9月20日 上午，出席中共中央书记处会议。会议讨论通过《关于六届人大和六届政协人事安排工作的意见》。

同日 在中央国家机关党委《简报》（第十七期）刊载的《石油部管道局运输公司工人王云龙行凶杀人案件的情况》一文上批示：请野苹同志考虑，这个文件总结的三条经验教训基本上是正确的，而这个问题在目前带有普遍性，关键是加强党的领导和改善领导方法问题，可否把按语写好点，登《组工通讯》。该文认为，这起罕见的恶性案件的案犯，是由人民内部矛盾逐渐激化而走向犯罪的。如果把思想工作做到前面，切实解决问题，这类恶性事件是可以防止的。该文并对事件发生的原因进行了总结，主要是：领导政治上麻痹，丧失警惕；基层思想政治工作薄弱，工作方法简单；企业管理混乱，制度不严，漏洞很多，使犯罪分子有机可乘。

9月21日 晚上，在人民大会堂东大厅会见以津巴布韦非洲民族联盟中央委员、全国组织书记、政府矿业部部长莫里斯·尼亚贡布为团长的津巴布韦非洲民族联盟代表团。在会谈中说：制定政策要从自己的实际出发。开始我们也学习人家，主要学习苏联，我们没有学得太好。照搬别国党的经验不行，要从实际出发，走自己的路，把革命建设引向胜利才算学到经验。理论原则不能照框框套。还要有一个很好的党，要有一个以马列主义为指导的坚强的党。回顾我党六十一年的历史，最重要的经验是不能脱离现实情况，不要太急、太快。干革命的人总是希望革命早日取得胜利。当然思想上可以着急，但实际行动上不能急。要量力而行，客观上不可能办到的事，不要勉强。

9月23日 在《公安部电话摘报》（第四一三期）刊载的一个材料上批示："劲夫[1]同志，这件事似应告知文瑞、明涛[2]同志注意解决。就我所知，类似发生这样情况的企业，在陕西也不是只此一家，全国则更多，这是调整中必然出现的带有普遍性的一个问题，现在似应提起各地党的领导注意，认真解决，而且必须解决好，否则会带来不良后果，影响安定团结。请考虑酌处。"该材料反映，西安无线电九厂部分职工因工厂发不出工资，组织"自救委员会"，自行联系承包活计，所得报酬由参加者平分。六月中旬，该厂又因无生产任务，让多数职工回家自谋出路，并只按百分之六十五发工资。职工对此意见很大，要求撤换领导班子，彻底解决问题。

同日 在广播电视部总编室《情况》刊载的《敦煌莫高窟开放后亟待解决的问题》一文上批示：请小田[3]打电话给文化部主管单位，注意这个反映，并派人检查，商甘肃省委采取切实有效措施，严加保护敦煌莫高窟文物古迹。该文反映，由于参观人数增多，壁画受损严重。敦煌文物研究所的研究人员提出，为解决壁画受损问题，须将参观人员从洞窟引到窟外，并加强巡视和保卫工作。

9月26日 在光明日报社《情况反映》刊载的《德清县一些单位挪用事业费兴建高标准住宅楼引起群众强烈不满》一文上批示：这件事应请中纪委告知浙江省委查清彻处。

---

[1] 劲夫，指张劲夫，时任国务委员、国家经济委员会主任。
[2] 明涛，指于明涛，时任陕西省省长。
[3] 小田，指田进，时任中共中央书记处办公室秘书。

9月27日 上午,出席中共中央书记处会议。会议讨论通过《中共中央、国务院关于批转农牧渔业部党组〈关于加速发展淡水渔业的报告〉的通知》。

9月28日 下午,在中南海怀仁堂出席中共中央政治局会议。会议讨论批准《中共中央关于六届人大和六届政协人事安排工作的通知》《关于中央顾问委员会工作任务和工作方法的暂行规定》《中共中央任命中央军委秘书长、副秘书长的通知》。

9月29日 下午,同万里[1]、庄希泉[2]出席国务院侨务办公室举行的文艺招待会。会前会见来自二十多个国家和地区的一百多位侨团代表和各方面的知名人士,对他们远道回来参加国庆活动表示热烈欢迎,希望他们为祖国的社会主义现代化建设献计献策,帮助党和政府做好工作。

9月30日 上午,出席中共中央书记处会议。会议讨论《关于书记处分工的初步建议》《商业部报送〈中共中央、国务院关于发展服务行业若干问题的指示〉》。会议决定,习仲勋除协助胡启立工作外,还负责联系干部工作,负责统一战线、民族、宗教方面的动态和方针政策的研究工作。

同日 在《工人日报》总编室《情况参考》(第四七〇期)刊载的《关于甘肃临夏地区宗教活动出现异常现象》一文上批示:"最近以来,宗教方面反映的情况很多,问题很大,请杨静仁同志责成宗教处专门综合研究,提出处理意见。目前主要问题是要认真贯彻中共中央关于宗教的指示,应抓一下各地执行的情况。又,阿訇[3]不能干涉婚姻自由,否则就是违犯国家法令。"

---

[1] 万里,时任中共中央政治局委员、中共中央书记处书记、国务院副总理。
[2] 庄希泉,时任全国政协副主席、中华全国归国华侨联合会主席。
[3] 阿訇,指伊斯兰教主持教仪、讲授经典的人。

10月1日 晚上，在人民大会堂出席庆祝中华人民共和国成立三十三周年联欢晚会。

10月4日 上午，出席中共中央书记处会议。会议讨论一些同志的工作安排问题，要求宋任穷[1]和习仲勋要经常了解关心新选进十二届中央委员会的中青年干部的情况，发现问题，及时打招呼，进行帮助。

10月7日 上午，出席中共中央书记处会议。会议讨论《农村若干经济政策座谈会纪要》（草稿）和《工商行政管理总局市场局局长郝志新同志建议适当调整和放宽贩运政策的谈话》。

同日 下午，在全国政协礼堂出席中国民主同盟中央举行的纪念杜斌丞[2]殉难三十五周年、杨明轩[3]逝世十五周年大会。在讲话中说：杜斌丞同志和杨明轩同志都是伟大的爱国者，卓越的教育家和民主运动的活动家，忠诚的共产主义战士。他们是西北教育界和爱国民主运动中最有威信、最有影响的代表人物。杜斌丞、杨明轩两位同志的战斗历程充分说明：我国老一辈革命知识分子走向革命，一般都是以爱国主义、民主主义为起点，经过不断的学习和革命实践，认清了历史发展的必然规律，最终树立了共产主义的世界观。我们新时期的知识分子，应当以杜斌丞、杨明轩等同志为榜样，高举爱国主义的旗帜，高举共产主义的旗帜，不断学习，不断实践，不断前进。杜斌丞、杨明轩同志的革

---

[1] 宋任穷，时任中共中央政治局委员、中共中央组织部部长。
[2] 杜斌丞，曾任中国民主同盟中央常务委员兼西北总支部主任委员等职，1947年3月被国民党逮捕，10月在西安就义。
[3] 杨明轩，曾任陕甘宁边区政府副主席、民盟西北临时工委主任委员。新中国成立后，曾任西北军政委员会文教委员会主任、西北行政委员会副主席、全国人大常委会副委员长、光明日报社社长、中央社会主义学院副院长、中国民主同盟中央主席等职。

命事迹还说明：对于共产主义和共产党，必须有坚定不移的信念和忠贞不贰的情操，必须有为真理而献身的精神。这是革命者的精神支柱。我们在革命时期需要这样的精神支柱，在社会主义建设时期仍然需要这样的精神支柱。

10月8日—16日 应朝鲜民主主义人民共和国最高人民会议常设会议的邀请，率全国人大代表团访问朝鲜。

10月8日 上午，率代表团乘飞机离开北京，前往朝鲜。中午，到达平壤。晚上，出席朝鲜最高人民会议常设会议举行的欢迎宴会。

10月9日 上午，访问万景台金日成旧居和万景台革命学院。下午，参观龙北高等女子中学、平壤地下铁道。晚上，观看杂技演出。

10月10日 上午，乘飞机前往咸兴市访问。向周恩来总理铜像献花圈，参观西湖水产事业所和龙城机械厂。晚上，出席咸镜南道人民委员会举行的欢迎宴会。在讲话中说：咸兴市是同中国人民有着友好纽带关系的城市。"凡是到这里来瞻仰周总理铜像和纪念碑的中国同志，无不为朝鲜人民热爱周总理、珍视中朝友谊的真诚感情所感动。"

10月11日 上午，在咸兴参观二·八维尼纶联合企业。中午，从咸兴返回平壤。下午，在平壤访问宅庵朝中友好合作农场。晚上，在平壤二·八文化会馆观看大型音乐舞蹈史诗《光荣之歌》。

10月12日 从平壤前往开城访问，参观开城市学生少年宫。晚上，出席开城市人民委员会举行的欢迎宴会。

10月13日 上午，参观板门店。晚上，回到平壤。

10月14日 上午，同朝鲜劳动党中央委员会总书记、朝鲜民主主义人民共和国主席金日成举行会谈。受叶剑英委托，把一幅由叶剑英亲笔题写的"志在千里"的中国画骏马图转送金日成。在会谈中说：通过这次访问，进一步加强了中朝两国人民之间的友谊。我们两国要世世代代友好下去。中朝关系只能搞好，不能搞坏，中朝友谊只能加强，不能削弱。

10月15日 晚上，在中国驻朝鲜大使馆举行告别宴会。朝鲜劳动党中央政治局委员、国家副主席朴成哲，朝鲜劳动党中央书记、最高人民会议常设会议副议长许贞淑及有关方面负责人出席。

10月16日 中午，结束对朝鲜的访问，率代表团乘火车离开平壤回国。

10月17日—20日 在辽宁省丹东市视察。其间，到工厂、农村和农贸市场了解情况，听取中共丹东市委的汇报并讲话。在谈到农业生产责任制时说：农村责任制中，"包"是一条致富之路，但形式可以是多种多样的。现在多种经营专业承包较好，还要发展到专业化、社会化，联合起来搞。生产队将来可以冲破。城里的待业青年可以让他们到农村去搞专业生产。到凤城看了一下责任制，你们也经过了实践，事情看准了，政策对头了，就要干，一徘徊就不是落后一两年的问题。在谈到工业生产问题时说：工业也要"包"。要切实克服"吃大锅饭"的做法，要有奖有惩。手表公司有一万人，听了很吃惊。我看一万人的厂可以减五千，设备改进一下，搞好责任制，效益可以提高一倍。现在青年工人很多，有的厂子青工占百分之七十，名义是高中生，实际是小学水平，要对他们进行教育。绢绸厂车间通风设备不好，也不卫生，工人不戴口罩。安全生产第一，保护工人健康也是第一。你们石油化工厂发生那么大事故，要好好检查原因，要利用这件事，普遍进行一次安全教育。在谈到贯彻党的十二大精神时说:"三个根本好转"[1],要从现在做起,也要从领导做起。丹东市要成为我国的社会主义橱窗,不光物质文明建设要搞好,精神文明建设也要搞好。要好好讨论一下,十二大精神怎样落实,要搞一个规划。机构改革也好,经济体制改革也好,落实十二大精神也好,首先是个班子问题。班子成员一定要是革命的、有管理经验的、有组织能力的。

10月21日 上午,乘火车返回北京。

10月22日 听取铁木尔·达瓦买提关于新疆工作的简要汇报并讲话。在谈到农业问题时说:粮食要做到自给。不但要自给,而且要做到略有节余,年年都储备一些粮食,以防歉年。新疆的农业责任制搞得不错,要进一步健全和完善,因地制宜,根据广大群众的意愿确定责任制的形式。新疆要真正地富起来,不仅农牧业要实行多种形式的责任制,而且要搞多种经营,大力发展农牧产品的加工业。新疆有很多土特产,有许多优越条件,潜力是很大的。在谈到团结问题时说:区党委领导班子的团结和民族团结很重要,这两个团结搞好了,什么工作都好开展。区党委要坚决按照民主集中制的原则办事。要坚持党性,反对派性,搞五湖四海,不要有亲疏之别。要发扬民主精神,善于并能认真听取不同意见,要让人讲话,允许别人讲不同意见,使大家都敢于讲真心话,即使讲的不对,也不要紧。我们每个同志都要多看自己的缺点和不足,多看他人的优点和长处。某个同志即使犯了错误,甚至犯了严重错误,他的正确方面和工作成绩,该肯定的还是要肯定,这是我们党的优良传统。只有这样,才能造成使大家

---

[1] "三个根本好转",指中共十二大提出的在中共十二大到中共十三大的5年间,力争实现国家财政经济状况的根本好转,社会风气的根本好转,党风的根本好转。

心情舒畅、生动活泼的政治局面。在新疆不仅要搞好汉族和少数民族之间的团结，也要搞好少数民族之间的团结。

10月23日 下午，在人民大会堂出席全国科学技术奖励大会。大会向一百多位获奖的科技人员代表颁发证书及奖章。

10月25日 上午，在钓鱼台宾馆参加邓小平同由总书记乔治·马歇率领的法共中央代表团的会谈。二十六日下午，到机场为前往朝鲜访问的法共中央代表团送行。

10月28日 上午，出席中共中央书记处会议，汇报在朝鲜访问和在辽宁省丹东市视察的情况。

10月29日 在中国美术馆参观国外马克思主义学说和社会科学研究图书展览。

10月30日 下午，同万里、余秋里[1]、宋任穷、彭冲在中南海紫光阁接见在第六届世界杯体操赛中为祖国争得荣誉的中国体操代表团全体成员和其他一些项目的优秀运动员代表。在讲话中说：我们国家这么大，体育运动一定要上去。希望你们刻苦训练，勤奋学习技术，虚心学习别人的长处，练好基本功。要善于钻研，总结经验。要做到胜不骄，败不馁。

10月31日 清早，参加"全民卫生日"活动，同首都群众一起清扫马路。

11月1日 出席中共中央书记处会议。

同日 下午，接见由简悦强[2]率领的香港贸易发展局代表团。在讲话中说：这次由香港经济界人士组成的代表团来访，预示着香港与内地的贸易将不断发展。香港同内地经济合作的广泛发展

---

[1] 余秋里，时任中共中央政治局委员、中共中央书记处书记、国务委员、中国人民解放军总政治部主任。
[2] 简悦强，时任香港贸易发展局主席。

有利于保持香港的稳定与繁荣，同时也有助于促进内地的四化建设。

11月2日　下午，会见由津巴布韦非洲民族联盟中央青年书记，政府青年、体育、娱乐部部长卡敦古雷率领的津巴布韦青年代表团。

11月3日　在中共中央办公厅信访局十月二十七日转报的陕西农林科学院一位同志的来信上批示：请穆之同志了解一下情况，给予处理。《陕北纪行》我看过，是近几年来改变陕北老根据地落后面貌的真实记录，也是一部比较好的彩色纪录影片，全国干部和人民都很关注那里的情况，在全国发行有什么不好，管它是什么单位拍摄的，用行政权力判决的办法是不妥当的。盼能作一合理解决，也算改善一下领导方法吧。该来信反映，有关部门不支持彩色影片《陕北纪行》向全国发行，并说陕西农林科学院不是拍电影的单位，没有这个任务。

11月4日　上午，出席中共中央书记处会议。

11月4日、5日　出席宪法修改委员会第四次会议全体会议并发言。会议对宪法修改草案的序言和总纲部分进行讨论。

11月5日　中午，在北京四川饭店出席由邓小平举行的宴会，祝贺民主柬埔寨主席诺罗敦·西哈努克亲王六十寿辰。

11月6日　下午，出席宪法修改委员会第四次会议全体会议并发言。会议对宪法修改草案第二章《公民的基本权利和义务》进行讨论。

11月8日　上午，出席中共中央书记处会议。会议讨论国务院侨务办公室党组《关于恢复"华侨事务委员会"名称的请示报告》。

同日　下午，会见由朝鲜劳动党中央委员、中央广播委员会委员长李容益率领的朝鲜广播电视代表团。在会谈时说：中朝两党、两国、两国人民在长期斗争中相互支持、相互帮助。中国人民坚决支持朝鲜人民为争取祖国自主和平统一而进行的正义斗争。希望中朝两国广播电视工作者进一步相互学习，交流经验，加强合作。

11月9日 在新华社《国内动态清样》(第二四五三期)刊载的《伊犁师范学院帮助少数民族学生树立正确的宗教观》一文上批示："我认为这期《动态清样》很好，院党委工作做的很有成绩，路子走的对，涌现出一个集体的李燕杰[1]式的样板，也有几个突出的干部，特别是团委书记王健和同志，他就是民族师院的一个'李燕杰'。请江平[2]同志考虑，可否将此件加按语或改写成文件，以中统部[3]名义发有少数民族的省、市、自治区，也可抄送其他省市。"

11月10日 在中南海勤政殿接见徐金山[4]和窦焕超[5]、胡丰华[6]。在谈到陕北的发展问题时说：陕北土层厚，潜力很大，我就不信搞不好。粮食非搞上去不行，山上要植树种草，水土就不流失了。畜牧业要占很大比重。延安的水还不少，延河、秀延河、洛河、葫芦河等都可抽灌浇地。延安北部可以发展羊，毛羊、肉羊、奶羊都可以搞。责任制你们大家的认识怎么样？听说志丹县搞责任制你们不敢放手，还要纠正？绥德的刘玉厚[7]对我说有另一种倾向，就是撒手不管，县上、公社都没事了，一

---

[1] 李燕杰，北京市劳动模范，时为北京师范学院讲师。
[2] 江平，时任中共中央统战部副部长。
[3] 中统部，指中共中央统战部。
[4] 徐金山，时任中共延安地委常委、延安地区行政公署副专员。
[5] 窦焕超，时任延安地区计划委员会副主任。
[6] 胡丰华，时任延安地区工业局局长。
[7] 刘玉厚，陕甘宁边区劳动模范，曾任陕西省政协委员、陕西省兴平县政协主席。

户分几片地，把牛卖了买成驴。那不行，一定要管好。要解决群众的烧柴问题，划一点地给群众种树，植造薪炭林。陕北就是要搞植树造林，林业也要搞责任制，搞专业户，搞些科研人员、科研机构，研究种树种草，不靠科学不行。待业青年不要都安排到城里，可以鼓励他们搞这些专业，搞些新农村。农村太分散了也不好，起码一个村有几十户，也叫文明村、文化村，城市不要太大。延安还要搞点工业，要像广东搞橡胶那样，搞当地有原料的厂子，就地取材。店头的煤好，过去就开采过。听说吴旗的石油不错，可以建个小炼油厂，经济效益会更好。延安将来不要搞地区，搞个市，管各县。地区现在搞成了一级政权，机构就大了。机构精简要考虑。上铁路我是支持的，国家的钱不够可以贷点款。纸厂要搞一个，火柴厂也要有一个。责任制有什么新问题，要摆在议事日程上，不光是农业，工业也要搞责任制。农林牧副渔都可以搞，要搞多种经营。粮食要放在重要位置上，人没吃的不行，一定要把陕北治理好。在谈到发扬延安精神时说：延安是革命老区、革命圣地。这是个光荣，但不能躺在这上头。陕北的群众好得很，过去立了大功，现在工作更要做好。光荣要成为鞭策你们的力量，成为动力。中央是关心你们的，必要的东西国家一定给，可你们不要以为老区就可以多要东西。陕北人民有革命传统，能不能搞好，关键在各级干部。你们要发扬延安精神，艰苦奋斗，自力更生，靠劳动，加上科学技术，把工作搞上去。工作要上去，干部作风要搞好。别处有歪门邪道，我们不能搞。十二大文件要学透，要家喻户晓，下决心开创老区建设的新局面。

11月11日 上午，出席中共中央书记处会议。会议同意中共中央宣传部《关于恢复国歌原词的建议》和《关于编写出版〈当代中国〉丛书的报告》。

11月12日 晚上，在人民大会堂会见由主席雷蒙德·谢弗率领的美中关系全国委员会理事会代表团。

11月12日—19日 出席五届全国人大常委会第二十五次会议。会议通过五届全国人大五次会议议程草案，审议国务院提出的文物保护法和食品卫生法草案，作出关于批准长江南通港、张家港对外国籍船舶开放的决定和关于延长本届人民公社、镇人民代表大会任期的决议等。

11月15日 上午，出席中共中央书记处会议。会议讨论杨尚昆[1]提出的关于第五届全国人民代表大会第五次会议的几个问题。会议决定：同意全国人大常委会设立华侨委员会，并将此条写入《中华人民共和国宪法》。

11月16日 下午，出席五届全国人大常委会第二十五次会议，作关于修改《中华人民共和国全国人民代表大会组织法（草案）》《中华人民共和国国务院组织法（草案）》《中华人民共和国地方各级人民代表大会和地方各级人民政府组织法（草案）》和《中华人民共和国全国人民代表大会和地方各级人民代表大会选举法（草案）》的说明。

同日 在新华社《国内动态清样》刊载的关于数学家陈景润工作生活上有些困难、希望组织能帮助解决的材料上批示：如反映属实，请卢嘉锡[2]同志督促有关单位切实加以解决，并盼见告。

11月17日 上午，出席中共中央书记处会议。会议讨论国家物价局《关于降低化学纤维织品价格和提高棉织品价格的报告》。十二月三十一日，中共中央、国务院印发《关于降低化学纤维织品价格和提高棉纺织品价格的通知》。

---

[1] 杨尚昆，时任中共中央政治局委员、中共中央军事委员会常务副主席。
[2] 卢嘉锡，时任中国科学院院长。

11月20日 下午，出席中共中央政治局会议。会议听取彭真对《关于宪法修改草案的报告》所作的说明，讨论并批准《宪法修改委员会秘书处报送关于宪法实施和国歌的两个决议的报告》，讨论杨尚昆提出的有关五届全国人大五次会议的几个问题。

同日 晚上，在人民大会堂会见以中央候补委员、国际事业部副部长李华善为团长的朝鲜劳动党国际事业部代表团。

11月22日 下午，出席中共中央政治局会议。会议听取宋平[1]《关于第六个五年计划（草案）几个问题的说明》，讨论赵紫阳在五届全国人大五次会议《关于第六个五年计划的报告》。

11月25日 上午，出席中共中央书记处会议。会议主要讨论劳动人事部《关于今明两年调整工资问题的报告》；讨论通过《中共中央、国务院关于省、市、自治区党政机关机构改革若干问题的通知》。

同日 上午，五届全国人大五次会议主席团第一次会议在人民大会堂举行。会议推选出主席团二十名常务主席，习仲勋当选主席团常务主席。

11月26日—12月10日 出席五届全国人大五次会议。大会通过《中华人民共和国宪法》《中华人民共和国国民经济和社会发展第六个五年计划》，通过《中华人民共和国全国人民代表大会组织法》《中华人民共和国国务院组织法》《关于修改地方各级人民代表大会和地方各级人民政府组织法的若干规定的决议》《关于修改全国人民代表大会和地方各级人民代表大会选举法的若干规定的决议》等。

11月29日 上午，出席中共中央书记处会议。会议通过王

---

[1] 宋平，时任国家计划委员会第一副主任。

震、蒋南翔[1]《关于中央党校今后教学工作的报告》。

同日 在新华社《国内动态清样》(第二六二一期)刊载的《丢掉错误观点 人才就在眼前——北京市副市长张彭帮助北京拉锁总厂选拔人才见闻》一文上批示："这是解决选拔人才的一个好办法,请野苹同志考虑,可否改写或加按语刊登《组工通讯》。为了慎重,文中除张彭同志可用真名外,其他人的名字可以×××代之。"该文说,北京市副市长张彭在对北京拉锁总厂人员张光惠的使用问题上,坚持首先从政治上看其是否爱国、爱社会主义、爱四化,拥护党的方针政策,不是只看口头的表示,更重要的是看行动。经分析研究,张光惠被拉锁总厂党委提拔为副总工程师。

11月30日 在新华社《国内动态清样》(第二六三三期)刊载的《安平生同志谈解放思想大胆改革问题》一文上批示："安平生同志的这篇谈话,我仔细读了,认为讲的好,既解放思想、大胆改革,又从道理上说清楚了方针政策问题,按云南的实际情况来看,也是比较稳妥的。建议加按语在《农村情况》上发表,请万里同志阅批。"该文说:安平生提出,胡耀邦在陕西讲的"思想更加解放一点,改革更加大胆一点",同样完全适用于云南。解放思想是大胆改革的前提,而进一步解决一些政策问题则是改革的保证。安平生并对包干到户问题和专业户、重点户问题,以及劳力转移、雇工、山林、开发利用矿藏、商业、扩大集体经济、民间运输、集中使用资金和教育等问题谈了自己的看法。

12月2日 上午,出席中共中央书记处会议。会议同意胡

---

[1] 蒋南翔,时任中共中央党校第一副校长。

乔木[1]关于《邓小平文选》公开出版发行的意见。

12月6日 上午，出席中共中央书记处会议。

同日 上午，出席五届全国人大五次会议主席团第三次会议。会议讨论通过将提请大会表决的有关决议草案和审查报告。

同日 上午，出席五届全国人大五次会议，作《全国人民代表大会组织法（草案）》《国务院组织法（草案）》《关于修改地方各级人民代表大会和地方各级人民政府组织法的若干规定的决议（草案）》《关于修改〈全国人民代表大会和地方各级人民代表大会选举法〉的若干规定的决议（草案）》的说明。

同日 在新华社《国内动态清样》（第二六九四期）刊载的《宁夏开办伊斯兰教阿訇进修班》一文上批示：这是一个好办法，值得重视。请杨静仁同志指定负责管理宗教的同志考虑，别的宗教如喇嘛教、佛教可否用此办法，培训专业宗教职业人员，来管理群众的正常宗教活动。

12月8日 晚上，在人民大会堂出席由中共中央统战部、全国人大民族委员会、国家民族事务委员会和国务院宗教事务局联合举行的茶话会，欢迎出席五届全国人大五次会议和全国政协五届五次会议的少数民族、宗教界和香港、澳门、台湾的代表、委员们。

12月9日 出席五届全国人大五次会议主席团第四次会议，就代表们在审议《全国人民代表大会组织法（草案）》《国务院组织法（草案）》《关于修改地方各级人民代表大会和地方各级人民政府组织法的若干规定的决议（草案）》《关于修改〈全国人民代表大会和地方各级人民代表大会选举法〉的若干规定的决议（草案）》四个法律案中的意见作说明。

---

[1] 胡乔木，时任中共中央政治局委员、中国社会科学院顾问。

12月10日 出席五届全国人大五次会议闭幕会。

12月11日 下午,在人民大会堂会见由市长布雷德利率领的美国洛杉矶市友好代表团。该代表团应邀来华参加广州和洛杉矶建立友好关系一周年的纪念活动。

12月12日 同彭真、宋任穷等在人民大会堂出席全国职工技术协作委员会成立暨表彰先进大会,并接见与会代表。

12月13日 上午,出席中共中央书记处会议。

同日 晚上,会见由主席罗兰·彼德松率领的瑞典共产党代表团。在会谈中说:搞社会主义,迄今还没有一个固定的模式,我们党经过几十年实践,总结了正反两方面的经验,才制定出比较符合我国实际的建设社会主义的路线、方针、政策。在党与党的关系上,我们主张独立自主和完全平等,反对一个党指挥另一个党,更不能把自己的意志强加于人。中瑞两党一直有着良好关系。瑞典共产党为中瑞两国人民友好关系的发展作出了很多贡献,我们很感谢。你们是我们的亲密同志,我们可以在完全同志式的气氛中交换看法。欢迎同志们今后再来,看看我们在四化建设上取得的新成绩。祝我们两党的友好关系不断发展。

12月16日 下午,出席中共中央书记处会议。会议讨论通过中共中央办公厅《关于在毛主席纪念堂二楼布置毛、周、刘、朱等老一辈无产阶级革命家生平事迹陈列室的请示》。

12月20日 上午,出席中共中央书记处会议。会议主要讨论《当前农村工作提纲》。二十二日上午,继续出席会议,讨论《当前农村工作提纲》。

同日 下午,同胡耀邦、邓小平、陈云、邓颖超等出席中国共产主义青年团第十一次全国代表大会开幕式。三十日下午,同胡耀邦、邓小平、陈云、徐向前〔1〕、聂荣臻〔2〕等会见出席共青团第十一次全国代表大会的全体代表。

12月23日 上午，出席中共中央书记处会议。

同日 向东方歌舞团致贺词。贺词说：今天是东方歌舞团成立二十周年，我首先向全团同志表示热烈的祝贺！你们这个团是在我们敬爱的周总理和陈毅同志的亲切关怀下成立起来的，并且一直得到他们精心的指导。你们团以精湛的艺术技巧，演出了亚非拉各国人民喜闻乐见的歌舞，赢得了国内外人民的称赞，加强了我国人民和亚非拉人民及全世界人民之间的友谊。粉碎"四人帮"之后，你们团恢复了演出，又取得了显著的成绩，获得了国内外一致的好评。希望你们再接再厉，在政治上加强学习，努力提高思想水平，在艺术上精益求精，努力攀登新的高峰，通过演出丰富多彩的我国和外国的歌舞，为社会主义精神文明建设作出新的贡献，为加强我国人民和亚非拉人民及世界各国人民之间的友谊作出新的贡献。希望你们注意培养新生力量，以老带新，以新促老，加强新老合作，把东方歌舞团建设得更好。

同日 在北京人民剧场观看广州粤剧团演出的古装历史粤剧《昭君公主》。

12月27日 上午，出席中共中央书记处会议。会议主要讨论《中共中央关于加强农村思想政治工作的通知》。一九八三年一月二十日，《通知》正式下发。

12月30日 下午，同胡耀邦、邓小平、陈云、徐向前、聂荣臻、杨尚昆等在人民大会堂会见出席人民解放军全军参谋长会议的全体同志。

---

〔1〕 徐向前，时任中共中央政治局委员、中共中央军事委员会副主席。

〔2〕 聂荣臻，时任中共中央政治局委员、中共中央军事委员会副主席。

12月31日 上午,出席中共中央政治局会议。会议讨论最高人民法院党组《关于对林彪、江青反革命集团主犯江青、张春桥依法予以减刑的报告》,讨论中共中央书记处农村政策研究室《当前农村经济政策的若干问题》。一九八三年一月二日,中共中央印发《当前农村经济政策的若干问题》。

1983年　七十岁

1月1日　分别会见出席共青团第十一次全国代表大会的陕西、宁夏、青海、广东代表。在同陕西代表谈话时说：这次团十一大开得有三个好：一是开了个民主、团结、胜利的好会；二是通过了一个好的工作报告；三是选出了一个好的领导班子。这三个好主要是贯彻了党的民主集中制原则的结果。不论什么工作，不走群众路线、不发扬民主都是搞不好的。这次大会发扬了党的民主作风和共青团的优良传统，就开得很好。全国二亿五千万青年是社会活动中最活跃的一支力量，这支力量调动起来，能带动起好的社会风气。一九八三年不论是从政治、经济上，还是从实现党风、经济形势和社会风气的根本好转来说，都是关键性的一年，从今年第一天就要起步。我们要和时间赛跑，一分钟都不要浪费。

同日　同王震、余秋里、宋任穷、陈丕显[1]、许德珩[2]等出席中国儿童少年活动中心元旦联欢会，与孩子们共度佳节。

1月2日　上午，同胡耀邦、万里等在人民大会堂出席全国归侨、侨眷、侨务工作者先进个人和先进集体表彰大会。

---

[1] 陈丕显，时任中共中央书记处书记，1983年5月又任中共中央政法委员会书记，同年6月又任全国人大常委会副委员长。

[2] 许德珩，时任全国人大常委会副委员长、全国政协副主席、九三学社中央主席。

1月3日、4日、6日、10日　上午，出席中共中央书记处会议。会议讨论民航工作问题，决定由习仲勋、胡启立考虑并提出方案。

1月12日　同乔石召集中共中央顾问委员会、中共中央纪委、中共中央组织部、公安部、国家机关党委、民航总局负责同志开会，研究对民航工作进行检查的问题。

1月13日　上午，出席中共中央书记处会议。会议讨论最高人民法院、最高人民检察院、公安部党组《关于进一步复查平反冤、假、错案的意见的报告》。

1月14日　上午，出席中共中央书记处会议。

1月17日、18日　上午，出席中共中央书记处会议。会议讨论国家经委的《汇报提纲》。

1月19日　在中南海怀仁堂出席保健医护人员代表座谈会。

1月21日　上午，出席中共中央书记处会议。会议主要讨论中央纪委第二次全体会议的工作报告《全党行动起来，力争尽快实现党风的根本好转》。

1月24日　下午，在中南海怀仁堂出席中共中央政治局会议。会议讨论《廖承志同志关于港澳工作的两个报告》；同意《省、市、自治区机构改革指导小组关于湖南、湖北、西藏、山东、青海五个省（自治区）领导班子配备方案的报告》。

同日　在中南海勤政殿出席由胡启立主持的湖北省工作问题谈话会。

1月27日　上午，出席中共中央书记处会议。会议主要漫谈当前的国内形势和任务、面临的问题及本年的工作安排。

同日　下午，在中南海怀仁堂出席中共中央办公厅召开的颁发老干部离休荣誉证大会。在讲话中说：有步骤有秩序地实行新老干部的合作和交替，是干部制度根本改革的一个重要组成部分。干部离休退休，不是革命生涯的结束，而是像胡耀邦同志在给原五机部副部长杨绍曾同志的信中所说的，是开始了一个"参加革命"的新阶段。作为一个共产党员、一个革命的老战士，要永远保持旺盛的革命意志，继续关心党的事业，为社会主义的物质文明和精神文明建设贡献力量。在老干部离职休养的同时，有一批德才兼备、年富力强的优秀中青年干部被提拔到领导岗位上来，主持工作。我们老同志为党的事业后继有人而感到由衷的高兴。我们一定要真心诚意地支持他们，帮助他们放手工作，在思想上、作风上对他们进行传帮带。中青年干部要严格要求自己，争取为党、为国家、为人民多挑重担，为全面开创四化建设的新局面而奋斗。

1月31日 上午，出席中共中央书记处会议。

同日 出席民航工作调查组会议。在讲话中说：中央书记处有个想法，把民航作为一个"麻雀"解剖一下，来一个全面调查、全面改革，开创新局面。调查组到民航系统调查研究，一定要发扬党的优良传统，带去一个好的作风。要深入实际，深入基层，走群众路线，采取开座谈会、个别谈心、蹲点调查、进行走访，有时还可以邀请一些内行征求意见等多种方式，广泛了解和听取各种意见，特别要注意听取正确的呼声和建议。要使人家能畅所欲言，敢跟你讲心里话。要注意有人恶人先告状，要善于辨别真伪，不要先入为主。在调查研究中，要坚持全面的、客观的观点和历史的观点，既要注意肯定成绩，总结好的经验，又要注意发现问题，汲取必要的教训。在弄清情况的基础上，提出改革工作的意见。要加强组织纪律性，严格请示报告制度，尊重民航的党委和行政组织，充分相信和依靠民航的广大干部和职工群众，不要自以为是、自作主张。工作要有重点，不要四面出击，先突破一点，取得经验。在调查研究中发现的一些具体问题，凡是看准了的、能够解决的，由民航局和有关单位的领导负责抓紧落实，不要把一切问题都摆到调查研究结束之后再去处理。重大问题向国务院、书记处汇报，可以出简报。

1月中下旬　审阅全国妇联党组一月十八日就县以上妇联组织逐步设置法律顾问机构问题向中共中央书记处的报告并作旁注。报告提出，拟在县以上妇联设置法律顾问组织，其主要任务为：一、对各级妇联干部和妇女群众进行法律教育并提供法律咨询服务；二、运用法律武器维护妇女、儿童合法权益，特别是对严重侵犯妇女、儿童权益的重大案件的被害人提供法律帮助；三、向国家立法、司法部门提供有关保护妇女、儿童合法权益的建议。习仲勋旁注：这三点任务都是各级妇联必须具有的职责，如规定这就是"法律顾问组织的主要任务"则是不妥的。专靠这个组织管这些事，也是管不了的。目前县以上妇联指定专人或由妇联某一单位先把这项任务承担起来，尔后再选聘法律专家或懂法律的人到妇联工作，专职不宜过多，多而增加编制，但不一定就解决了这方面的问题。根本一条是做妇联工作的同志都要有法律知识，从现在起就应该有计划地培训、轮训或吸收一些法律系毕业生到妇联工作。

2月3日　上午，出席中共中央书记处会议。

2月4日　出席由科技出版界五十八个单位和光明日报社联合举办的迎春联欢会。

2月6日　晚上，在北京人民剧场观看西安归侨侨眷业余艺术团的大型歌舞剧《仿唐乐舞》，并会见演出团全体成员。在讲话中说：我觉得《仿唐乐舞》很好，是古典优雅的音乐舞蹈，是民族风格。它继承了我国的古代文化遗产，长了中华民族志气。过去在壁画上、文学作品上的形象，现在你们把它们有血有肉、有声有色地搬到舞台上，很新鲜、很别致，看了令人神往。这台乐舞用新颖的、民族的艺术形式，把盛唐时期的宫廷生活生动地再现出来，这就是创新精神。希望大家再接再厉，精益求精，继承和发扬我国的文化遗产。

2月7日 上午，出席中共中央书记处会议。会议讨论《中共中央、国务院关于地市州党政机关机构改革若干问题的通知》；讨论城市中的改革问题。

同日 下午，出席在人民大会堂举行的在京部队离休老干部茶话会。

2月10日—20日 在福建省就干部"四化"、地方机构改革、领导班子建设和改进工作作风等问题进行专题调研。其间，实地考察福州、泉州、厦门、漳州和闽北山区。

2月10日 受中共中央、国务院委托，看望福州部队指战员。在讲话中说：在党的十二大精神的鼓舞和指引下，全国的政治、经济形势发展得又快又好，军队作出了很大贡献，付出了辛劳。部队的老干部要自觉地参加改革，支持改革，在改革中起积极作用。要按照革命化、年轻化、知识化、专业化的要求，加强各级领导班子建设。老同志要给新担任领导工作的中青年同志当好参谋，做好传帮带工作。部队要做好干部战士的思想政治工作，抓紧改革，争取时间，把部队的革命化、现代化、正规化建设搞上去。晚上，出席福州部队领导机关举行的迎春文艺晚会。

2月11日 晚上，出席福建省、福州市和福州部队举行的迎春联欢晚会，会见居住在福建的台湾同胞代表。

2月12日 上午，到马尾港同担负节日值班执勤的海军某艇指战员一起欢度佳节，并乘艇视察马尾港和闽江口一带。

2月13日 上午，出席福建省领导机关和福州部队联合举行的春节团拜会。在讲话中说：今天和大家一起欢度春节，特别高兴。我来福建几天，有个这样概括的印象：第一，这里新老交替新老合作做得很好，省里配了强有力的领导班子，这是福建省今后工作前进的关键。第二，福建是个好地方，山清水秀，地灵人杰，进行四化建设条件优越，潜力很大，大有英雄用武之地。第三，福建的工作，思想是解放的，步子是稳妥的，工作是有成绩的，中央是满意的。这是十一届三中全会以来党的路线、方针、政策在实践中取得的成果。希望你们在这个基础上作出更大成绩。福建是个"聚宝盆"，是大有文章可做的。文章要靠你们去做，去画最美最好的图画。我相信你们能够画出很好很美的图画，形势会越来越好。福建面对台湾，实现统一大业，你们有很大的责任。台湾和大陆仅海峡之隔，对台湾同胞和各界人士，祖国的大门总是开着的，不管什么人，愿回来的都可以，参加祖国四化建设或是回来看看，都欢迎。愿来就来，愿去就去，来去自由。台湾同胞和全国人民决不允许外国人来干涉。我们都是炎黄子孙，这一点谁也不能改变。实现"三通"[1]，自由往来，是人心所向。我们和外国都能够和平往来，何况是自己的同胞。我们希望台湾和福建之间首先实现"三通"，自由往来，进而完成祖国统一大业。

  同日 上午，在福州东湖宾馆会见从海外回来探亲、过节的侨胞和归国华侨代表。

  2月14日—16日 在项南[2]陪同下，视察莆田县涵江养鳗场。参观泉州开元寺、泉州市交通史馆、石刻碑文展览室和藏经阁等，提出要搞好文物分门别类的整理和保护工作。在厦门视察东渡港区、机场工地和部队哨所，听取港口和机场的建设情况

---

[1] "三通"，即通航、通邮、通商。
[2] 项南，时任中共福建省委第一书记、福建省人大常委会主任、福建省军区第一政治委员。

汇报，看望机场施工现场和东渡港的建设者。

2月17日 下午，在厦门宾馆会见中共厦门市委、市人大常委会、市政府、市政协、特区管委会和各民主党派负责同志并讲话。在谈到干部队伍问题时说：福建有人才，而且人才很多，要善于挑选，善于培养，善于使用。要大胆提拔年轻人，热情支持和积极帮助他们工作，要给他们压担子、加责任。当前，摆在我们面前一项很重要的任务就是挑选干部。从今年开始，各省、市、自治区每年要从大学毕业生中挑选一批，不是让他们坐机关，而是让他们下去，到一个公社去，到一个大队去，到一个工厂去，锻炼几年，然后逐步地择优选拔到各级领导岗位上来。挑选人才，要德才兼备，文化水平尽量高一些。选拔干部一定要走群众路线。在谈到改革问题时说：你们对改革抓得很紧，步子也稳妥。看准的就改，没有看准的就不要急忙改。可以由省委出些题目，各级党委出些题目，组织一批同志，组织退下来的老同志，去调查、去研究，提出解决问题的意见。行政体制的改革，要积极试办地市合并，发挥城市中心作用。机构改革既要精兵，又要简政，在规章制度上，包括工作方法和工作作风，也要改革。要定编制，不要因人设事，要因事设人。宁可少一点，但要精一点。你们这里的经济特区初具规模，搞了一个总体规划，这是个开端。虽然你们起步晚一些，可别的省已有了经验，可供你们学习、借鉴，可以搞得更好一些，少走一些弯路。但还要注意，现在新的问题很多，有好多问题摸不透，所以要认真调查研究，否则心中无数就做不好工作，不光经济问题，其他问题都是这样。

2月18日 视察漳州罐头厂，参观龙海县九湖公社百花村和水仙花雕刻艺术盆景，看望春节期间在漳州体育基地训练的中国女排全体队员。

2月20日 离开福建前往湖南视察。晚上，抵达株洲。

2月21日 在毛致用[1]陪同下赴韶山参观毛泽东同志故居,并题词:"毛泽东思想是亿万人民革命意愿和实践的结晶,它过去是,现在是,将来也是我们一切工作的指导思想。"

2月22日 下午,听取毛致用关于中共湖南省委的工作汇报。在讲话中说:机构改革确实是一场革命,不简单。要搞民主集中制,听取各方面的意见,有反对的意见更好,使我们考虑问题更细一点,少犯一点错误。要开展批评与自我批评。改革,改就是前进,改就是革命,要有创新精神。要减少文件,要少开会,开短会,有些会可采取开片会的办法,一次找几个地区来,这也是调查研究。在下面搞活经济工作,既要有原则,又要结合实际。我们的改革不仅不要就事论事,而且要总结历史经验。改革不要一哄而起,要有领导、有计划、有步骤地进行,成熟一个搞一个。条件不成熟的事情,宁可推迟一点搞。湖南的经济工作怎么搞上去,是一个大问题。我们要立足于农业,粮食不能放松。搞农业不能光把眼睛盯在粮食上,要农、林、牧、副、渔结合,要搞农、工、商。今年是"六五"计划的关键一年,不能再徘徊了,看准了的事就干。在湖南期间,在同毛致用等人交谈中提出:省与省之间的协作很重要,特别是像湖南这样的内陆省,很有必要同广东、福建等沿海省份建立联系,互相支援。

同日 离开湖南,返回北京。

2月24日 上午,出席中共中央书记处会议。

同日 下午,参观全军农副业生产和小菜展览。

2月26日 上午,出席中共中央书记处会议。

同日 出席全国各省、市、自治区政协秘书长座谈会闭幕会。在讲话中说:要用改革的精神努力开创政协工作新局面。今

---

[1] 毛致用,时任中共湖南省委第一书记。

年是执行"六五"计划关键的一年，机构改革、经济体制改革，以及其他方面的改革，都要改出新气象、新局面来。现在统一战线工作方面，"左"的流毒还没有肃清，在许多具体工作上还需要拨乱反正。落实政策就是一个大问题。落实政策要靠各级党委和政府，靠有关部门。政协可以进行检查，搞些调查研究，如实地反映情况，提出意见和建议。现在已是八十年代，还用六十年代、七十年代的语言、办法，不行了。今天很多问题要重新研究和提出办法。政协不同于党和政府的机关，老的要多留，新的要多进。既不忘掉老朋友，还要多交新朋友。香港有三万五到四万名清华、北大、交通、燕京、金陵等大学的学生，他们组织起同学会，每年开一两次会，国内外的都回来，影响很大。对这个问题要研究一下。对香港我们并不了解，可以成立一个研究香港问题的组织，专门研究香港的政治、经济、社会等。在香港这个地方，要跟外国人打交道。在这方面视野要放宽一些。不仅要做好对港、澳、台的爱国统一战线工作，也要做国外的统一战线工作，开展友好往来。不论是对美国还是对日本，人民的友好往往是根本的，任何时候都不能断。

2月27日 上午，参加首都第二个"全民文明礼貌月"活动，同群众一起整修玉带河。在接受记者采访时说：开展文明礼貌活动贵在持之以恒，要扎扎实实，不搞形式主义。新局面要一步一步地开创，事情要一件一件去做，不论做什么事，都要讲求实效。首都人民、中央和国家机关在这方面要带个好头。

2月28日 上午，出席中共中央政治局会议。会议讨论《叶剑英委员长致第五届全国人民代表大会常务委员会第二十六次会议的信》，原则通过《中华人民共和国第五届全国人民代表大会常务委员会给叶剑英委员长的复信》。此前，叶剑英于二月二十五日致信五届全国人大常委会第二十六次会议，提出"在六届人大选举中，向各选举单位建议，不再提名选我为全国人民代表大会代表"，"不再将我列为人大常委会委员长候选人"。

3月2日 同万里、宋任穷、陈野苹[1]在中南海勤政殿召集霍士廉[2]、罗贵波[3]、李立功[4]等十三位同志座谈山西省机构改革和领导班子建设问题。宋任穷代表中共中央宣布新的山西省委领导班子名单。

3月2日—5日 出席五届全国人大常委会第二十六次会议。会上宣读叶剑英致五届全国人大常委会第二十六次会议的信，通过全国人大常委会给叶剑英的复信。复信同意叶剑英不再当选全国人大代表和全国人大常委会委员长的请求，并对叶剑英在长达半个多世纪充满艰难险阻的革命斗争中所建立的丰功伟绩，在粉碎"四人帮"斗争中所作出的重大贡献和领导第五届全国人大常委会胜利开展拨乱反正、治国安邦、振兴经济、制定宪法和法律等重大工作，给予高度评价。会议还通过关于加入《禁止并惩治种族隔离罪行国际公约》的决定和关于批准《防止及惩治灭绝种族罪公约》的决定等。

3月3日 下午，出席中共中央书记处会议。

同日 晚上，会见以南共联盟中央委员、伏依伏丁那省委主席团委员鲍什科·克隆尼奇为首的南共联盟考察团。在谈到中国改革的情况时说：十一届三中全会总结了二十多年的经验，走出

---

[1] 陈野苹，时任中共中央组织部部长。
[2] 霍士廉，时任中共山西省委第一书记，1983年3月任中共山西省顾问委员会主任。
[3] 罗贵波，时任中共山西省委第二书记、山西省省长，1983年3月和4月先后卸任省委第二书记、省长职务。
[4] 李立功，时任中共山西省委常务书记，1983年3月任中共山西省委书记（当时不再设第一书记）。

了一条比过去更完善的路子。我们首先在农业中实行了生产责任制。群众对责任制是欢迎的，但有些地方的干部却想不通，需要一个认识过程。现在看来，慢一点没有关系，先搞的总结了经验，其余的再跟上。责任制不仅没有削弱社会主义基础，而且将加强社会主义基础。在工、商、交通等领域，情况比农业复杂，将产生许多问题，但也要慢慢搞。总之，现在要改革，不改不行。在这方面，南斯拉夫的经验对中国有许多启发。在谈到中南关系时说：中南两国、两党是一家。我们总是希望与南斯拉夫多发展一些经济关系的。

3月5日 在人民大会堂出席纪念向雷锋同志学习二十周年大会。会前，接见五十名来自各地的全国青少年学雷锋先进集体、先进个人代表。

3月7日 上午，出席中共中央书记处会议。会议讨论马克思逝世一百周年纪念活动的有关问题。

3月8日 出席全国人大常委会召开的各省、自治区、直辖市人大常委会负责人座谈会并讲话。在谈到六届全国人大代表的选举问题时说：十年动乱给我们遗留下不少问题，有一点同志们一定要注意，就是坚决不能让"三种人"当选。在谈到地方各级人大常委会的工作问题时说：地方各级人大过去没有设立常委会，现在有了，而且开展工作了，这就是好事情。新宪法公布实施后，人民代表大会制度加强了，地方各级人大常委会有根本大法作为自己的活动准则，工作会进一步开展起来。在谈到全国人大与地方人大的关系问题时说：说联系关系也好，指导关系也好，领导关系也好，都只是个提法问题，实质上是一样的。有了宪法，按宪法办事就是了。不管关系如何定，总之，不能违宪。在谈到加强和改善党对人大的领导问题时说：我们的革命和建设都是在共产党领导下进行的。对人大的领导方法，应当和对党的领导方法有区别。我们的党是要通过人大来实现党的决议的,这就有一个改进领导方法的问题。

3月10日 上午,出席中共中央书记处会议。会议讨论地、市级机构改革问题和农村学校教育、大学教育的改革问题。

同日 下午,出席中央民族歌舞团建团三十周年茶话会。

同日 就福建调研情况向中共中央报送《关于福建见闻的报告》。《报告》说:我是第一次到福建,时间虽短,印象颇深。如何把福建的四化建设尽可能搞得更快更好一些,是福建干部和群众最为关心的大事。当地同志们说,他们进行四化建设,地灵人杰,条件优越,潜力很大。现在应该发挥优势,加快步伐,把国民经济搞上去,把失去的时间抢回来。现在的问题是,我们的行动迟缓,迈不开步。在执行特殊政策和灵活措施中,在试办特区中,特别是同华侨、港商和外商谈判中,需要的是时效和决断,但现在上下左右间交涉和办理事情,往往受到现行体制的限制和官僚主义的影响,拖拉扯皮,困难重重。福建省委和厦门市委同志希望多给地方一些自主权,希望中央各部门在各方面给以指导、支持和帮助。如何搞好机构改革和经济体制改革,是干部和群众最关心的又一件大事。关于省地市机构改革,省委抓得紧,抓得稳。他们配备领导班子的原则是:"五湖四海,任人唯贤,光明正大,公道正派。"由于指导思想正确,所以效果较好。大家对新的省委领导班子是满意的。据省有关部门同志反映,在试行改革中,特别是在传达贯彻中央一号文件[1]中,遇到了许多新问题。概括地说:第一,需要统一干部思想。大家一方面感到改革势在必行,势不可挡;另方面又感到心中无数,办法不多,顾虑较多,怕搞乱了再走回头路,怕影响物价挨群众骂,怕完不

---

[1] 指中共中央1983年1月2日印发的《当前农村经济政策的若干问题》。

成国家计划受批评，怕处理不好国家、集体、个人三方面的关系，等等。第二，需要抓紧明确一些政策界限。第三，在企业内部的人财物和产供销等方面也都有许多实际问题，如奖金能不能封顶，民主选举的行政领导人如何履行批准手续，等等。省委负责同志认为，经济体制改革是一个更为复杂的问题。改革的态度要坚决，工作要抓紧，但又必须有领导有步骤地进行，"摸着石头过河"。省委现重点抓商业改革的试点，拟于五月间召开会议，总结出几条基本经验来。二十四日，在《关于福建见闻的报告》上批注：这个报告，只是反映一些情况和福建的同志的一些意见，没有来得及作深入调查研究，仅供参考。是否需要送有关同志和有关部门看看，请耀邦同志阅批。同日，胡耀邦批示：请启立同志印为书记处参阅文件。二十五日，胡启立批示：按耀邦同志批示印发。

3月11日　同宋任穷召集中共甘肃省委的十一位负责同志到北京开会，研究甘肃省领导班子配备问题。在讲话中说：中共甘肃省委对党的十一届三中全会的路线、方针、政策是坚决贯彻执行的，工作是有成绩的，这是主要的，必须加以肯定。由于种种原因，由于十年"文化大革命"，各级领导班子一般都存在着老化问题。这次调整配备班子都要朝着革命化、年轻化、知识化、专业化的方向努力。从中央的经验来看，退下来的老同志有很多工作可以做。现在老同志的任务不是轻了，而是更重了，选拔一大批优秀中青年干部上来，搞好传帮带，这是老同志最大的历史任务。这件事情抓好了，就是抓了大事，抓了战略问题。

3月12日　上午，同胡耀邦、邓小平、赵紫阳、万里等到北京十三陵中直机关绿化造林基地参加义务植树劳动。

同日　下午，出席中共中央书记处会议。

3月13日　下午，在人民大会堂出席中共中央举行的纪念马克思逝世一百周年大会。胡耀邦作题为《马克思主义伟大真理的光芒照耀我们前进》的报告。

3月14日 上午，出席中共中央书记处会议。会议讨论全国总工会十大工作报告提纲《团结起来，破旧创新，为全面开创社会主义现代化建设新局面而奋斗》和《全国总工会第十届执委会主席团（常委会）组成的初步设想》。

3月16日 就"呼喊派"[1]问题致信陈丕显："各地出现的'呼喊派'问题，确实严重，不容忽视，必须采取有力措施，切实加以解决。"

3月17日 在中南海怀仁堂出席中共中央政治局常委和中共中央书记处会议。会议听取国家计委、国家经委党组关于当前经济工作中几个问题的汇报。

3月18日 下午，出席中共中央书记处会议。

同日 会见日本社会党副总书记曾我祐次一行。在会谈中说：长期以来，日本社会党为中日友好事业作出了贡献。这次两党通过会谈正式建立了关系，我们深信两党将在独立自主、相互尊重、完全平等、互不干涉内部事务的原则基础上加强交流，为发展中日两国人民的友好关系而努力。

3月21日 上午，出席中共中央书记处会议。

3月24日 上午，出席中共中央书记处会议。会议讨论《中央组织部关于安徽省省级领导班子调整问题的报告》，决定由万里、习仲勋、宋任穷、胡启立将中央书记处对安徽省省级领导班

---

[1] "呼喊派"创立于美国，20世纪70年代传入中国，以世界末日即将到来的邪说，煽动群众在聚会时尽力"呼喊"，遂被外国势力利用来反对中国共产党的领导，反对人民政府，图谋"改朝换代"。80年代初，"呼喊派"在河北、福建、浙江等地发展，并蔓延波及全国19个省、市。

子调整的意见向安徽省委来京同志宣布，听取他们的意见后再正式定下来。二十六日上午，受中共中央书记处委托，同万里、宋任穷、胡启立与中共安徽省委来京的十二位同志谈话。他们在谈话中说：安徽省的工作是有成绩的，特别是在推行农业生产责任制的问题上，安徽省是带了头的，创造了很好的经验，走在了全国的最前头。希望安徽省新的领导班子要坚持民主集中制，进一步搞好团结。谈话前，宋任穷宣布中央书记处讨论并通过的安徽省省一级领导班子配备方案，安徽省委的同志一致表示同意。

同日　出席在北京召开的研究解决"呼喊派"问题的有关省、自治区负责人会议。在讲话中说：第一，必须充分认识"呼喊派"问题的严重性和解决这一问题的重要性。"呼喊派"受国外情报机关和国外反动宗教势力的支配和资助，明目张胆地反对党，反对人民政府，反对社会主义制度；反对信教群众独立自主、自办教会的方针，反对自传、自治、自养的"三自"爱国教会组织。"呼喊派"的活动严重危害社会治安，严重危害广大人民正常的生产和生活秩序，严重危害四化建设。我们同他们的斗争是严重的政治斗争。我们既要充分认识"呼喊派"问题的严重性，绝不可掉以轻心；又要看到它的虚弱性，因为它在政治上是极端反动的，从而也是极端脱离群众的，我们绝不可在它的猖狂活动面前软弱无力，束手无策。我们要教育、争取受"呼喊派"蒙骗的信教群众，让他们回到"三自"爱国教会组织里来。这将是长期的、复杂的斗争，要做大量的艰苦工作。第二，解决"呼喊派"的问题，必须采取正确的方针和有力的措施。光靠宗教部门不行，光靠公安部门也不行，要采取"综合治理"的方针。要充分运用法律武器，坚决打击首恶分子，认真落实宗教政策，深入做好群众工作，切实加强党政领导。要在调查研究、做好准备的基础上，集中一段时间，组织强的力量，稳、准、狠地打击首恶分子，坚决瓦解、取缔"呼喊派"的组织和活动。各地应该依照宪法，采取切实有效的办法，把我们的方针政策告诉群众。只要广大群众真正了解、掌握了党的方针政策，就会形成巨大的威力。

3月28日 上午，出席中共中央书记处会议。会议讨论全国妇联党组《第五次全国妇女代表大会报告要点》。

3月29日 在中共中央统战部向中共中央书记处反映民主党派内部存在一些不团结问题的报告上批示："同意你们的处理意见。我已经几次向你们谈过，做各民主党派工作的党员干部，凡事切忌陷入矛盾之中，更不能有所偏袒，只能居中公正地帮助他们调解纠纷，加强他们内部团结，这是一条基本原则，也就是加强和改善党的领导，请你们时时都记住这一条。请耀邦同志阅批。"四月一日，胡耀邦圈阅中共中央统战部的报告和习仲勋的批语。

同日 下午，同胡启立会见由中央执行局委员科·菲利尼斯率领的希腊共产党（国内派）代表团。

3月31日 上午，出席中共中央书记处会议。会议讨论《中央组织部关于印发〈中共中央关于恢复李雪峰[1]同志党籍的决定〉的报告》。

4月2日 下午，会见以波罗·索齐格瓦为团长的坦桑尼亚革命党纪律监察委员会代表团。在会谈中说：我们根据不同时期的情况来确定自己的工作和任务，例如成立纪律检查委员会。党的十一届三中全会以后，我们确定了对外开放、对内搞活经济的政策，我们的同志直接和资本家打交道，如果不加强组织纪律性，不提高警惕，资产阶级思想就会趁虚而入，换句话说，资产

---

[1] 李雪峰，曾任中共中央书记处书记、中共中央华北局第一书记、全国人大常委会副委员长等职，"文化大革命"期间遭到迫害。

阶级思想就会对我们进行"污染"。过去中国是半封建半殖民地社会，封建主义、资本主义思想还未彻底肃清，违法乱纪的事还时时发生。所以，必须设立纪律检查委员会这样的机构，以确保党的路线、方针和政策的贯彻执行，以加强党在各条战线上的领导。现在我们的做法是，党员犯了错误由纪委处理，行政处分由行政部门处理，触犯刑法的交司法部门处理。由司法部门处理时，纪委可以提意见，但不能干涉。我们的新党章和新宪法都规定，任何人都要在宪法和法律范围内进行活动。中国古时候有个清官叫包公，铁面无私，断案公正，有不少故事在群众中广为流传。纪委的同志也应该像包公一样，铁面无私，主持公道，才会受到群众的欢迎。纪委的工作是光荣的，但也是艰巨的，有时一个案子遇到阻力，要拖很长时间。只有大公无私，秉公办案，才能克服阻力，顺利进行处理。

同日 在中共中央办公厅信访局《群众反映》刊载的中国民主同盟新疆医学院支部管绍淳《对整党的几点意见》一文上批示："应有一条规定，这也是汲取过去的教训，所谓整党或整风是指共产党内的整顿，而不包括党外。各民主党派的事，一律由各民主党派自理。"管绍淳在《对整党的几点意见》中提出："希望这次整风，严格地只整党内，不整党外。"

4月4日 上午，出席中共中央书记处会议。会议讨论并通过《中央对外宣传小组工作报告》。

同日 下午，出席中共中央政治局扩大会议。会议听取并审议六届全国人大、六届全国政协人事安排小组《关于六届人大和六届政协人事安排工作的汇报》《六届全国人大常委候选人名册》《六届全国政协常委候选人名册》。

4月7日 上午，出席中共中央书记处会议。

同日 下午，会见由主席乌尔霍·克赫宁率领的芬兰—中国

4月9日 晚上，在首都体育馆出席一九八二年最佳邮票和首日封评选发奖大会。

4月10日 路经北京宣武区[1]红南路某部队大院时，看到驻地附近农田被行人踩出一条便道后，当场指示："为了省自己一脚之力，践踏大片农田，糟蹋庄稼，损害了农民的利益，给农业造成了损失，也影响军民、工农关系。请不要践踏农民的一寸农田。"十七日，再次到大院驻地附近检查是否还有践踏农田的问题。

4月11日 上午，出席中共中央书记处会议。会议讨论并原则通过公安部党组《关于改革公安工作的若干问题》。

4月12日 下午，出席中共中央书记处会议。会议听取省、市、自治区机构改革指导小组《关于配备全国省级领导班子的工作报告》，确定由省、市、自治区机构改革指导小组根据会议提出的意见，对工作报告加以修改，经习仲勋、胡启立审阅后，送中央政治局常委审批，然后下发。

4月13日 出席胡耀邦主持的座谈会，讨论关于整党文件起草的有关问题。

4月14日 上午，出席中共中央书记处会议。会议通过中央组织部《关于新疆维吾尔自治区顾委、纪委、人大、政府、政协人事安排的请示报告》。会议决定，以后凡各省、市、自治区人大、政协副职配备的报告不必再提书记处讨论，由中组部报请习仲勋、胡启立批发。

---

[1] 宣武区，北京市原中心城区之一。2010年，北京市撤销西城区、宣武区，设立新的西城区，以原西城区、宣武区的行政区域为西城区的行政区域。

4月16日 下午，同彭真、万里等在人民大会堂会见出席第八次全国民政会议的全体同志以及出席全国殡葬事业单位先进集体和先进工作者表彰大会的全体代表。

同日 下午，同彭真、彭冲、杨尚昆等在人民大会堂会见参加台湾省出席六届全国人大代表协商选举会议的代表。

4月18日 上午，出席中共中央书记处会议。会议讨论并原则通过《中共中央关于实现党校教育正规化的决定和批转〈关于第二次全国党校工作会议情况的报告〉的通知》。

4月19日 下午，同乌兰夫、胡启立等在人民大会堂会见边疆少数民族地区汉族干部参观团。

同日 晚上，会见并宴请以朝鲜劳动党中央政治局委员、平壤市委责任书记徐允锡为团长的朝鲜劳动党友好参观团。

4月20日 上午，同胡启立、陈野苹听取中共中央组织部关于整党试点调查工作的汇报。在讲话中说：这次汇报很好，把整党试点中的问题如实地摆了出来，让老坐机关的人了解了许多情况。从这个汇报中，可以再一次看到整党的重要性和必要性。这次整党不仅涉及面广，而且遇到的问题十分复杂。因此，既要有明确的政策界限，又不宜规定得太具体、太繁琐。整党的形式可以不同，但大的阶段还是要有的。领导班子要首先整顿好，这一点要明确。先把省、地一级的班子搞好，将来整党全面展开后，由各级党委自己去搞，上级派的人只是在党委领导下，协助党委工作。整党也是一次锻炼干部的极好机会，可以提高干部分析问题、解决问题的能力，提高做群众工作的经验。不论是典型试点还是全面展开，都不可因为整党耽误了其他工作。整党和改革、生产的关系是相辅相成的，整党促进改革，促进社会治安，促进生产发展，促进其他各项工作，没有这些促进，整党就是句空话。对于历史问题，主要是把问题说清楚，重点要放在现在，看三中全会以来的表现，不要过多纠缠旧账。"文化大革命"中涉及的不是少数人，这个问题搞得好有利于社会治安，有利于各项工作，搞得不好对工作不利。组织部可以编辑一个正式的东西，一个月出两次，把整党试点的调查材料登在上面，可以写成功的经验，也可以写失败的教训，文章不要太长，发给下面，让下面早有思想准备。整党是全党的事情，要作宣传，要造舆论。

4月21日 上午，出席中共中央书记处会议。会议讨论《中共中央关于加强和改进职工思想政治工作的决定》。

4月22日 上午，出席中共中央政治局扩大会议。会议审议并原则批准关于解决香港问题的基本方针政策。

同日 下午，在中南海勤政殿主持汇报会，听取民航工作调查组汇报调查情况。

4月23日 下午，同万里、杨静仁等在人民大会堂出席中国天主教爱国会成立二十五周年和我国教会自选自圣主教二十五周年集会。在讲话中总结了中国天主教爱国会成立二十五年来，中国天主教界所取得的重大成就，并对天主教界的朋友提出几点希望和要求。主要有：（一）要继续高举爱国主义的旗帜，在独立自主自办教会的道路上奋勇前进。（二）要继续协助政府全面贯彻宗教信仰自由政策。（三）要进一步团结广大神职人员和信教群众，积极参加四化建设。"我们向来认为，人们信教与不信教，是思想上的差异。这是次要的。而大家在政治上、经济上的根本利益则是一致的。这是主要的。建设高度文明、高度民主的社会主义强国，是全国各族人民的共同任务。过去天主教界的许多朋友和广大信教群众，在社会主义建设中作出了积极的贡献，涌现出一批先进模范人物，受到了人们的好评和尊敬。今后希望进一步与广大神职人员和信教群众加强联系，增强团结，调动他们参加四化建设的积极性，努力开创新局面，出现更多的先进模范人物。"（四）要进一步办好教务。

4月24日 出席五届全国政协常委中的中共党员会议，介绍中共中央关于六届全国政协人事安排的情况。在讲话中说：中共中央对六届全国政协的人事安排工作十分重视，总的要求是要体现大团结、大统一、开创新局面的精神。为此，新一届政协要囊括各方面的代表人物，在党内外比例、年龄构成等方面要对上届作必要的调整。具体情况有以下几点：合理调整了六届政协党员与非党员的比例，增加党外人士；对六届政协常委人选的年龄作了原则性规定，体现了新老交替和合作的精神；减少了交叉、兼职和照顾性安排；吸收了一大批新成员；知识分子比重有了明显的增加；充分重视了对少数民族代表以及港澳地区和对台湾有较大影响的知名人士的安排。希望五届政协常委中的每一个共产党员积极维护中央关于六届政协人事安排的方针、原则和中央通过的六届政协委员名单。希望中央和地方党委的统战、组织部门以及其他有关部门的党政领导，对这次从政协中退下来的同志照顾好、安排好。

4月25日 上午，出席中共中央书记处会议。

同日 在新华社《国内动态清样》（第一〇二二期）上批示："请中直机关党委和中央国家机关党委开会，传达讨论耀邦同志的批示并分别抓一下这方面的问题。请启立同志阅酌。"《国内动态清样》反映：近几年从海外回祖国大陆定居的科技专家、学者，又辞职出国的逐年增多，主要原因是在国内难以施展才能；论资排辈束缚手脚；回国前对国内存在的问题估计不足，回国后，在工作和生活上遇到一些困难，环境不能适应，心情不舒畅。胡耀邦阅后批示习仲勋、胡启立：现在我们的工作，条条战线方针、政策都很明确、具体，主要是缺乏督促检查，而缺乏督促检查，官僚主义就无法打破。这个问题要中央几十个部门一齐注意才行，只靠我们书记处和国务院几个人成天催办，十几年也转变不了局面。为此，就得分头召开几个座谈会，专门谈一下这个问题。

4月26日 在新华社《国内动态清样》（第一〇三八期）刊载的《西安永红果品店实行全浮动工资制后，人均月收入三百多元，高者达九百多元》一文上批示：启立并守一同志，这似乎也有点问题，"实行全浮动工资制"，把经营管理的重要性调动起来了，这是可贵的，但不加限制（或超过一定限额），用收税的办法，具体规定个人、集体、国家各留多少的杠杠，不然又会引申出许多新问题、新矛盾。更为忧虑的是把人们引向"向钱看"的毛病。我这个想法不一定对，但我也不是大惊小怪，开始试办嘛，总会有这样那样的一些问题，总是早看到为好。

4月28日 向前来访问的中共耀县[1]县委党史资料征集办公室干部介绍照金革命根据地的斗争情况。

同日 同李先念、彭真、万里等会见前来北京参加劳动模范、先进人物座谈会的代表，全国公安工作会议的代表以及人民武装警察部队第一次工作会议的代表。

4月30日 晚上，同李先念、邓颖超、万里、杨尚昆等在人民大会堂参加全国总工会、文化部、解放军总政治部和北京市人民政府联合举办的庆祝五一国际劳动节晚会。

4月 为新闻纪录电影工作题词：发扬延安革命精神，开创新闻纪录电影工作的新局面。

同月 为西安话剧院成立三十周年题词：发扬延安革命精神，不断创新，勇攀高峰。

5月1日 下午，同胡启立等在中南海陪同胡耀邦会见以朝

---

[1] 耀县，今陕西铜川市耀州区。

鲜劳动党中央政治局委员、平壤市委责任书记徐允锡为团长的朝鲜劳动党友好参观团。

5月3日 在人民大会堂出席由共青团中央和全国青联联合召开的纪念五四运动六十四周年座谈会。在讲话中说：青年一代是我们社会和事业的希望。全党和全社会都要关心青年。我们党和团的干部要善于做青年的工作，要从思想、生活、工作等各方面关心他们，爱护他们，帮助他们，特别要关心、爱护和帮助那些失足青年。青年人一定要团结在党的周围，虚心向社会和人民学习。要时刻把党的利益和人民的利益放在第一位，做革命的实干家。青年人要热爱党、热爱社会主义，共产主义信念任何时候都不能动摇。我们要树立必胜的信念，通过艰苦的努力，为实现崇高的共产主义理想而共同奋斗。

5月5日 上午，出席中共中央书记处会议。

5月5日—9日 出席五届全国人大常委会第二十七次会议。会议决定，第六届全国人民代表大会第一次会议于六月六日在北京召开。

5月6日 晚上，主持宴会，欢迎来访的由议长亚当·萨皮·姆克瓦瓦率领的坦桑尼亚国民议会代表团。十二日下午，在坦桑尼亚驻华使馆出席姆克瓦瓦举行的答谢招待会。

5月7日 下午，同李先念、万里、乌兰夫等在人民大会堂会见一九八三年第一批少数民族参观团和新疆伊斯兰教宗教职业人员参观团的全体成员。

5月8日 在新华社《国内动态清样》（第一一四四期）五月六日刊登的《抓住教育不放手——北京市整党试点情况调查之二》一文上批示："建议把《清样》中整党试点情况调查的报道材料分期汇编，以备总结经验和参考之用。请启立同志酌定。"该文反映，北京市在整党试点过程中始终抓住教育不放手，对党员着重进行共产主义思想教育，党的路线、方针、政策和新党章教育，党员的思想觉悟大为提高。

5月9日 上午，出席中共中央书记处会议。会议听取公安部汇报赴沈阳查处五月五日发生的武装暴徒劫持中国民航二九六号三叉戟客机案件的简要情况；讨论并原则通过公安部党组《关于改革公安工作的若干问题》。

5月11日 下午，在民族文化宫出席中国伊斯兰教协会成立三十周年庆祝会。在讲话中说：回顾三十年来中国伊斯兰教协会所走过的道路，应该肯定，是完全正确的。各民族的伊斯兰教界人士和穆斯林群众绝大多数是爱国守法、拥护党的领导、走社会主义道路的。我们希望伊斯兰教界的朋友们沿着这条正确的道路继续前进。讲话还提出几点意见：（一）加强各民族的大团结，为建设社会主义的强国而共同努力。（二）继续协助政府全面贯彻宗教信仰自由政策。（三）继续办好伊斯兰教经学院，有计划地培养和教育年轻一代的宗教职业人员。要办好进修班，对现有的阿訇、毛拉[1]进行培训，不断提高他们的爱国主义和社会主义觉悟，提高文化水平和宗教学识，认真执行党和国家的宗教政策。（四）进一步开展国际友好往来，坚决支持各国穆斯林人民的正义斗争。在国际交往中，一定要坚持独立自主、自办教会的原则，绝不允许任何外国宗教组织和个人插手我国宗教的内部事务；坚决同外国敌对势力企图分裂祖国统一、破坏民族团结的行为作斗争。

---

[1] 毛拉，阿拉伯语音译，原意为"先生""主人"，后来成为一些国家穆斯林对伊斯兰教学者的尊称。新疆维吾尔自治区称伊斯兰教宗教职业者为毛拉。

5月12日 上午,出席中共中央书记处会议。会议听取谷牧[1]关于国家紧急处置劫机领导小组处理"五五"暴徒劫机事件情况和准备采取的几项措施的汇报,讨论并原则通过中共中央《关于"五五"暴徒劫机事件的情况通报》(第一号)。

5月16日 上午,出席中共中央书记处会议。会议讨论《国家科委党组关于当前农村科技工作和体制改革的若干意见》。

5月17日 下午,同李先念、邓颖超、万里等在人民大会堂会见一九八三年第二批少数民族参观团的全体成员。

同日 下午,同李先念、万里等在人民大会堂出席全国先进儿童少年工作者和儿童少年工作先进集体表彰大会。

5月18日 在四月二十九日《上海电台情况反映》(第四十一期)刊载的《一些劳动模范、先进生产(工作)者健康状况为何日渐下降?》一文上批示:志福[2],《上海电台情况反映》(第四十一期)刊登的调查材料对一些劳动模范、先进人物健康状况下降所反映的几个问题,在全国带有普遍性,但是长时间以来还未得到很好的解决。建议全国总工会作为一个专题通盘研究一下,有针对性地定出具体有效的措施,切实解决劳动模范、先进人物兼职多,会议多,社会活动多,负担过重,劳动时间过长等问题,使他们能够有充沛的精力投身于四化建设,发挥更大的作用。工会要把这件事当作一件大事来抓,经常加强督促和检查,真正体现党和国家对劳动模范、先进人物的关心和爱护。

5月19日 上午,出席中共中央书记处会议。会议讨论并原则同意《教育部党组关于确定、提升教授职称审批权限问题的请示》。

---

[1] 谷牧,时任中共中央书记处书记、国务委员。
[2] 志福,指倪志福。

同日 下午，会见以安培世界有限公司董事总经理李鹏飞为团长的香港青年各界人士访问团。

5月23日 上午，出席中共中央书记处会议。会议讨论中共北京市委《关于贯彻执行首都建设方针四项指示的情况和今后意见的报告》《中共中央、国务院关于〈北京城市建设总体规划方案〉和〈北京市委关于贯彻执行首都建设方针四项指示的情况和今后意见的报告〉的批复》。

5月24日 在中共中央纪律检查委员会报送的《山西运城地区一些党员干部严重违法乱纪情况的报告》一文上批示：鉴于盖私房的不正之风遍及各省、市、自治区，此件似应改写加按语在《党风与党纪》上刊登，请中纪委办。另以中央名义电告山西省委对运城地区的问题彻底查清，严肃处理，总结经验，指导全面。请启立、乔石同志酌定。

5月26日 上午，出席中共中央政治局扩大会议。会议审议并原则通过赵紫阳在六届全国人大一次会议上的《政府工作报告》。

5月27日 在《公安部情况反映》（八十一期）刊载的《广西融安等县一些"文化大革命"中的死者家属向凶手和有牵连的人"算账"》一文上批示：请晓光[1]同志参阅。"平反"要有办法，要加强教育工作，要经过组织手续办理。乱来不行。"追债"的做法是错误的，会激化矛盾，扩大纠纷，请注意掌握事态为要。

5月28日 下午，出席中共中央政治局扩大会议。会议听取薄一波[2]关于六届全国人大、六届全国政协人事安排调整情

---

[1] 晓光，指乔晓光，时任中共广西壮族自治区委第一书记。
[2] 薄一波，时任中共中央顾问委员会副主任。

况的说明。

5月31日、6月1日 在人民大会堂出席中共中央召开的民主协商会。会议邀请五届全国人大常委会、政协五届全国委员会、各民主党派、各人民团体的负责人和无党派人士代表，就如何开好六届全国人大一次会议和全国政协六届一次会议问题进行充分商讨。

6月2日 上午，出席中共中央书记处会议。会议讨论并原则通过《中共中央、国务院关于检查、整顿安全保密工作的通知》。

6月4日 下午，出席全国政协六届一次会议开幕式。二十二日下午，出席会议闭幕式。会议选举邓颖超为全国政协主席。

6月6日 下午，列席六届全国人大一次会议开幕式。会议于二十一日闭幕。会议选举李先念为中华人民共和国主席，彭真为全国人大常委会委员长，邓小平为中华人民共和国中央军事委员会主席，决定赵紫阳为国务院总理。

6月7日 下午，出席中共中央政治局常委、中央书记处会议。会议讨论国家计委党组关于"七五"基本建设规模初步测算情况的汇报提纲和财政部关于财政问题的汇报提纲。

同日 在劳动人事部科技干部局《科学家简讯》（二十七期）五月十七日刊载的《一个值得注意的问题》一文上批示：指定有关单位查清情况，如属实，则应特别给予照顾。该文反映，核工业部九院副院长、九所所长、中国科学院数学物理学部委员、著名的核武器研制专家于敏，在工作生活上存在着不少困难。

6月9日 上午，出席中共中央书记处会议。

6月12日 晚上，出席中国田径协会举行的茶话会，向打破男子跳高世界纪录的运动员朱建华表示祝贺。

6月13日 上午，出席中共中央书记处会议。会议讨论

《关于中顾委工作的汇报提纲》。

6月16日 上午,出席中共中央书记处会议。会议讨论并基本同意《中央和国家机关机构改革工作小组汇报提纲》。

6月20日 上午,出席中共中央书记处会议。会议听取王又新[1]和韩光[2]、李昌[3]《关于打击经济领域中严重犯罪活动情况的汇报》,讨论并原则通过中共中央纪律检查委员会《关于打击经济领域中严重犯罪活动工作的初步总结和今后的意见》。会议决定,关于在打击走私贩私活动中有关部门配合不够、影响案件处理的时效问题,请习仲勋、谷牧、陈丕显商定解决办法。

同日 在国家民委、民政部六月十五日向国务院报送的《关于甘肃省夏河县桑科公社与青海省泽库县多禾茂公社草场纠纷问题协商会议情况的报告》上批示:这次不能达成双方都能接受的协议,经过再做工作,下次可议,以求合理解决,这是个好方法。这件事已经拖了二十多年,只要双方还有争议,就不要急于求成为妥。《报告》称:草场纠纷始于一九五五年,焦点是在甘、青两省交界处,从万青尼哈到扎西日隆一片六七十万亩草场的所有权问题。一九八三年五月二十三日至二十九日,协商会议在北京召开。由于两省的认识很不一致,一时难以取得一致方案,会议决定暂时休会,七月中旬(具体时间另商)在西宁复会。在草场纠纷未彻底解决前,双方仍遵守一九六五年六月甘南与黄南两州工作组签订的《商谈纪要》,做好各自干部和群众工作,加强安定团结和藏族人民内部团结的教育。

---

[1] 王又新,时任中共中央纪律检查委员会秘书长。
[2] 韩光,时任中共中央纪律检查委员会书记。
[3] 李昌,时任中共中央纪律检查委员会书记。

6月21日 在全国政协礼堂出席柳亚子[1]逝世二十五周年纪念会。

6月22日 上午，同胡耀邦、邓小平、赵紫阳、李先念、陈云等在人民大会堂会见出席六届全国人大一次会议的全体代表和出席全国政协六届一次会议的全体委员。

6月23日 上午，在中南海勤政殿同李昌安[2]谈话。胡启立、郝建秀[3]、陈野苹等参加。

6月24日 上午，在中南海勤政殿同毛致用谈话。宋任穷、胡启立、陈野苹等参加。

同日 下午，在人民大会堂出席廖承志追悼大会。廖承志于六月十日在北京逝世，享年七十五岁。

6月25日、7月1日 上午，受中共中央书记处委托，同宋任穷、胡启立、乔石[4]等在京西宾馆听取中共广西壮族自治区委主要负责人乔晓光、韦纯束[5]、周光春[6]及机构改革指导小组派驻广西工作组负责人周一峰、毛铎关于近期广西工作和存在问题的汇报。

7月1日 上午，同宋任穷、乔石等在京西宾馆听取中共湖南省委负责人毛致用、刘正[7]和省、市、区机构改革指导小组

---

[1] 柳亚子，新中国成立后，曾任中央人民政府委员、华东行政委员会副主席、中央文史研究馆副馆长、全国人大常委会委员等职。
[2] 李昌安，时任中共山东省委副书记。
[3] 郝建秀，时任中共中央书记处候补书记。
[4] 乔石，时任中共中央书记处候补书记、中共中央办公厅主任、中共中央对外联络部部长。
[5] 韦纯束，时任中共广西壮族自治区委副书记、自治区政府主席。
[6] 周光春，时任中共广西壮族自治区委副书记。
[7] 刘正，时任中共湖南省委书记、湖南省省长。

派驻湖南工作组的汇报。

同日 上午,同万里、胡乔木、陈丕显、胡启立、田纪云[1]出席中华人民共和国国家安全部成立大会并讲话。

7月4日 上午,出席中共中央书记处会议。会议听取赵鹏飞[2]《关于北京城市建设总体规划有关问题的说明》,讨论并原则通过《中共中央、国务院关于对〈北京城市建设总体规划方案〉的批复》和《中共中央关于成立首都规划建设委员会的决定》(草稿)。

7月5日 在政协全国委员会科学技术组《关于科技人员的管理问题专题座谈会情况报告》上批示:"这个'情况报告'是懂行人经过专题座谈提出的。所提问题和建议切中要害,不是看看了事。似应批交科学院,也作为一个专题结合实际进一步讨论研究,来一次认真解决。这本身就是一次重要整党,而整党就是要解决这些问题,否则,整党就是走过场。请启立同志酌定。"《报告》反映,在科学技术组座谈会上,裴丽生、钱伟长、汪德昭、沈其震、杨放之等十四位全国政协委员认为,在科技人员的管理方面,存在的问题主要有:科技人员分布和结构不合理;后勤工作小而全,办事效率低;科技人员缺乏进修机会;对老年科学家的退休、工作、生活关心不够。他们建议:鼓励竞赛,不搞"一刀切";实行招聘制,允许科技人员流动;从职称、工资、福利、户口等方面采取照顾政策,鼓励科学研究人员到农村和边远地区工作;后勤工作社会化,迅速培养管理人员;制定科技人员进修制度;推广科研成果的应用;对老科学家的工作和生活要有专门机构管理。

---

[1] 田纪云,时任国务院副总理兼秘书长。
[2] 赵鹏飞,时任北京市人大常委会主任。

7月7日 上午，出席中共中央书记处会议。会议讨论《中共中央关于改进领导作风和领导方法几个问题的通知》。

7月7日—17日 全国宣传工作会议在北京召开。会议期间，同胡耀邦、宋任穷等会见出席会议的各省、自治区、直辖市代表。

7月11日 上午，出席中共中央书记处会议。

7月14日 上午，出席中共中央书记处会议。会议讨论《中共中央、国务院关于实行政社分开建立乡政府的通知》。十月十二日，该《通知》正式发出。

7月18日 上午，出席中共中央书记处会议。会议听取并讨论邓小平七月十六日同胡耀邦、赵紫阳关于社会治安问题和整顿企业问题的谈话精神，决定由习仲勋、胡启立负责召集政法部门认真研究，提出有力措施，提交中央书记处会议讨论。在此之前，北京、上海等大城市可以先行动起来。

同日 下午，同王震、姚依林等出席首都高校一九八三届毕业生大会。

7月20日 在新华社《国内动态清样》（一八〇三期）刊载的《泰山旅游索道工程竣工》一文上批示："仅对这样一件事情，如此'大动干戈'好吗？凡事都根据具体情况，做得适当为妥，过分了，就会有损宣传效果。"文章反映，我国第一条大型旅游索道泰山旅游索道工程竣工，作为设备主要提供国的日本将派庞大代表团参加竣工典礼的剪彩仪式，有关部门还准备邀请各省、市、自治区主管旅游的负责同志和全国一些知名人士参加剪彩典礼。

7月25日 上午，出席中共中央书记处会议。会议讨论并原则同意《公安部关于召开放宽出国审批条件座谈会的请示》。

7月28日 上午，出席中共中央书记处会议。会议听取胡启立等传达胡耀邦、陈云关于严厉打击刑事犯罪活动的意见，讨论并通过中央政法委员会《坚决贯彻执行党中央关于严厉打击刑事犯罪活动指示的报告》。

同日 在《工人日报》总编室《情况参考》（第五九三期）刊载的《石嘴山矿区治安情况亟待解决》一文上批示："转宁夏回族自治区党委李学智[1]同志一阅，并请组织力量，限期整顿，彻底解决。区党委要直接干预，应首先严厉打击流氓集团，狠狠镇压，把这种嚣张气焰打下去。尔后再仔细部署，进行综合治理，迅即扭转这种混乱局面。"文章反映，宁夏石嘴山市二区百分之七十以上的人口都是煤矿工人及其家属，这里治安情况十分混乱，犯罪情况也比较严重，特别是一至四月以来，聚众斗殴不断发生，公共场所秩序极坏，明火执仗地偷、抢，人身安全得不到保障。

7月30日 在胡耀邦批转的《来信摘要》上批示："这个反映不是安徽一省的问题，带有普遍性，请陈野苹同志研究，提出办法，加以控制。"《来信摘要》反映，七月十九日，安徽省合肥市署名"平庸"的人致信胡耀邦、邓小平，提出安徽机构改革中值得注意的几个问题：由于干部不好安排而将一些处级机构升格；一些厅、局副职干部增多；对省负责同志的秘书提拔过多；对学历与真才实学的关系处理不好；对"文化大革命"中的表现把关不严；对"二五"干部[2]缺乏明确的政策。

同日 将广播电视部总编室《情况》七月二十九日刊载的《新疆妇女工作中的问题》一文批转郝建秀：此件值得一看，她们所反映的情况和问题都很重要。如计划生育似可尊重各少数民

---

[1] 李学智，时任中共宁夏回族自治区委第一书记。
[2] "二五"干部，指20世纪50年代参加工作、年龄50岁左右的干部。

族的意愿，通过立法程序，由自治区人大常委会决定。又如近亲婚配等问题，都应做出具体措施，认真解决。是否转知新疆王恩茂同志，请酌。文章称：在新疆维吾尔自治区召开第五届妇女代表大会期间，妇女代表和中央电台新疆记者站记者座谈时反映：少数民族妇女要求计划生育；农村实行生产责任制后，各级妇女组织办的托幼组织纷纷解体，一些生产大队的妇女队长被精减；偏僻地区一些少数民族近亲结婚严重。八月一日，郝建秀批示全国妇联、国家计划生育委员会、国家民委："仲勋同志的批示很重要，请你们认真研究，提出解决问题的意见和措施。如果你们已较充分地掌握这些情况，请你们联合向中央提出一个报告；如果情况不足，请抓紧时间对此进行调查研究，然后给中央写报告。"

同日 在胡启立七月二十九日批转的新华社《国内动态清样》（第一九一二期）刊载的《西双版纳自然保护区的野象连续惨遭戕杀》一文上批示："同意。关键是认真解决问题，要抓住不放。"胡启立的批语说：拟请安平生同志指定专人牵头，组织有关部门包括中央有关部门（如外经贸部）共同研究出系统的政策、办法，以求切实解决这个问题。妥否，请习仲勋、陈慕华[1]同志阅示。

8月1日 下午，主持工作会议，讨论青联、学联代表大会问题。胡启立、乔石等出席。

8月4日 上午，出席中共中央书记处会议。会议讨论并原则通过《中共中央批转中央宣传部、文化部、全国总工会、共青团中央〈关于加强城市群众文化工作的几点意见〉的通知》。

---

[1] 陈慕华，时任中共中央政治局候补委员、国务委员、对外经济贸易部部长。

同日 在李世璋[1]子女来信上批示:"请胡启立、乔石同志阅转李贵[2]同志:统战工作政策性很强,务必事事认真对待,一有疏忽,就出偏差,影响不好,往往是不可补救的。请统战部在处理这类问题上,一定要认真仔细并有专人分工负责、把关才行。李世璋子女提出的两件要求,均可同意,请李贵同志商有关部门及其子女办理。"李世璋子女于七月三十一日致信习仲勋,反映其父病逝后,《人民日报》发的消息中未公布其父的中共党员身份,建议采取适当补救措施;根据李世璋本人遗愿和有利于家属(绝大多数子女在北京)和海外故旧前来祭扫等情况,恳求将他的骨灰安放在八宝山。十月十二日,《人民日报》刊发王昆仑[3]、屈武[4]、朱学范[5]的署名文章《沉痛悼念李世璋同志 促进国共第三次合作》,公布了李世璋的中共党员身份。

8月11日 同陈丕显在山东烟台听取山东省公安厅关于山东省第一天集中行动打击刑事犯罪的情况和深入开展斗争的意见。在讲话中说:(一)这一次工作很有成绩,初战取得胜利。深入斗争的意见也很好。请省委尽快写出第一次简报,把初战的收获尽快地报告中央。(二)对已经搜捕起来的人员,要抓紧审理,通过审理扩大线索。对那些在逃的、隐藏的,要设法尽快抓起来,顺藤摸瓜,扩大战果。(三)宣传工作要跟上。人民群众都要求有一个良好的生产、工作、生活秩序,打击刑事犯罪,搞

---

[1] 李世璋,中共党员,曾任全国政协常务委员、中国国民党革命委员会中央副主席、江西省政协副主席等职。
[2] 李贵,时任中共中央统战部副部长。
[3] 王昆仑,时任全国政协副主席、中国国民党革命委员会中央副主席。
[4] 屈武,时任全国政协副主席、中国国民党革命委员会中央副主席。
[5] 朱学范,时任全国人大常委会副委员长、中国国民党革命委员会中央副主席。

好社会治安，人人有责，要把这些道理说清楚。通过这次行动，把人民群众发动起来，真正造成对那些违法犯罪分子像过街的老鼠、人人喊打的局面。过去群众有意见，就是我们打击不力。现在，我们打击了，要向群众宣传，组织群众维护治安。

同日 晚上，同陈丕显在山东烟台会见山东省归侨知识分子参观学习团的全体成员。

8月20日 下午，主持工作会议，听取何载[1]关于湖南省情况的工作汇报。宋任穷、乔石、陈野苹等参加。

8月22日 上午，出席中共中央书记处会议。

同日 下午，在中南海勤政殿出席由胡耀邦主持的会议。会议讨论《中共中央关于严厉打击刑事犯罪活动的决定》和公安部就打击刑事犯罪问题向全国人大常委会的汇报稿。

8月23日 上午，在中南海勤政殿出席由胡耀邦主持的会议。会议讨论五届全国妇联书记处第一书记的人选问题。

同日 上午，在中南海勤政殿主持会议，讨论湖南问题。胡耀邦、宋任穷、乔石、陈野苹等出席。

同日 下午，同胡耀邦、赵紫阳、李先念、彭真、邓颖超[2]等在人民大会堂会见出席全国青联六届一次会议和全国学联第二十次代表大会的青联委员、学联代表。

8月25日 上午，出席中共中央政治局扩大会议。会议听取刘复之[3]关于严厉打击刑事犯罪活动情况的汇报，讨论并原则通过《中共中央关于严厉打击刑事犯罪活动的决定》。《决定》于当日正式发出。

---

[1] 何载，时任中共中央组织部干审局局长。
[2] 邓颖超，时任中共中央政治局委员、全国政协主席。
[3] 刘复之，时任公安部部长。

8月29日 上午，出席中共中央书记处会议。会议讨论五届全国妇联书记处第一书记的人选问题。

8月30日 上午，同胡耀邦、万里等在中南海会见出席全国发展集体和个体经济安置城镇青年就业先进表彰大会的全体代表。

9月1日 上午，出席中共中央书记处会议。

同日 同李先念、万里、余秋里、陈丕显、王鹤寿[1]、陈野苹等出席中共中央党校一九八三年度秋季开学典礼。

9月2日 上午，在中南海勤政殿主持会议，讨论中共广西壮族自治区委关于"文化大革命"遗留问题的处理。

同日 下午，同胡耀邦、邓小平、赵紫阳、李先念、彭真等在人民大会堂出席中国妇女第五次全国代表大会开幕式。十二日下午，出席大会闭幕式。

9月5日 上午，出席中共中央书记处会议。

9月8日 上午，出席中共中央书记处会议。会议讨论并原则同意中央军委修改兵役法领导小组《关于兵役法修改草案及有关问题的请示》。

9月12日 上午，出席中共中央书记处会议。会议讨论《发扬各族职工主人翁精神，努力开创工人运动新局面——在中国工会第十次全国代表大会上的工作报告》。会议决定，由胡耀邦、习仲勋、郝建秀及中央书记处研究室、团中央的有关同志协助全国总工会改写《工作报告》。

9月14日 出席国家民委第三次委员（扩大）会议，作题为《为开创民族工作新局面贡献力量》的讲话。在讲话中说：（一）检验我们落实还是不落实党的方针政策的标准，就是看那

---

[1] 王鹤寿，时任中共中央纪律检查委员会常务书记。

个地区的经济、文化和其他各项工作搞上去了没有，人民的生活改善了没有。标准只有这一条。搞四化建设，不能只停留在口头上，也不能满足于发文件、发决议，要紧的是脚踏实地，见诸行动。（二）民委所管的工作，具体事务比较多，但政策性很强，必须妥善处理，不能掉以轻心。民委要经常注意抓方针政策性的问题，并深入进行调查研究，总结经验，提出改进意见。各地区在机构改革中，一定要注意不能削弱民族工作机构。（三）要加强对马列主义、毛泽东思想的学习，在当前就是要学好《邓小平文选》，不断提高政治思想水平，继续克服"左"的思想影响。要正确地贯彻执行党的方针政策，在政治上和党中央保持一致。希望大家立志改革，勇于创新，振奋精神，艰苦奋斗，为开创民族工作的新局面贡献自己的力量。

9月15日—16日 出席中共中央书记处会议。会议听取胡绳[1]就《中共中央关于整党的决定》（九月十四日修改稿）所作的说明，讨论并原则通过这个《决定》。

9月19日 上午，出席中共中央书记处会议。会议讨论《中共中央、国务院关于实行政社分开建立乡政府的通知》。

9月20日 下午，会见并宴请由朝鲜劳动党中央政治局候补委员、咸镜北道党委责任书记赵世雄率领的劳动党咸镜北道友好参观团。

9月22日 上午，出席中共中央书记处会议。会议讨论《中共中央、国务院批转中央宣传部、文化部〈关于省、市、自治区办电影制片厂的情况和处理意见的报告〉的通知》。

9月24日 出席全国总工会九届五次执委会闭幕会。在讲话中说：一定要把工会第十次代表大会开好，开成功，使它成为

---

[1] 胡绳，时任中共中央党史研究室主任。

激发广大职工群众鼓足干劲,振奋精神,向社会主义现代化建设进军的动员大会。召开工会十大,是全国各族职工和各级工会组织的一件大事,党中央十分关心,寄予很大的希望。从工会九大以来的五年中,我国的工人运动和工会工作取得了很大成绩。工会十大应当总结经验,肯定成绩,找出差距,明确提出今后的任务。我们党和国家的工作中心已经转到四个现代化建设上来,作为国家领导阶级的工人阶级,应当肩负起四化建设的重任,走在最前列,充分发挥主力军的作用。搞四化建设,中心的问题是提高经济效益,提高企业素质。要做到这一点,必须首先提高职工队伍的素质,把职工队伍培养教育成为一支有觉悟、有理想、有文化科学技术知识、守纪律的队伍。讲话还说:要积极做好新老干部的交替工作。工会的老同志比较多,有些老同志从事工人运动和工会工作几十年,作出了很大成绩,党和人民是永远不会忘记他们的。希望老一辈工会工作者解放思想,开阔视野,发掘人才,认真解决好干部队伍的交接班问题,认真建设好第三梯队。

9月27日 上午,出席中共中央书记处会议。会议讨论关于召开党的十二届二中全会的有关问题,通过《中央组织部关于提请二中全会递补中央委员会委员的报告》和《中央组织部关于提请二中全会增补中央顾问委员会委员的报告》,决定由中央组织部根据会议讨论的意见将报告加以修改,送习仲勋审阅后提交党的十二届二中全会预备会议审议。

9月28日 下午,出席中共中央政治局扩大会议。会议讨论并原则通过《中共中央关于整党的决定》(九月二十二日修改稿)和《整党学习文件三个书目》。

9月29日 在人民大会堂出席全国乌兰牧骑式演出队文艺会演闭幕式。

9月30日 晚上,在人民大会堂出席国庆招待会。

10月2日 晚上，在钓鱼台养源斋会见由中央委员、对外关系部常务书记马祖·夏尔率领的刚果劳动党领导干部休假团。在会谈中说：今年我国南北遭受了大面积的水涝灾害，但农业生产仍获得大丰收。原因很简单，一是政策对头，实行联产承包责任制，调动了广大群众的积极性；二是调整各级领导班子，加强了领导；三是贯彻了调整、改革、整顿、提高的"八字方针"，农轻重的比例趋于协调。过去是失调的，虽然经常讲农轻重，实际上是重轻农，我们吃这个亏可吃大了。所以，我们下决心进行调整。现在的工作量还很大，还要继续改革。我们原来没有搞好，管理技术落后，三十多年基础搞得很大，但经济效益不高，浪费很大，现在改革的中心是提高经济效益，重工业、轻工业、农业都是如此。

10月4日 上午，出席中共中央书记处会议。

10月5日 下午，在人民大会堂西大厅出席谭震林〔1〕追悼大会。谭震林于九月三十日在北京逝世，享年八十一岁。

10月6日 上午，出席中共中央书记处会议。会议讨论并原则通过《在两个文明建设中发扬工人阶级的主人翁精神——在中国工会第十次全国代表大会上的工作报告》。会议决定，请全国总工会根据会议讨论的意见，由中央书记处研究室协助，将报告修改后送习仲勋审定。

10月11日—12日 出席中共十二届二中全会。全会通过《中共中央关于整党的决定》，确定从一九八三年开始，用三年时间分期分批对党的作风和党的组织进行一次全面整顿。全会选举产生中共中央整党工作指导委员会，胡耀邦任主任，万里、余秋里、薄一波、胡启立、王鹤寿任副主任，邓力群、陈野苹等十六

---

〔1〕 谭震林，逝世前任中共中央顾问委员会副主任。

人为委员，王震、杨尚昆、胡乔木、习仲勋、宋任穷为顾问。整党工作到一九八七年五月基本结束。

10月12日 下午，在京西宾馆主持召开湖南问题座谈会。会议听取湖南同志对湖南机构改革工作的评价和对中央派驻湖南机构改革工作组的评价。宋任穷、乔石、陈野苹、毛致用等出席。十三日下午，继续主持会议。

10月14日 同宋任穷出席湖南省委八位常委和湖南机构改革工作组正副组长会议并讲话。在谈到加强民主集中制的问题时说：要认真实行集体领导和个人分工负责制。重大事情要经过常委讨论，决定了以后就按分工认真去抓。第一书记不在家，要指定人代理。每个委员都要顾全大局，都要讲原则、讲党性，各种不同意见都可以讲，但一经决定，必须坚决执行。如果领导集体长期形不成一致意见，议而不决，就丧失了战斗力。讨论问题时，常委发生不同意见是正常的。要充分发扬民主，反复进行酝酿，统一了认识，才能真正一致，才能有力量。在谈到清理"三种人"的工作时说：一定要旗帜鲜明，态度坚决，要抓准、抓狠、不留后患。作为领导干部，一定要按党性办事，不能陷入派性之中，更不能以派性来包庇坏人，做坏人的保护伞。在谈到对退下来的老同志的安排问题时说：安排好这些同志，是一项很艰苦的工作，也是极为重要、极为光荣的任务，是关系到机构改革成果能不能巩固的问题。对退下来的老同志，特别是那些为湖南人民奋斗了几十年的南下干部，要安置好。对于还能工作的，要吸收他们参加一点工作，发挥他们的余热。

10月18日 下午，同胡耀邦、邓小平、赵紫阳、李先念、陈云、彭真等出席中国工会第十次全国代表大会开幕式。二十九日下午，出席大会闭幕式。

10月19日 上午，在中南海勤政殿出席关于中国科学院召开学部委员大会等问题的讨论会。会议听取中国科学院调查组的工作汇报和胡乔木、胡启立等提出的意见。

10月20日 上午，出席中共中央书记处会议。会议讨论《中共中央关于转发邓小平、陈云同志在党的十二届二中全会上讲话的通知》。

10月21日—26日 中共中央举行党外人士座谈会，传达中共十二届二中全会精神，就中国共产党的整党等问题听取意见。二十一日，主持座谈会。二十二日至二十六日，出席会议，听取党外人士的意见和建议。

10月29日 上午，同胡耀邦、彭真、薄一波、万里等在北京香山万安公墓参加李大钊烈士陵园落成典礼。

同日 在中共青海省委十月二十四日报送的《关于成立省委整党工作指导委员会的请示报告》上批示：退一波[1]、启立同志审阅。一波同志的意见很好，复电用中办名义为妥。省、市、自治区整党是否成立指导委员会，可看一段再说，但从抓今后的工作来看，势在必须成立，请整党办公室研究提出一个统一的意见，于适当时候通知各省遵行。

10月31日 上午，出席中共中央书记处会议。

11月2日 在新华社《国内动态清样》十一月一日刊载的《浙江省政府开了"可以开支招待费"的口子后助长了用公款请客送礼的歪风》一文上批示：请乔石、纪云[2]同志考虑。"请客送礼"这个问题，仍是必须反复提起大家注意克服的一个问题，是改进工作作风中的一个重要方面，也是争取党风好转的一个主要内容。此件似应改写加按语以中办、国务院办公厅名义通

---

[1] 一波，指薄一波。
[2] 纪云，指田纪云。

知各省、市、自治区党政领导机关检查改进。

11月3日 上午，出席中共中央书记处会议。会议讨论并通过中共中央统战部《关于民主党派组织发展问题的请示》。

11月4日 出席在北京召开的原十七路军中共党史资料征集编写座谈会并发言。

11月8日 上午，在全国政协礼堂出席中国民主建国会第四次全国代表大会和中华全国工商业联合会第五届会员代表大会。受中共中央委托，在会上宣读中共中央的贺词。

11月10日 上午，出席中共中央书记处会议。会议听取谷牧、张廷发[1]、张震[2]关于九月十四日桂林机场撞机事故主要情况的说明，讨论《关于九月十四日桂林机场两机相撞事故情况的报告》。

11月13日 在光明日报社《情况反映》（第二六七〇期）刊载的《阿坝藏族自治州[3]宗教活动严重干扰正常教学秩序》一文上批示：请杨静仁[4]同志考虑，可否召开一次有党外宗教人士参加的座谈会，开它几次，就宗教活动严重干扰正常教学秩序及其他有关干预政府工作的事宜，摆摆情况，指出危害社会安定与群众利益，让大家出主意，提意见，然后制定办法，作出措施，抓紧逐步解决。不然，听其自流，放任不管，将会在社会上造成很大混乱，也可能由此闹出某些地区社会动乱，绝不可掉以轻心。

11月14日 下午，出席中共中央书记处会议。会议讨论并

---

[1] 张廷发，时任中共中央政治局委员、空军司令员。
[2] 张震，时任中国人民解放军副总参谋长。
[3] 阿坝藏族自治州，1987年更名为阿坝藏族羌族自治州。
[4] 杨静仁，时任全国政协副主席、中共中央统战部部长、国家民族事务委员会主任。

原则通过国务院港澳办《关于解决香港问题的若干具体政策的请示》。

11月16日 上午，在中南海勤政殿主持中央和国家机关机构改革工作小组工作汇报会。宋任穷、胡启立、郝建秀等出席。会议听取工作小组负责人顾卓新[1]的汇报，决定将机构改革工作小组合并到整党委员会办事机构中，但机构改革的检查工作还要继续进行，不能中断。这个工作在整党办中设专门的小组负责，对中央起咨询作用。

11月17日 上午，出席中共中央书记处会议。会议听取杜润生[2]关于目前农村形势的汇报，讨论中央书记处农村政策研究室《关于农村若干问题的请示》中的"责任制"部分的内容。

同日 下午，同胡耀邦、邓小平、彭真、邓颖超等在人民大会堂分别会见出席中国民主建国会第四次全国代表大会、中华全国工商业联合会第五届会员代表大会的全体代表和出席中国民主促进会第五次全国代表大会的全体代表。

11月20日 晚上，参加胡耀邦同朝鲜劳动党中央书记安承鹤率领的朝鲜劳动党友好参观团的会见。会见后，设宴招待朝鲜客人。

11月22日—12月3日 应法国共产党中央委员会的邀请，率中国共产党代表团访问法国。这是自一九八二年中法两党关系正常化以来中共代表团对法国的第一次正式访问。

11月22日 晚上，率代表团乘飞机离开北京，前往法国。二十三日，抵达巴黎。

---

[1] 顾卓新，时任中共中央顾问委员会委员。
[2] 杜润生，时任中共中央书记处农村政策研究室主任、国务院农村发展研究中心主任。

11月24日—25日 同法共中央政治局委员、书记处书记格雷梅兹为团长的法共代表团进行政治会谈。双方介绍各自国内的情况，并就共同关心的国际问题交换了看法。会谈还涉及如何发展两党关系的问题。在法期间，率中共代表团访问法共巴黎、纪龙德、埃松三个省委和波尔多等四个市委，同法共工厂、农村、学院、科研单位等基层干部进行接触和交谈，接受法国国家电视台、法新社和《欧洲时报》等媒体的采访。

12月2日 上午，在巴黎法共中央总部同法共总书记乔治·马歇会面。在会谈中说：代表团的同志们对这次访问都很满意。访问时间虽较短，但看的东西很多，还走了几个地方，受到法共同志和劳动人民的热烈欢迎。法共同志对共产主义怀有坚定的革命信念，有丰富的政治、社会经验，有管理经济的能力和专业知识，有群众工作的能力，有实干和艰苦奋斗的精神。我们学到了许多东西。两党代表团会谈很圆满。一年前，马歇同志访华，两党恢复了关系。现在，两党友好合作关系的基础更加巩固了，共同的观点更多了，更接近了。我们两党两国情况不同，这丝毫不影响两党友好关系的发展。

12月3日 结束对法国的访问，率代表团离开巴黎回国。

12月12日 上午，出席中共中央书记处会议。会议讨论《中共中央、国务院关于坚决、彻底查禁淫秽物品问题的通知》。

12月14日 下午，出席中国民主同盟第五次全国代表大会开幕式。受中共中央委托，在会上宣读中共中央的贺词。

12月15日 上午，出席中共中央书记处会议。会议听取胡启立、赵东宛[1]、顾卓新、卢嘉锡、严东生[2]等关于中国科

---

[1] 赵东宛，时任国家计划委员会副主任、国家科学技术委员会副主任。
[2] 严东生，时任中国科学院副院长。

学院几个问题的说明和意见，讨论并原则同意国务院科技领导小组调查组《关于中国科学院几个问题的调查报告》、中央和国家机关机构改革工作小组《关于中国科学院机构改革几个问题的意见》。

同日 下午，在全国政协礼堂出席梁希[1]诞辰一百周年纪念会。

12月16日 向中共中央报送关于率中国共产党代表团访问法国的情况报告。报告提出：法共地处西欧发达资本主义国家，是一个有影响的老党，应在可能的条件下，加强对法共的友好关系。应利用一切可能，加强两党领导人的接触，以加深了解和增进友谊，多做工作。通过考察团、休假团等各种形式，多邀请一些法共中层骨干访华。在平等互助和可能条件下，多照顾同法共领导下的企业开展贸易往来和技术合作，以便从经济和物质上给以力所能及的支援。

12月19日、22日 出席中共中央书记处会议。会议听取杜润生对《中共中央关于一九八四年农村工作的通知》（草稿）的说明，讨论并原则通过这个文件。

12月23日 下午，出席中共中央政治局扩大会议。会议讨论并原则同意外交部关于赵紫阳访美方针问题的请示。

同日 下午，同胡耀邦、邓小平、李先念、彭真等在人民大会堂分别会见出席中国国民党革命委员会第六次全国代表大会、中国民主同盟第五次全国代表大会和全国少数民族地区生产生活会议的全体代表。

12月24日 上午，在中南海勤政殿同朱穆之谈文艺界落实

---

[1] 梁希，曾任中央人民政府林垦部部长、林业部部长，全国政协常务委员，中华全国科学技术普及协会主席等职。

政策等问题。

12月28日 下午，出席全国政协、中共中央统战部落实政策座谈会并讲话。在谈到如何进一步做好落实政策工作、处理好历史遗留问题时说：第一点，要进一步从思想上高度重视。认真做好落实政策的工作，是一个重要的政治问题，关系到调动和发挥千千万万人参加社会主义现代化建设的积极性，关系到党和政府的声望和信誉，关系到国内外的政治影响，关系到党风和社会风气的根本好转。对落实政策要有时间观念，要有紧迫感。各省、市、自治区都要贵在行动，办一件实事比说一万句空话要好得多。第二点，从工作上切实抓紧。最重要的是要有具体的得力的措施，克服一般化的工作作风和领导方法。"现在我们的许多工作是调查研究少，一般号召多；说得多，做得少；许多事情往往是大而化之，缺乏求实精神和督促检查。这种作风实在要不得，实在害死人，一定要彻底转变这种坏作风。"第三点，从政策上作出具体规定。落实政策一定要坚持实事求是、有错必纠的原则。全部错全部改正，部分错部分改正，错多少改正多少，既不夸大也不缩小，努力做到思想和实际相符合，主观和客观相符合，这就是实事求是。

12月29日 上午，出席中共中央书记处会议。会议讨论方毅代表中共中央、国务院作的《在中国科学院第五次学部委员大会上的讲话》。

同日 下午，在北京工人体育馆出席首都青年元旦歌咏大会。

1984年 七十一岁

1月1日 上午，在全国政协礼堂出席新年茶话会。

同日 审阅《关于湖南县级机构改革情况及有关一些问题的报告》并作批注。在《报告》提到湖南县级机构改革"对干部的交流认识不够全面，交流的面不符合中央的要求"一句旁批注：在湖南当前的情况下，不算太偏，在整党和选拔第三梯队人选时，再逐步调整。在《报告》提到从"稳定局势，工作连续"考虑的多，不适当地强调了县委主要领导连续留任时，习仲勋批注：必须有一个选拔过程，只要不是犯有严重错误或"三种人"的主要领导继续留任，稳定、连续、过渡一下，也是好的。不引起大波动，总是有利于工作的。在《报告》提到新的县委、政府班子女干部、非党干部少的问题时，习仲勋批注：妇女干部和非党干部少了，可边选边进，一定要选准。

1月2日 晚上，在人民大会堂会见法共中央委员、法国《人道报》总编辑勒内·安德里厄一行。

1月5日 上午，同邓颖超、万里等出席中国科学院第五次学部委员大会开幕式，并会见中国科学院主席团全体成员。

1月7日 在新华社《国内动态清样》一月六日刊载的《黑龙江省一些基层邮电部门职工私拆信件盗窃包裹贪污汇款情况严重》一文上批示："邮电部门职工这种不法行为，据我所知，曾发现处理过的已有好几次，直至现在这还是一个严重问题。请纪云同志抓一下，并要邮电部门严肃对待。"十八日，田纪云在

《关于邮电部门查处破坏邮政通信案件情况的简要汇报》上批示："邮电部对这个问题的态度是严肃认真的，建议结合整党切实抓出成效。请仲勋同志批示。"二十日，习仲勋批示："纪云同志：我完全同意您的意见，请您把您的批语电话告知邮电部，以资鼓励和督促。"

1月10日 在人民大会堂出席国家体委举行的授奖大会，表彰一九八三年取得优异成绩的运动员、教练员。

1月12日 上午，出席中共中央书记处会议。会议听取习仲勋、姬鹏飞[1]关于港澳工委工作问题的说明。

1月16日 上午，出席中共中央书记处会议。

同日 下午，同乔石约刘复之、凌云[2]开会，研究国家安全部和公安部的整党工作。在会上传达胡耀邦对国家安全部整党工作进展情况报告的批示。凌云、刘复之简要汇报有关情况。

1月19日 上午，出席中共中央书记处会议。会议听取王伟[3]关于计划生育工作的说明，讨论并原则同意《国家计划生育委员会党组关于计划生育工作情况的汇报》。

1月21日 上午，同胡耀邦、万里、余秋里等在中南海西花厅看望邓颖超，祝贺其八十岁寿辰。

1月23日 下午，在中南海勤政殿主持会议，讨论修改王恩茂在中共新疆维吾尔自治区第三次代表大会上的报告。宋任穷、胡启立、乔石、陈野苹等出席。

1月25日 下午，在人民大会堂出席中共中央顾问委员会、

---

[1] 姬鹏飞，时任中共中央顾问委员会常务委员、国务委员、国务院港澳事务办公室主任。
[2] 凌云，时任国家安全部部长。
[3] 王伟，时任卫生部副部长。

中共中央组织部、中国人民解放军总政治部联合举行的在京部分老同志春节茶话会。

1月26日 出席中共中央书记处会议。会议听取杨钟[1]关于植树造林情况和问题的汇报，讨论并原则通过《中共中央、国务院关于深入扎实地开展绿化祖国活动的指示》。

同日 在新华社《国内动态清样》刊载的《项南同志说福建省委常委整党主要是解决如何把福建的工作搞上去的问题》一文上批示：这个整党反映，我认为是抓住要害了，而且也很稳妥。

1月29日 下午，同班禅额尔德尼·确吉坚赞、包尔汉[2]等在民族文化宫出席在京少数民族迎春会。

1月30日 上午，出席中共中央书记处会议。会议讨论并原则同意农牧渔业部和部党组《关于开创社队企业新局面的报告》。三月一日，中共中央、国务院发出通知，转发该报告，同意报告提出的将社队企业名称改为乡镇企业的建议。

同日 下午，同邓颖超等出席全国政协举行的新春茶话会，已故爱国知名人士的夫人和其他亲属近四百人参加。

1月31日 上午，同韦国清、宋任穷、乔石、彭冲[3]等在中国儿童少年活动中心出席联欢会，同首都少年儿童共迎新春佳节。

同日 到北京体育馆看望中国羽毛球队全体运动员、教练员。在讲话中说：去年一年，我国运动员奋力拼搏，大显身手，创造了优异的成绩，为国家争得了荣誉。新年伊始，万象更新。我愿向羽毛球队提出几点希望：（一）希望你们坚持刻苦训练，不断提高技术和战术水平，发扬拼搏精神，打出高水平，打出好

---

[1] 杨钟，时任中共中央绿化委员会副主任委员、林业部部长。
[2] 包尔汉，时任全国政协副主席、中国伊斯兰教协会名誉主任。
[3] 彭冲，时任全国人大常委会副委员长。

风格，努力创造新的更大的成绩，为国争光。（二）希望你们善于总结经验教训。胜败乃兵家之常事。常胜将军是没有的。我们不能要求运动员每打一场比赛，都要保持不败。但是我们必须要求运动员每参加一次比赛，都应尽力发挥正常的技术水平，保持良好的竞技状态，争取好的成绩，做到胜不骄，败不馁，吃一堑，长一智。每次比赛完毕，球队要以一分为二的观点进行检查评比，找出差距，发扬优点，克服弱点，以利再战。（三）希望你们要注意培养和选拔新手。要善于发现有培养前途的人才，在比赛中大胆起用新手。新老运动员要互相学习，互相帮助，密切配合，协同作战。只要把新老运动员交替合作的问题解决好了，羽毛球队是大有希望、大有作为的。

同日 上午，同乔石代表中共中央看望黄克诚[1]、粟裕[2]。

1月 在中共中央办公厅信访局《综合摘报》一月十四日刊载的《落实政策仍存在有未得到妥善解决和甚至没有解决的情况》一文上批示：请耀邦同志阅转乔石、静仁、野苹、汪锋[3]等同志阅。看来这方面的问题，的确还很多，特别是来信人（五人）的落实政策问题，请一民[4]同志打电话给上海市委责成有关单位迅即核实解决。并请乔石、野苹、静仁同志督促各有关落实政策单位负责同志，务必按照耀邦同志的一贯主张，发现一个就认真解决一个问题，必要时请您们几位亲自过问一下，这就是整党中很重要的一个方面。

2月1日 上午，同乔石代表中共中央看望叶剑英。

---

[1] 黄克诚，时任中共中央纪律检查委员会第二书记。
[2] 粟裕，时任中共中央顾问委员会常务委员。
[3] 汪锋，时任中共中央顾问委员会委员。
[4] 一民，指康一民，时任中共中央办公厅副主任。

同日 下午，同乔石、张劲夫代表中共中央看望聂荣臻。

2月2日 农历正月初一。上午，同赵紫阳、李先念、邓颖超等在人民大会堂出席中共中央、全国人大常委会、国务院、中央军委、全国政协举行的春节团拜会。

同日 晚上，在人民大会堂出席春节联欢晚会。

2月7日 上午，在中南海勤政殿主持会议。宋任穷、乔石等参加。会议座谈组织工作的几个问题，包括第三梯队的挑选，省、市、自治区和各部委一把手的调整配备，干部的交流，"三种人"的清查，干部审批制度等。会议决定，将中共中央组织部《一九八四年工作要点》加以修改，以一九八三年工作的简单回顾和座谈中涉及的几个问题为主要内容，写成汇报提纲，向中共中央书记处汇报。

2月16日 上午，出席中共中央书记处会议，漫谈当前国内形势。

同日 在中南海勤政殿主持会议，同周光春谈广西问题。宋任穷、乔石等参加。

2月17日 上午，同万里、胡启立、郝建秀等在中南海怀仁堂出席全国农村学科学用科学青年标兵奖和全国青少年"采集草种树种支援甘肃改变面貌"活动表彰大会闭幕式。

2月18日 下午，出席中共中央政治局会议。会议听取赵紫阳、吴学谦[1]关于访问美国、加拿大以及万里关于赴苏联参加苏共中央总书记、苏联最高苏维埃主席团主席安德罗波夫葬礼的情况汇报。

2月20日 出席中共中央书记处会议，漫谈当前国内形势。

2月21日 上午，同班禅额尔德尼·确吉坚赞、阿沛·阿

---

〔1〕 吴学谦，时任国务委员兼外交部部长。

旺晋美和平措汪杰[1]谈话,就西藏工作问题听取他们的意见。杨静仁、江平参加。

2月23日 下午,出席中共中央书记处会议。会议听取王鹤寿关于起草《加强党的纪律的若干规定》的说明,讨论《中纪委关于制定〈加强党的纪律的若干规定〉给中央的报告》。

2月27日 上午,出席中共中央书记处会议。

2月27日—3月6日 出席中共中央书记处在北京召开的西藏工作座谈会。会议强调,西藏的党政领导一定要集中精力抓好三个方面的工作:第一是把经济搞上去;第二是尊重和继承西藏文化固有的优良传统,发展藏族的语言、文学、史学、艺术、医学等,建设社会主义精神文明;第三是高度重视和切实做好统战工作、民族工作和宗教工作。

2月28日 下午,在国家计委计算中心观看微型计算机汇报表演。

3月1日 下午,出席中共中央政治局扩大会议。

3月3日 在《人民日报》发表《深切怀念王泰吉[2]同志》一文。文章说:王泰吉同志先后参与发动和领导了麟游、渭华、耀县三次起义,屡遭挫折仍然奋斗不息,为建立和壮大革命武装作出了重要贡献。王泰吉同志从学生时代就积极投身革命活动。在那风雨如晦、白色恐怖的日子里,他毅然宣布自己的革命目的在于"求解放""红旗飞""宇宙红"。他乐于用自己的生命为革命开路,把一切献给人类最壮丽的解放事业。这种崇高的毫不利己的革命情操和纯洁的品质,永远是每一个革命者学习的榜样。

---

[1] 平措汪杰,时任全国人大常委会委员、全国人大民族委员会副主任委员。
[2] 王泰吉,曾任陕甘边红军临时总指挥部总指挥、红二十六军四十二师师长等职。1934年1月被国民党民团逮捕,同年3月就义。

王泰吉同志和历史上所有的英雄人物一样，在一生的征途中，有过缺点，也犯过错误。但是，他能认识错误和勇于承认错误。每次遭受挫折后，他都能回过头来冷静地反省自己，检查得失，总结经验教训。这种严于律己、勇于自我解剖的精神，是十分珍贵的。在艰苦的革命斗争中，他始终不放松学习。他向书本学，向群众学，向实践学，从"屡经起义与愿违"的失败中很快地总结经验，增长才干，取得了斗争的主动权。在紧张的军事行动中，他写诗言志，鼓舞士气。他的诗词，为无产阶级的文化园地，增添了一笔绚丽的光彩。

3月4日 在池必卿[1]二月二十八日来信上批示："池必卿同志的信，是真正悟出一个解决问题的正确道理，即以耀邦同志讲话的精神，结合贵州省的实际，来处理存在的问题和开创新局面的做法是正确的。拟与池通电话肯定他的意见是对的，照此做下去。另将此信加以整理后加按语刊登《综合与摘报》。建议把这个刊物办好，每期都发各省、市、自治区党委一份作参考。请耀邦、任穷、启立、野苹、乔石同志阅示后退康一民同志办。"池必卿在给习仲勋的来信中，汇报了贵州省委常委会学习讨论胡耀邦在广西汇报会上讲话要点的有关情况。

3月5日 出席中共中央书记处会议。会议讨论通过北京军区《国庆三十五周年首都阅兵方案》和中共北京市委《庆祝中华人民共和国成立三十五周年群众游行和联欢晚会实施方案》。

3月7日 在中国美术馆为各民主党派和全国工商联书画联展剪彩。

3月8日 上午，出席中共中央书记处会议。

3月10日 在政协全国委员会机关党组三月三日向中共中

---

[1] 池必卿，时任中共贵州省委第一书记。

央统战部并中共中央书记处的报告上批示："同意照此办理，请静仁同志报告邓大姐〔1〕知道。"报告说：湖南人民出版社和美术出版社即将出版国民党元老于右任的《于右任诗词集》《于右任墨迹选》。今年正值于右任逝世二十周年。政协全国委员会建议，结合两书的出版，以全国政协祖国统一工作组和文化组的名义，邀请部分文化界、出版界的知名人士和有关人士，召开一个近百人参加的纪念座谈会。八日，杨静仁在报告上批示："拟同意，请仲勋同志批示。"

3月12日 上午，同胡耀邦、邓小平等党和国家领导人到北京十三陵水库中直机关造林基地参加植树活动。

3月13日 下午，同王震、杨尚昆、邓力群〔2〕等在人民大会堂出席由中共中央马恩列斯著作编译局、中国马列著作研究会、中国翻译工作者协会和中国出版工作者协会举行的张仲实〔3〕从事马列著作翻译、研究和出版工作五十周年庆祝会。

3月15日 同彭真、王震、余秋里等在全国政协礼堂出席中国残疾人福利基金会成立大会。

同日 同彭真在人民大会堂出席首都文艺界纪念老舍诞辰八十五周年座谈会。

3月19日 上午，出席中共中央书记处会议。

3月22日 上午，出席中共中央书记处会议。会议讨论并原则通过《西藏工作座谈会纪要》。四月一日，中共中央印发该《纪要》。

---

〔1〕 邓大姐，指邓颖超。
〔2〕 邓力群，时任中共中央书记处书记、中共中央宣传部部长、中共中央书记处研究室主任。
〔3〕 张仲实，时任中共中央编译局和中国翻译工作者协会顾问、全国政协常务委员。

同日　向中共三原县委的同志谈渭北及三原的革命斗争历史。

3月29日　上午，出席《中共中央关于加强和改进思想战线工作的决定》（草稿）座谈会。在发言中说：第一抓经济，第二抓整党。经济上不去，整党就失败了，要通过整党来抓改革。

同日　下午，乘专机离开北京，前往几内亚人民革命共和国首都科纳克里，作为中华人民共和国特使和中共中央代表，出席几内亚总统塞古·杜尔的葬礼。三十日上午，抵达科纳克里，并出席当日举行的塞古·杜尔的葬礼。三十一日中午，拜会几内亚总理兰萨纳·贝阿沃吉。四月一日上午，离开几内亚回国。

4月2日　上午，乘专机抵达乌鲁木齐。在新疆停留四天，听取中共新疆维吾尔自治区委的工作汇报，同有关负责同志谈话，两次同王恩茂交换意见，到乌鲁木齐市南郊的燕儿窝革命烈士陵园祭扫陈潭秋[1]、毛泽民[2]、林基路[3]等烈士墓，参观新疆生产建设兵团农六师五家渠垦区。

4月6日　下午，从乌鲁木齐回到北京。

4月11日　下午，出席第三次全国归国华侨代表大会开幕式。十六日上午，大会闭幕；下午，同胡耀邦、邓小平、赵紫阳、李先念、彭真、邓颖超等在人民大会堂会见出席大会的全体代表和出席全国各省、自治区、直辖市侨办主任会议的全体同志。

---

[1] 陈潭秋，中国共产党的创始人之一。1939年任中共驻新疆代表、八路军驻新疆办事处主任，1943年9月在迪化（今乌鲁木齐市）被军阀盛世才杀害。

[2] 毛泽民，中国共产党早期党员。1938年到新疆做统战工作，曾任新疆省政府财政厅代理厅长、民政厅厅长，1943年9月在迪化（今乌鲁木齐市）被军阀盛世才杀害。

[3] 林基路，中国共产党党员。1938年到新疆做统战工作，曾任库车县、乌什县县长，1943年9月在迪化（今乌鲁木齐市）被军阀盛世才杀害。

4月16日 向中共中央报送题为《在新疆四天的一些见闻》的报告。报告说：我和区党委的负责同志在谈话中，一致认为在全面开创新局面中，要着重抓好以下几项工作：第一，要把经济建设抓紧抓好。新疆地大物博，潜力巨大，的确是我国的一块宝地，是一个好地方。中央决定开发建设新疆，把新疆建设成为二十一世纪我国经济建设的一个重要基地。这个决策非常正确。现在首先要着手搞一个开发建设。新疆的长远规划，国家计委要组织一个包括各方面专家在内的强有力的工作班子，帮助新疆搞好这项工作。除搞好大型骨干项目外，要鼓励、支持新疆多搞一些投资少、周期短、见效快的项目。在当前，要搞好三项工作：交通、能源、水利。第二，要抓好整党工作。清理"三种人"，态度要坚决，步子要稳妥，材料要搞准，定性要慎重。要注意防止以"派"划线、以人划线的偏向，用人要公道。要更好地贯彻民主集中制原则，充分发扬民主，善于采纳正确意见，勇于听取不同意见。第三，要继续抓好团结工作。除了要加强汉族和少数民族的团结外，还要加强少数民族之间的团结。这也是非常重要的一个方面。区党委要自上而下地狠抓共产主义民族观、民族政策和民族团结的教育，使民族团结的思想在各族干部群众中扎根、开花，结出丰硕的果实。第四，要大力选拔和培养年轻干部，抓紧第三梯队的建设。这是长治久安的大计，对进一步开创新疆的新局面无疑也是非常重要的。二十日，胡耀邦批示："仲勋同志这个报告很好，可否转恩茂同志并请他考虑是否要区党委常委同志都看看，并且就一些重要问题议一议。"

同日 晚上，同邓颖超、王震等出席中国青年艺术剧院建院三十五周年联欢晚会。在讲话中说：剧院把青年作为自己服务的主要对象，把反映现实生活作为自己的艺术追求，这个方向是完全正确的。衷心祝愿你们继续保持和发扬自己的光荣传统和艺术特色，深入生活，联系群众，提高艺术修养，更多更好地演出反映四化建设中涌现出来的新人新事，以生动活泼、丰富多彩的艺术形象来鼓舞和激励广大的观众奋发图强、努力上进。

4月16日、23日 上午，出席中共中央书记处会议。会议讨论中共中央组织部的《汇报提纲》和代中央草拟的《中共中央关于建立县以上党政机关领导干部交流制度的决定》。

4月17日 同余秋里等出席首届戏剧梅花奖颁奖大会。

4月19日 上午，出席中共中央书记处会议。会议听取谷牧关于有关省、自治区、直辖市和中央、国家机关有关部委传达贯彻沿海部分城市座谈会情况的汇报，讨论并原则通过《中共中央、国务院关于批转〈沿海部分城市座谈会纪要〉的通知》。沿海部分城市座谈会于三月二十六日至四月六日在北京召开。

4月21日 出席全国省、自治区、直辖市侨办主任会议并讲话。在谈到坚决克服"左"的思想影响、全党都要重视侨务工作时说：由于长期形成的"左"的思想还没有完全清除，不少同志对侨务工作的重要性，至今还缺乏明确的认识。在工作中，首先想到的往往还是什么"海外关系""历史不清""背景复杂"等所谓的问题，因而心存疑虑，缩手缩脚。这种对"左"的思想熟视无睹、克服不力的现象，正是现在许多地方和部门的领导上软弱涣散的一种重要表现。当然，我们也要注意防止和解决右的方面的问题。做好侨务工作，是全党的事情，光靠侨务部门的努力是不够的。各级党政领导机关和领导干部，尤其是党的高级干部，一定要有华侨观念，要把侨务工作装进自己的头脑中去，定期听取汇报，检查工作，提出意见，解决问题。在谈到坚决贯彻执行党的方针政策、努力开创侨务工作新局面时说：首先，各级侨务部门的党组织要认真做好整党工作。第二，要加快落实侨务政策的步伐。第三，在实际工作中，既要解放思想，放开手脚，又要谨慎稳妥，严格按照政策办事。第四，不断改进工作方法。要把侨办和侨联办成"侨胞之家"，通过这两个组织，动员和团结广大侨胞做好侨务工作。六月八日，中共中央印发《习仲勋同志在省、自治区、直辖市侨办主任会议上的讲话》。

4月26日 上午，出席中共中央书记处会议。会议讨论中共中央组织部《关于调整部分省、市、自治区党政领导班子的初步设想》。

4月27日 在全国政协礼堂出席谢觉哉[1]诞辰一百周年纪念会。

同日 同王震、宋任穷、程子华[2]、袁任远[3]在《人民日报》发表《人民公仆 党员楷模——纪念谢觉哉同志一百年诞辰》一文。文章说：谢觉哉同志在青年时期就怀着爱国爱民、救国救民的崇高信念，锲而不舍地寻求拯救祖国的真理和振兴中华的道路。在漫长的革命岁月里，无论遇到什么样的生死考验，他总是以身许党，越是革命遭到危难的时候，越是发出光和热。他不愧是中国人民敬重的老一辈无产阶级革命家。谢老不忘人民的冷暖，不忘人民行使当家作主的权利，兢兢业业地为人民服务，不愧是我国从事人民政权建设的一位卓越的领导者和组织者。谢觉哉同志在各个革命时期都参与立法工作，是人民司法制度的奠基者之一。晚年，他写过一首诗："行经万里身犹健，历尽千艰胆未寒，可有尘瑕须拂拭，敞开心肺给人看。"这是谢觉哉同志一生的写照。他念念不忘的就是希望中国人民过上高尚、富裕、

---

[1] 谢觉哉，曾任陕甘宁边区政府秘书长、最高人民法院院长、全国政协副主席等职。
[2] 程子华，时任全国政协副主席、中共中央顾问委员会常务委员。
[3] 袁任远，时任中共中央顾问委员会委员。

文明的幸福生活。现在，我们正在奋发图强，为实现社会主义现代化而努力奋斗，谢老毕生以求的这一天，一定会到来。中国人民对这位诚挚的公仆是十分敬重和爱戴的，并且会永远地怀念他。

同日 在新华社《国内动态清样》四月二十六日刊载的《一些幼儿园托儿所的保教员体罚摧残幼儿》一文上批示："请妇联张帼英[1]同志派人协同卫生部妇幼司把此件所反映的问题一个一个地查清核实，作严肃处理。说句老实话，这是一个带普遍性的问题，务必在整党中逐步彻底解决。"

同日 在新华社《国内动态清样》四月二十六日刊载的《旅美华侨对我态度出现许多令人高兴的变化但仍需继续多做争取华侨的工作》一文上批示："这个反映很重要，请廖晖[2]同志商有关单位将所提问题，一一进行研究，提出可行办法，务求尽力落实。"

4月28日 上午，同胡耀邦、邓颖超等在中南海怀仁堂出席纪念任弼时[3]诞辰八十周年座谈会。

同日 下午，到北京体育馆看望即将前往马来西亚吉隆坡参加世界羽毛球男女团体锦标赛的中国羽毛球代表团全体成员。在讲话中说：参加这次强手云集的高水平比赛，对你们来说是一次很好的锻炼机会，也是对你们的严峻考验，大家要以高昂的斗志去争取胜利。比赛中要讲友谊和文明礼貌，既要打出水平，也要打出风格，为祖国争光，为人民争光。

---

[1] 张帼英，时任全国妇联副主席、书记处第一书记。
[2] 廖晖，时任国务院侨务办公室主任。
[3] 任弼时，曾任红六军团军政委员会主席、红二方面军政治委员、八路军政治部主任、中央军委总政治部主任等职。1940年参加中共中央书记处工作，1945年6月任中共中央政治局委员、中共中央书记处书记、中共中央秘书长，1950年10月27日逝世。

同日 在胡耀邦批转的中共中央办公厅秘书局《综合与摘报》（增刊第十三期）刊载的《陕北老区子长县农民生活仍然艰苦》一文上批示："请文瑞同志了解一下，千万不能叫子长县群众在春荒期间受饿，并把该县生产切实研究一下，采取有效措施尽快地使他们富裕起来。"该文是中国农业银行总行干部沈为备在子长县蹲点期间撰写的调查报告。胡耀邦二十六日批示："请仲勋同志要陕西同志注意。"

同日 接受陕西耀县党史办公室同志的访问，回忆渭北游击队在三原、富平的活动情况。

4月29日 同胡启立在《刘田夫[1]谈广西整党要解决的主要问题》上批示：田夫同志的意见很好。经验证明，不少地方整党，都是首先抓住"彻底否定文革"这个大题目，联系实际，统一思想，然后才能一通百通，才能谈得上真正贯彻十一届三中全会路线。建议区党委认真研究田夫同志的意见，若能贯彻好，对广西整党将产生积极促进作用。

同日 在北京展览馆参观全国旅游产品内销工艺品展销会。

4月30日 上午，出席中共中央书记处会议。

同日 下午，出席中共中央政治局扩大会议。会议听取赵紫阳关于《沿海部分城市座谈会纪要》的说明，审议并原则批准《中共中央、国务院关于批转〈沿海部分城市座谈会纪要〉的通知》。五月四日，该《通知》正式发出，决定进一步开放天津、上海、大连、秦皇岛、烟台、青岛、连云港、南通、宁波、温州、福州、广州、湛江和北海十四个沿海港口城市，并提出逐步兴办经济技术开发区。

---

[1] 刘田夫，时任中共中央顾问委员会委员、中共中央整党工作指导委员会广西联络组组长。

5月1日 上午，在劳动人民文化宫参加庆祝五一国际劳动节游园大会。

同日 晚上，在工人体育场观看北京队与辽宁队足球赛。

5月3日 出席首都各界青年纪念五四运动六十五周年大会，作题为《发扬五四光荣传统，做最富有创造精神的新一代》的讲话。在讲话中说：青年要富有创造精神，必须认清历史发展潮流，提高社会主义觉悟，坚定正确的方向；必须具有丰富的知识；要积极投身到改革的实践中去。改革创新没有现成的模式可效仿，需要在实践中去探索，去开拓。这当然就有成功与失败、正确与错误两种可能。用积极的态度对待错误和失败，从中吸取教训，增长才干，这是每个青年人从幼稚到成熟的必由之路。"一个虽有某些缺点错误但力求进取、勇于创新的青年，要比一个因循守旧，唯唯诺诺，不求有功但求无过的青年强得多。没有创造精神本身就是最严重的缺点，我们事业需要的恰恰不是这样的青年。"我们希望青年们大胆地去想、去闯、去干，以自己的艰苦奋斗赢得事业的成功。我们也希望全社会都支持、扶植和鼓励青年去大胆创新。

5月4日 在人民日报社《情况汇编》（第一八九期）刊载的《福建落实侨务政策方面还存在一些问题》一文上批示："请项南同志批交有关单位认真查处类似反映中的这些落实政策的问题。"在该文提到永定县一名华侨的私房在"文化大革命"期间被占，"去年落实政策按规定退还，但公社某些领导不答应"时，习仲勋批注："问清楚一下，如果反映的情况属实，对当事人一定要严肃处理。"

5月7日 上午，出席中共中央书记处会议，在会上作关于增补全国政协委员和常委的说明。会议并讨论中共中央统战部《关于增补全国政协委员和常委的请示报告》。

5月9日 出席王森然[1]从事教育事业七十周年纪念会,发表题为《纪念王森然同志》的讲话。在讲话中说:五四运动至今六十五年以来,我国知识分子走过了一条曲折漫长的道路。在民主革命阶段,我国的知识分子是无产阶级的同盟军,他们中的先进分子起着先锋和桥梁作用;在社会主义阶段,知识分子是工人阶级的一部分,是我国四化建设的依靠力量。今天,我们纪念王森然同志,正是充分肯定知识分子在我国革命事业中的重要作用和巨大贡献,正是要在全党和全社会形成重视知识、重视知识分子的风气,进一步落实党的知识分子政策,使知识分子在四化建设中积极施展自己的才能,为把我国建设成为高度民主、高度文明的社会主义现代化强国作出最大的贡献。

同日 听取陈丕显、王汉斌[2]关于《民族区域自治法(草案)》中的几个主要问题的汇报,并指示:这可是个大事,你们赶快写个请示报告,报中央政治局会议讨论。

同日 晚上,在民族文化宫观看藏族舞剧《热巴情》。

5月10日 上午,在中南海怀仁堂出席中共中央召开的协商会。会议约请各民主党派、全国工商联负责人,无党派人士代表和人民团体的负责人就增补全国政协副主席和常务委员人选问题进行协商。在会上作增补全国政协副主席、常务委员问题的说明。

---

[1] 王森然,著名教育家、文学家、史学家、画家,是刘志丹等人的老师。1984年4月4日逝世,享年90岁。逝世前任中央美术学院教授。

[2] 王汉斌,时任全国人大常委会秘书长、全国人大常委会法制工作委员会主任。

同日 下午，同乔石〔1〕、叶飞〔2〕召集国务院侨办党组成员开会，讨论如何搞好侨办的整党问题。

同日 在新华社《国内动态清样》（第一二二二期）刊载的《温州市委处理一批贪赃枉法的公安和工商干部》一文上批示："这类问题在一些地方是严重的，也就是组织不纯，又形成'关系网'的产物，请乔石同志考虑解决。"

同日 在新华社《国内动态清样》刊载的《用高标准解决和中央保持一致的问题》一文上批示：这个反映很好，在整党对照检查中是个范例，似可考虑加按语，登《整党通报》，请启立、乔石同志核定。

同日 在《工人日报》发表《愿职工读书活动长久地开展下去》一文。文章说：用马列主义、毛泽东思想和科学文化知识把全体职工特别是广大青年职工武装起来，使他们肩负起建设四化，振兴中华，实现共产主义的伟大历史使命，是我们党和工会组织的一项重大战略任务。现在有成千上万的职工参加读书活动，自觉地学政治，学理论，学文化，学科学，依靠自己的勤奋和互助互勉，来提高觉悟，丰富知识，增长才干，这实在是一件大好事，是新中国成立三十多年来我们从实践中找到的一种群众自我教育的好形式。我衷心祝愿它长久地开展下去。

5月12日 上午，出席中共中央政治局扩大会议。会议听取赵紫阳关于《政府工作报告》（五月十日送审稿）的说明，审议并原则通过这个报告。会议讨论并原则同意全国人大常委会法制工作委员会党组关于《民族区域自治法（草案）》的几个问题

---

〔1〕 乔石，时任中共中央书记处候补书记、中共中央组织部部长。
〔2〕 叶飞，时任全国人大常委会副委员长、全国人大华侨委员会主任委员、全国侨联名誉主席。

的请示报告。

同日 下午，在人民大会堂出席全国政协六届二次会议开幕式。

5月14日 到北京医院看望蔡畅，祝贺其八十四岁寿辰。

5月18日 下午，同胡耀邦、胡启立等到机场迎接以南斯拉夫共产主义者联盟中央委员会主席团主席德拉戈斯拉夫·马尔科维奇为首的南共联盟代表团。晚上，出席欢迎宴会。

5月19日 上午，参加胡耀邦同马尔科维奇的会谈。

同日 在陕西省陕北建设委员会五月十一日报送的《关于落实仲勋、文瑞同志在沈为备同志的调查报告上的批示的情况报告》上批示："此件甚好，请文瑞同志批交陕西省委加批语发各地、市、县委参考。批语应着重提出深入群众调查研究，经常掌握情况，具体引导群众走共同劳动致富之路，很快把生产促上去。有些地方，有无'左'的框框束缚，亦请考虑一下，是否在批语中提到这个意思，仅供参考。总之，提醒下边同志一切都要实事求是，从实际出发，不要说好都好，说不好又都不好的毛病。"在情况简报一的"志丹"部分，习仲勋批注："这个县不是农业责任制搞得很好吗？怎也列入四难县之一。"在情况简报三"于六月中旬左右即派出工作组"一句旁，习仲勋批注："迟了一点，知道了情况就早办。"

5月20日 上午，参加胡耀邦同马尔科维奇的会谈。晚上，陪同南共联盟代表团乘专机离开北京，前往上海访问。

5月21日 上午，同陈国栋[1]等陪同南共联盟代表团参观上海宝山钢铁总厂。晚上，出席中共上海市委举行的欢迎宴会。

5月22日 上午，为南共联盟代表团前往广州访问送行。

---

[1] 陈国栋，时任中共上海市委第一书记。

5月22日—6月11日 在上海、浙江、江苏、山东就经济工作、整党工作、领导班子和建立第三梯队问题进行调研。

5月25日 上午，在上海召集三个区和三个郊县的主要负责同志座谈整党工作。在谈到整党要贯彻自上而下的方针时说：整党是要自上而下的，但在一个地区不要拘于这一规定，也可以先搞一些试点，哪个区、县委具备了对照检查条件的，就可以先搞，这也是正常现象。在谈到改革问题时说：上海是世界有名的大城市，在全国占据很重要的地位。上海力量雄厚，有一支强大的有觉悟有技术的工人队伍，应该走在前面。中央希望你们带头，搞得更好一些，贡献更大一些。在谈到清理"三种人"问题时说：我们要坚持实事求是，是什么样的事实就是什么样的事实，不要夸大。对于"三种人"要坚决清理，又要防止扩大化。林彪、江青反革命集团都是以上海为根据地的，上海确实有它的特殊性、复杂性，处理这些问题要有一个具体政策，你们要研究一下。上海搞好了，对全国很有好处，对国外也有影响。在谈到干部选拔问题时说：亲疏之别可以有，但亲疏之分千万不能搞。要任人唯贤，光明正大，公道正派，要搞五湖四海。在谈到对照检查问题时说：对照检查有集体的和个人的，重点应该放在集体，集体对照检查是在个人对照检查的基础上做的，也就是集思广益。个人对照检查，就是进行自我检讨，靠学习、靠自觉，不要人人过关。批评与自我批评，以自我批评为主。批评要实事求是，自我批评也要实事求是。要开展谈心交心活动，谈心过程就有批评与自我批评，这样可以不伤和气，又把问题解决好。整党中解决任何人和事，都要有利于团结，有利于把经济搞上去，有利于开创新局面。如果违背这一点，就是不成功的。在上海期间，还听取正在上海治病的白栋材[1]关于江西整党工作的汇报。

5月31日 中午，到达苏州。六月一日，在苏州视察。

6月2日—4日 在无锡视察。随后从无锡前往南京。

6月5日 晚上，在南京调阅中共江苏省委常委的对照检查材料。

6月6日 上午，听取中共江苏省委常委的工作汇报并讲话。在谈到干部队伍问题时说：要把提拔、使用年轻优秀干部，即建立第三梯队的工作抓得更紧、更快、更好一些，要有紧迫感。我主张县市（地）以上领导班子的成员，要有三十多岁、四十多岁、五十多岁这几个年龄层次的人，三十多岁、四十多岁的人多一点，五十多岁的人少一点，是个倒宝塔形。这样配置比较好，有利于新老交替和合作。选拔干部，首要的是要看本人的思想品德。除了这一条，要注意选拔那些既有科学文化知识，又有实践经验和组织领导能力的同志，或者在这方面有培养前途的同志，去担负各级党政的实际领导工作。退出第一、二线的老同志，既要做好传帮带的工作，更要支持帮助新班子特别是年轻同志大胆放手地独立工作。在谈到经济问题时说：江苏省的经济工作走在全国的前列，要总结经验，发扬优点，创造更好的成绩。我们搞经济建设，完全是为了人民，为了国家富强和人民富裕，为了不断提高人民的物质生活和精神生活。我们的同志只要牢固树立这一思想，掌握这一根本出发点，在党的正确路线、方针和政策的指引下，就能够焕发出无穷的智慧和力量。在谈到整党问题时说：我们的一切工作，都要有利于加强团结，有利于发展经济，有利于发展大好形势，有利于开创社会主义现代化建设的新

---

[1] 白栋材，时任中共江西省委第一书记。

局面。整党工作同样是这样。整党不是为整党而整党。是否认真清理了"三种人",是检验整党是否"走过场"的一个重要标志。首要的是做好两件事、把住两道关:一是必须坚决地把现在仍然留在各级领导班子中的"三种人"一个不漏地清理出来;二是决不允许把任何一个"三种人"选进第三梯队。在整党中还要基本解决好一个大的战略问题,即重视和抓好建立第三梯队的工作。在谈到工作方法和工作作风问题时说:要坚决反对官僚主义,文山会海要尽力克服。我们的事业正在不断发展,新情况新问题层出不穷,这就要求加强调查研究工作。省委要挑选一些有一定理论水平、实践经验和写作能力的同志,再挑选点优秀的大学生,组成一个能够忠实执行党的路线、发扬党的三大作风的理论研究班子,经常深入基层,深入群众,了解新情况,研究新问题,总结新经验,并且在实践中努力锻炼提高自己,协助省委和省委领导同志工作。这是很要紧的事,省委宣传部和组织部长都要注意抓这件事。

同日 在南京出席全国青年工人"五小"[1]智慧杯竞赛总结表彰会。在讲话中说:在向四化进军的过程中,党对青年寄托着很大希望。青年们要发扬勇于创造、勇于革新的精神,坚定地站在改革的前列,勇敢地担负起振兴中华、实现四化的历史重任。

6月7日 早晨,到达山东曲阜。晚上,乘火车到达济南。八日和九日,分别同中共山东省委六位负责同志谈话。

6月11日 上午,在济南南郊宾馆听取中共山东省委的工作汇报并讲话。在谈到整党问题时说:搞好集体和个人的对照检查,是搞好整党的重要一环。清理"三种人",是整党成败的一

---

[1] "五小",指小发明、小革新、小改造、小设计、小建议。

个重要标志，但不是唯一的标志。经过整党，如果党组织的战斗力得不到提高，党的领导得不到改善和加强，经济搞不上去，人民生活得不到改善，这是最大的走过场。对清理"三种人"的工作既要抓紧抓好，又要防止简单急躁，要精心指导。要运用历史唯物主义的观点，看到历史的复杂性，看到形势的变化，看到人的变化。对每一个人都要作历史的具体的分析，要区别对待。没有区别就没有政策。经过这次整党，要建立一个好的领导班子，建立一个团结坚强、头脑清醒的革命化的领导班子。对于清理"三种人"，绝不可定指标，赶时间，轻率地作结论。工作要抓紧，还要做细。一时定不下来的人，就放一放，要继续调查，摸准情况再说。有很多事情往往放一放就解决得好，急急忙忙反而解决不好。要注意多做少说，扎扎实实地完成这一任务。

6月14日、21日 出席中共中央书记处会议并发言。会议漫谈当前国内形势、城市经济改革、"七五"计划设想、进一步开放十四个沿海港口城市的后续工作、整党工作和打击严重刑事犯罪活动等问题。

6月16日 上午，出席中共中央书记处会议。中央书记处、国务院联合听取煤炭工业部党组关于通过整党端正业务工作指导思想的情况和煤炭战线整改方案的汇报；讨论并原则同意煤炭工业部党组的汇报提纲《整党中要解决哪些主要问题》。

同日 上午，在人民大会堂出席黄埔军校建校六十周年纪念会。会上，黄埔军校同学会宣布成立。下午，会见参加会议的海内外黄埔校友。晚上，出席全国政协举行的欢迎宴会。

6月18日 上午，出席中共中央书记处会议。

同日 上午，在中南海怀仁堂参加北京市基层选举投票，选举西城区人大代表。

6月20日 向胡耀邦并中共中央书记处报送《关于华东一

市三省之行的报告》，汇报在上海、浙江、江苏、山东视察的情况。报告认为：一、当前经济形势喜人，城市改革正在兴起。各地同志认为，现在进行城市经济改革的条件远比前几年农村经济改革之初要好。广大干部和职工渴望"'包'字进城"。群众反映："'包'字一到，马上见效"；"'包'字进工厂，一片喜洋洋"。但城市经济改革毕竟比农村经济改革要复杂得多，干部、群众中还有不少思想问题。一是怕变，二是怕错，三是怕"简政放权"阻力大、行不通。大家希望中央各部门在指导工作、处理问题时，一定要多为地方着想，一定要有利于促进而不是妨碍改革。二、第一期整党，工作认真，发展健康，很有成效。做好整党工作的重要一条，是要坚决而又创造性地执行中央整党决定和有关的指示。应当看到，一次整党只能解决或基本解决几个主要问题，决不能要求什么问题都得到解决。那种毕其功于一役，以为经过一次整党就可以万事大吉的思想是错误的、有害的。整党只能是在一定历史时期内加强党的建设、实现党的政治任务的一种有效手段，而不是唯一的和最终的手段，许多问题都还要靠加强党的经常的思想工作和组织工作去解决。在对整党的指导和宣传上，一定要注意这个问题。否则，在整党结束以后，党内外干部和群众看到党内仍然存在一些消极现象，那就可能使他们引起新的思想问题，影响前进的信心。三、新的领导班子需要充实、加强，建立第三梯队工作必须抓紧抓好。经和各地同志交谈，共同认为今后应当注意以下几个问题：（一）实现干部队伍"四化"，革命化是根本。领导上对人的选择、任用，一定要公道正派，决不可有亲疏之分。首先要看每个人的思想品德，在这个前提下，注重年龄，注重文化科学知识。只要思想品德不好，不管其他条件如何，都不能提拔重用。（二）在知识分子中选拔干部，要注意有一定的实际工作经验和组织领导能力，至少在这方面要有培养前途。（三）要重视年龄，但也要看知识、能力、身体等条件。（四）要注意及早选拔年轻优秀的同志到地、县或基层锻炼、学习，掌握全面工作经验，提高组织领导能力。（五）继续解放思想，开阔视野，抓紧做好建立第三梯队的工作。但也不能简单急躁，不能勉强凑数。（六）重视和做好安置老同志、正确发挥老同志作用的工作。（七）各省、市、区党委都需要培养一支精干的、符合"四化"要求的、能够理论联系实际和富有创造精神的理论班子，作为自己的参谋和助手。

6月23日 上午，出席中共中央书记处会议。

同日 晚上，同乌兰夫[1]、杨尚昆等在中国剧院审看大型音乐舞蹈史诗《中国革命之歌》。

6月25日 上午，出席中共中央书记处会议。会议听取杨尚昆关于《对台工作座谈会纪要》的说明，讨论并原则同意这个纪要。

6月26日 在《人民日报》发表《正确看从动乱中走过来的一代青年》一文。文章说：大家可以回想一下，现在二十八岁以下的青年，"文化大革命"初期才十来岁，就是现在三十五六岁的人，那时也只有十七八岁。在"文化大革命"那样剧烈的动乱中，一些只有十来岁、二十来岁的青少年，做了一些错事，除了极少数情况特别严重恶劣的以外，责任主要不在他们身上。在那个特殊的环境中，一些革命多年的老同志，开始不是也没能清楚认识到"文化大革命"的错误和危害，甚至也说过错话，做过错事吗？不少青年，虽然在"文化大革命"初期受过"左"倾错误影响，表现过狂热情绪，但实际生活使他们逐渐发生怀疑，以至认识到这些错误，积极加以纠正，他们同党和人民一道向林

---

[1] 乌兰夫，时任中共中央政治局委员、中华人民共和国副主席。

彪、"四人帮"展开了针锋相对的斗争。从动乱中走过来的一代青年，受到过毒害和创伤，也得到了其他时期青年所得不到的磨练。我们决不要看轻他们在十年动乱中所获得的经验教训。

同日 下午，听取全国政协机关党组关于整党和一些干部情况的汇报。

6月28日 上午，出席中共中央书记处会议。

同日 下午，同胡耀邦、杨尚昆、余秋里、倪志福、胡启立等在中南海勤政殿召开会议，讨论《中国革命之歌》的修改问题。

7月2日 出席中共中央书记处会议。

7月3日 在广播电视部总编室《情况》六月二十九日刊载的《新疆生产建设兵团体制改革的情况和问题》一文上批示：请恩茂[1]同志注意，总之，要从新疆实际出发，探索出既能稳定人心，又可搞活经济的一套创新办法。在文中关于"承包户负担重"部分，习仲勋旁注：这些负担要有个标准，不能都转嫁给承包户。关于"经营单一，亏损较大"部分，习仲勋旁注：要研究出原因，采取措施，加以完善。关于"对承包的职工，未区别情况，都要和农工一样上交利润"部分，习仲勋旁注：当然有些议论不对，但对这批职工要多进行教育工作。原有的级别似可考虑不变，如是干部的话。

7月4日 在新华社一个刊物七月二日刊载的美籍华人建议在沈阳建立孙中山铜像一文上批示："请让侨办同志都看看议议，形势在变化，一切事物都在变化，我们无时无刻都会遇到新情况、新问题，请你们放眼世界，站高看远，动脑子，想大事，议办法。要能跟上客观形势，适应形势的发展，否则就会多犯错误

―――――――――
[1] 恩茂，指王恩茂。

（犯错误是允许的，但不可多犯带政策性的错误）。建议你们在整党中当作当务之急来解决，这样才会开创新局面。"文章反映，一位美籍华人提出由在美国的东北同乡会出资，在沈阳中山公园建立孙中山铜像，以此吸引华侨参观，有利于和平统一大业。一九八六年，沈阳中山公园孙中山铜像建成。

7月5日 出席中共中央书记处会议。中共中央书记处、国务院联合听取中央书记处农村政策研究室、中国农村发展研究中心关于通过整党端正业务工作指导思想的情况和农村若干政策问题的汇报。会议讨论并原则同意他们提出的整党对照检查提纲《继续改革，振兴农业》。

同日 下午，在人民大会堂出席中国国际文化交流中心理事会成立大会。在讲话中说：中国国际文化交流中心在我国对外开放的大好形势下应运而生，具有重要意义。我衷心祝愿这个文化中心通过广泛开展民间的各种文化交流活动，进一步促进我国人民同世界各国人民的相互了解和友好合作，促进我国四化建设的蓬勃发展，促进世界和平的巩固。

同日 在新华社《国内动态清样》（第一七〇六期）七月五日刊载的反映待业青年集资十万多元创办以接待老年病人为主的益寿医院一文上批示："这是待业青年创新的一个典型，这就是社会福利事业，对人民治病住院难大有好处。可资各地借鉴，加按语登《综合与摘要》。"

7月6日 主持召开中央落实政策小组扩大会议，讨论落实知识分子政策等问题。

同日 同宋任穷、乔石听取白纪年[1]、乔明甫[2]关于中

---

[1] 白纪年，时任中共陕西省委常委、陕西省副省长。
[2] 乔明甫，时任中共中央整党工作指导委员会驻陕西整党联络小组组长。

共陕西省委领导班子问题的汇报。

7月7日 上午,出席中共中央政治局扩大会议。会议听取中央整党工作指导委员会办公室对《中共中央关于清理"三种人"若干问题的补充通知》(送审稿)起草过程几个情况的说明,审议了《补充通知》,决定按会议精神修改后,再送中共中央政治局常委审定。

同日 下午,在人民大会堂会见即将赴美国洛杉矶参加第二十三届夏季奥运会的中国体育代表团。

7月9日 上午,出席中共中央书记处会议。中共中央书记处、国务院联合听取人民日报社关于整党情况和今后整改打算的汇报。

同日 在宋时轮[1]七月五日来信上批示:"请崔月犁[2]同志商广东省委大力予以支持,并帮助解决实际困难。"来信反映著名眼科专家陈耀真教授及夫人毛文书教授为筹备一九八五年国际眼科学术会议遇到的经费困难问题。来信说:"我以为举办这样的会议,有益于推动我国眼科事业的发展;对陈教授这种于耄耋之年仍致力于祖国眼科事业的精神,我们党和政府应给予支持和鼓励。因此,请你考虑,是否可批请国务院卫生部和广东省政府给予支持,并帮助解决实际困难。"

7月10日 上午,在中南海勤政殿主持谈话会,研究中共陕西省委领导班子调整问题。胡耀邦、宋任穷、胡启立、乔石、陈野苹[3]等参加。

---

[1] 宋时轮,时任中共中央顾问委员会常务委员。
[2] 崔月犁,时任卫生部部长。
[3] 陈野苹,时任中共中央顾问委员会委员。

同日 下午，在中南海勤政殿同张光年[1]谈中国作家协会第四次会员代表大会筹备事宜。

7月11日 参加中央领导同志同李立功、霍士廉谈山西领导班子配备问题的座谈会。

7月12日 上午，出席中共中央书记处会议。会议讨论《人民日报社整党工作汇报提纲》。

7月14日 出席中共中央书记处会议。会议讨论《中共中央、国务院关于进一步加强文物保护工作的决定》。

7月20日 在新华社一个刊物七月十八日刊载的反映山西省阳泉市某煤矿发生瓦斯爆炸造成二十二人死亡的文章上批示："内蒙古自治区某煤矿前不久也发生一次瓦斯爆炸事故，这又是一次人为的爆炸事故，情节恶劣。请告启立同志注意抓一下生产安全问题，安全生产第一的口号仍是对的。对于人为的不安全事故，特别是像这次事故有关当事人，不管是谁，都必须分别情况严肃处理，并内部通报进行教育。"该文认为："这个矿的领导只管产煤，不管安全，长期违章生产，是造成瓦斯爆炸的主要原因。"

7月23日 上午，出席中共中央书记处会议。

7月24日 上午，同宋任穷、乔石在北戴河听取公安部关于全国公安厅局长会议情况的汇报并讲话。在谈到打击严重刑事犯罪活动问题时说：一方面要集中力量进行，另一方面要开展综合治理。要正确理解打击刑事犯罪和综合治理的关系。打击刑事犯罪是综合治理的开始，是综合治理的一项重要内容。综合治理有两层含义，一层是政法各部门的工作，以公安为主，包括检察、法院、司法、安全、民政等部门；另一层也是最重要的是走

---

[1] 张光年，时任中国作家协会副主席、党组书记。

群众路线，发挥群众的作用，组织群众做工作，使专政机关同群众路线相结合。公安机关要一靠地方，二靠群众，三靠政策。打击严重刑事犯罪活动，进行综合治理，单靠政法部门不行，必须由各级党委负责，各级政法部门积极配合，才能奏效。搞好综合治理的关键，是要把公安队伍整顿好，提高他们的政治、军事素质。党的十一届三中全会以来，中央一直强调发展社会主义民主，健全社会主义法制，公安部门、公安干警首先要做执法的模范、做守法的模范。对于公安部门中违法乱纪的人，一定要严肃处理，不能讲情面。

7月27日 上午，出席中共中央书记处会议。中共中央书记处、国务院联合听取铁道部党组关于通过整党端正业务工作指导思想的情况和铁路系统的整改方案的汇报，讨论并原则同意《铁道部党组整党工作汇报提纲》。

7月30日 上午，出席中共中央书记处会议。胡耀邦向中共中央书记处、国务院负责同志介绍七月二十八日上午向邓小平汇报关于党的十二届三中全会议题和文件起草等工作的设想要点，传达邓小平在听取汇报后发表的意见，并提出按照邓小平意见起草全会文件的工作安排。

7月31日 上午，出席中共中央书记处会议。中共中央书记处、国务院联合听取水电部党组关于通过整党端正业务工作指导思想的情况和水利电力战线整改方案的汇报，讨论并原则同意水电部党组《关于整改情况的汇报提纲》。

8月2日 上午，出席中共中央书记处会议。

8月6日 上午，出席中共中央书记处会议。中共中央书记处、国务院联合听取交通部党组关于通过整党端正业务工作指导思想的情况和交通运输战线整改方案的汇报，讨论并原则同意《交通部党组汇报提纲》。

1984年8月

同日 下午，听取刘田夫关于广西工作的情况汇报。

8月13日 上午，同宋任穷、胡启立听取云南省工作和整党情况的汇报。

8月16日 在胡耀邦八月九日批转的公安部同广东、四川、浙江、辽宁、吉林、河南有关部门负责人座谈的情况报告上批示："转告复之同志：党组三条决定很好，请您们带个头，并将取得的经验报告中办推广。"报告提到，公安部党组决定：（一）大力精减今年下半年准备召开的会议。（二）公安部、局领导的整党对照检查八月份可告一段落，除少数人集中抓整改和国庆三十五周年首都安全警卫工作外，多数要深入基层调研。（三）少发文件。指定一副部长严格把关，多用打电话的办法解决问题。

8月17日 下午，在八宝山革命公墓礼堂向李维汉[1]遗体告别。李维汉于八月十一日在北京逝世，享年八十八岁。

同日 根据胡耀邦批示，致电郑天翔[2]：（一）天翔同志在全国法院院长座谈会上的讲话，我看了，讲得很好。（二）天翔同志给耀邦同志的信，已从耀邦同志处转给我。我看了，写得很好，看来是天翔同志一气呵成的。我准备批几句话，明日送来。（三）我在北戴河同任穷、乔石同志听取公安厅局长会议情况汇报时表态：政法各部门要密切配合，不能互相埋怨，应当互相支持和协助。法院的工作，因在从重从快方面，还有一个依法问题，所以按法律程序办，没错。十八日，在郑天翔来信上批示："天翔同志，您在座谈会上的谈话很好，您给耀邦同志写的信更好，其论点都是对的，请照此认真贯彻。"此前，郑天翔于八月一日致信胡耀邦，报告最高人民法院召开全国法院院长座谈

---

[1] 李维汉，逝世前任中共中央顾问委员会副主任。
[2] 郑天翔，时任最高人民法院院长。

会情况。胡耀邦八月四日批示:"转仲勋同志阅酌。信我看了,其他未看,请你认真阅读一番,并请给天翔同志有所表态。"

8月18日 晚上,在人民大会堂出席欢迎从洛杉矶第二十三届夏季奥运会载誉归来的中国体育代表团的宴会。席间,同李宁[1]交谈说:我们这一代老人,经过前仆后继的奋斗,推翻了三座大山,建立了新中国,为中国人民争了口气。你们这一代青年人,为中华体育事业的振兴而拼搏,在奥运会上取得了比赛和精神文明双丰收,为今天的中国人民争了口气。对此,我们这些老年人感到特别高兴。

8月27日 上午,出席中共中央书记处会议。会议听取李梦华[2]关于中国体育代表团参加第二十三届夏季奥运会情况的汇报,讨论《中共中央关于进一步发展体育运动的通知》。会议还听取并同意杨尚昆关于北京正负电子对撞机工程有关问题的意见。

8月28日 上午,在中南海怀仁堂出席中央和国家机关各部委整改工作经验交流会并讲话。在谈到整改阶段的工作时说:在第一期整党单位对照检查基本结束后要有三个月左右的整改阶段,这是中央书记处和中指委经过反复考虑后决定的。在这个阶段里,一要进一步端正业务工作的指导思想;二要彻底否定"文化大革命",进行补课教育,切实消除派性,增强党性;三要深入查处造成国家经济上、政治上重大损失的严重官僚主义和利用职权谋取私利问题;四要认真解决领导班子中存在的重大问题。在谈到整改和改革的关系时说:整改是为了促进改革,有利于发展生产力;反过来,改革也是为了推动整改朝着正确的方向进

---

[1] 李宁,中国体操运动员,在第二十三届夏季奥运会中获得3枚金牌。
[2] 李梦华,时任国家体育运动委员会主任。

行。二者互有区别，不能互相代替。有些单位认为整改就是改革，把二者等同起来，甚至想通过三个月的整改试图解决全部的改革问题，这是不现实的。当然，对于那些条件已经成熟、能够马上改革的，应当迅速进行改革，不要等待。但对于那些涉及全局、一时条件还不够成熟的问题，则要通过调查研究，积极主动地拟定具体方案，为改革创造条件。在谈到如何搞好整党工作时说：必须切实克服"左"的影响，决不允许采用搞运动的办法进行整党。在整党中，要强调自觉，注重实效。办任何一件事、处理任何一个问题，都要有利于增强团结，有利于发展经济，有利于促进改革，有利于巩固和发展大好形势。离开了这一根本点，整党就会偏离正确方向。当然，我们也不要忽视那种不认真切实地解决思想、作风、纪律、组织上不纯的问题，使整党流于"走过场"的偏向。

8月29日 出席北京市社会福利基金会成立大会。在讲话中说："我受大家的委托，担任北京社会福利基金会的名誉会长，感到十分荣幸和高兴。我愿尽绵薄之力，同大家一起办好首都的社会福利事业，为首都的老年人、残疾人、孤儿服务。""办好社会福利事业，光靠基金会的努力不行，更重要的是要靠社会各个方面来办，才能开创新局面。我们在座的同志都是有志于社会福利事业的热心人，希望大家要为这一事业的重要意义和兴旺发达而进行广泛的宣传，争取社会各个方面的大力支持，同时也要争取港澳同胞、海外侨胞以及国际友人的大力赞助，大家群策群力，为把首都北京建设成为世界上第一流的城市作出应有的贡献。"

同日 下午，在人民大会堂接见出席全国司法行政工作会议的全体代表。

8月30日 上午，出席中共中央书记处会议。

8月31日 出席全国第七次"质量月"授奖大会。

9月1日 出席中央人民广播电台、中央电视台、民族文化宫举行的民族大团结联欢音乐会。

9月2日 下午,在人民大会堂会见由马里人民民主联盟中央执行局委员、负责组织工作的副书记巴依·阿格·默哈迈德率领的马里人民民主联盟代表团。

9月3日 上午,出席中共中央书记处会议。

同日 下午,同胡耀邦、宋任穷、胡启立、乔石在中南海怀仁堂接见参加全国企业管理领导班子建设工作问题座谈会的全体代表。

同日 在人民大会堂接见参加全国食品工业会议的全体代表。

9月6日 上午,出席中共中央书记处会议。

同日 晚上,在人民大会堂会见并宴请美国联邦教育和资讯科学委员会顾问委员吴黎耀华教授和她的丈夫吴允祥教授。

9月7日 下午,在中南海勤政殿主持谈话会,听取马文瑞[1]、白纪年、乔明甫关于中共陕西省委推举省委主要负责人的情况汇报及调整中共陕西省委领导班子的看法,并发表意见。

9月8日 上午,出席中共中央书记处会议。会议讨论并原则同意《中共中央关于经济体制改革问题的决定》(第五次草稿,一九八四年九月八日)。

9月11日 下午,同杨静仁在人民大会堂会见并宴请著名数学家华罗庚。在讲话中说:党和国家十分重视知识和知识分子,希望更多的专家学者像华罗庚同志那样,把自己的知识贡献给人民,贡献给祖国的四化建设事业。

9月12日 为中国国际信托投资公司成立五周年题词:做

---

[1] 马文瑞,时任全国政协副主席。

改革的先锋，创开放的范例。

9月13日 晚上，在工人体育馆观看香港华林集团和中国广播艺术团为北京市社会福利基金会举行的义演。

9月14日 在中共中央整党工作指导委员会办公室九月十一日《关于召开第二次整改工作经验交流会的请示》上批示：对中指委召开第二次整改工作经验交流会的问题，我有三点意见：一、现在已是九月中旬，工作很多，上下都忙，以不召开为宜。二、什么时候开？建议推迟到三中全会之后，即十月下旬开。三、一点建议：中指办在这一个月内，着重抓一下检查和总结派出各地区各单位整党联络小组的工作经验，很有必要，这本身就是对这些同志一次再学习的机会，也是对下一阶段整党起加强指导的作用。

9月15日 上午，同胡乔木、邓力群、胡启立、乔石、郝建秀等会见出席文艺工作座谈会的与会代表。座谈会由中共中央宣传部召开，主要讨论第五次全国文代会的准备工作问题。

9月20日 上午，出席中共中央书记处会议。

同日 晚上，在人民大会堂会见并宴请瑞典左翼党前主席、议员卡尔-亨利克·赫尔曼逊和夫人。

同日 为纪念曹力如[1]文章专辑题词："学习曹力如同志的优良品质和作风，全心全意为人民服务。"

9月22日 上午，出席中共中央政治局扩大会议。会议听取并讨论姬鹏飞关于谈判解决香港问题的汇报。

---

[1] 曹力如，曾任中共陕甘省委秘书长、陕甘工委军事部部长、陕甘宁边区政府秘书长、财政厅副厅长、绥德专署副专员、延属专署专员、中共中央西北局副秘书长、陕北行署主任等职。1949年12月，在调赴新疆工作前因车祸遇难。

同日 在《人民日报》发表《深切悼念李维汉同志》一文。文章说：我同维汉同志相识，是在一九三五年十月，党中央和中央红军经过长征实现伟大战略转移到达陕北的时候。从那时起，我和他在工作中经常接触，彼此了解越来越深，建立了深厚的情谊。维汉同志是我们党难得的有才干的组织家。新中国成立后，他长期主管党和国家的统一战线工作、民族工作和宗教工作。他不仅善于把马克思列宁主义同中国实际相结合，创造性地贯彻执行党的统一战线政策、民族政策和宗教政策，而且在实践中一贯重视调查研究，总结经验，上升到理论，进一步发展和完善党的这些政策。他在这些方面提出的许多适合中国国情的理论和政策，得到党中央和毛泽东同志的赞许和采纳。维汉同志谦虚谨慎，襟怀坦荡，敢于坚持真理、修正错误，勇于自我批评。他立场坚定，旗帜鲜明，全力支持中央的领导，关心党和国家的大事。我在广东工作期间，他曾到那里休养，我们一起促膝长谈。当时，他那忧国忧民之心溢于言表，同时又充满了信心。粉碎"四人帮"以后，维汉同志已是耄耋之年，仍然奋不顾身地为党工作。他是我们党内一位德高望重的杰出的无产阶级革命家。

同日 为《羊城晚报》复刊五周年题词："努力把羊城晚报办成人民喜爱的独具特色的新型报纸。"

9月24日 上午，出席中共中央书记处会议。

同日 晚上，会见并宴请由总书记卢乌利扎·基伦达率领的乌干达人民大会党代表团。

同日 为山东文艺出版社主办的《中国广告文艺》题词：文艺为繁荣社会主义经济服务。

9月25日 上午，出席中共中央党校秋季开学典礼。在讲话中说：（一）大家要坚持和发扬实事求是的优良传统，学会用马列主义、毛泽东思想之"矢"，去射我国四化建设之"的"。要坚持理论联系实际的原则，坚持和发展马列主义、毛泽东思想。（二）大家要积极参加整党，关心党的建设，带头端正党风，增强党性，严格按照共产党员的标准要求自己，牢固树立全心全意为人民服务的思想。希望党校的同志在增强党性方面带好头，做团结的模范、端正党风的模范，做在政治上同党中央保持一致的模范。

同日　在中共中央统战部《零讯》刊载的《上海部分原工商业者对动员他们投资感到为难》一文上批示："请告知上海市委统战部不要动员原工商业者投资办企业，要刹住这股风，不要使他们感到为难。当然自愿者例外。请通知上海市委，按中办通知，各党政机关和群众团体一律不得集资搞什么'经济实体'的各种企业公司，当然，也就不要动员别人认股。"

9月26日　晚上，参观全国农业建设三十五年成就展和展销会。

9月27日　上午，出席中共中央书记处会议。中共中央书记处、国务院联合讨论《中共中央、国务院关于帮助贫困山区尽快改变面貌的通知》。

同日　同胡乔木、王首道[1]、班禅额尔德尼·确吉坚赞、严济慈[2]等在中国革命博物馆出席"三中全会以来的伟大成就展览"开幕式。

9月28日　同乌兰夫在首都民族文化宫为"三中全会以来民族工作展览"开幕式剪彩。

同日　晚上，同邓小平、赵紫阳、李先念、万里等在中国剧院观看大型音乐歌舞史诗《中国革命之歌》。

9月29日　下午，召集中共中央统战部和全国政协有关负

---

[1]　王首道，时任中共中央顾问委员会常务委员。
[2]　严济慈，时任全国人大常委会副委员长。

责人开会，传达并讨论胡耀邦关于加强同党外人士的联系、做好统战工作的意见和邓颖超对中共中央统战部、全国政协工作的意见。在会上，对如何进一步搞好中央统战部、全国政协的工作提出以下几点：（一）要团结一致向前看。（二）一定要反"左"，要放宽政策。（三）对统战人士，包括国内国外、民族宗教、海外华侨、台湾同胞、港澳同胞，一定要把他们的工作做好。要使统战部、全国政协成为党外人士之家，使他们一到统战部门就感到热情、温暖。（四）既要加强集体领导，又要有具体分工，要认真实行民主集中制。要改进工作方法和工作作风。（五）要抓紧落实各项政策，一件一件地落实。（六）要抓好整党工作，把对照检查和整改工作搞好。"三种人"要认真清理。

9月 为纪念白明善[1]烈士英勇就义题词：白明善烈士为共产主义献身的精神永垂不朽！

10月1日 下午，同胡耀邦、邓小平、赵紫阳、李先念等出席庆祝中华人民共和国成立三十五周年庆典，观看阅兵式。

同日 在新华社《参考资料清样》九月三十日刊载的《大赦国际报告就我打击刑事犯罪对我进行攻击》一文上批示：注意这个清样中的一些问题，一面我们的工作少出失误，一面要准备在一定妥当时机批驳"大赦国际"报告文中的错误观点和谬论。

同日 在《中国广告文艺》编辑部关于奉送一百元题词润笔费的来信上批示：这一百元的润笔费绝不能收，他们也不应该用这种方法处理了我题几个字的问题，岂不是"一字值千金"了吗?！如果他们有这种规定也不够妥当，特别是对中央负责同志更不应该如此对待。并谢谢他们的好意。

---

[1] 白明善，1927年参与领导清涧起义，任陕北军事委员会委员。1928年后历任中共绥德、米脂县委书记，1932年1月21日就义。

同日　为《陕西画报》创刊题词：面向四化建设，面向群众生活。

　　10月2日　下午，同胡耀邦、邓小平、赵紫阳、李先念、彭真、邓颖超、乌兰夫会见参加国庆三十五周年活动的少数民族观礼团、全国劳动模范观礼代表团、解放军观礼代表团全体成员，以及中央国家机关、各省市自治区部分离休老同志和农业劳动模范、先进工作者。

　　同日　下午，同彭真、邓颖超等在人民大会堂接见从海外回来参加庆祝中华人民共和国成立三十五周年活动并参加中国国际文化交流中心举办的振兴中华座谈会的四十多名外籍华人学者、专家和知名人士。

　　10月3日　晚上，在中南海怀仁堂接见在国内外比赛中获奖及在国外演出中产生重大影响的部分文艺工作者。

　　10月4日　出席中共中央书记处会议。中共中央书记处、国务院联合听取关于中国科学院改革问题的汇报，讨论《中国科学院党组关于改革问题的汇报提纲》。

　　10月5日　在公安部《情况反映》（增刊一一六期）刊载的《当前上海非法组织的活动情况》一文上批示：这是一个极为重要的问题，你们抓得好，请重视这个问题，请复之同志考虑可否把这个《反映》内部通知一下，引起大家注意。

　　10月8日　出席中共中央政治局扩大会议。会议审议并原则通过《中共中央关于经济体制改革问题的决定》。

　　同日　下午，同乔石就中共天津市委领导班子调整问题与陈伟达[1]谈话。

---

[1]　陈伟达，时任中共天津市委第一书记，1984年10月调任中共中央政法委员会副书记。

10月10日 上午，同宋任穷、胡启立、乔石开会，听取中共云南省委负责人安平生、李启明[1]、刘明辉[2]和驻云南整党联络员小组李德仲关于云南整党工作的汇报。

10月11日 上午，出席中共中央书记处会议。

10月12日 上午，出席中国人民公安大学和中国人民警官大学开学典礼[3]，代表中共中央、国务院到会祝贺。在讲话中说：党中央、国务院对公安工作和公安队伍建设历来十分重视，寄予很大期望。这支队伍的基本素质是好的，是可以信赖的。然而，公安队伍的自身建设同新形势新任务的要求之间，还有一定的差距。因此，必须采取有效措施，从正规化的教育、培训入手，加强公安队伍的革命化、现代化、正规化和军事化建设，全面提高这支队伍的素质。第一，要加强公安队伍的教育训练，建立公安系统的教育体系。第二，要以改革和创新精神办好学校。第三，希望同学们刻苦学习，使自己成为新时期合格的公安人员。政治思想要合格，专业要合格，军事素质要合格。要做执法的模范，做守法的模范，要秉公办事，扶正压邪，同人民群众打成一片。第四，教师应结合教学工作，对学生大力加强政治思想教育，言传身教，为人师表，用社会主义的精神文明影响和带动青年一代，使他们成为文武双全、德才兼备的公安干部。

同日 同万里、宋任穷在《人民日报》发表《继续奋勇前进，为把我国建设成为世界体育强国而努力》一文。文章说：我国的体育事业能够在不太长的时间内迅速振兴起来，我们认为应

---

[1] 李启明，时任中共云南省顾问委员会主任。
[2] 刘明辉，时任云南省人大常委会主任。
[3] 中国人民公安大学和中国人民警官大学于1984年10月12日在北京成立，两所大学同日一起举行开学典礼。

该特别提到的有以下几点：一是有为攀登高峰而顽强拼搏、奋勇进取的精神。二是有集体主义的协同一致的积极性、战斗性。三是有一支初步建成的老中青相结合的、朝气蓬勃、有勇有谋的队伍。文章还说：发展体育运动的根本目的，是为了增强全民族的体质，强国强民；通过参加国际比赛，增进同世界各国人民的友谊，鼓舞我国各族人民建设四化的高昂斗志。我们希望体育战线的全体同志，要看到同世界先进水平的差距，戒骄戒躁，继续奋勇前进。

10月12日—19日 中共中央邀请各民主党派、全国工商联负责人，无党派民主人士和其他知名人士举行座谈会，征求对提交中共十二届三中全会讨论通过的关于经济体制改革的决定草案的意见。受中共中央委托，出席座谈会，并主持三次全体会议。

10月17日 出席中共中央书记处会议。

同日 下午，在人民大会堂会见以部长李铁棒为团长的朝鲜社会安全部代表团。

10月18日 同宋任穷、乔石、王兆国[1]等听取中共山西省委负责人李立功、王建功[2]关于调整省委常委班子问题的汇报。

10月19日 下午，同宋任穷、乔石与项南、韩培信[3]谈话，听取福建、江苏两省省级领导班子调整初步设想的汇报。

10月20日 出席中共十二届三中全会。全会通过《中共中央关于经济体制改革的决定》，规定以城市为重点的经济体制改革的任务、性质和各项方针政策，提出社会主义经济是公有制基础上的有计划的商品经济。

---

[1] 王兆国，时任中共中央办公厅主任。
[2] 王建功，时任中共山西省委副书记。
[3] 韩培信，时任中共江苏省委书记。

同日 复信河南省长葛县城关镇八七村党支部和全体干部群众。信中说:"看到你们九月二十日写给我的信,不胜欣慰之至。回想起二十五年前我在长葛县调查研究时的所见所闻,至今依然历历在目,记忆犹新。当时你们大队由一个好端端的富队变成了一个响当当的穷队,我们如实地向中央作了反映。现在看来,最根本的原因是在'左'的错误思想指导下,破坏了农业生产力,结果使广大干部群众吃了很大的苦头。这是多么深刻的教训啊!时至今日,你们那里在党的十一届三中全会的路线、方针、政策的指引下,在农村经济体制改革的推动下,面貌焕然一新,走上了由穷变富的康庄大道,并在社会主义精神文明建设中取得了很大的成绩。我衷心地向你们表示热烈的祝贺和亲切的慰问!今天,党的十二届三中全会已经胜利闭幕。这是继党的十一届三中全会以后的又一次重要的会议。全会通过了关于经济体制改革问题的决定。希望你们认真学习和领会这次全会的精神,并结合农村的实际,创造性地贯彻执行。同时,也希望你们坚持实事求是的思想路线,继续清除'左'的思想影响,彻底否定'文化大革命',增强党性,克服派性,消除隔阂,团结一致,在治穷致富,实现农业现代化的征途中,努力攀登新的高峰!"

10月21日 上午,在全国政协礼堂出席陈嘉庚[1]诞辰一百一十周年纪念大会。

10月22日 致信中国老年书画研究会。信中说:为了纪念建国三十五周年,你们举办的第二届中国老年书画展览,已经展出了。对这个别具特色、饶有风趣的展览,我衷心表示热烈的祝贺!在开创社会主义现代化建设新局面的今天,我们从第一线退

---

[1] 陈嘉庚,著名爱国华侨领袖,曾任中央人民政府委员、全国政协副主席、中华全国归国华侨联合会主席等职。

下来的老同志和几十年从事艺术创作的老书画家，以精彩多姿的书画，生动而形象地表达了他们对祖国的热爱和对美好幸福生活的赞颂，壮志豪情跃然纸上，这种精神弥足珍贵。举办这种展览会，不仅对活跃老年人的生活、繁荣文化艺术是有益的，还可以起到团结人民、教育人民、鼓舞人民的作用。希望老同志和老年书画家们振奋精神，走向社会，为四化建设贡献自己的力量。

同日 晚上，会见由政治局委员、中央组织委员会主席巴巴·穆萨·阿米杜率领的贝宁人民革命党代表团。

10月23日 下午，同万里、宋任穷等在人民大会堂出席中共延安地委、延安行署召开的振兴延安经济汇报会。在讲话中说：（一）延安是我的第二故乡，我虽然是个关中人，但在陕北的时间最长，从内战到抗战，一直到解放战争。今天看到延安变化、发展的这个情况，我很高兴。我想在座的同志，在北京的老延安都很高兴。（二）延安可以种多种树木，各种经济树木，把草种起来，水土就不流失了。我在这里说一句：不要等，不要靠，不要要。既然是延安人民，就应该发扬延安精神。当年我们用延安精神打败了日本帝国主义，打败了武装到牙齿的国民党，解放了全中国。现在建设时期就要用延安精神搞改革，要勇于改革，锐意创新，把延安的经济发展起来。（三）重视知识，尊重人才。现在要多办几所学校，要多办专业学校。人才外流，你们先把他留住，再来引进。引进智力，引进人才，引进技术。只要我们把方针搞对了，政策搞对了，事情就好办了。你们要扎扎实实地干。

10月24日 上午，出席中共中央书记处会议。会议讨论中共广西壮族自治区委和自治区政府《关于广西经济工作的汇报提纲》。

同日 晚上，在人民大会堂出席全国政协举行的宴会，纪念黄兴[1]诞辰一百一十周年。

10月26日 在全国政协礼堂出席梅兰芳[2]诞辰九十周年纪念大会。在讲话中说：梅兰芳同志对京剧艺术无限热爱、精益求精、勇于探索，有高度的爱国热情和政治觉悟，为人忠厚、公道正派、与人为善、和衷共济、乐于助人，对年轻一代关怀备至、精心培养。这些都值得我们学习，希望大家以此共勉，并身体力行。这也就是我们对梅兰芳同志最好的纪念。

10月28日 致信董其武[3]。信中说："董老：奉命为《傅作义[4]将军生平》一书题词，字写的不好，但为了表达我对这位尊敬朋友的缅怀，无论如何也得有个表示，现送上，请选其比较好的一词用。我今晚出访阿尔及利亚，等我下月十五日返京后，再登府探望，盼安心休养，并衷心祝您健康长寿！"在致董其武的信中并附二十七日为《傅作义将军生平》一书的题词：傅作义将军功垂青史。

同日 为中国民主同盟为四化服务经验交流会题词："喜看为四化服务已结硕果，幸祝为振兴中华再谱新篇。"该会议于三十日上午在北京开幕。

同日 晚上，率中国党政代表团离开北京，前往阿尔及利亚首都阿尔及尔，参加阿尔及利亚武装革命三十周年庆祝活动。

10月30日 下午，抵达阿尔及尔。

---

[1] 黄兴，1904年在长沙组织反清革命团体华兴会，1905年与孙中山筹划成立同盟会，先后领导同盟会发动的多次武装起义。1911年武昌起义后，任军政府战时总司令、南京临时政府陆军总长。1913年任江苏讨袁军总司令。

[2] 梅兰芳，著名京剧表演艺术家。

[3] 董其武，时任全国政协副主席。

[4] 傅作义，著名爱国将领，曾任中央人民政府委员、全国政协副主席、国防委员会副主席、水利部部长等职。

10月31日 下午，会见阿尔及利亚总统沙德利。

11月1日 上午，出席阿尔及利亚武装革命三十周年庆祝活动。下午，前往烈士纪念塔敬献花圈。在留言簿上题词："革命烈士永垂不朽！中阿友谊万古长青！"

11月3日 会见阿尔及利亚总统沙德利。在会谈中说：中国党、政府和人民高度赞赏阿尔及利亚在革命和建设方面所取得的成就，并且十分重视同阿尔及利亚在各个领域发展友好合作关系。中国实行对外开放政策，特别希望同第三世界国家进行全面合作，共同发展。

11月7日 会见阿尔及利亚民族解放阵线党政治局委员、中央常务秘书处负责人谢里夫·迈萨迪亚。在会谈中说：我们两国都是依靠自己的斗争取得了独立。今天在建设各自国家的事业中，我们可以互相学习，互相帮助，互相支持。

同日 下午，前往阿尔及尔以东的鲁伊巴区看望在那里承建民用住房工程的中国工程技术人员。在阿尔及利亚期间，还访问君士坦丁和奥兰，参观工业、农业和文化教育项目。

11月8日 上午，会见阿尔及利亚民族解放阵线党政治局候补委员、政府总理阿卜杜勒·哈米德·卜拉希米。下午，率中国党政代表团乘飞机离开阿尔及利亚回国。

11月12日 中午，从阿尔及尔抵达北京。

11月15日 上午，出席中共中央书记处会议。会议讨论并原则同意中共中央整党工作指导委员会《第一期整党的基本情况和第二期整党的部署意见》。

11月16日 下午，在中南海勤政殿主持会议，讨论内蒙古自治区党委换届问题。

11月17日 出席中国法律咨询中心成立大会。在讲话中说：开展法律咨询是一件新事物，还没有多少经验，工作中难免会遇到这样或那样的困难。为了办好这项事业，我讲几点意见，供同志们参考。第一，要有坚定的创业精神。你们一定要锐意进取，勇于开拓，百折不挠，克服前进中的各种困难，使法律咨询中心越办越好。第二，要有牢固的务实精神。你们一定要脚踏实地，认真做好每一件咨询事项。要加强调查研究，不断提高咨询质量，尽快打开咨询工作的局面。第三，要有实事求是的作风。你们一定要理论联系实际，解放思想，了解新情况，研究新问题，更好地为四化建设服务。第四，要有刚正不阿的品德。你们一定要知法守法，依法办事，要扶正祛邪，不徇私情，坚决维护法律的尊严，做一个公道正派的受人们信赖的法律工作者。

同日 下午，在人民大会堂出席民革中央召开的纪念邓宝珊[1]诞辰九十周年座谈会。

同日 《人民日报》发表李维汉、习仲勋、汪锋署名的《深切怀念我们党的忠实朋友邓宝珊先生》一文。该文完成于一九八四年六月。文章说：邓宝珊先生从一九二一年中国共产党成立后到他逝世，一直和我们党保持着联系和友谊，是我们党的一位忠实朋友，是一位为中国革命胜利作出了贡献的著名爱国人士。邓宝珊先生生于一八九四年，出身贫苦，目睹清政府的腐败，追求真理，立志革新，投身于争取民主和共和的革命事业。抗日战争时期，邓宝珊先生任国民党第二十一军团长，后改任晋陕绥边区总司令，驻军在与陕甘宁边区毗邻的榆林，拥护和赞同中国共产党领导的抗日民族统一战线，和陕甘宁边区建立了较好的友邻关系。后来，毛泽东同志给邓宝珊先生的信中说："八年抗战，先生支撑北线，保护边区，为德之大，更不敢忘。"这个评价是很

---

[1] 邓宝珊，曾任全国政协常务委员、甘肃省省长、中国国民党革命委员会中央副主席等职。

恰当的。解放战争时期，邓宝珊先生对促成北平和平解放作出重大贡献。邓宝珊先生生前曾说，我是甲午战争那一年出生的，可以说是生于忧患，也饱经忧患；说自己是经历了一段曲折的途程，在党的关怀和帮助下，走上了社会主义的光明大道。全国解放后，他更是自觉地在党的领导下，为社会主义革命和建设事业贡献自己的力量。邓宝珊先生的一生，尽管走过曲折的道路，可贵的是从我们党诞生之初开始，就一直是我们党的好朋友，是实践了他对我们说的"我是大家的朋友"的诺言的。

同日 下午，会见并设宴招待以政治局委员、行政书记尼亚贡博为团长的津巴布韦非洲民族联盟访问休假团。

11月19日 上午，出席中共中央书记处会议。会议同意习仲勋的意见，决定一九八五年西藏自治区成立二十周年时举行一些庆祝活动，但不举行阅兵式和大规模的群众游行。

同日 下午，在人民大会堂出席民革中央举行的龙云[1]诞辰一百周年纪念座谈会。在讲话中说：龙云先生是一位著名的民主人士和爱国将领，是中国国民党革命委员会的领导人，他同中国共产党有多年合作的历史，是我们党的一位真诚朋友，他对人民的事业有过重要的贡献。龙云先生生前十分关切祖国社会主义事业的发展和实现祖国统一大业。我们希望台湾同胞、港澳同胞、国外侨胞以及海外一切炎黄子孙，共同为中华民族的大团结、大统一贡献自己的力量。希望台湾当局能够审时度势，顺乎民心，作出明智的决策。我们相信，实现祖国统一大业，是历史的必然，任何人都是阻挡不了的。

11月21日 上午，主持会议，讨论西藏自治区党委、人民

---

[1] 龙云，曾任中央人民政府委员、全国人大常委会委员、国防委员会副主席、中国国民党革命委员会中央副主席等职。

政府《关于自治区成立二十周年庆祝活动筹备工作的通知》，听取西藏经济咨询小组关于援藏工程进展情况的汇报。

同日 晚上，邀请参加农村专业户座谈会的四位陕西农民到家里做客。在谈话中详细询问他们经营的项目，希望他们富了以后要记住三条：一是党的路线、政策好，才有他们这些万元户。二是有了技术不能保守，要传给大家，帮助别人致富，争取富一个带一片。三是要有战略眼光，像下棋一样，走一步看两三步，继续努力学习科学技术和文化知识。

11月22日 出席中共中央书记处会议。中共中央书记处、国务院联合听取机械工业部党组关于通过整党端正业务工作指导思想的情况和机械工业整改方案的汇报，讨论并原则同意《机械工业部党组整党汇报提纲》。会议决定，由机械工业部党组根据会议讨论的意见，将《汇报提纲》加以修改，送习仲勋审阅后以中共中央办公厅和国务院办公厅名义转发。

11月23日 向胡耀邦、赵紫阳并中共中央、国务院报送《关于参加阿尔及利亚武装革命三十周年庆祝活动的报告》。《报告》说：（一）阿方对我党政代表团接待规格高，态度十分友好。沙德利总统对我派重要代表团参加阿庆典、带来我领导人的祝贺深表感谢，强调阿中友好历史悠久，是患难之交，说"阿中关系是战略关系"。我们在同阿各级领导和群众的接触中，他们都异口同声地感谢我国在阿抗法斗争处于最困难的时候所给予的支持。我们深深感到，中阿友好有着深厚的基础。阿在非洲、阿拉伯地区，以至整个第三世界占有重要地位。我们要十分重视做好阿的工作，这在战略上具有重大的意义。（二）阿领导人同我们谈话的中心议题，是加强两国之间的经济技术合作。为了进一步推动中阿经济技术合作，建议有关部门统筹安排，以改革精神，采取一些积极的步骤和灵活的做法。几年来，我对阿贸易顺差累计四亿多美元，我应以综合平衡为原则，逐步予以解决。"搞对外经济技术合作，一定要从长远着眼，从全局出发，算大账。光看眼前利益，只考虑本部门的得失，会贻误时机，影响工作。"

11月27日 上午，出席沿海开放城市和经济特区统战、政协工作座谈会。在讲话中说：沿海开放城市和经济特区的统战、政协工作，主要应当抓好以下几件事：（一）积极开展民间交往，广交海外朋友，协助引进资金、设备、技术、人才，促进经济和文化合作项目的洽谈、落实，协调合资企业、合作经营企业和其他合作项目中海外人士同有关部门、干部和职工的关系。（二）抓紧落实各项统战政策。（三）开拓为开放服务的新路子。（四）充分发挥党外人士的聪明才智，为贯彻对外开放方针献计献策，丰富政治协商、民主监督的内容。（五）适应对外开放的形势，加强思想政治工作，发扬自我教育和自我改造的优良传统。（六）积极协助人大常委会法制工作委员会和政法等部门把立法工作搞上去。讲话还说：党外人士是建设沿海开放城市和经济特区的一支重要力量。在改革和开放问题上，我们不懂得的东西要虚心向有专门知识的党外人士学习，即使我们懂得的东西，也要听取党外人士的意见，丰富我们的思想，作出正确的决策。

11月29日 在新华社《国内动态清样》（第三〇五二期）刊载的《武汉硚口区有二十多位老人遭受子女虐待，法院干部奚后如建议各方关注老人晚年生活》一文上批示："在社会主义国家欣欣向荣的今天，竟出现这种不道德无法纪的行为，是不能允许的，有关部门对此要予以关注。否则，经济越发展，人民生活越有改善，但不注意政治思想工作，特别是社会主义的道德教育，有些人都想自己的事，甚至连父母都不顾，并与之争利，这是一股坏社会风气，务使不要扩大。"

11月30日 同胡乔木、邓力群等在人民大会堂会见出席全国优秀新闻工作者表彰大会的全体代表。在讲话中说：党的新闻工作在每一个历史重要关头都起了重要的作用。特别是在党的十一届三中全会以来，我国的政治经济形势变好，新闻宣传工作起了一定的作用。新闻工作者把群众的意见、呼声反映出来，把党的路线、方针、政策及时告诉群众。你们的工作做出了很大成绩。讲话还说：新闻报道要严格遵守实事求是的原则，遵守党性原则，一定要真实。

同日 晚上，接见十四世达赖喇嘛派出的三人代表图登朗杰、彭措扎西、洛卓坚赞。

12月1日 晚上，在中南海怀仁堂和群众一起欣赏首届全国青年歌手电视大奖赛获奖者音乐会。

12月3日 上午，出席中共中央书记处会议。中共中央书记处、国务院联合听取外交部党委关于通过整党端正业务工作指导思想和进一步开创外交工作新局面的汇报，讨论并原则同意《外交部关于整党工作和进一步开创新局面的汇报提纲》。

12月8日 在高克林[1]十二月四日来信上批示："此件转请克林同志一阅。修纪念馆一事，希同陕西省委商量解决。不要多花钱，建在高塘[2]有纪念意义的，旧址保护好，不要大修，

---

[1] 高克林，时任中共中央顾问委员会委员，曾于1928年参加渭华起义。
[2] 高塘，今陕西渭南市华州区高塘镇。1928年4月下旬，根据中共陕西省委指示，在西北军新编第三旅进行兵运工作的刘志丹、唐澍率该旅1000余人起义，由潼关开往华县高塘镇，编为西北工农革命军，刘志丹任军委主席，唐澍任总司令。5月上旬，在中共陕东特委的领导和西北工农革命军的支援下，渭南、华县农民1万余人举行起义。西北工农革命军与农民起义队伍会合后，形成以华县高塘、渭南塔山为中心约200平方公里的红色武装割据区域。在敌人的"进剿"下，8月，渭华起义失败。

这就很好，务求真实为贵。"批示还说："请您最近去西安一趟，和文彬[1]同志共同商办。"高克林在信中称，西安、北京参加过渭华起义的部分老同志，希望早日批准筹建渭华起义纪念馆，为此他考虑最近回陕西一趟了解情况，并与陕西省委有关同志具体商谈处理意见。一九八五年八月，经中共中央办公厅同意，中共陕西省委批准在渭华起义旧址建馆修塔。十一月二十日，邓小平为纪念塔题词："渭华起义烈士永垂不朽"。一九八六年十二月，习仲勋题词："渭华起义的革命精神永放光芒"。渭华起义烈士纪念塔、渭华起义纪念馆于一九八八年建成。

12月10日 上午，出席中共中央书记处会议。会议讨论并原则同意中央对外宣传小组《关于改进对外宣传工作的初步意见》。

同日 下午，在人民大会堂会见出席全国盲人聋哑人第四届全国代表会议的全体代表。

12月13日 上午，出席中共中央书记处会议。中央书记处、国务院联合听取邮电部党组关于通过整党端正业务工作指导思想和邮电通信事业整改方案的汇报，讨论并原则同意《邮电部党组整党汇报提纲》。

12月14日 在中南海怀仁堂出席全国农村工作会议全体会议并讲话。

12月15日 在公安部向中共中央办公厅、国务院办公厅报送的《关于保留经济民警建制不再改为护厂队的报告》上批示："现在经济民警已达八万余人。要有规定，哪一级的企业可以搞，以多少人为限，否则滥竽充数，人数突增，将对企业带来很大不

---

[1] 文彬，指冯文彬，时任中共中央直属机关委员会第一书记、中共中央党史研究室副主任、中共中央党史资料征集委员会主任。

利，因为这些人的工资都由企业自负，不卡严不行。请兆国、李鹏[1]阅商复之同志办。"

同日 晚上，设宴欢迎由主席维森特·桑切斯·巴雷特率领的多米尼加革命党代表团。在讲话中说：中国希望在和平共处五项原则基础上同拉美所有国家建立并发展友好关系。桑切斯主席率团首访我国，标志着我们两党正式友好交往的新起点。

12月16日 晚上，在中国民用航空局《关于认真接受批评意见改进民航服务工作的报告》上批示："这是一次严肃认真的检讨，贵在一项一项地落实，尔后形成现代化的严格管理制度，但最重要的是把各单位的班子搞好和加紧培训、转训各业工作人员，就会赢得国外好评。"

12月17日 出席中共中央书记处会议。中共中央书记处、国务院联合听取国家科委党组关于通过整党端正业务工作指导思想和国家科委机关整改方案的汇报，讨论并原则同意《国家科委党组关于整改工作汇报提纲》。

同日 晚上，观看广东话剧院实验剧团演出的话剧《特区人》。

12月18日 下午，同彭真、胡启立等在人民大会堂出席科技情报工作座谈会。

12月19日 下午，同胡启立、李鹏接见参加援藏四十三项工程工作会议的九省市、西藏自治区的负责人和国务院西藏经济工作咨询小组成员，并听取工作汇报。当汇报到西藏宾馆为了在西藏自治区成立二十周年大庆建成、准备冬季继续施工时，习仲勋说："实在完不成，也不要勉强，建设质量要搞好。"看了四十三项工程的图片和录像后说：四十三项工程的建设情况要拍电

---

[1] 李鹏，时任国务院副总理。

影，要向国内外宣传。这对改革也是一个促进。西藏自然条件这样差，建设速度都能这么快，我们其他地区的各项工作还有什么困难不能克服呢？要用四十三项工程建设的这种精神来教育大家，这就是我们共产党的精神，是现在应该提倡的革命精神。

12月21日、22日 主持由中共中央举行的座谈会。会议向各民主党派、全国工商联负责人、无党派人士和其他知名人士介绍中国共产党一年来整党工作的情况。在讲话中说：今后中国共产党和各民主党派、无党派民主人士的民主协商、互相监督，一要广，二要深，要形成制度。我们党凡是重大问题都要和党外朋友协商，民主协商要采取多种方式进行，如通报情况、作专题报告等。党外朋友多提批评意见，我们的工作就会做得更好。

12月22日 下午，在人民大会堂出席中国国际友好联络会成立大会。

12月24日 上午，出席中共中央书记处会议。会议讨论并原则同意《国务院物价小组关于一九八五年价格改革方案的汇报提纲》。

12月27日 上午，出席中共中央书记处会议。会议听取杜润生关于农村工作会议情况的汇报，讨论并原则通过《中共中央、国务院关于进一步活跃农村经济的十项政策》。

12月29日 上午，同胡耀邦、万里等出席中国作家协会第四次会员代表大会开幕式。

12月30日 出席中共中央政治局扩大会议。会议审议并原则通过《中共中央、国务院关于进一步活跃农村经济的十项政策》。一九八五年一月一日，该文件正式发出。

1985年　七十二岁

1月1日　出席全国政协举行的新年茶话会。在讲话中说：改革是整个国家和民族前途的希望所在，同我们每一个人都息息相关。为了使改革能够顺利进行，除了对改革中的重大问题要作出科学的决策，对改革的步骤、措施、方法要作周密的部署以外，还要认真抓好几件大事。一是要继续搞好整党，让全党同志更加自觉地为实现十二届三中全会决定而奋斗。二是要进一步调整各级领导班子，把那些德才兼备、在四化建设中成绩显著，真正能够开创新局面的年轻干部提拔起来，让他们挑重担子。三是要真正尊重知识，尊重人才，搞好教育和科技体制的改革，让教育和科学技术更好地为经济建设服务，让广大知识分子人尽其才，才尽其用。四是制定第七个五年计划纲要，使改革推动国民经济更加协调、健康地发展。在新的一年里，我们还将继续按照"一国两制"的构想，为台湾回归祖国，完成祖国的统一大业而努力。

1月2日　同彭真、乔石、许德珩、周谷城[1]等在人民大会堂出席民盟中央举行的纪念沈钧儒[2]诞辰一百一十周年座谈

---

[1]　周谷城，时任全国人大常委会副委员长。
[2]　沈钧儒，抗战期间倡议组织中国民主政团同盟（后改称中国民主同盟）。新中国成立后，曾任中央人民政府委员、全国人大常委会副委员长、全国政协副主席、最高人民法院院长、中国民主同盟中央主席等职。

会。在讲话中说：沈钧儒先生一生，随着历史发展的脚步，追求真理，不断前进。他救国救民的意志如石似钢，威武不能屈，富贵不能淫，始终保持坚定的政治原则。他以"活到老，学到老，改造到老"的精神，严格要求自己，从一个科举出身的进士成为一个伟大的民主主义者，进而成为一位杰出的党外共产主义战士，献身于崇高的共产主义事业。沈老一生所走过的光辉道路，使我们受到宝贵的教益。

1月3日 上午，出席中共中央书记处会议。中共中央书记处、国务院联合听取林业部党组关于通过整党端正业务工作指导思想的情况和林业战线改革方案的汇报，讨论并原则同意《林业部整党汇报提纲》。

1月4日—5日 同胡耀邦、万里、胡启立、乔石、田纪云听取河北省保定地委和保定地区二十二个县（包括隶属于保定市的满城县）负责人的工作汇报。

1月5日 出席中国作家协会召开的纪念诗人柯仲平[1]逝世二十周年座谈会。在讲话中说：柯仲平不愧是一个忠诚的共产主义战士，不愧是一个"人民诗人"。我们要像柯仲平那样，始终以党的神圣事业、革命的需要为己任，自觉地使自己的文学创作为这个大目标服务，努力成为一名对革命忠心耿耿、为振兴中华而英勇进击的先锋战士。同时，时时刻刻与亿万人民群众在一起，同甘苦，共命运，心甘情愿地做人民群众的忠实儿子，在自己的创作中，始终把为人民服务的方向，作为自己所遵循的根本方向，在建设具有中国特色的社会主义诗歌、文艺的历程中进行不懈的努力。

---

[1] 柯仲平，曾任陕甘宁边区文化协会主任兼民众剧团团长。新中国成立后，曾任中国作家协会副主席、西北文联主席等职。

1月7日 上午,出席中共中央书记处会议。中共中央书记处、国务院联合听取对外经济贸易部党组关于通过整党端正业务工作指导思想和对外经济贸易工作改革设想的汇报,讨论并原则同意《对外经济贸易部党组汇报提纲》。会议还同意《教育部党组、全国教育工会分党组关于建立"教师节"的报告》。

同日 在中共中央整党工作指导委员会一月三日《关于检查总结第一期整党工作,巩固和发展整党成果的通知》上批示:"可能把一条整党成果漏掉了,即克服派性,增强党性,团结起来向前看。我认为,团结不团结是个大问题,尤其是领导班子。请薄老[1]考虑。"

1月8日 在中共中央办公厅秘书局《简报》一九八四年十二月刊载的《北京市委办公厅办公室一同志谈向中央反映情况中存在的一些问题》一文上批示:"向中央反映情况则一定实事求是,既要报喜,又要报忧,既要登成功的经验,又要登失败的教训,既要反映正面的意见,又要反映不同的意见。这样,才能使领导同志全面了解情况,作出正确的判断。"该文说:北京市委办公厅一干部认为《北京简讯》反映的动态性东西很不够,建议北京市委应该"快、新、准、高"地向中央反映情况。

1月9日 下午,同胡启立、田纪云等听取刘杰[2]和中央调查组关于河南省救灾工作的汇报。在讲话中说:(一)请河南省委、省政府转达中共中央、国务院领导同志对遭受自然灾害的群众和深入第一线带领群众抗灾救灾的干部的慰问。中央认为,在灾害严重的情况下,做到群众情绪基本稳定,社会秩序比较好,是很不容易的,应该肯定成绩,振奋精神,鼓舞信心,继续

---

[1] 薄老,指薄一波。
[2] 刘杰,时任中共河南省委书记。

前进。(二) 要集中力量抓好生产救灾问题。这是当务之急。无论如何，要保证不冻死、饿死人。中央对贫困地区有了一套扶持政策，河南可以根据实际情况进一步具体化，贯彻执行。要认真总结历年抗灾救灾和治灾的经验教训，研究根治办法，作出长远打算，从根本上解决重灾区的问题。治水是根本措施，要从整个流域的治理上全面调查研究，作出合理部署。"要同干部、群众研究低洼地区的自然规律和经济规律，因势利导，趋利避害。旱路不通走水路，老路不通走新路。要改造自然，更要适应自然。"(三) 要坚持实事求是的思想路线。一切从实际出发，不搞形式主义、花架子，警惕新形势下的不正之风，包括浮夸问题。要注意听取不同意见。信息反馈很重要，有正有负，都有利于我们改进工作、修订政策。"要让基层干部、群众说真话，如实反映情况。不能责怪说真话的同志，哪怕这个真话非常难听，也要听，兼听则明。否则，我们党就没有希望。"

1月10日 上午，出席中共中央书记处会议。会议听取袁宝华[1]关于厂长负责制试点工作座谈会情况的汇报和关于《中华人民共和国国营工业企业法》（送审稿）的说明，并讨论《中华人民共和国国营工业企业法》（送审稿）。

同日 致信杨钟。信中说："看了林业部科技情报中心所写的有关沙棘问题的材料，颇受启发。我觉得林业部门把研究、开发和利用沙棘的工作抓起来，并结合中央关于种草种树的号召，在三北和西南地区积极予以落实，是大有可为的，也是很有经济和生态价值的。请予考虑酌处。""这是您的属下惠清延同志交给我的材料和样品（退本人）。这种沙棘在西北，特别是陕北是大片自然生长的，管好利用好，对这类地区人民快富大有好处。

---

[1] 袁宝华，时任国家经济委员会副主任。

又及。"

1月12日 在中共中央整党工作指导委员会驻河北省整党联络员小组《关于新的不正之风问题的调查报告》上批示：调查报告我详读了一遍，所作调查带有普遍性。这股新的不正之风，值得全党注意，特别是在下一步整党中要作为一个重要问题来抓。

同日 在一月八日民政部有关收容遣送流浪乞讨人员工作的情况报告上批示：总得有个办法才行，可否开个小会，结合当前新变化，研究一下有些省人员外流情况，提出几条办法，以便有章可循，可能对此项工作有好处。请转乃夫[1]同志阅酌。

1月13日 下午，同胡耀邦、方毅、胡启立等在中南海会见出席科技体制改革座谈会的几十位科学家。

1月14日 上午，出席中共中央书记处会议。

同日 下午，在中南海怀仁堂接见各省、自治区、直辖市党委，中央、国家机关和军委所属各部委的秘书长、办公厅主任座谈会代表。在讲话中说：（一）办公厅要为领导工作服务，为同级和上下级机关服务，为人民群众服务，归根结底是为人民群众服务。对于这个指导思想，一定要十分明确，并贯彻到办公厅的各项业务工作中去。（二）要积极地参与大事，并且要做好小事。办公厅主要应当办好三件事：一是参与大事的调查研究，向领导提供情况和建议，以便作出决策；二是传达和贯彻党的各项政策，并检查其落实情况，作出信息反馈；三是搞好领导同志批示的查办工作。（三）要认真管好业务工作。要及时准确地把文电处理、机要交通工作搞好；要加强保密工作，从紧从严；要认真负责地做好人民来信来访工作；要紧密依靠群众做好保卫工作；

---

[1] 乃夫，指崔乃夫，时任民政部部长。

要做好行政事务工作，想方设法改善机关的伙食、住房等生活条件。（四）要加强队伍建设。在机构设置上，必须坚持职责明、层次少的原则，充分发挥工作效能。在人员配备上，要坚持精干、"四化"的原则，既要不断更新，又要相对稳定，以保证工作的连续性，提高工作质量。在工作制度上，要坚持实行岗位责任制，做到各负其责，各司其事，定期考核，奖罚分明。

同日 对做好信访工作作出指示：要认真负责地做好人民来信来访工作，做到件件有着落，不能漠不关心，置之不理。不仅是重要案件要查办落实，作出交代；就是来访的一个人，管他反映的是事实不是事实，都要派人见一下。有些确实是冤案，在下面多年不能解决。有极少数的人是靠上访来吃饭的，但是你一查就知道了嘛。人民来信来访是测量党的各项政策的"寒暑表""温度计"，它可以使我们了解人民之所想、所急，倾听人民的呼声。把这项工作做好了，会更加密切党和政府与人民之间的关系，使党的各项政策真正得到落实。该指示后刊登于《人民信访》一九八五年第三期。

1月15日 下午，在中南海勤政殿主持工作会议，讨论省、市领导班子问题。宋任穷、胡启立、乔石、王兆国、陈野苹、尉健行[1]等参加。

同日 在中共中央统战部《关于祝寿敬老活动与春节探望老人的初步安排》上批示："同意这个安排，在看望他们时，对有些党外朋友，也可代我们致意。"

1月16日 在中共中央统战部一月十一日向胡耀邦报送的关于文化部恭王府修复委员会违反协议一事处理情况的报告上批示："此件请静仁同志看看，并将耀邦同志批示在部务会议上议

---

[1] 尉健行，时任中共中央组织部副部长。

议。也请兆国同志注意，在一定的时间内，将耀邦同志有普遍指导意义的一些批示，摘编整理成文，在《综合与摘报》上刊登。否则，一看了之，未抓落实，没有效果，这就是一种敷衍作风。切记！"

1月17日 上午，出席中共中央书记处会议。

同日 下午，在人民大会堂出席遵义会议五十周年纪念会。

1月18日 下午，在中南海勤政殿主持会议，听取刘田夫关于广西领导班子的情况汇报。宋任穷、胡启立、乔石、王兆国、尉健行、王照华[1]、张汉夫[2]出席。

1月19日 下午，同胡耀邦、王震、邓力群、胡启立、乔石、王兆国在人民大会堂与中共中央党校的党政、纪律检查、财政、体制改革、经济管理等干部进修班四百多名毕业生座谈。在讲话中说："大家都是从实际工作中来的，回到岗位以后还要抓紧学习，我们工作一天，就要学习一天。""我们想问题、办事情要讲原则，那种和稀泥、当老好人的作风不行。不仅各级领导要讲原则，每个共产党员也要讲原则。一个合格的共产党员，看见不对的事情，违反原则的事情，就要管，不要怕，怕什么？我们要在民主的基础上讲团结，讲纪律，领导干部还要讲究工作方法，要发扬民主，谁的意见正确就听谁的。做领导工作，用干部、出主意，这两条很要紧。中央有了正确的政策，还需要你们在实际工作中去贯彻执行。"在谈到实事求是问题时说：建设有中国特色的社会主义，要从我国的实际出发。我国幅员广大，一个县与一个县的情况都不一样。对你们来说，马列主义的最后的考试不是在课堂上，而是在实际工作中。这就要看你们能不能把

---

[1] 王照华，时任中共中央组织部副部长。
[2] 张汉夫，时任中共中央组织部地方干部局局长。

在党校学得的知识,运用到实际工作中去。只要我们实事求是,扎扎实实地工作,就一定能够夺取四化建设的新胜利。

1月21日 上午,出席中共中央书记处会议。会议讨论并原则同意《谷牧同志关于对外开放工作有关情况的汇报提纲》。

1月23日 下午,在中南海勤政殿主持人事安排碰头会。宋任穷、胡启立、乔石、王兆国、陈野苹、尉健行参加。

1月24日 上午,出席中共中央书记处会议。会议听取宋健[1]关于恢复和改革职称评定制度的说明,讨论《中央职称评定工作领导小组关于恢复和改革职称评定制度的报告》《中共中央办公厅、国务院办公厅转发〈关于恢复和改革职称评定制度的报告〉的通知》。

1月26日 复信华罗庚。信中说:"一月二十日来函敬悉。中国优选法、统筹法与经济数学研究会代表大会在郑州召开,我因工作牵身不能亲临参加,请予谅解。我为大会写了一封贺信,现在送上,请予转达。祝您身体健康。"贺信说:一九六五年以来,国内外闻名的科学家华罗庚教授研究创建的优选法、统筹法问世之后,在二十年的时间里,在他的亲身带动下,得到了普遍的推广和应用,在各行各业取得了明显的经济效果。它充分证明,科学的理论和方法一旦与实际相结合,就会产生巨大的物质力量。这是科学蓬勃发展的必由之路。希望你们认真总结二十年来推广和应用优选法、统筹法为经济服务的经验,使之更加完善提高;同时抓紧培训技术人才,使之不断发展壮大。你们一定要解放思想,实事求是,勇于改革,锐意创新,深入到实际中去,到基层中去,到群众中去,大力进行优选法、统筹法的普及、推广和应用,更好地为经济服务,为四化建设服务。

---

[1] 宋健,时任国家科学技术委员会主任。

1月28日 上午，出席中共中央书记处会议。中共中央书记处、国务院联合听取地质矿产部党组关于通过整党端正业务工作指导思想和地质战线整改方案的汇报，讨论并原则同意《地质矿产部汇报提纲》。

1月29日 下午，在中南海勤政殿主持人事安排会议。会议听取池必卿关于贵州省党政领导班子调整问题的汇报。宋任穷、胡启立、乔石、王兆国等参加。

同日 在中央纪委信访室《信访简报》（增刊第一期）一月二十二日刊载的《一个基层党员干部的焦急心情》一文上批示：吴剑明同志的来信，绝非一省一个地区的情况，带有普遍性，很多事情都是"向钱看"的新歪风。务必要各省市认真大刹一下，端正党风。该文说：杭州市新华书店党员干部吴剑明在一九八四年十二月十七日的来信中反映，精神污染有泛滥之势。为了小团体利益，不惜弄虚作假甚至违法乱纪的事屡见不鲜，损害了国家、集体利益。如办各种名目的公司，推销商品给回扣，大吃大喝成风且规格越来越高，滥发实物和现金成风等。

同日 在中共中央办公厅秘书局《每月汇报》（第一百八十号）一月二十七日刊载的《去年北京成立各类公司、中心三千多个》一文上批示："请兆国同志告北京市委注意一下，办这么多的公司、中心是好还是坏，要他们全面调查研究，提出他们的看法。"

1月30日 同宋任穷、胡启立、乔石听取中共云南省委负责人安平生、普朝柱[1]等和中共中央整党工作指导委员会驻云南整党联络员小组关于调整云南省委、省政府领导班子的初步意见和经济发展情况以及云南整党情况的汇报。在讲话中说：党的十一届三中全会以来，云南不断前进，取得了很大成绩。省委抓

---

[1] 普朝柱，时任中共云南省委副书记、云南省省长。

彻底否定"文化大革命"的教育，符合中央的整党指示精神。要把省委换届工作做好，把省级领导班子调整好、配备好。新的领导班子要搞五湖四海，要成为一个政治上坚强，作风正派，坚持原则，真正团结一致搞四化，能够开创新局面的领导核心。

1月31日、2月8日 出席中共中央书记处会议。中共中央书记处、国务院联合听取新华社党组关于通过整党端正业务工作指导思想和今后改革设想的汇报，讨论并原则同意《新华社整党工作基本情况和今后改革的设想》（汇报提纲）。

2月1日 审阅一月三十日中共中央统战部就召开全国统战理论工作会议的有关安排、杨静仁在会议上的讲话稿及全国统战理论研究会名誉会长、会长、副会长等名单（草案）。在请示函上批示："同意，先用一二天时间讨论耀邦同志在宣传部长会上的讲话，今天已见报，不用传达，以节省时间，让大家议就是了。也可不作报告，将杨的讲话稿先给大家讨论，随后修改定稿。"在"全国统战理论研究会名誉会长习仲勋"处批示："我不能搞，以不设名誉会长为好。"

2月2日 下午，在中南海勤政殿主持人事安排碰头会，研究辽宁、吉林、黑龙江、内蒙古党政领导班子调整问题。宋任穷、胡启立、乔石、田纪云、王兆国、陈野苹、尉健行等参加。

同日 下午，同方毅、宋任穷、胡启立、彭冲、王任重[1]、朱学范、周谷城、黄华[2]、田纪云在人民大会堂接见出席中华全国中医学会第二次会员代表大会的代表。

同日 在北京市东城区府学胡同小学教师刘秀钟要求落实私房政策的来信上批示："一个优秀教师的私房，'文革'中被占，

---

[1] 王任重，时任全国人大常委会副委员长。
[2] 黄华，时任全国人大常委会副委员长。

时至今日，还没有退还，不管是谁占的，都应立即妥善处理。"九月十八日，中共北京市委办公厅报告，已于八月将刘秀钟被挤占的两间私房腾退给本人。

2月4日 上午，出席中共中央书记处会议。中共中央书记处、国务院联合听取并原则同意中国人民银行党组关于整党情况的汇报。

2月5日 下午，在中南海勤政殿主持人事安排碰头会，研究几个省的领导班子问题。宋任穷、胡启立、乔石、田纪云、王兆国、陈野苹、尉健行等参加。

同日 在齐啸云一月三日关于赴美进行京剧艺术交流活动的汇报上批示：著名京剧演员齐啸云同志从小爱好京剧，是个大学生，英文相当好，曾在外贸部工作。因在政治上受到怀疑，她便改行唱戏，先后参加了贵州、天津、兰州的京剧团。"文化大革命"中受到批斗。后来有关部门为她落实了政策。这次她出访美国，与海外的华侨和美国、台湾方面的人士接触交往，联络感情，影响很好。实践证明，这是开展对外文化交流活动和对台工作的一条渠道，今后应当注意安排像齐这样热爱祖国，又有专长的人员出国访问，通过多种渠道，以更广泛地结交朋友，扩大我国的影响。

同日 同宋任穷、胡启立、乔石、李鹏在中南海怀仁堂会见参加全国优秀青年厂长、经理表彰大会的全体代表，同获得"优秀青年企业家"称号的十名代表交谈。在讲话中说：没有千千万万个像你们这样的厂长、经理，要办好企业是不可能的。希望你们一九八五年取得更大的成就。

2月6日 出席全国统一战线理论工作会议并讲话。在谈到统一战线工作的重要性时说：统一战线过去是、现在仍然是一大法宝，具有强大的生命力。我们如果不紧紧掌握和运用这个法宝，党和国家的大事就办不成。新的历史时期，统一战线的作用更重要了，统一战线的范围更扩大了，统一战线工作的对象更多了。因此，统一战线工作应该不断加强。在谈到统一战线理论工作问题时说：统一战线包括民族、宗教，是一门科学。这门科学必须随着实践的发展而继续向前发展，不能停滞和僵化，否则就没有生命力了。统一战线的历史经验有待于我们提高到理论上去总结，以资借鉴；新的历史时期统一战线出现的大量新情况、新问题、新经验，又要求我们进行深入的调查研究和理论探讨，以指导工作。现在看来，我们在这两方面的理论研究工作都做得不够，跟不上实践发展的需要。这种状况必须迅速改变。我讲几点意见，供同志们参考。第一点，要理论联系实际，有的放矢，实事求是。第二点，要解放思想，立新破旧。第三点，要团结党内外的理论工作者和统战工作者，形成一支广泛的统战理论研究队伍。第四点，要加强领导和协作。我相信依靠上下左右的共同努力，一定会把统战理论研究工作卓有成效地开展起来。

2月7日 上午，出席中共中央书记处会议。中共中央书记处、国务院联合听取广播电视部党组关于通过整党端正业务工作指导思想和广播电视部整改工作情况的汇报，讨论并原则同意《广播电视部党组关于端正业务工作指导思想情况和整改方案的汇报提纲》。

2月8日 上午，在中南海勤政殿主持人事安排碰头会，研究吉林省党政领导班子调整问题。宋任穷、胡启立、乔石、田纪云、王兆国、陈野苹、尉健行、王照华等参加。

同日 出席中共中央书记处会议，讨论党的新闻工作问题。当胡耀邦讲到"新闻工作应当讲求时效，但不是说所有问题都要无条件地追求时效"时，习仲勋说：不是所有的问题都要急急忙忙。该今天发表的今天发表，该明天发表的明天发表，不能抢先。

同日 同宋任穷等会见出席全国党校工作座谈会的代表。

同日 在中共中央办公厅信访局《群众反映》（增刊第二期）二月四日刊载的《"文革"影响不容忽视》一文上批示："这些反映值得重视，一定要加强彻底否定'文革'的教育，建议中组部把这方面的问题再收集一些材料，或同有关部门商议一下，写个东西，向下发一下，提起注意，促进促进，务期结合整党，提高干部的认识水平。请乔石同志阅酌。"该文说：最近一些群众来信反映，由于个别地方和单位否定"文化大革命"的教育流于形式，"左"的影响还未肃清，建议进一步加强彻底否定"文化大革命"的教育。

2月9日 下午，在中南海怀仁堂接见出席省（市）长、自治区主席会议的代表。

2月12日 下午，同彭冲、朱学范、廖汉生[1]、胡子昂[2]、钱昌照[3]等在人民大会堂出席中国法律事务公司开业招待会并讲话。在谈到加强律师工作的几点意见时说：第一，要认真负责地当好法律顾问，搞好法律咨询服务。要坚决维护委托单位和人民群众的合法权益，维护经济秩序。第二，要大力培训律师人才，提高律师队伍的素质。要采取多层次、多渠道的办法，加快培训律师的步伐，建设一支政治品质好、懂法律、通业务、有文化的律师队伍。第三，要加强法制的宣传教育工作，严格依法办事。政法部门办案一定要以事实为根据，以法律为准绳，深入调查研究，实事求是地秉公处理，要坚决克服粗枝大叶、不负责任的官僚主义作风。我们一定要实行法治，进一步加

---

[1] 廖汉生，时任全国人大常委会副委员长、全国人大外事委员会主任委员。
[2] 胡子昂，时任全国政协副主席。
[3] 钱昌照，时任全国政协副主席。

强立法，特别是经济立法的工作，做到有法可循，依法办事。

2月13日 在沈醉[1]致全国政协领导的信上批示："对这些外籍华人，多请回国参观，不要多劝他们回国定居，是一项既明智而统战宣传效果最佳的方针，须坚持下去。回国参观的外籍华人和侨胞，是送上门的客人，一定要接待好，把工作做到家。改变一个人的观感，就会改变无数人的观感。请静仁同志召集有关同志通报研究一下。"沈醉在信中说：自己同加拿大籍华人、比自己小一岁的弟弟沈静已有三十多年没见面。沈静由于长期受反动宣传的影响，又担心自己过去是特务的身份，不敢回国来，曾多次邀请沈醉去加拿大相会。经过沈醉四年多的争取，沈静于一九八四年十二月回国。

2月14日 上午，出席全国政协举行的招待已故政协委员和知名人士夫人春节茶话会，并代表中共中央、国务院致以节日祝贺。

同日 晚上，出席中共中央统战部为从台湾或国外回大陆定居的党外人士举行的新春招待会。在讲话中说：首先转达中央领导同志对大家的节日问候。遥祝台湾和海外同胞新春快乐。感谢大家为祖国统一和建设事业作出贡献。欢迎大家对大陆的工作提出批评、建议，使祖国的建设和统一事业做得更好。

2月15日 晚上，在人民大会堂同各民主党派、全国工商联负责人共迎新春。在讲话中说：各民主党派有着优良的传统，许多成员学识渊博，社会经验丰富。这是中国共产党在和各民主党派长期合作共事中得出的结论。党的十一届三中全会以来，中国共产党和各民主党派、全国工商联的关系更密切、更深厚了。这些年来，中共中央采纳了党外人士很多很好的意见。希望大家

---

[1] 沈醉，时任全国政协委员。

今后多为四化建设献计献策，多对各方面的工作提出批评建议。

2月16日 上午，同胡启立、乔石、郝建秀、王兆国在中南海勤政殿出席中共中央书记处研究室负责同志谈心会。在谈到整党问题时说：在整党中，成绩要讲，但主要的应当以十一届三中全会的路线、方针和政策，来检查本单位在思想、作风和组织方面的差距，找出不足之处和存在的问题，但不要戴帽子，也不要上纲上线。通过对照检查，使研究室的工作更好地适应新时期的要求，跟上中央的精神，进一步开创新局面。任何一个单位、任何一个人，都不可能是完美无缺的，都会有这样或那样的缺点，甚至错误。要采取正确的态度，运用辩证唯物主义和历史唯物主义的观点，全面加以对待。成绩要肯定，缺点要重视。光讲一点，不及其余，这是形而上学的观点。在谈到研究室的工作时说：一要加强理论研究，并紧紧地同实际结合起来。要面向四化、面向改革、面向世界、面向未来；要善于运用马克思主义的观点来阐明我国的社会主义现代化建设，从而使马克思主义有所发展、有所前进。二要搞好调查研究工作，提供有咨询、参考价值的材料和建议。要深入基层，深入群众，研究新情况，研究新问题，建立新观念，破除一切不适合实际情况的旧观念。三要搞好重要文件的起草工作。四要编好重要文选和简报，做好信息反馈工作。

同日 同马文瑞、张秀山[1]、袁任远[2]、张邦英[3]、张达志[4]在《人民日报》发表《一个保持延安精神和作风的共产

---

[1] 张秀山，时任中共中央顾问委员会委员、中共中央整党指导工作委员会委员。
[2] 袁任远，时任中共中央顾问委员会委员。
[3] 张邦英，时任中共中央顾问委员会委员。
[4] 张达志，时任中共中央顾问委员会委员。

党人——怀念战友曹力如同志》一文。文章说：曹力如同志不愧是中国共产党的优秀党员、忠诚的共产主义战士。他对党忠心耿耿，为人宽厚毅沉，从不计较个人的名利，不向困难低头。他善于联系群众、依靠群众一道奋斗。尤其是在陕甘宁边区政府任秘书长期间，林伯渠同志常外出工作，力如同志组织力量，深入实际，灵活地处理各种重大问题，使各项工作井井有条。他是在长期的实际斗争中成长起来的优秀领导干部。林伯渠同志曾说过："边区经济建设能取得较显著的成绩，是因为有像曹力如同志那样一批勤恳工作的干部。"力如同志一贯保持艰苦奋斗、克己奉公的优良作风。他长期主管经济工作，从不乱花一分钱。他对爱人和子女的要求很严，生活上不许有丝毫的特殊。这种优良作风，不仅使他自己在短暂的一生中为党为人民作出了卓越的贡献，而且感染、教育了许多青年为革命事业而英勇斗争。

2月18日 上午，同陈云、乌兰夫、万里等出席由李先念主持的中共中央政治局扩大会议。会议听取姚依林关于全国省长会议情况的汇报和胡启立关于纠正新的不正之风所采取措施的汇报。

同日 晚上，在《统一战线工作中"又团结又斗争"的提法现在还适用吗？——全国统一战线理论工作会议讨论情况》一文上批示："这个口号同过去比已有改变。我个人认为是正确的，但在新的历史时期，不论对内对外来讲，在统战工作中都以不提这个口号为有利。只要有矛盾就有斗争，而且一定要斗争，这是客观规律不容改变，口号是为实现基本政策中的策略方法问题。请静仁同志邀请理论研究工作者认真座谈几次，把这一命题写一个从实际出发、有理论根据的论文；把这个口号讲清楚，以统一认识，肃清'左'的流毒。"

2月20日 上午，同李先念、乌兰夫、万里等在人民大会堂出席首都各界举行的春节团拜会。

2月24日 在新华社《国内动态清样》（第四三一期）二月二十三日刊载的《吉林省委第一书记强晓初强调军队和地方共同否定"文革"各自总结教训》一文上批示："讲的好，似可改登《整党通讯》。"文章说：沈阳军区有十四万人次在吉林省参加"三支两军"[1]，宣传执行了"文化大革命"中那套"左"的东西，造成了消极后果。强晓初提出，军地双方要共同否定"文化大革命"，各自总结经验教训。军队同志越是严格检查自己，地方同志越要顾大局，向前看，不能纠缠历史旧账。"三支两军"是在特定的历史条件下出现的，要历史地去看。军队参加"三支两军"虽然产生了消极后果，但在当时也确实起到了积极作用。军队在"三支两军"中犯的错误，有军队干部的一份，也有地方干部的一份，要客观地去看。军队中个别人犯了错误，不能代表解放军这个整体，要辩证地去看。

2月25日 上午，出席由万里主持的中共中央书记处会议。中共中央书记处、国务院联合听取并原则同意国务院侨务办公室党组关于整改情况的汇报。

2月27日 在《延安子长通讯》一月八日刊载的中国农业银行总行干部沈为备撰写的《党中央、国务院扶贫措施落实不到陕北革命老区》一文上批示："请纪年[2]同志看看，并检查一下这方面的工作，采取一些有力措施，使困难户很快解决温饱问

---

[1] "三支两军"，指"文化大革命"时期人民解放军支左（支持当时被称为"左派"的造反派）、支工（支援工业）、支农（支援农业）、军管（对一些地区、部门、单位实行军事管制）、军训（对学生进行军事训练）。这是毛泽东和中共中央针对当时全国混乱局面而采取的稳定局势的举措。

[2] 纪年，指白纪年，时任中共陕西省委书记。

题。请代问沈为备同志好，并祝他春节愉快，身体健康！"该文反映：商业部、中国人民银行一九八四年十一月十日发出的《关于对贫困地区的严重困难户赊销纯棉布絮棉的通知》，国家计委一九八四年十一月六日发出的《关于动用库存粮、棉、布帮助贫困地区修建道路和水利工程的通知》，没有落实到陕北。中央在《通知》中对严重贫困地区实行免征农业税三至五年，但其所在的涧峪岔乡去年夏天因断粮、缺粮而吃救济粮的就有七百户二千七百多人，占全乡人口的百分之十五以上，今年仍照常要缴纳公购粮。

2月28日 上午，出席中共中央书记处会议。会议听取宋健关于科学技术体制改革决定起草情况的说明，讨论并原则同意《中共中央关于科学技术体制改革的决定（草案）》。

2月 春节前夕，看望聂荣臻，致以节日问候。

同月 出席在京藏族同胞举行的藏历木牛新年庆祝活动。

3月1日 同薄一波、萧克[1]、程子华、王任重、杨静仁等在人民大会堂出席中国农工民主党中央举行的纪念邓演达[2]诞辰九十周年座谈会。

3月4日 下午，出席中共中央书记处会议。会议听取中共中央整党工作指导委员会办公室关于第二期整党工作会议情况的汇报。

3月5日 同胡耀邦、赵紫阳、王震、杨尚昆、余秋里、宋任穷等接见参加中共中央整党工作指导委员会第二期整党工作会

---

[1] 萧克，时任中共中央顾问委员会常务委员、中国人民解放军军事学院院长兼第一政治委员。

[2] 邓演达，国民党左派领袖之一，1926年任黄埔军校教育长，北伐战争期间任国民革命军总政治部主任、湖北省政府主席等职，1931年11月被蒋介石秘密杀害于南京。

议的全体代表，并出席会议。会议于二月二十八日至三月六日在北京召开。

3月6日 上午，同彭真、邓颖超、杨尚昆、陈丕显等在人民大会堂分别会见全国法院先进集体先进工作者表彰大会、全国检察系统先进集体先进个人代表大会的代表。

同日 上午，同彭真、邓颖超、杨尚昆等在人民大会堂会见第二次全国台湾同胞代表会议代表，并同邓颖超、杨尚昆等出席开幕会。

同日 在中共中央办公厅信访局《群众反映》三月一日刊载的《为振兴京剧而呼吁！》一文上批示："穆之同志：张君秋[1]同志的信，虽然不是长篇大论，我认为讲得很好，既总结了过去的经验，又提出了未来的振兴希望，值得重视。似应成立一个京剧改革研究会，很有必要。至于附属于哪个单位，还可另作考虑。当前要紧的是请一些有代表性的老、中、青演员召开几次座谈会，广泛听取意见，集中大家的智慧，一定会制定出一个改革和振兴京剧的可行方案。提出一点不成熟的意见，仅供参考。"

同日 为甘肃、青海、宁夏、新疆和陕西人民出版社联合出版的"中国的大西北"丛书撰写前言。前言说：在本世纪和下世纪初，我国经济开拓的重点，势必要转移到大西北来。西北各族人民要紧密团结起来，发扬延安革命精神，积极热情地投身到开发和建设大西北的洪流中去，为胜利完成新的历史时期赋予大西北的光荣而艰巨的战略任务作出应有的贡献。我热爱大西北，我渴望大西北的繁荣昌盛，更盼望西北各族人民早日过上富裕幸福的小康生活。"我相信，中华民族的优秀儿女，一定会发扬勇于进取、锐意改革的精神，用自己的智慧和力量，在这块古老、广

---

[1] 张君秋，著名京剧表演艺术家，时任全国政协常务委员。

阔、富饶的土地上，创造出超过前人的业绩，谱写出新时代的伟大篇章！"

3月7日 上午，同乌兰夫、王震、胡乔木、陈慕华、胡启立、郝建秀、薄一波、康克清[1]等在中南海怀仁堂接见参加纪念三八国际劳动妇女节七十五周年暨表彰大会的代表。

同日 上午，同胡耀邦、邓小平、赵紫阳、彭真、邓颖超、乌兰夫等在中南海怀仁堂出席全国科技工作会议闭幕式。

同日 下午，出席中共中央书记处会议。

3月11日 上午，出席中共中央书记处会议。会议讨论并原则同意习仲勋、胡启立《关于中央宣传部、中央统战部分管的属于中央管理的干部划归中央组织部管理的意见》。

3月12日 上午，同王震、杨尚昆等在北京中山公园出席孙中山逝世六十周年纪念仪式。

3月13日 上午，出席中共中央政治局扩大会议。会议听取宋健关于科学技术体制改革决定起草情况的汇报，审议并原则通过《中共中央关于科学技术体制改革的决定》。

同日 在新华社《国内动态清样》（第四〇六期）二月二十日刊载的《海东地区三分之一农户温饱问题尚未解决，青海省政协调查组提出改变贫困面貌的建议》一文上批示：这是很严重的问题，搞了几年，海东地区农户还这样贫困，温饱问题未解决，还向国家欠钱。请农村政策研究室商民政部认真解决一下这个问题。该文反映，据青海省政协调查组对海东地区八个县贫困地区的调查，这一地区近几年生产虽然有较大发展，群众生活有明显改善，但不少农民的温饱问题尚未完全解决。这些贫困乡村由于基本无工副业，现金收入很少。调查组认为，解决贫困问题要采

---

[1] 康克清，时任全国政协副主席、全国妇联主席。

取综合措施，要继续克服"左"的思想影响，进一步放宽政策，按自然规律和经济规律办事，重视和加强贫困地区的文化、教育工作等。

3月14日 上午，出席中共中央书记处会议。

3月15日 晚上，设宴欢迎以主席努乔马为团长的纳米比亚西南非洲人民组织代表团。

3月18日 上午，出席中共中央书记处会议。会议讨论并原则同意王鹤寿向全国纪检工作会议的报告《新形势下的党风工作》。

3月19日 在中共中央办公厅秘书局三月十七日《每月汇报》（第二二九号）上批示："内有旁注。"在审阅《云南省动员十一万名干部下乡下厂开展"增百致富"大讨论》一文时作旁注："设想很对，十一万干部下乡下厂，声势浩大，其效果如何，我有怀疑。其做法，大有'大跃进'之势。请兆国同志留意。"该文反映：云南全省开展"增百致富"大讨论，动员和组织大批干部下乡下厂，通过"访富问计"和"访贫帮富"，发展多种经营，力争今年全省工农业总产值人均增加一百元。在城市工交企业开展"增千元、三同步、一挂钩"（产值、销售、税利同步增长，工资奖金与经济效益挂钩）的大讨论，全面提高经济效益，改变企业面貌。

3月21日 下午，出席中共中央书记处会议。中共中央书记处、国务院联合听取文化部党组关于通过整党端正业务工作指导思想和文化艺术体制改革设想的汇报，讨论并原则同意《文化部整党工作汇报提纲》。

同日 在中国电影合作制片公司《情况反映》三月十六日刊载的《近几个月对外合拍片已出现混乱现象》一文上批示："看了这个反映很好，但还不够齐全。这方面的问题很多，也很严重。各行其是，不要党性，不守纪律，为抢'生意'内外不分，已造成有损我国声誉的不良影响。总不能每个影厂都可擅自与外商订合同，也不能不分政治上的利弊，只要有利可图，什么都可以拍，什么古迹国宝都可廉价出售，太不顾及党和国家的影响了。总得有个有权力的统一机关管一管，不管，没有制度，没有约束的法规，还会出漏洞，还会大乱。请穆之同志商电影合作制片公司以及有关单位，拟订可行办法，千万再不能干有损政治的大事。请原谅，又多管'闲事'了。"

3月23日 上午，出席中共中央政治局扩大会议。会议审议并原则通过赵紫阳在六届全国人大三次会议上的政府工作报告《当前经济形势和经济体制改革问题》。

3月24日 在公安部《情况反映》（第二十八期）三月二十一日刊载的《上海市少年犯罪情况的新变化》一文上批示："这件事抓得对，抓得好，可能是个全国性的问题，但要十分慎重，同意公安部的几点分析意见；以教育为主，并发动家庭、社会、学校，大家都来抓，只要方法对头，一定会收到良好效果。转告复之同志参考。"该文反映，严厉打击严重刑事犯罪斗争开展以来，刑事案件有较大幅度的下降，但是未满十八岁的少年作案人员比重增加。究其原因，一是少年犯罪问题未列入公安机关的工作视线；二是法制教育缺乏针对性；三是缺少良好的家庭教育；四是对少年犯缺乏完备的法制措施。

同日 在王愈明[1]等《关于文物、旅游和宗教场所管理职责问题的调查简报》上批示：这个调查简报反映的一些问题，越早解决越好，不然，拖着扯皮，损失很大。

3月25日 在中共中央统战部《零讯》三月一日刊载的

---

[1] 王愈明，时任中共中央书记处研究室室务委员、综合组组长。

《赵朴初[1]说，作为宗教活动场所的寺院及佛教文物应当由僧人管理》一文上批示："这是一篇真正懂得宗教问题和宗教政策的同志写的意见，也是一篇很有参考价值的经验总结，并切合当前各地的实际。宗教、文物和旅游这三者的管理职责，始终没有解决好，以致有损党和国家的政治影响。建议将愈明[2]等同志的调查报告和赵朴初同志的意见一文，一并印发有关单位看看，请兆国同志商愈明等同志定个时间，在他们出去调查前（本周内）开个会，定出几条可行办法，因为有几年的经验，情况较明，是可能办到的。尔后再下去调查和落实这些'办法'，不然，还是拖着，处理不好。请兆国、周杰[3]同志商静仁和有关同志一定为盼。"该文认为，僧人能够管理好寺庙。僧人管理佛教文物，除了认识文物本身的价值以外，更重要的是把佛教文物同自己的信仰联系在一起，从而产生一种强烈的神圣不可冒犯的宗教感情。此外，要合情合理地安排宗教活动场所。

同日 下午，在人民大会堂出席全国政协六届三次会议开幕会。

3月26日 在新华社《国内动态清样》三月二十五日刊载的《警惕新形势下"旧病复发"——安康地区调查》一文上批示："纪年同志，请在整党中先解决这个地区的干部问题，经过民意测验，把一些违法乱纪，勒索敲诈的坏分子，一律撤掉或另作交流安排的办法，严肃处理。否则，生产上不去，党风整不好。连同耀邦同志批件，请一并研究解决。"该文反映，有些基

---

[1] 赵朴初，时任全国政协副主席、中国民主促进会中央副主席、中国佛教协会会长。
[2] 愈明，指王愈明。
[3] 周杰，时任中共中央办公厅副主任、全国人大常委会副秘书长。

层干部置党的政策与纪律于不顾，对上级虚报成绩，对群众强迫命令，干出种种违法乱纪、伤害农民利益的事情。

3月27日 上午，在中南海勤政殿主持人事安排碰头会，研究陕西省领导班子调整问题。乔石、田纪云、王兆国、陈野苹、尉健行、王照华、张汉夫、李岩、曹志[1]、白纪年、李庆伟[2]参加。

同日 下午，在人民大会堂出席六届全国人大三次会议开幕会。

同日 在《信访简报》（第三十三期）三月二十四日刊载的《晋煤外运汽车沿途饱受罚款之苦》一文上批示："怪事真多，这又是一件最恶劣的勒索敲诈行为，是应严格查处一下，请纪云同志批办。"该文反映，山西省汽车运输公司所属运输企业在运煤过程中，遇到沿途各省尤其是河南、山东、河北三省一些地区和部门的种种刁难，饱受各种巧立名目的罚款。且罚款由检查人员随心而定，司机据理申辩，则加倍受罚。

3月30日 上午，同胡启立、乔石、田纪云、杨静仁、王兆国在人民大会堂出席中共中央召开的党外人士座谈会。在讲话中说：凡是党和国家的重大决策都同党外朋友通气、磋商，听取大家的意见，这是党的十一届三中全会以来，把我们党和国家政治生活搞得生动活泼的重要制度。邓小平同志讲，进行经济体制改革，是我国的第二次革命。这个改革会带来其他方面的一系列改革，这是大势所趋，是不以人们的意志为转移的。希望大家利用自己的渊博知识和丰富经验，在改革中作出更多的贡献。

同日 下午，根据胡耀邦的批示，牵头约请中共中央、国务

---

[1] 曹志，时任中共中央组织部副部长。
[2] 李庆伟，时任中共陕西省委副书记、陕西省省长。

院有关部门的负责同志，就落实党的宗教政策和开放宗教活动场所中遇到的一些问题进行座谈。

同日 下午，出席中共中央书记处会议。

4月1日 上午，出席中共中央书记处会议。会议讨论《中央整党工作指导委员会关于第二期整党工作的基本要求的通知》。

同日 下午，在中南海勤政殿主持人事安排碰头会，研究吉林省领导班子调整问题。

同日 晚上，在人民大会堂主持宴会，欢迎由总书记穆罕默德·阿卜杜勒·卡迪尔·奥马尔率领的苏丹社会主义联盟代表团。

4月3日 出席中共中央统战部召开的全国落实宗教政策座谈会。在讲话中说：我们的国家，是一个有十亿人口的多民族多宗教的大国。党的十一届三中全会以来，我国所以能够很快形成安定团结的政治局势，这个局势之所以能够不断巩固和发展，同我们对民族、宗教问题解决得比较好是分不开的。但是，目前在落实党的宗教政策上仍然存在不少问题，阻力还不小。一是"左"的思想仍然在束缚着我们不少同志的头脑。二是不少同志在执行宗教政策上缺乏全局观点和政策观点，往往自觉不自觉地只从本部门、本单位的利害得失来考虑和处理问题，而不是首先把党的政策、党的利益放在第一位。我要特别强调指出，中央十九号文件[1]是认真总结新中国成立以来党在宗教问题上正反两方面的历史经验，经过深思熟虑、集思广益而形成的马克思主义的纲领性文件。只要认真地按照中央十九号文件的精神，彻底清除"左"的思想影响，统一认识，总结经验，从理论和政策上分

---

[1] 指1982年3月31日《中共中央印发〈关于我国社会主义时期宗教问题的基本观点和基本政策〉的通知》。

清是非，加强组织性纪律性，宗教政策是不难落实的。在谈到继续做好开放重点寺观的工作时说：按照国务院六十号文件[1]的规定，应该移交而没有移交给佛道教组织和僧道人员管理使用的寺观，要坚决移交；已经移交了的，要抓紧解决好遗留问题。寺观移交以后，要真正由僧道自己管理。我们的干部只能扶持、帮助僧道人员管好寺观，而不要越俎代庖。对于重点寺观的修复和维修，要从实际出发，量力而行。在谈到加强领导、搞好协作问题时说：落实党的宗教政策，加强对文物、园林的保护、管理和利用，积极发展旅游事业，为四化建设服务，是全党同志的共同责任，也是统战、宗教、文物、园林和旅游等有关部门同志的共同责任，只是分工不同，各有专责。在这方面，几个部门相互依存，谁也离不开谁。

4月4日 上午，出席中共中央书记处会议。中共中央书记处、国务院联合听取化工部党组关于通过整党端正业务工作指导思想、明确化学工业发展的目标和路子、加速改革化学工业管理体制的汇报，讨论并原则同意《化工部党组整党汇报提纲》。

4月5日 下午，在中南海勤政殿主持人事安排碰头会。乔石、田纪云、王兆国、尉健行、张汉夫等参加。

同日 晚上，在中南海勤政殿主持人事安排碰头会。宋任穷、乔石、张汉夫等参加。

4月8日 上午，出席中共中央政治局扩大会议。会议听取田纪云关于国家机关、事业单位工资制度改革问题的说明，审议并原则同意《关于国家机关、事业单位工资制度改革问题的汇报提纲》和《中央财经领导小组关于国家机关、事业单位工资制度

---

[1] 指1983年4月9日《国务院批转国务院宗教事务局〈关于确定汉族地区佛道教全国重点寺观的报告〉的通知》。

改革方案几个主要问题的报告》。

同日 下午，在人民大会堂出席全国政协六届三次会议闭幕会。

同日 晚上，会见并宴请以政治委员会委员何塞·冈萨雷斯为首的多米尼加左派阵线代表团。在讲话中说：各国党的事情由各国党自己去解决，互不干涉内部事务。中国既不搞大国主义，也不搞霸权主义。反对霸权主义，维护世界和平，是我们基本的对外方针。我们也不搞大党主义，主张各个政党一律平等。讲话还说：社会主义不应只有一种模式。马克思主义的一个基本原理就是实事求是，一切从实际出发，要学精神，不要学框框。这个道理我们搞了二十多年才懂得，所以现在要经济改革。犯了错误有好处，可以更聪明，要不就不觉悟。一个人、一个政党是在错误中成长成熟起来的。

4月9日 下午，出席中共中央书记处会议。会议讨论并原则通过《中央整党工作指导委员会关于第二期整党工作的基本要求的通知》。

4月10日 上午，同胡乔木、邓力群、胡启立、王兆国等在胡耀邦办公室谈话，研究政治课教学改革问题。

同日 下午，在人民大会堂出席六届全国人大三次会议闭幕会。

4月11日 上午，在中南海勤政殿主持人事安排碰头会。

4月14日 在新华社《国内动态清样》（第八四一期）四月十四日刊载的《江西部分灾区农民缺粮，有一百五十万灾民需国家救济》一文上批示："这份清样所反映的问题，值得重视。请兆国同志阅转纪云同志考虑：不仅江西灾区农民需国家合理救济问题，要及时解决好，以免贻误今年的农业生产，而且应即将全国灾区灾民救济问题全面检查一次，作出统一安排，妥善处理。

救灾如救火，当前是个关键时刻，这个问题解决好了，将有利于稳定持续地实行改革和发展农村经济。是件大事，切勿掉以轻心。"

同日 在新华社《国内动态清样》（第八四二期）四月十四日刊载的《八十师试行干部考核定量分析评分制》一文上批示："此件有参考价值，可否加按语刊登《组工通讯》，请乔石、健行同志阅酌。"该文说：二十七军八十师把干部的表现分为德、能、绩、素四个系统，实行下级、同级、上级三级评议制，分别对团职、营职和正连职、副连职以下干部作出优秀、良好、及格、不及格的评定，并提出培养使用意见。

同日 晚上，在人民大会堂出席全国政协办公厅举行的纪念著名爱国将领胡景翼逝世六十周年座谈会。在讲话中赞扬胡景翼在中国民主革命事业中立下的光辉业绩，认为胡景翼的一生是革命的一生，爱国的一生。

4月15日 上午，在中南海勤政殿主持人事安排碰头会。宋任穷、乔石、田纪云、王兆国、尉健行、张汉夫等参加。

4月18日 上午，出席中共中央书记处会议。中共中央书记处、国务院联合听取核工业部党组关于通过整党端正业务工作指导思想和核工业战线改革设想的汇报，讨论并原则同意《核工业部党组整党工作汇报提纲》。

同日 下午，同宋任穷、邓力群、乔石在京西宾馆出席中国戏剧家协会第四次会员代表大会开幕式。在讲话中谈了四点意见：第一，要统一认识。这次大会要开成大鼓励、大团结、大繁荣的大会。这是中央对你们的希望，也是人民群众对你们的希望。第二，要充分发扬民主。既然大家来开会，就要讲话，发表意见。成熟的意见，建设性的意见，即使是不成熟的意见，错误的意见，都可以敞开来讲。不要忘记了我们是十亿人口的大国，是一个古老的文明大国,我们的祖先给我们留下了光辉灿烂的文化遗产,我们一定要在这个基础上发扬光大。第三,要加强团结。要解旧疙瘩,不结新疙瘩。团结就是力量,团结就是工作,团结就是前提,只有团结才能把工作搞好。同志们有事情都摆在桌面上讲,大家都干的是戏剧事业,为什么不能在一起谈心呢?谈心还要交心嘛!第四,要坚决进行改革。通过改革,把祖国光辉灿烂的文化艺术发扬光大,抱残守缺,光吃老本是没有前途的。

同日 在《关于湖北省十堰市在我省招聘教师造成一些学校停课的情况反映》一文上批示:"这种做法是挖人墙角,不是人才合理流动,应予制止,请兆国同志告教育部发个通知为好。"该文反映:湖北省十堰市在河南省一些地市招聘教师,许诺不要粮食、户口关系,不要组织批准手续和原单位证明,不要工资关系;工资在原基础上每月提高三十至四十元;解决家属"农转非"问题,并安排工作。这种做法,在一些地市引起混乱,出现了教师不辞而别,或借故请假,前往十堰应聘的情况,造成一些学校停课,同时也影响了其他教师正常教学,学生家长对此非常不满。

同日 同宋任穷出席第二届戏剧梅花奖授奖大会。

4月20日 同宋任穷、乔石与中共福建省委两位负责同志谈福建省级领导班子调整问题。在讲话中说:调整和配备省的党政领导班子成员,要坚持中央关于干部"四化"的要求,坚持德才兼备的用人原则。起用新的领导干部,特别是年轻干部,要大胆,但一定要把人选准。要一看品德,二看才能,三看民意。要努力把年富力强,有理想,守纪律,懂政策,有真才实学和政绩,办事公道正派的同志选拔上来。对不符合这些条件的人,决不能提拔。几年来,福建在克服"左"的影响、拨乱反正、落实干部政策、解决历史遗留问题、推行生产责任制、改革经济体制、兴办经济特区以及其他方面，取得的成绩是显著的。福建地处沿海，在对外开放、发展经济方面有着特殊的作用，面临的任务十分繁重。新的省委常委班子要努力巩固和发展已经取得的工作成果，一定要成为政治上坚强，团结一致，密切联系群众，坚持改革，能够开创新局面的领导集体。

同日 下午，同邓小平、邓颖超等在人民大会堂出席宋庆龄基金会、外国专家局、文化部外文局和《中国建设》杂志社等联合举办的招待会，祝贺《中国建设》总编辑伊斯雷尔·爱泼斯坦七十寿辰和在华工作半个世纪。

4月22日 上午，在中南海勤政殿主持人事碰头会。

同日 同宋任穷、乔石向刘杰、刘正威[1]、何竹康[2]、赵地[3]、张志刚[4]和杨析综[5]传达中共中央关于调整河南省委书记的决定。

4月23日 出席中国电影家协会第五次会员代表大会开幕式。在讲话中说：电影一定要跟上时代的步伐，跟上四化建设的步伐，要通过各种题材和形式，反映生活，讴歌生活，来激发人民群众的爱国热情和积极进取、奋发向上的精神，为建设四化、振兴中华而努力奋斗。这是电影工作者的一项最重要的光荣的政治任务。希望同志们勇敢地挑起这个重担，满腔热忱地深入生活，接触实际，广泛密切地联系人民群众，虚心地向他们学习，吸取养料，创作出更多更好的影片来，为搞好社会主义的物质文

---

[1] 刘正威，时任中共河南省委副书记。
[2] 何竹康，时任中共河南省委副书记。
[3] 赵地，时任中共河南省委副书记。
[4] 张志刚，时任中共河南省委常委兼秘书长。
[5] 杨析综，时任中共四川省委副书记、四川省省长。

明和精神文明建设作出应有的贡献。讲话还说：目前，在中外合拍电影方面比较混乱，造成了不好的影响，必须采取措施，迅速扭转这种状况。一定要加强统一领导和管理，坚决反对无组织、无纪律的不正之风。要加强电影工作队伍的建设，提高电影工作者的素质。要敢于创新，积极改革，进一步开创电影工作的新局面。

4月24日 下午，在八宝山革命公墓礼堂出席李伯钊[1]遗体告别仪式。李伯钊于四月十七日在北京逝世，享年七十四岁。

同日 晚上，同乔石、杨静仁、胡锦涛[2]、何东昌[3]等在民族文化宫出席为志愿报名去西北的首都大学生举行的茶话会。在讲话中说：你们有志于到祖国西北参加建设，贡献自己的美好的青春，我作为一个西北人，感到十分高兴。今天在座的都是有理想有志气的青年。从八十年代一直到本世纪末，我们要把经济搞上去，实现翻两番的宏伟目标。你们这一代青年遇上了这个好年头。你们现在二十二三岁，到二〇〇〇年也只有三十多岁，正是你们发挥才华的时候。开发西北，是祖国四化建设的重要组成部分，具有战略意义。西北很需要人才，你们到那里去，一定能实现自己的抱负。西北苦一些，是事实，但是那里天地广阔，大有可为。"西北对你们来说，你们的前途在那里，希望在那里，你们的成长也在那里。"二十五日，这篇讲话在《瞭望》周刊发表。

4月25日 上午，出席中共中央书记处会议。中共中央书记处、国务院联合听取航空工业部党组关于通过整党端正业务工

---

[1] 李伯钊，逝世前任全国政协常务委员、中国戏剧家协会副主席。
[2] 胡锦涛，时任共青团中央书记处第一书记、全国青联主席。
[3] 何东昌，时任教育部部长。

作指导思想和开创航空工业新局面的汇报,讨论《航空工业部党组整党汇报提纲》。

同日 在中共中央统战部《零讯》四月二十二日刊载的香港商人反映内地办事拖拉的材料上批示:"这件事,请中办给韩培信同志打个电话,问一下情况,如属实,希望注意并予妥善处理。江苏的形势很好,千万不可疏忽大意,防止浮夸,讲究实效。对外要讲信誉,对内要讲务实。"

4月26日 上午,在人民大会堂出席首都文明单位代表大会。在讲话中说:(一)做文明市民、创文明单位、建文明城市是首都人民的光荣任务,关键就在于我们共产党员,特别是党员领导干部是不是认真抓。(二)搞好首都的文明建设,要从北京的实际情况出发,一不要搞形式主义,二不要搞浮夸,要务实,要讲究实际效果。要依照法令、规定办事,但法令、规定只是一种手段,不是全部手段。根本的问题是要动员群众,依靠群众互相监督、群众教育群众。(三)中央党政军机关要带头协助搞好首都的两个文明建设,自觉地执行北京市作出的各项规定。不管是军人、政府官员、党内的负责同志,一律都是北京市的公民。北京市的任何号召,都应当带头执行。

4月27日 上午,同宋任穷、乔石等会见出席全国书法家协会第二次会员代表大会的二百五十余名书法家。在讲话中说:书法是中华民族特有的、传统的伟大艺术,应该把它发扬光大,努力创新,提高到一个新的水平。普及书法应当从少年时代就开始。"我们念小学时每天都要写上几篇大字;学书法从小学开始是很重要的。"

同日 出席中国民主促进会中央委员会和中国民主同盟中央

委员会在全国政协礼堂举行的马叙伦[1]诞辰一百周年纪念大会。在讲话中说：马叙伦先生是著名的教育家、坚强的民主战士、忠诚的爱国主义者。他坚持真理，思想进步。在中国民主革命的长时期里，他同帝国主义、封建主义和官僚资本主义进行了不屈不挠的斗争。他为新中国的创立，为社会主义革命和社会主义建设事业作出了重要贡献。他是中国人民无限忠诚的公仆，是同中国共产党荣辱与共、肝胆相照的知心朋友。马老生前是民进和民盟深孚众望的领导人，他坚持同中国共产党长期合作，对民进、民盟的创建和发展，对中国人民民主统一战线的巩固和扩大，起了重要作用，受到广大知识界人士的尊敬和爱戴。马老的一生，是革命的战斗的一生，是从民主主义者，紧跟革命潮流前进，成为社会主义者的一生。马叙伦先生和许多革命前辈富民强国、振兴中华的遗愿，是一定会实现的。

同日 同张秀山、张邦英在《人民日报》发表《一位赤胆忠心的共产主义战士——深切怀念张仲良[2]同志》一文。文章说：在革命红旗漫卷西北大地的艰难岁月中，我们同仲良同志并肩战斗，结下了深厚的革命情谊。他对陕甘边革命根据地的建设，对解放大西北，对社会主义建设事业作出了很大贡献。仲良同志为人耿直，襟怀坦白，勇于批评和自我批评，从不文过饰非。五十年代末，他在甘肃担任省委第一书记期间，由于受"左"的思想影响和主观主义作怪，犯了浮夸冒进的错误。但他勇敢地承担责任，多次进行检讨，认真总结经验，吸取教训，在工作中虚心接受同志们的帮助和监督。仲良同志始终保持革命老

---

[1] 马叙伦，曾任全国政协副主席、中国民主促进会中央主席、中国民主同盟中央副主席等职。
[2] 张仲良，逝世前任中共中央顾问委员会委员、江苏省人大常委会副主任。

战士的光荣传统。他曾引用古人的话说:"十目所视,十手所指,其严乎!"以此告诫子女要严格要求自己。这些衷言,对干部和青年都有现实的教育意义。

4月29日 上午,出席中共中央书记处会议。

同日 在胡乔木二十七日来信上批示:"人才流动,似应拟订几条办法,有个控制,以便有所遵循才好,请启立同志阅酌。"胡乔木在二十七日致习仲勋、胡启立的信中附有新华社《国内动态清样》和光明日报社《情况反映》各一篇,反映河南、陕西及湖北省部分市县因老师赴十堰应聘致使学校再无教师、被迫停课等问题。信中说:"类似现象还很多,听乔石同志说,连外事部门的翻译队伍都已动荡。似此,中央似应有所表示,否则加强纪律和加强教育事业就都是一句空话。"五月一日,胡启立批示:"请劳动人事部商有关部门拟定几条办法,报书记处审定。"

4月30日 上午,同万里、杨尚昆等出席首都庆祝五一国际劳动节和纪念中华全国总工会成立六十周年大会,并向先进人物颁发"五一劳动奖章"。

同日 下午,同宋任穷、朱学范在中南海会见正在北京参加原招商局船员起义三十五周年纪念活动的代表。

同日 晚上,出席首都庆祝五一国际劳动节和纪念中华全国总工会成立六十周年招待会。

4月 为中国书画函授大学题词。题词的草稿有五条:培育艺术新秀,促进书画创作的繁荣和发展;祝愿书画艺术队伍茁壮成长;用生花之笔,为书画艺术园地添彩增辉;挥笔泼墨,反映人民群众丰富多彩的精神风貌和文化生活;继承优良传统,创立时代新风。

5月1日 向中国美术家协会第四次会员代表大会致信祝贺。贺信说:希望美术工作者们继续贯彻执行党的文艺路线,坚持深入生活，深入群众，运用民族的或其他形式，着力描绘国家的四化建设伟大事业，描绘各族人民为振兴中华而献身的动人景象，创作更多更好的美术作品，来丰富人们的精神生活，陶冶人们的高尚情操，提高人们的思想境界。希望美术工作者们继续努力学习，努力实践，加强团结，和衷共济，精心培育新秀，建立一支技艺精湛、朝气蓬勃的文艺队伍，为发展有中国特色的社会主义美术事业，建设一个现代化的、高度文明、高度民主的社会主义国家而贡献自己的力量。五月六日，中国美术家协会第四次会员代表大会在济南开幕。

同日 参加首都各界十万多群众为庆祝五一国际劳动节在劳动人民文化宫、中山公园举行的盛大游园活动。

5月2日 下午，在人民大会堂会见并宴请塞浦路斯社会党主席瓦索斯·利萨里迪斯和夫人。

同日 在新华社《国内动态清样》四月二十九日刊载的《上海部分企业用发奖金和实物的方法推销国库券》一文上批示："这不是个好办法，脱离群众，影响不好，这又是慷国家之慨，把人都引向邪道上去了，应予制止。请兆国同志告上海市委一声。"

同日 在新华社《国内动态清样》（第九八四期）四月三十日刊载的《一个宗教徒聚居村是怎样建成文明村的？》一文上批示："告任务之[1]同志了解一下这个情况，并总结经验推广之。"该文反映：河北省丰润县黄花港村党支部，通过加强思想教育，深入开展"五讲四美三热爱"活动，正确执行党的宗教政策，使这个宗教活动频繁的教徒聚居村，成为县委和县政府命名的文明村。

同日 在新华社《国内动态清样》（第九八五期）四月三十

---

[1] 任务之，时任国务院宗教事务局代局长。

日刊载的《四川振兴中医工作初见成效》一文上批示："告卫生部，请注意总结四川振兴中医的意见。"该文反映，四川省振兴中医药的工作，经过一年的努力已初见成效。中医、中药不能适应人民群众需要的情况开始有了改变，出现兴旺的景象。

5月3日 上午，在中南海勤政殿主持人事安排碰头会，同中共吉林省委负责人高狄[1]、王先进[2]谈话。宋任穷、胡启立、乔石、田纪云、王照华、张汉夫、李岩参加。

同日 下午，出席中共中央书记处会议。会议听取何东昌就各省、自治区、直辖市党委，中央国家机关各部委党组和有关方面对《中共中央关于教育体制改革的决定》的意见的汇报，讨论《中共中央关于教育体制改革的决定》。

同日 在《整党简报》四月二十七日刊载的《西北巡视员小组反映陕西不正之风的情况和提出的几点意见》一文上批示：从这份简报看，陕西省的不正之风很严重，名堂不少，花样不少，再不严加查处就不行了。已拟订五条查处办法很好。"关键是一抓到底，查出一件，解决一件，不讲情面，不管涉及到任何人，该怎样办就怎样办，就要有股秉公办事的精神才行。"文章列举了党政机关和党政干部经商办企业等新的不正之风在该省的九种表现，拟出五条查处办法：（一）凡是中央有明文规定的，或明显违法乱纪的案件，一经查清，应及时、严肃地处理。（二）在处理有关涉及群众问题时，要持慎重态度，注意避免因措施不当引起群众消极情绪和对立，同时要做好思想政治工作，领导多承担责任，不要用停发工资等办法来处理问题。（三）有些属政策界限还不太清楚的，先把事实调查清楚进行研究分析，不要急于

---

[1] 高狄，时任中共吉林省委书记。
[2] 王先进，时任中共吉林省委副书记。

处理。（四）有些属于政策中探索性质的问题，应允许继续探索研究，不要简单鲁莽处理。（五）涉及中央各部所属在地方单位的问题，可由地方提出建议，同中央有关部门共同协商，尽快解决。

5月4日 下午，同邓颖超、杨尚昆、郝建秀、许德珩等在人民大会堂会见全国老一代高山族台胞学习参观团全体成员。

同日 在司法部办公厅《情况反映》（第二十一期）四月十日刊载的《西安市劳教所发生可喜变化》一文上批示："对于劳教人员，一要管，二要教，而且采取妥善有效措施和正确内容教好，起码在劳教期间，给一种精神鼓励，使其爱劳动，学一种技法，使这些人感到有希望、有前途，只要勤奋努力，也可成为国家有用之才，一切强制的做法，尽量少用。只是一点小意见，仅供邹瑜[1]同志参考。"该文反映，西安市劳教所由市公安局正式移交司法局后，在陕西省委派出的检查、整顿工作组的帮助下，整顿和调整领导班子，查处干警严重违纪事件，建立和健全各项规章制度和岗位责任制，对管教工作进行大胆改革，使该所面貌发生了可喜变化。

5月6日 下午，同万里、方毅等听取陈德鸿[2]、赵国臣[3]关于中国首次进行南极科学考察情况的汇报，接见考察队立功单位和考察队员代表。一九八四年十一月二十日至一九八五年四月十日，我国首次组织科学考察队远航南极，取得了安全航行近十万里、高速度建设长城站和南大洋科学考察的胜利。

同日 晚上，在人民大会堂设宴欢迎由总书记拉希迪·卡瓦

---

[1] 邹瑜，时任司法部部长。
[2] 陈德鸿，时任中国首次南极考察编队总指挥。
[3] 赵国臣，时任中国首次南极考察编队副总指挥。

瓦率领的坦桑尼亚革命党代表团。

5月7日 在新华社《国内动态清样》(第一〇二八期)五月六日刊载的《厦门中外合营企业中党组织工作存在的问题》一文上批示：在开放城市，不仅要健全党的组织，而且要加强管理和领导，特别在中外合营企业中，更要如此。在共产党领导的社会主义国家里，合营企业中党组织当然是公开的，问题在于加强和改善党的领导方法。在我国自己的企业中，也正在解决这个问题。请乔石同志阅转主管同志研究一下，订出几条规定为好。

同日 下午，同胡启立、王兆国在中南海勤政殿同罗东[1]谈话，听取浙江省文艺工作有关情况的汇报。

5月8日 上午，在中南海勤政殿主持人事安排碰头会。

同日 在新华社《国内动态清样》(第一〇三六期)五月七日刊载的《全国青联调查分析阻碍中青年知识分子发挥作用的各种因素》一文上批示："这是值得继续调查研究的一个重要问题，不然会使一批知识分子干部选拔不当，用非所长，造成对人才使用的浪费和荒废，请乔石同志批交主管单位办。"该文反映：全国青联以发调查表、开座谈会、走访等方式，对科技、文教界部分有成就的中青年知识分子的工作、生活情况进行调查。调查表明，阻碍中青年知识分子发挥作用的因素有：使用不当造成人才浪费，旧观念压制中青年知识分子的积极性，待遇的改善与劳动的增加比例失调等。

同日 在新华社《国内动态清样》刊载的《乡镇临时机构太多，基层干部无法招架》一文上批示："请中组部协同有关部门研究个办法。大力精简。"

5月9日 上午，出席中共中央书记处会议。中共中央书记

---

[1] 罗东，时任中共浙江省委常委、宣传部部长。

处、国务院联合听取公安部党组关于通过整党端正业务工作指导思想和整改方案的汇报，讨论并原则同意《公安部整党工作情况汇报提纲》。

5月10日 在公安部总值班室《情况摘报》五月七日刊载的《陕西三原县医疗器械厂油罐爆炸起火，死亡十三人，损失约二百万元》一文上批示："最近全国发生了好几起重大的责任事故，死亡的人不下数百之多，不能等闲视之。请兆国同志在通气会上讲一下安全生产问题，并对已发生的事故，要查清论处以明是非，否则，不能平民愤。"

5月12日 晚上，会见并宴请由索马里革命社会主义党中央委员、党中央事务局局长、总书记党务助理艾哈迈德·阿什卡尔·博坦率领的索马里革命社会主义党中央代表团。

5月13日 上午，出席中共中央书记处会议。

5月14日 上午，在中南海勤政殿主持人事安排碰头会。会议研究广东省领导班子调整问题，并同意上海等八省市提出的出席中国共产党全国代表会议代表候选人名单。

同日 下午，在中南海勤政殿主持人事安排碰头会，同中共山东省委负责人苏毅然[1]、梁步庭[2]、李昌安[3]谈话。

5月16日 在关于文代会筹备工作情况的材料上批示："请耀邦、任穷、启立、乔石同志阅示。中央方针是明确的，文联下的各种协会基本上已经开了大会，国内外都很关心文代会的召开，为了作好充分准备，似可将召开时间推迟到党代会以后，请

---

[1] 苏毅然，时任中共山东省委书记，1985年7月任中共山东省顾问委员会主任。
[2] 梁步庭，时任中共山东省委书记、山东省省长，1985年6月不再担任省长。
[3] 李昌安，时任中共山东省委副书记，1985年6月又任山东省省长。

耀邦同志核定后，再商乔木、力群同志一议。"

同日 晚上，在人民大会堂会见并宴请由政治局委员、中央书记处常务书记瓦斯科·卡布拉尔率领的几内亚和佛得角非洲独立党代表团。

5月17日、18日、20日、22日 同宋任穷、胡启立、乔石就湖南省级领导班子的调整问题，在京听取毛致用、熊清泉[1]、焦林义[2]、刘正的汇报。

5月19日 上午，同胡耀邦、邓小平、赵紫阳、彭真、万里等出席在京西宾馆召开的全国教育工作会议第三次全体会议。

5月20日 上午，出席中共中央书记处会议。中共中央书记处、国务院联合听取中共中央统战部关于通过整党端正业务工作指导思想和一九八五年工作要点的汇报，讨论并原则同意《中央统战部整党工作情况的汇报》。

5月21日 晚上，会见并设宴招待以政治局委员、党部主任、总理府部长赫迪·巴库什为团长的突尼斯社会主义宪政党代表团。

5月23日 上午，出席中共中央书记处会议。

5月24日 下午，同胡乔木、陈慕华、陈丕显等在中南海怀仁堂接见参加儿童少年工作者座谈会的全体代表。

同日 同胡乔木、陈慕华、陈丕显等接见出席全国大学生"志在四方献身四化"先进代表座谈会的七十名代表。

5月25日 在中共中央组织部研究室《组工通讯来信摘编》（第三十八号）五月二十日刊载的《建议对新提拔的干部实行一年预备期制度》一文上批示："退中组部参阅：这个意见很好，可以试行。但对已经在职干部，也要有一个考核实绩的制度才

---

[1] 熊清泉，时任中共湖南省委书记。
[2] 焦林义，时任中共湖南省委书记。

好；再加上德才的考核，才可全面考查一个干部的优劣，并形成制度化、规范化，这样，在选拔干部时，就可少犯错误。"

5月27日 上午，出席中共中央政治局扩大会议。会议听取胡启立关于全国教育工作会议讨论、修改《中共中央关于教育体制改革的决定》的说明，审议并通过《中共中央关于教育体制改革的决定》。《决定》于当日正式发出。

同日 下午，在中南海勤政殿主持人事安排碰头会，研究国家教育委员会人事安排问题。万里、宋任穷、胡启立、乔石、陈野苹、曹志、张汉夫参加。

5月29日 在新华社《湖南省采取措施稳定中小学教师队伍》一文上批示："挖人才不是人才流动的好办法，但内地人才已被挖去边疆省区的，如经劝说仍不愿回原地区的（如湖南）也不要做出'做了工作仍不回来的，也不要迁就既成事实'的规定，仍以合理采取妥善解决的办法为好。"

5月30日 上午，出席中共中央书记处会议。会议同意中共中央办公厅《关于成立中央、国家机关精减工作人员领导小组的建议》，决定中央、国家机关精简工作人员领导小组由习仲勋、王兆国、李灏[1]负责，国家计委、国家经委、国家体改委、中央组织部、劳动人事部、财政部、国务院办公厅、中央办公厅各派一位负责同志参加。

同日 下午，在中南海勤政殿主持工作会议，研究对庆祝新疆维吾尔自治区成立三十周年筹备报告的意见。

同日 在新华社《国内动态清样》五月二十九日刊载的《陕西省今年汛期早来势猛》一文上批示：告李庆伟同志早做扎扎实实的准备。

---

[1] 李灏，时任国务院副秘书长。

6月2日 致信即将参加第四届世界羽毛球锦标赛的中国羽毛球队,勉励他们继续发扬顽强的拼搏精神,发挥高超的技术技巧,保持文明的良好风格,去夺取胜利的桂冠,去增进我国人民同各国人民之间的友好情谊。

6月3日 上午,出席中共中央书记处会议。中共中央书记处、国务院联合听取共青团中央关于通过整党端正业务工作指导思想和一九八五年工作要点的汇报,讨论并原则同意《团中央书记处整党工作汇报提纲》。

同日 在《一位党外老教授的心里话》一文上批示:"这位老教授讲的非常好。建议中指办将第三页中有几句话改一下,还可发广一些,让更多的同志看看。"该文反映:四月十九日下午,北京师范大学中文系党总支书记龙德寿到一些党外教授家里,听取他们对本校整党工作的意见。年逾八旬的老专家钟敬文说,这些年来,一些党员中奔名奔利的思想比较严重,达不到目的就闹,总觉得吃亏,把该做的工作也放在一边不管了,这是不对的。现在有些党员精神状态差,理想模糊了;有些党员全局观念差,风格低;有人认为整个社会风气不好,个人无足轻重,也无能为力,因此就把自己随便乱放。共产党员应该有革命精神,要敢于创造,要有高尚风格。学校的改革,不能只顾赚钱,应该提高教学、科研水平。整党要见效果,学校不能光说不干。只有见到效果,才能增强信心。

6月4日 上午,同胡耀邦、邓小平、李先念、彭真、邓颖超、徐向前、聂荣臻、万里等在人民大会堂接见参加中共中央军委扩大会议的同志。中共中央军委扩大会议于五月二十三日至六月六日召开,邓小平在会上提出对国际形势的新判断和中国对外政策的两个重要转变,并宣布中国人民解放军减少员额一百万。会议作出军队建设指导思想实行战略性转变的重大决策。

同日 在中共中央整党工作指导委员会《来信摘报》五月三十一日刊载的《湖南长沙地区刮起"参观游览"风》一文上批示："请兆国同志告知毛致用同志核查，这也是一股不正之风，群众极为不满，并请省委定个办法，不准擅自动用公款参观游览，务必令行禁止。另请兆国同志考虑，可否和中指办商量一下，凡中指办《来信摘报》一律请他们结合整党核实处理。"

同日 在新华社《国内动态清样》六月二日刊载的《赫章县有一万二千多户农民断粮，少数民族十分困难却无一人埋怨国家》一文上批示："有这样好的各族人民，又过着这样贫困的生活，不仅不埋怨党和国家，反倒责备自己'不争气'，这是对我们这些官僚主义者一个严重警告！！！请省委对这类地区规定个时限，有个可行措施，有计划有步骤地扎扎实实地多做工作，改变这种面貌。"一九八八年六月九日，国务院批准建立毕节地区开发扶贫、生态建设试验区。

同日 在新华社《国内动态清样》（第一二八五期）六月三日刊载的《河南一些农民心里面的几个"愁"》一文上批示："这'五愁'不是没有道理，请省委讨论一次，认真调整，合理解决。"该文反映，河南开封、尉氏、通许、兰考等县在农村产业结构调整中，农民心里有一些新忧愁：一为不知种什么好而发愁；二为怕亏本，不敢投工投肥而发愁；三为政策不落实，价格不稳定而发愁；四为"想致富，没门路"而发愁；五为"苛捐杂税"多而发愁。

同日 为《老人天地》杂志题词：老年人要扶持青年人，青年人要尊敬老年人。

6月5日 上午，在中南海勤政殿主持人事安排碰头会，研究几个部门的领导班子调整问题。

6月6日 下午，同邓小平、邓颖超、杨尚昆等在人民大会堂会见参加"大陆与台湾"学术研讨会的海内外学者。

同日 对新华社《国内动态清样》刊载的《湖北省委副书记钱运录认为湖北粮食不富余,要保证今年粮食稳定增长》一文上批示:"钱运录同志对今年湖北粮食生产的意见很对,恐怕有些省、市、区对这个问题的认识还不够像湖北这样清醒。建议农研室酌处。"

6月8日 上午,出席中共中央书记处会议。会议讨论并原则通过《中共中央办公厅、国务院办公厅关于党政机关干部不兼任公司等经济实体职务的补充通知》。

6月9日 上午,同博茨瓦纳民主党全国执行委员会主席、副总统彼得·穆西率领的民主党代表团会谈。

6月10日 上午,出席中共中央书记处会议。

6月11日 上午,同李先念、徐向前、杨尚昆、杨得志等接见出席黄埔军校同学会第一次会员代表大会的代表。晚上,出席中共中央统战部在人民大会堂举行的招待宴会。

6月13日 上午,出席中共中央书记处会议。

同日 在中共中央办公厅秘书局《每日汇报》(第三一四号)六月十日刊载的《辽宁一些同志认为,现在有些做法是取消了正确的政策》一文上批示:"确有研究的必要,好的做法坚持,不利于改革并制约解放生产力的做法,则加以探索改正。"该文说:辽宁省和沈阳、大连市一些干部和企业负责人反映,限制发奖金的做法影响企业搞活。沈阳、大连经委的同志反映,今年把财权收回去是不合理的。去年下半年,领导机关鼓励企业搞技术引进,后来又急刹车,给一些企业造成很大损失。许多搞改革的积极分子反映,勇于改革者处境困难,好像新出现的不正之风都是他们搞改革造成的。

6月14日 在中共中央统战部《零讯》六月三日刊载的

《牧区单靠发展牛羊很难富裕,要致富必须大力发展民办企业》一文上旁注:这个标题不够科学。农牧应是主要的,尔后加工,转化为商品生产。在这里办企业一定要就地取材。

同日 在中共中央办公厅《综合与摘报》(增刊第六十九期)六月十二日刊载的《实行厂长负责制以后,企业党政关系的一些情况》一文上批示:"这个问题大,要从速从快合理解决,否则将影响改革和搞活经济,国家吃亏太大。"

同日 在新华社《国内动态清样》(第一三七三期)六月十三日刊载的《不能一手握行政权一手搞自营要企业的钱》一文上批示:请依林同志参酌,总公司比部门还抓得紧,这哪是权利下放,而是争权夺利,要改进。

同日 在新华社《国内动态清样》(第一三八三期)六月十三日刊载的《长江三峡青滩段发生塌方使长江断航》一文上批示:"出现宜昌上游大塌方,三峡工程更要科学证论,谨慎处理。告请李鹏副总理注意。"

同日 为《张闻天[1]纪念文集》撰写献辞。献辞说:我和闻天同志在陕北瓦窑堡相识,从那时起,他就成了我的良师益友。他对当时党中央的路线、方针、政策坚决贯彻执行,对党和人民的事业无限忠诚;对共产主义的信念孜孜以求,坚定不移;

---

[1] 张闻天,又名洛甫,曾任中共临时中央政治局常委、中共中央政治局委员、中共中央书记处书记。遵义会议后,1935年2月代替博古负中央总的责任。1938年后任中共中央书记处书记兼中共中央宣传部部长、中共合江省委书记、中共中央东北局常委兼组织部部长等职。新中国成立后,曾任中共中央政治局委员、中国驻苏联大使、外交部副部长。1959年在庐山会议上遭到错误批判,后任中国科学院经济研究所特约研究员。"文化大革命"中遭受迫害,1976年7月逝世。1979年8月中共中央举行追悼大会,为其平反。

对大是大非的问题态度鲜明，顾全大局；对党交付的工作勤奋努力，鞠躬尽瘁。我们要学习他的崇高的革命精神和优良的工作作风，为建设社会主义现代化的伟大事业贡献力量。

同日 撰写《深切怀念赵寿山同志》一文。文章说：今年是赵寿山同志逝世二十周年，我以十分崇敬的心情，对这位老战友、老同事表示深切的怀念。赵寿山同志是杨虎城将军的部下，是国民党的爱国将领。他在西安事变中为迫使蒋介石联共抗日起了积极的作用。抗战爆发后，他率部北上，与士兵同甘共苦，浴血奋战，英勇杀敌。他顺乎革命潮流，不断追求进步，与我党的同志接触交往，主动为党工作。他所属的三十八军，经过教育改造，由一支国民党的部队转变成为一支革命的部队，受到党中央和毛主席的赞扬。他自己也由一个爱国主义者转变成为一个共产主义者。后来，他在担任人民解放军第一野战军副司令员和青海、陕西两省省长以及全国人大常委会委员等职务中，为中国人民解放事业和社会主义建设事业做了很多有益的工作。他的光辉业绩永远铭记在人民的心里。

6月17日 致电中国羽毛球队。电文说："你们在第四届世界羽毛球锦标赛中，顽强拼搏，赛出了风格，赛出了水平，取得了优异的成绩，我向你们表示热烈的祝贺。希望你们戒骄戒躁，继续努力，争取更大进步。"

同日 在新华社《国内动态清样》（第一四〇二期）六月十五日刊载的《新洲县公安局涨渡湖劳改点擅自以劳动任务折抵刑期提前释放犯人，检察机关发现后已向县公安局提出纠正意见》一文上批示："太恶劣了，请复之同志参阅。总之，近来用劳改犯出去做生意或利用这些人的关系办各种'公司'的都是个严重的违法问题。也请复之同志注意纠正并报丕显同志一下。"七月十日，公安部党组就此事向习仲勋作专项报告。报告说：新洲县公安局涨渡湖劳动点的错误做法是一起典型的违法事件，我们即将发出通报，要求全国各级公安机关引起高度重视，以此事为鉴，对所有人犯劳动场点进行检查整顿，对全体公安干警加强法制教育，加强组织纪律性，严格执行法律和党的政策，防止类似事件再次发生。

6月18日 在新华社《国内动态清样》六月十五日刊载的《洛阳地区移民办公室对妥善处理移民问题的建议》一文上批示：从洛阳地区移民办公室对妥善处理移民问题的建议一文来看，这在全国还是个大事。如不限期或两年内解决好，仍是全国一个不安定的因素，千万不可掉以轻心。这本是"大跃进"中遗留的历史问题，但又是有关千万人民的生活、生产问题。应该算笔账，总结一下经验，下功夫把这个棘手问题认真解决一下。崔乃夫同志商水电部当作一件大事，订出个办法，请酌。该文反映，洛阳地区移民办公室总结三十年来的经验教训，提出处理水库移民问题的建议。主要有：（一）坚持移民和工程并重的思想。（二）移民因乡土观念重，不宜远迁，一般以在本地本县安置为宜。（三）从水库受益单位拿出部分水费、电费，支持移民发展商品生产，使他们尽快富裕起来，安心在迁入地生活。（四）移民安置好后，如生活发生临时性困难，应当和其他村民一样享受民政部门的社会救济。

同日 在中共中央统战部办公厅《五月份工作（大事）简报》上批示："统战部批办各民主党派的会议太多了，外国人都批评我们'会'多，是值得注意的一个问题，请统战部先作个榜样，事多而会少，办事利落，提高效率。长文短写，言简意赅，不要拖拖拉拉，大力克服官僚主义作风。"

同日 在新华社《国内动态清样》（第一三八五期）六月十四日刊载的《闭塞地区只要思想不闭塞同样能致富——黔西南黔

西北见闻》一文上批示:"这些地区要有一个好当家人,好的领导班子,闭塞地区同样可以致富。请兆国同志考虑,加按语,原文略修改,登什么刊物合适请酌。"该文反映,记者在黔西南、黔西北一些经济不发达地区采访中感到,这里的自然条件比西北黄土高原的一些地区好得多,资源也丰富得多,但是经济落后,人民生活和黄土高原一样贫穷。对此,有些干部认为,这是交通不便、信息不灵造成的。在该文提到"也有人对记者说,地方闭塞,只要思想不闭塞,这里也能较快地富裕起来。看来,后一种见解很有道理"处,习仲勋旁注:"讲的很对。"

同日 下午,同彭真、邓颖超、杨尚昆、万里等在中南海怀仁堂出席中共中央举行的纪念瞿秋白就义五十周年纪念会。

6月19日 晚上,在人民大会堂会见并宴请由党中央委员、中央政治和法律委员会主席丹尼尔·利苏洛率领的赞比亚联合民族独立党代表团。

6月20日 上午,出席中共中央书记处会议。中共中央书记处、国务院联合听取卫生部党组关于整党情况和卫生工作几个问题的汇报。

同日 会见出席中国民间中医医药研究开发协会成立大会的代表。为该协会题词:振兴中医,造福人类。

6月21日 上午,在八宝山革命公墓礼堂出席华罗庚[1]骨灰安放仪式。华罗庚于六月十二日在日本东京逝世,享年七十四岁。二十三日,在《人民日报》发表《沉痛悼念华罗庚同志》一文。文章说:华罗庚同志在数学理论研究领域成就突出,在国内

---

[1] 华罗庚,逝世前任全国政协副主席,全国人大常委会委员,中国民主同盟中央副主席,中国科学院主席团成员、学部委员,中国科学技术协会副主席。

外科学界享有很高的声誉。尤为难能可贵的是，他从五十年代末期起，把数学方法创造性地应用于国民经济领域，创建了优选法、统筹法，取得了显著的成绩，得到党中央和国务院的充分肯定。我对华老在把数学理论研究和生产实践相结合方面所表现出来的锲而不舍、顽强拼搏、生命不止、奋斗不息的崇高精神更是敬佩之至。华罗庚同志的一生，是追求真理、埋头苦干、从实以终的一生。他忠实地履行了自己的誓言：自然规律在，达者识死生，生时勤奋发，不负为人民。他一生的光辉业绩，生动地证明了他是一位热爱祖国、热爱党、热爱社会主义、全心全意为人民服务的杰出科学家和优秀知识分子；是一位具有崇高理想、渴望祖国统一的共产主义先锋战士和著名社会活动家；是一位培育人才、扶持新秀、甘为人梯的好导师和好楷模。我们要学习华罗庚同志的崇高精神和优良品德，奋发图强，脚踏实地，为建设社会主义的现代化、振兴中华、统一祖国贡献自己的力量。

同日 晚上，在赞比亚驻华大使馆出席赞比亚驻华大使迈因扎·乔纳和夫人为党中央委员、中央政治和法律委员会主席丹尼尔·利苏洛率领的赞比亚联合民族独立党代表团访华举行的招待会。

同日 在新华社《国内动态清样》六月二十日刊载的《关中小麦成熟，五万"麦客"上市，有些人主张取缔，多数人表示支持》一文上批示："这是老传统，不是剥削，不能取缔。"该文说，六月初，陕西关中地区一千多万亩小麦相继成熟，进入收割季节。甘肃、宁夏和陕南、陕北来这里打零工从事割麦挣钱的农民约五万人，当地群众把这些割麦的零工称作"麦客"。关中地区一些干部群众对"麦客"劳务市场有各种各样的看法。有的认为，"麦客"是商品，是在"人市"上出卖劳动力，是被剥削者，不符合社会主义社会的基本原则，对"麦客"劳务市场应加以限制或取缔。大多数认为，"麦客"劳务市场的出现符合农村商品生产发展的趋势，是产业结构调整带来的必然结果。

6月24日 上午，出席中共中央书记处会议。中共中央书记处、国务院联合听取轻工业部党组关于通过整党端正业务工作指导思想和轻工战线整改设想的汇报，讨论并原则同意《轻工业部整党工作汇报提纲》。

同日 晚上，在人民大会堂设宴欢迎由政治局委员、中央常设书记处负责人穆罕默德·谢里夫·迈萨迪亚率领的阿尔及利亚民族解放阵线党代表团。二十五日上午和下午，同代表团举行会谈。

6月26日 上午，在人民大会堂接见从第四届世界羽毛球锦标赛凯旋的中国羽毛球队。在讲话中对运动员提出三点希望。一是要有高尚的理想。"一个人没有理想，就等于没有灵魂。这个理想对你们来说，就是要在世界羽坛上打出高水平，创造好成绩，为祖国争光。一个运动员的心中一定要有祖国、有人民，才能激发出巨大的力量。如果抛开了祖国和人民，只考虑个人的得失，那就不配是有高尚理想的人了。"二是要有良好的风格。在比赛中，既要打出高水平，又要打出好风格，这才算得上是一个优秀的运动员。胜负乃是兵家之常事，世界上没有常胜的将军，也没有永远连冠的冠军。输了球没有什么了不起，输了风格就不光彩了。我们绝不能单纯地以输赢来论英雄，更不能以输赢来与爱国不爱国相提并论。这实际上是给运动员施加政治压力，是非常错误的。三是要抓紧运动员的培训工作。要大力普及羽毛球运动，开展多层次、多渠道的比赛和参加国际性的大赛。中国羽毛球队也要建立一、二、三梯队，既要注意抓好主力队员的训练、提高，又要注意抓好后备力量的选拔、培训。要发扬优势，精益求精，有所突破，有所创新，使我们的队伍保持雄厚的实力、高超的技术和良好的风格，迎接世界羽毛球强手的挑战。

同日 晚上，在人民大会堂会见并宴请丹麦社会民主党前副主席托娃·斯密特和中央执委会委员丽丝·班菲尔特。

6月27日 上午，出席中共中央书记处会议。中共中央书记处、国务院联合听取纺织工业部党组关于通过整党端正业务工作指导思想和纺织工业改革设想的汇报，讨论并原则同意《纺织工业部党组整党汇报提纲》。

同日 下午，同邓颖超、杨尚昆、薄一波等在人民大会堂出席全国政协举行的纪念傅作义诞辰九十周年座谈会。

6月28日 在新华社《国内动态清样》六月二十八日刊载的《江苏流氓滋扰活动有所抬头，公安机关为此决定加强四项工作》一文上批示："对学习不好的开除、劝退不是好办法。不怕发生事情，就怕不过问。"

6月29日 上午，参加邓小平同阿尔及利亚民族解放阵线党代表团的会见。

同日 上午，在北京医院出席夏鼐[1]遗体告别仪式。夏鼐于六月十九日在北京逝世，享年七十六岁。

同日 中午，同乔石应邀出席阿尔及利亚驻华大使阿克比为阿尔及利亚民族解放阵线党代表团访华举行的答谢宴会。

6月 为《半月谈》创刊五周年题词：宣传党的政策，传播四化信息，增长文化知识，丰富精神生活。

同月 为中国青年艺术剧院《青年艺术画刊》题词：演青年人的壮丽生活，做青年人的知心朋友。

7月2日 在新华社《国内动态清样》（第一五二三期）六

---

[1] 夏鼐，逝世前任中国社会科学院副院长兼考古研究所名誉所长、国家文物委员会主任委员、中国考古学会理事长。

月二十七日刊载的《广东省成立国土厅统一管理土地》一文上批示：广东省办了一件好事。不一定各省、市、自治区都成立国土厅，但这个工作应摆进议事日程，从各方面把这件大事抓紧办好。告有关部门阅酌。

同日 在中共中央办公厅六月三十日编印的《重庆市精简市级临时机构》一文上批示："内有旁注。"在文中提到"最近，重庆市对市级各种临时机构进行了清理"，"建议撤销八十三个临时机构，暂时保留三十个，已获市委、市府批准"处旁注："这件事办得好，全国各级党政机关都有这个问题。非大力精简不可。这个弊端不除对改革是个大害。"

7月4日 上午，出席中共中央书记处会议。

同日 在新华社《国内动态清样》（第一五六〇期）七月二日刊载的《北京市委组织部考察干部方法的新尝试》一文上批示："这种考察干部方法，扎实准确，可推广试验。"该文反映：北京市委组织部对市级后备干部进行调查知识面的闭卷考试，并总结近几年经验，概括出一套系统考察干部的基本方法，即考察干部的四个方面（德、才能与成绩、现代领导方法与观念、"文化大革命"中的表现与政治态度）和八项程序（推荐、传统的组织考察、知识面调查、民意调查、面对面谈话、策论、能力测量和查阅档案）。

7月8日 在新华社《国内动态清样》（第一六〇〇、一六〇一期）七月六日刊载的《速度问题面面观——苏南乡镇企业考察记》（上、下）批示："这两件清样'关于苏南乡镇企业考察记'很好，特别是（下）记，更有参考价值。请兆国同志考虑登在什么刊物上为宜。"文章列举一部分基层干部对苏南乡镇企业高速度发展情况的看法，主要有：做经济工作不能层层给自己加码，当人们都从争先进出发，而不进行经济可能性的科学分析时，这种攀比高产值的现象就很难避免了；在乡村办企业，搞不清宏观经济的情况，只有来自微观上的各种信息经常带来影响；有一部分基层干部对银根时而吃紧时而放松的情况没有正确理解，反倒摸到一条反其道而行之的规律，"在批评中前进，在下马中上马"；年初出现的高速度，以及后来在资金、设备、技术上带来的一系列紧张情况，对乡村干部是个现实教育，大大提高了他们认识客观经济规律的自觉性；对有些高速度要分析，不能"一刀切"，对干部群众的积极性一定要爱护；我们的国家太穷，我们的人民想翻番太急，这是目前乡镇企业出现高速度的原因之一。

7月8日、10日 出席中共中央书记处会议。会议讨论并原则通过《中共中央关于制定第七个五年计划的建议》（第四次草稿，一九八五年七月五日）。

7月11日 在新华社《国内动态清样》（第一六二八期）七月十日刊载的《福建晋江的"假药专业村"》一文上批示："请月犁同志重视这个严重教训，除商项南同志按《药品管理法》把晋江的'假药专业村'问题抓到底，对那些公开抵制，或不作检讨的县、乡镇领导干部和干这一行的企业负责人，都要依据不同情况，作出严肃处理。并请卫生部以这个事例在全国普查一次，把这个危害人命的不法行为大刹一下，教育大家守法。"

7月14日 晚上，在人民大会堂会见并设宴招待日本社会党第一次活动家访华团。

7月16日 上午，出席中共中央书记处会议。中共中央书记处、国务院联合听取国家安全部党组关于通过整党端正业务工作指导思想等情况的汇报，讨论《国家安全部整党工作总结汇报提纲》。

7月18日 上午，出席中共中央书记处会议。会议听取周克玉〔1〕关于使全党全国人民尊重、爱护军队，积极支持军队改革和建设问题的说明；讨论并原则同意《中共中央、国务院关于尊重、爱护军队，积极支持军队改革和建设的通知》。会议并讨论将于九月召开的党的全国代表会议的准备工作。

7月25日 上午，出席中共中央书记处会议。中共中央书记处、国务院联合听取司法部党组关于通过整党端正业务工作指导思想、改进领导作风、纯洁组织和司法工作改革问题的汇报，讨论并原则同意《司法部党组关于整党情况的报告》。

同日 为中共中央办公厅《秘书工作》撰写发刊词，题为《为做好秘书工作说几句话》。发刊词说：秘书工作是党政机关的一项重要的、不可缺少的工作，具有很强的政治性、机密性和专业性。"怎样才称得上是一个合格的秘书专业人才呢？我认为，他们应当具有坚强的党性，公正的品德，谦虚的态度，细致的作风；要肯于学习理论和文化，善于总结经验，勤于钻研业务，思想解放开朗，不因循守旧，不故步自封；要说实话，干实事，不尚空谈，不搞形式，有实事求是之意，无虚报浮夸之心；要有高度的组织纪律性，不该说的话不说，不该做的事不做，不图虚名，不谋私利；要有强烈的群众观点，办事情、处理问题，必须考虑周到，照顾群众利益，不能漠不关心，脱离群众。"希望同志们要认清自己的光荣职责，热爱自己的工作，深入实际，联系群众，不断提高自己的政治水平和业务水平，努力做一个出色的秘书工作人员，在四化建设中，在为人民服务方面，作出应有的贡献。

7月27日 上午，在北戴河俱乐部小会议室主持汇报会，听取白纪年汇报陕西工作。

---

〔1〕 周克玉，时任中国人民解放军总政治部副主任。

7月29日 上午，出席中共中央书记处会议。中共中央书记处、国务院联合听取审计署党组关于通过整党端正业务工作指导思想和进一步开展审计工作的汇报，原则同意《审计署整党工作情况汇报提纲》。

8月5日 在焦善民[1]关于精简工作意见的报告上批示：您们建议中的"检查一九八二年以来精减工作人员的情况，总结经验，在此基础上提出这次精减工作人员的方针、目标和要求"，这件事先请劳动人事部和有关部门去做，做好这件事，才会情况明了，再提出具体精减方案。因此，建议劳动人事部牵头和组织部门先在上下各作些典型调查，把情况吃透了，再开会好不好。总之，先做好已定的几项工作，其他推后，关系不大。

8月8日 上午，出席中共中央书记处会议。

8月9日 在新华社《国内动态清样》（第一八六九期）八月七日刊载的《退居二线之后——白栋材同志谈如何支持新班子工作》一文上批示："白栋材同志'退居二线之后'这一篇讲话，讲得很好，值得我们一读。或在什么刊物上登一下，请健行[2]、周杰同志阅酌。"该文反映：江西省委原第一书记白栋材退居二线后，对老干部交班后还要"扶上马，送一程"的说法提出不同意见，认为对新干部送得不好，还可能干扰他们。因此提出"扶上马，放缰绳；自奋蹄，任驰骋！"但不送了不等于不支持，会全力支持他们。对于退下来的老同志来说，首先要"不为"，然后再考虑"有所为"。老干部要想得通，要努力使自己适应这个转折。

8月10日 上午，出席中共中央书记处会议。会议讨论

---

[1] 焦善民，时任劳动人事部副部长。
[2] 健行，指尉健行，时任中共中央组织部部长。

《中央组织部关于调整省级党委和政府领导班子的工作报告》，决定由中央组织部根据会议讨论的意见，将文件加以修改，报习仲勋、乔石[1]审阅后下发。

8月12日、13日 上午，出席中共中央书记处会议。会议讨论中共中央委员会、中共中央顾问委员会、中共中央纪律检查委员会成员拟退名单和拟增选的候选人名单。

8月15日、16日 上午，在北戴河出席中共中央书记处会议。会议议论形势问题、关于资产阶级自由化问题等。

8月18日 在《中共中央办公厅主任办公会议纪要》上批示："中办改进党风作风，会在全国起带头作用，对任何一件小事，都应当这样做，不是做样子给人看，而是认真实在的做。"《纪要》反映：七月十八日下午，杨德中[2]主持召开中央办公厅厅务会议，听取有关工作汇报。会上，根据习仲勋关于中央机关要带头节约水、电的多次指示精神，中央办公厅各单位汇报了节约水、电工作的情况。

8月20日 下午，出席中共中央政治局扩大会议。会议听取赵紫阳关于《中共中央关于制定国民经济和社会发展第七个五年计划的建议》的说明，审议并原则通过《中共中央关于制定国民经济和社会发展第七个五年计划的建议》。

8月22日 复信香港知名人士利铭泽的夫人利黄瑶璧女士。信中说：欣闻铭泽先生生前投资兴建的广州花园酒店圆满落成，极为佩慰。谨向您致以衷心的祝贺！蒙您来函邀请我参加花园酒店的揭幕剪彩典礼，甚感盛意。惜因我近来工作很忙，实难抽身参加，深以为歉，希予鉴谅。今悉杨尚昆副主席日内赴穗参加盛

---

[1] 乔石，时任中共中央书记处候补书记、中共中央政法委员会书记。
[2] 杨德中，时任中共中央办公厅第一副主任。

典。我已请他亲自代我和齐心向您敬致祝贺之意。相信花园酒店在您的直接关怀下，一定会经营有方，兴旺发达，在经济改革和四化建设中作出有益的贡献。

8月24日 下午，同郝建秀等在人民大会堂参加胡耀邦与来华参加中朝友好联欢的朝鲜青年友好参观团全体成员的会见。

8月26日 上午，出席中共中央政治局扩大会议。会议听取乔石关于中共中央政治局常委、中共中央书记处对准备提请中共十二届四中全会、中国共产党全国代表会议和中共十二届五中全会审议的人事安排意见的说明。

同日 下午，在人民大会堂会见由政治委员会委员、中央书记处书记约瑟·阿劳若率领的佛得角非洲独立党休假团。

8月27日 在中南海勤政殿主持人事安排碰头会。宋任穷、乔石、陈野苹、尉健行等参加。

8月29日 上午，出席中共中央书记处会议。会议讨论农垦经济管理体制改革等问题。

同日 晚上，在人民大会堂出席全国政协举行的招待林则徐后裔和出席林则徐诞辰二百周年纪念活动的外籍华人史学家的宴会。

8月30日 上午，同胡乔木等出席纪念林则徐诞辰二百周年大会。晚上，观看福州市闽剧院一团演出的新编历史剧《林则徐充军》。

8月31日 在八宝山革命公墓礼堂出席王昆仑[1]遗体告别仪式。王昆仑于八月二十三日在北京逝世，享年八十三岁。

---

[1] 王昆仑，逝世前任全国政协副主席、中国国民党革命委员会中央主席。

8月 为纪念方方[1]题词：人民的忠诚儿子，侨胞的知心朋友。

9月1日 为外交学院成立三十周年题词：放眼世界，放眼未来，培养更多更好的外交干部，为我国的和平外交政策服务，为四化建设服务。

9月2日 上午，出席中共中央书记处会议。中共中央书记处、国务院联合听取国家经委党组关于通过整党端正业务工作指导思想、加强党的建设的汇报，讨论并原则同意《国家经委党组整党汇报提纲》。

同日 下午，同乔石、萧克、王任重、周谷城、杨静仁等在全国政协礼堂出席九三学社中央举行的纪念九三学社成立四十周年大会，代表中共中央表示祝贺。在讲话中说：九三学社是我国的民主党派之一，具有爱国的进步的优良传统，四十年来一贯同我们党亲密合作，风雨同舟，并肩战斗，为我国的革命和建设事业作出了很大的贡献。党中央认为，新的历史时期统一战线工作的根本目的就是为了振兴中华，实现包括台湾在内的祖国统一。我们党和各民主党派现在的共同任务，是大家一起努力发展最广泛的爱国统一战线。我们党的各级组织应当明确地把各民主党派当作进行统一战线工作的一支重要的依靠力量，坚持贯彻实行"长期共存、互相监督、肝胆相照、荣辱与共"的方针，大力支持各民主党派的工作。九三学社在科学技术界有广泛的联系。我们希望九三学社充分发挥自己的特点和优势，为实现四化建设、祖国统一和维护世界和平的事业，不断作出新的贡献。

同日 在新华社《国内动态清样》（第二一一九期）九月一

---

[1] 方方，曾任华侨事务委员会党组书记、副主任，中华全国归国华侨联合会副主席等职。

日刊载的《江西省县以上党政机关刮起一股购买进口高级轿车的歪风》一文上批示：争购进口高级轿车的情况，不仅江西有，其他省、市也有，值得引起重视。这既是不正之风，也是制度松弛、不守纪律的问题，必须从两个方面采取切实的措施，予以纠正。特别是在思想上要牢固地树立为人民服务、勤俭建国、艰苦奋斗的精神。总之，做一切事情先想到人民，人民的利益在第一位，其次才是我们自己的事情。这是两个文明建设的一个根本问题，必须抓狠抓好，一抓到底。

同日 为荣德生[1]诞辰一百一十周年题词：德生先生一生致力于发展民族工业，热心兴办文化和公益事业，爱国反帝，奋发向上，人所共知，人所共仰。

9月3日 在人民大会堂出席首都各界人民纪念抗日战争和世界反法西斯战争胜利四十周年集会。

9月6日 在新华社《国内动态清样》（第二一三一期）九月三日刊载的《不要把搞改革的人整得灰溜溜的——一位厂长的呼声》一文上批示："此件反映的事实，如果属实，请健行、曹志同志阅后，可考虑改一下在哪个刊物上登一下有好处，如何请酌。"该文反映，西安飞机制造厂一些干部认为，现在改革是处于低潮时期，一些积极改革、开拓前进的人正在承受着巨大的压力。他们热切希望新华社能一如既往、旗帜鲜明地宣传改革，支持那些不计个人得失、勇于改革的人。

同日 在中共北京市委办公厅《北京简讯》八月二十六日刊

---

[1] 荣德生，著名民族资本家，曾任全国政协委员、华东军政委员会委员、苏南人民行政公署副主任等职。

载的《崇文区[1]打掉一批新的流氓团体》一文上批示：不要小看这些小流氓团伙，他们会干出更大的破坏。也不能看作没有什么政治活动，本身就是政治问题。

同日 晚上，参观全国劳动服务公司产品展销会，为广东馆题词。在讲话中说：要进一步办好劳务服务公司，树立正确的就业观念。

9月7日 下午，同乌兰夫、万里等在北京工人体育场出席第二届全国工人运动会开幕式。

同日 在中共中央办公厅信访局《群众反映》八月三十一日刊载的《基层统一战线工作存在的问题》一文上批示："这个情况不仅涟水县有，其他地方也有，请中统、中组两部[2]共同商量出个解决办法才行啊！特别是机构设置、人员编制问题。"该文摘登了江苏省涟水县委统战部干部肖乃堂就统战工作中存在的问题致习仲勋的信。信中反映：一些同志对统战工作有许多糊涂认识；统战工作缺乏组织保证；统战机构的设置分散；政协和统战部的关系没有协调好，不利于新时期广泛的爱国统一战线的发展。建议县委统战部部长参加县委常委，并兼任政协副主席。

9月9日 上午，出席中共中央书记处会议。会议讨论并原则同意《中共中央关于进一步加强青少年教育预防青少年违法犯罪的通知》。

9月10日 上午，同胡启立、田纪云等出席中共中央召开的座谈会，向各民主党派、全国工商联负责人、无党派民主人士

---

[1] 崇文区，北京市原中心城区之一。2010年，北京市撤销东城区、崇文区，设立新的东城区，以原东城区、崇文区的行政区域为东城区的行政区域。

[2] 指中共中央统战部、中共中央组织部。

和其他知名人士通报即将召开的中国共产党全国代表会议和中共十二届四中全会、五中全会的主要议题，征求他们对局部调整中共中央领导机构成员及《中共中央关于制定国民经济和社会发展第七个五年计划的建议（草案）》的意见。在会上就中共中央为什么决定在这个时候对中央领导机构成员进行局部调整和调整的基本原则，以及党的全国代表会议的组织和准备工作等情况作了介绍。在讲话中说：中共中央决定通过党的全国代表会议对中央领导机构成员进行局部调整，必将使我们党的领导机构更加富有朝气与活力，在全党进一步开创出干部能上能下的新风，把干部制度的改革和干部队伍的建设推向一个新阶段，使巩固和发展政治上的安定团结，顺利进行社会主义现代化建设，获得坚强的组织保证。这样做，完全符合党在新时期的政治任务的要求，符合党和国家的长远利益，一定会得到全党上下和各族人民的拥护。

同日 晚上，在人民大会堂会见并宴请由中央委员、中央检察委员会副委员长金佐赫率领的朝鲜劳动党干部休假团。

9月11日 下午，在八宝山革命公墓礼堂出席史良[1]遗体告别仪式。史良于九月六日在北京逝世，享年八十五岁。十六日，在《人民日报》发表《沉痛悼念中国共产党的亲密战友——史良同志》一文。文章说：我与史良同志相识，是在新中国成立以后。在我的印象里，她是一位慈祥善良的长者、和蔼可亲的大姐；而作为全国人大常委会副委员长，作为民盟中央主席，作为妇女界的领袖人物，她又是一位德高望重，深受人们尊敬和爱戴的国家领导人。近几年来，虽然她已年逾八旬，在身体不支的情况下，仍然积极参与国是。我深深为她的顽强奋斗精神和关心国家大事的饱满政治热情所感动。史大姐十分关心祖国统一大业。

---

[1] 史良，逝世前任全国人大常委会副委员长、中国民主同盟中央主席。

在许多场合,她在发言中都寄语台湾同胞和海外旧友,希望共同努力促进祖国统一早日实现。统一战线是我们党在革命斗争中的一大法宝,同样也是社会主义现代化建设中的一大法宝。在领导全国各族人民为实现新时期的总任务而奋斗的过程中,我们党十分珍视长期与党合作共事的亲密无间的非党朋友。史良同志虽然离开我们了,但她将永远活在我们心中。我们要像史良同志一样,时时用"人民的事业必胜"的信念来激励自己,阔步前进。

同日 在陕西省李海燕对其父李树桢[1]退职和病故后有关问题的申诉信上批示:李树桢同志的儿子写的申诉材料,正确无误,其中有些要求是合理的,应予认真解决,也是平反和落实政策问题。对李本人应该有个公正的书面结论,以了结此案,不要时至今日还因我的牵连,得不到一个明确评价,是不好的。当然,不合理的要求,多作解释,讲清道理解决。陕西这样的问题还不少,也要由各县委查清限期处理,才会有利于团结和工作。请纪年同志并陕西省委阅酌。十一月十四日,中共陕西省委办公厅报告,对该问题已作妥善处理。

9月12日 在国务院宗教事务局《宗教工作情况反映》(第二十期)八月三十日刊载的《新疆、甘肃、青海和宁夏等地伊斯兰教界人士为四化服务情况》一文上批示:"这个材料反映的情况很好。新疆等地伊斯兰教组织宗教职业人员为四化建设服务的几项做法是可行的。我认为在佛教、道教、天主教、基督教的宗教场所,凡是有条件的,都可以仿照办理,做出成绩。请宗教局考虑可否改写成新闻稿发表。"该文反映,甘、宁、青、新四省

---

[1] 李树桢,陕西旬邑人,习仲勋三原师范同学。1937年初在习仲勋驻马家堡时,担任抗日救国会会长,并以教师身份发展党员、建立情报组。1942年,因叛徒出卖,被国民党逮捕、受刑并留下眼疾。1969年病逝。

区伊斯兰教界人士在为四化服务方面作出了新的尝试，取得了一些成绩。主要有：宗教职业人员积极参加生产劳动；兴办社会公益、福利和服务事业；种草植树，绿化西北；为发展民族教育事业，培养四化人才出力；在维护民族团结、推动社会主义精神文明建设方面作出了一定贡献。

同日 庆祝《人民画报》[1]创刊三十五周年招待会在人民大会堂举行。会前，为《人民画报》题词：坚持面向中国，面向世界。

9月13日 在新华社《国内动态清样》（第二二一三期）九月十二日刊载的反映湖北某县县官爱面子，群众生活困苦、急需扶持和救助的材料上批示："请中办告关广富[2]同志当作一个大问题来抓。在这些老区贫困地区，不关心人民疾苦，不扎实工作，心里想的总是当官、保官的人，经教育仍不改正者一律调开，派勇于挑重担、开创新局面的去担任领导职务。请酌。"

9月14日 同刘澜涛[3]、杨静仁等在民族宫剧场观看内蒙古乌兰察布盟歌舞团表演的大型舞剧《东归的大雁》。

9月16日 出席中共十二届四中全会。全会决定，九月十八日召开党的全国代表会议。全会讨论并原则通过《中共中央关于制定国民经济和社会发展第七个五年计划的建议（草案）》，决定将这个文件提请党的全国代表会议审议。全会讨论确定了关于进一步实现中央领导机构成员新老交替的原则。全会收到一批老同志分别请求不再担任第十二届中央委员会委员和候补委员、中央顾问委员会委员、中央纪律检查委员会委员的信。全会高度

---

[1] 外文版称《中国画报》。
[2] 关广富，时任中共湖北省委书记。
[3] 刘澜涛，时任中共中央顾问委员会常务委员、全国政协副主席。

评价这些老同志从党和人民利益出发，积极促进中央领导机构成员新老交替的表率行动，同意他们不再担任中央三个委员会成员的请求。全会并给叶剑英和黄克诚写了致敬信，在他们由于健康原因请求不再担任中央领导职务的时候，以全会的名义表达全党同志对他们的崇高敬意和亲切问候。

9月17日 下午，在京西宾馆主持人事安排碰头会，分别同王恩茂谈新疆党政领导班子调整问题、同伍精华[1]谈西藏党政领导班子调整问题。胡启立、乔石、杨静仁、尉健行、张汉夫等参加。

9月18日 上午，在人民大会堂出席中国共产党全国代表会议开幕会。二十二日下午，出席全体会议。二十三日上午，出席闭幕会。会议对中央委员会、中央顾问委员会和中央纪律检查委员会的成员进行调整；审议并通过《中共中央关于制定国民经济和社会发展第七个五年计划的建议》。

9月20日 上午，出席中共中央书记处会议。会议听取尉健行关于中共十二届四中全会对增选中央委员会委员和候补委员、中央顾问委员会委员、中央纪律检查委员会委员候选人名单讨论情况的汇报；决定本日下午召开中国共产党全国代表会议各组召集人会议，请尉健行将中共中央书记处讨论的情况向各组召集人作说明。

9月22日 上午，在京西宾馆主持人事安排碰头会，分别讨论辽宁、黑龙江和山东省领导班子人事安排问题。

9月23日 同马文瑞、白纪年、李庆伟在钓鱼台国宾馆观看由陕西省戏曲研究院创作、反映秦始皇历史功过的大型秦腔剧《千古一帝》录像，并在座谈会上提出指导意见。

---

[1] 伍精华，时任中共西藏自治区委书记、国家民族事务委员会副主任。

9月24日 出席中共十二届五中全会。全会对中共中央政治局和中共中央书记处成员进行局部调整，进一步实现了中央领导机构成员的新老交替。全会增选田纪云、乔石、李鹏、吴学谦、胡启立、姚依林为中央政治局委员，增选和调整后的中央政治局由二十二人组成。他们是：政治局委员、政治局常务委员会委员胡耀邦、邓小平、赵紫阳、李先念、陈云；政治局委员（按姓氏笔画为序）：万里、习仲勋、方毅、田纪云、乔石、李鹏、杨尚昆、杨得志、吴学谦、余秋里、胡乔木、胡启立、姚依林、倪志福、彭真；政治局候补委员秦基伟、陈慕华。全会根据习仲勋、谷牧、姚依林的请求，同意他们不再担任中央书记处书记，增选乔石、田纪云、李鹏、郝建秀、王兆国为中央书记处书记。增选和调整后的中央书记处由十一人组成。他们是：总书记胡耀邦，书记胡启立、万里、余秋里、乔石、田纪云、李鹏、陈丕显、邓力群、郝建秀、王兆国。全会还批准中央顾问委员会第五次全体会议增选的中央顾问委员会常务委员会委员和副主任人选；批准中央纪律检查委员会第六次全体会议增选的中央纪律检查委员会常务委员会委员和第二书记、常务书记、书记人选。

9月25日 上午，出席中共中央书记处会议。会议漫谈当前形势和中共中央书记处的工作安排等问题。

9月26日 下午，在中南海勤政殿主持人事安排碰头会，讨论青海省领导班子情况。

9月29日 晚上，同方毅、彭冲等出席叶飞为前来参加中华人民共和国成立三十六周年庆祝活动的海外侨胞举行的招待会。

9月30日 上午，出席中共中央书记处会议。会议讨论《中共中央办公厅、国务院办公厅关于加强广告宣传管理的通知》。

10月1日 为北京市第一届民族传统体育运动会题词：发

展民族体育，建设四化大业。

同日 为旬邑暴动纪念碑题词：旬邑暴动的英烈永垂不朽！

10月2日 上午，出席各民主党派、工商联共同召开的为四化服务先进集体和先进个人代表表彰大会，代表中共中央和国务院向大会表示祝贺。在讲话中说：各民主党派、工商联为四化服务，各项工作取得显著成果。我们希望并支持各民主党派、工商联为着实现四化的共同目标，坚持四项基本原则，积极对各方面工作提建议、作批评，做党的诤友。我们希望并支持各民主党派、工商联放手工作，继续开拓新的局面，为四化建设出力，为经济体制、科技体制和教育体制改革，为建设社会主义精神文明多作贡献。我们希望各民主党派、工商联充分运用各自的有利条件，放眼世界，同海外爱国人士和知识分子广交朋友，联络友谊，团结更多的人为建设四化、统一祖国贡献力量。我们也希望各民主党派、工商联在积极开展各项活动的同时，注意加强自身的思想建设和组织建设，以适应长期共存和所肩负的任务的需要。我们党愿和各民主党派、工商联的同志们一道，坚持改革，奋发进取，为进一步搞好社会主义的物质文明和精神文明建设而继续努力。六日上午，同李先念、邓颖超、田纪云、杨尚昆等在人民大会堂会见出席大会的全体代表。

10月3日 下午，会见并宴请由主席约翰逊·姆兰博率领的阿扎尼亚泛非主义者大会代表团。

10月4日 在新华社《国内动态清样》（第二三九四期）十月三日刊载的《江西省采取特殊政策扶持革命老区发展经济》一文上批示："江西省采取扶持革命老区发展经济的八项措施，总的看来是好的，但有些措施有无和中央政策不一致的地方，请乔石同志阅转乃夫同志注意审查一下。"该文反映，江西省委着眼于"减轻、放宽、搞活"，对老区政策进行了修订。主要有：

(一）特别困难的农村，农户人均纯收入不足一百二十元，缴纳农业税有困难的，从一九八五年起，三年内减免农业税。（二）各级人民银行和各专业银行，除正常分配给老区的贷款外，还划出一定数额的专项贷款，从各方面支持老区建设。（三）为开发利用老区资源，商业、供销、经贸等部门应在老区建立内外贸商品基地。（四）国家在老区兴办的国营农场、垦殖场、水库、电站，要适当让利于民，所需民工、临时工，一半以上应优先吸收当地劳动力。（五）从一九八六年起，三年内免去特困乡认购国库券的任务。（六）全省各级各类大中专学校都要增开老区班，义务为老区培养人才。（七）鼓励人才向老区流动。（八）鼓励企业单位向老区转让技术、设备，扩散产品加工，开展多种形式的协作和联营。

同日 在新华社《国内动态清样》（第二三九八期）十月三日刊载的反映湖南某县农村以宗族统治取代党的领导一文上批示："请周杰同志电告湖南省委注意（内有旁注）。"该文反映，近年来，宗族活动各种主要形式中最多的是修复祠堂，无形中祠堂便成为进行宗族活动的精神支柱。为了修复宗祠，有些地方纠集群众围攻区、镇政府，打骂县、区、乡干部。习仲勋阅后作旁注："严重的违法行为，为什么不依法严办，不要轻视这些问题，我看这就是陈规陋习的反复，要刹住这种歪风。绝对不能让'两套马车'在乡村'齐头并进'的局面存在。对党员、干部参与或带头搞这种活动的，一定要分别查清严办。"

10月5日 在人民大会堂出席中国致公党成立六十周年纪念大会，受中共中央委托，向大会表示祝贺。在讲话中说："致公党同海外侨胞、洪门人士有着久远的历史联系，致公党成员同海外亲友有着深厚的骨肉之情。多年来，致公党的同志们以及所联系的归侨、侨眷，包括洪门人士在内的广大海外侨胞，在祖国革命和建设中,在促进和平统一祖国的神圣事业中,作出了积极的贡献。祖国感谢你们,人民感谢你们。"在新的历史时期,我们必须全面做好侨务工作,努力发展爱国统一战线,团结广大海外华侨和归侨、侨眷,激励和发扬他们爱祖国、爱家乡的热情。我们希望致公党在做好国内工作的同时,继续发展同海外侨胞、洪门人士和台湾、港澳同胞的联系,为振兴中华、统一祖国的千秋大业作出新的贡献。

10月6日 同李先念、邓颖超等在人民大会堂会见解放军英模汇报团全体成员。

10月7日 上午,出席中共中央书记处会议。

同日 在新华社《国内动态清样》(第二三八六期)十月一日刊载的《史道生教授建议尽快改变中药岌岌可危现状》一文上批示:"这些意见值得重视,请月犁部长批交有关单位研究一下,总得有个办法才行啊!"

同日 在国务院宗教事务局《宗教工作情况反映》(第二十五期)九月二十五日刊载的《河南省新蔡县调查该县基督教活动情况》一文上批示:"请任务之同志注意:这些事例远远超出宗教活动范围,是弄神闹鬼,搞歪门邪道,扰乱社会秩序,影响人民生产的积极性。仅有调查不行,要有切实可行的解决办法才好。不要轻视,这也是一个不安定的因素,有几个省都有这个问题,请宗教局认真研究一下,提出个意见,可否请酌。"该文反映,据新蔡县委统战部、公安局、民族宗教局等单位联合调查组调查,基督教活动的主要问题是:跨省跨县搞"自由传道";传播"世界末日到了",破坏生产;个别人利用传教奸污妇女,索要钱财等。这些不正常的宗教活动,已一定程度地危害了社会治安,破坏了社会道德风尚。

10月8日 在《人民日报》发表《〈信访工作基本知识〉序

言》。序言说：我们党领导中国革命和社会主义建设事业六十多年，取得了伟大的胜利和辉煌的成绩。最根本的一条经验，就是坚决相信人民群众，依靠人民群众，全心全意地为人民群众的利益而奋斗。人民群众是一切事业的主体，我们在任何时候都不能脱离这个主体，否则，就会一事无成。人民群众来信来访，对于我们党和国家来说，是政治生活中的一件大事，是发扬社会主义民主，行使人民民主权利的一种行之有效的重要方式。人民群众来信来访，又是反映社会生活和动态的一条重要渠道，对研究和改进工作，很有好处，应当充分加以重视。在新的历史时期，党对信访工作的要求更高了，任务更重了。信访工作必须适应新形势的要求，进一步端正指导思想，改进工作作风，努力为四化建设服务，为经济体制改革服务，为人民服务。信访工作也是一门科学，有其自身的规律，我们应当结合工作实际认真总结经验，使之系统化、规范化。信访工作是光荣的事业，是大有可为的。

10月11日 晚上，在人民大会堂会见并宴请由全国组织书记胡瓦拉和全国财务书记蒙特罗组成的委内瑞拉基督教社会党代表团。

10月13日 在新华社《国内动态清样》（第二四六五期）十月十二日刊载的《湖南邵东县发生一起为抢救溺水学生而讨价还价的怪事》一文上批示：这种没有一点革命人道主义的怪事，务必作为特殊事例，结合整党在群众中进行广泛的宣传教育，唤起大家都有道德和革命热情，这是最大的精神文明建设，要大力抓好。对那几个见财忘义、见死不救的人，让当地群众讨论，给一点适当处分才对，如何请酌。

10月15日 上午，在中南海勤政殿主持人事安排碰头会。

同日 晚上，在北京市工人俱乐部出席北京市振兴京剧昆曲艺术节开幕式。

10月16日 上午，出席中共中央书记处会议。会议讨论并原则通过《中共中央、国务院关于制止向农民乱派款、乱收费的通知》。

10月17日 上午，在中南海勤政殿主持会议，同薄一波听取伍精华汇报西藏工作情况。随后，同薄一波就如何做好西藏的工作发表意见。主要内容有：（一）关于从客观实际出发来重新认识西藏问题。在少数民族地区工作，必须尊重当地的风俗习惯；不能破坏当地的语言文字；要按经济规律办事。少数民族地区大都是经济落后的地区，不能硬超越发展阶段。这些地方的经济工作，不能都学上海、广东、江苏，也不能学武汉、重庆，否则就会违反实际情况。如何按客观规律办事，要很好地钻研。（二）关于西藏干部队伍的建设问题。西藏干部这几年流走不少，需要有所补充。要注意两个条件，一是要有安家立业的思想；二是既有真才实学，政治上又过硬。在人事问题上，一定要十分注意团结，要搞五湖四海。干部的团结、民族的团结，都是做好西藏工作的重要因素。（三）关于西藏的经济建设问题。经济建设要从实际出发。西藏到底上什么项目为好，要认真研究。西藏不足两百万人，一切经济问题要从解决他们的生活需要出发，不要贪图大。由于交通不便，最好是因地制宜，就地取材，就地搞建设。

10月18日 为李维汉回忆录《回忆与研究》作序。序言说：《回忆与研究》记述了作者从一九一八年至一九六四年共四十六年的主要经历，内容丰富，材料翔实，是学习、研究党史的一部珍贵资料。维汉同志生前曾向我谈过他撰写回忆录的几条原则：一是以集体为主，着重写集体的活动，适当联系自己，反对突出个人，突出自己，正确处理个人同党、同群众、同所在单位集体领导的关系；二是实事求是，真实第一，力求写出历史的本来面目；三是重视总结经验，包括正面的有益的经验，也包括反面的需要引为鉴戒的经验；四是对个人的活动持分析的态度，坚持真理，修正错误，勇于自我批评。这些原则，在这部回忆录都充分体现出来了，这也是这部回忆录的鲜明特色。今年，是维汉同志诞辰九十周年，我衷心希望《回忆与研究》早日出版，以飨读者。这也是对维汉同志最欣慰的纪念。一九八六年一月二十二日，《〈回忆与研究〉序》在《人民日报》发表。

同日 在新华社《国内动态清样》（第二五〇一期）十月十七日刊载的《陈逢春和他的拆旧工场——对上海最大一家个体户的剖析》一文上批示："告知农研室研究一下这个问题，特别是雇工问题——人数、工资、奖金、福利等，也就是本文中最后提出解决问题的四项意见，也可邀请有关部门同志座谈，一起研究。"该文反映：工商、税务部门和一些企业的干部认为，雇工经营企业，是在社会主义商品经济不发达的条件下产生的，带有必然性。因此，消极地限制其发展是不行的。但在雇工经营发展到一定阶段时，国家要从宏观上加强对个体大户的引导和管理，在业务范围、经营规模、雇工人数以及个体大户内部经营者与劳动者的关系等问题上，应明确一些政策界限。他们建议：对个体大户要采取"存利去弊、积极引导"的方针；建议国家制定私人企业法，从法律上明确私人企业的权利和义务，对私人企业的盈利和积累应作适当规定；对私人企业的雇工人数，主要应采用经济杠杆进行调节；正确处理个体大户的内部关系。

同日 在新华社《国内动态清样》（第二五〇七期）十月十七日刊载的《假"洋鬼子"行骗记》一文上批示："假'洋鬼子'行骗记一文，值得深思，为什么一个假'洋鬼子'竟能行骗全国，多少干部和群众上当受骗，时达八月之久，才破获了此案，而且罪犯又是'一副外国人相貌'。请崇武[1]同志考虑，可否加批语通报全国各地注意，提高大家的警惕性。"该文反映，天津市公安局在重庆公安部门配合下，抓获有苏联血统的中国人流窜诈骗犯王汉池。这个犯罪分子从一九八四年九月起，流窜到全国四十多个城市，利用自己的一副外国人相貌，先后诈骗十多起，骗得人民币八千多元，并奸污妇女二人。

同日 在中共中央统战部《零讯》（第一五九期）目录上刊载的《几位科研人员希望改善知识分子的待遇以稳定人心》《刘鸿允认为应当从有几年实践经验的大学毕业生中招收研究生》《吴承康说，要注意发挥国内知识分子的作用，选派留学生要选择好方向和人员》三篇文章标题下划线并旁注："告知教育委员会注意。"在《浙江湖州市部分民进成员认为，不宜大量散布"许多教师不合格"的言论》一文的标题下划线并旁注："这个意见对。"

10月19日 上午，主持中共中央精简工作领导小组第一次会议，研究机构改革问题。会议认为：（一）这次机构改革是在我国经济体制、科技体制、教育体制等各项制度全面进行改革的时候进行的，实际上是一项有关行政管理体制方面的改革，是一九八二年机构改革的继续。要搞好这次机构改革，必须紧密结合经济体制等项改革，与四化建设事业的要求相适应；必须建立在机关职能的改变上，要与整党结合起来进行。（二）这次机构改革，主要是把国家机关各部门之间的关系理顺，努力做到机构设置规范，以达到毛主席提出的"精简、统一、效能、节约和反对官僚主义"的目的。（三）行政机关和事业单位都要实行定编定员，对多余人员要采取多种办法妥善安排。（四）机构编制工作必须集中统一管理，实行"一支笔"审批的制度。会议决定，以劳动人事

---

[1] 崇武，指阮崇武，时任公安部部长。

部为主，中央组织部、国家计委、国家经委、国家体改委、财政部、国务院办公厅等有关部门抽调精干人员，组成工作班子，作为中央精简工作领导小组的办事机构，由赵东宛[1]负责领导。二十一日，中共中央精简工作领导小组《第一次会议情况简报》刊发此次会议内容。习仲勋阅后批示："这个简报很好，简明扼要，说清楚了问题，可照此发出。"

同日 在国务院宗教事务局《宗教工作情况反映》（第二十六期）九月二十八日刊载的《江苏、浙江、上海等省市全国重点寺观在实现自养，为四化服务中取得较好成绩》一文上批示："证明'僧管寺'的办法好，过个时候要总结一下经验。管理不要出格，不正当的经营应整顿一下，管得更好些。请任务之同志注意。"该文反映，江苏、浙江、上海三省市三十三座佛、道教全国重点寺观中，有二十五座住庙僧道人员的生活已基本自给。这些庙观除正常的宗教活动外，还根据寺观特点，立足"以庙养庙"，积极兴办社会服务和公益事业，取得了较好成绩。

10月20日 上午，同杨静仁、包尔汉等在北京工人体育馆出席北京市第一届民族传统体育运动会闭幕仪式。

10月21日 在中共中央办公厅信访局《群众反映》（第二〇四期）刊载的《对大学思想品德课教学的看法和改革的意见》一文上批示："很值得参考，有很多好意见，值得重视。"该文反映，北京师范学院政治教育管理系第二学位班蔡小隽致信胡耀邦，认为目前大学开设的共产主义思想品德课采用简单的课堂说教方式，违背了思想政治工作的规律，忽视了思想政治工作的特点。必须采取果断措施改革大学思想品德课，变"灌输"方式的政治说教为灵活多样的疏导方式，融思想教育于专业课的教学之中。

---

[1] 赵东宛，时任劳动人事部部长。

同日 在新华社《国内动态清样》十月二十一日刊载的《要特别重视并改进农业引进工作——闽南三角区实行"贸工农"调查之三》一文上批示:"这些设想很好,值得重视。"该文反映,许多有识之士认为,发展闽南经济开放区必须重视农业技术的引进,加速经济结构的调整,才能大规模发展农村商品生产,以实现多出口、多创汇的战略目标。

10月24日 在国务院办公厅信访局《信访简报》(第一三五期)十月二十一日刊载的《北京市一些中小学经营商业和出租校舍情况严重》一文上批示:这种不正之风太严重了,请锡铭[1]同志务必把这件事快解决并解决好。

10月25日 下午,在政协礼堂主持首都各界纪念台湾光复四十周年集会。

同日 同邓小平、万里、杨尚昆、谷牧等在北京出席兆龙饭店[2]落成典礼。

10月26日 上午,在中南海勤政殿主持落实政策小组会。会议讨论落实统战政策、知识分子政策等问题,商定由中共中央组织部、中共中央统战部、全国政协、国务院侨办、劳动人事部等单位牵头,重新写出文件,再行讨论。

10月27日 下午,在人民大会堂出席民革中央举行的纪念张治中[3]诞辰九十五周年座谈会。在讲话中说:文白[4]先生是杰出的爱国将领,富有远见的政治家,民革中央的卓越领导

---

[1] 锡铭,指李锡铭,时任中共北京市委书记。
[2] 兆龙饭店是以香港环球航运集团主席包玉刚的父亲包兆龙的名字命名的。
[3] 张治中,曾任西北军政委员会副主席、全国人大常委会副委员长、国防委员会副主席、中国国民党革命委员会中央副主席等职。1969年4月6日在北京逝世,享年79岁。
[4] 文白,指张治中。"文白"是张治中的字。

人，是同我们党有长期历史关系的亲密朋友。文白先生一生为人正派，襟怀坦荡，同我们党真诚相处，肝胆相照，遇事直言不讳，从不隐瞒自己的观点，提出了许多中肯的批评和很好的建议。我们党为有这样一位可敬、可信的诤友、益友而十分高兴。文白先生衷心拥护党的领导，拥护社会主义制度。即使在十年内乱期间，他仍然丝毫不动摇对党的信念。他在政治遗嘱中，坚信祖国的前途是光明的，并以自己能在共产党领导下度过晚年而感到无限欣慰。现在，我们的祖国已经揭开了历史的新页。在这个大好的时刻，我们特别怀念张文白先生等已故的老朋友。我们相信，他们生前朝夕盼望的统一祖国、振兴中华的伟大事业，是一定能够实现的。

10月28日—11月7日 在南京、扬州、镇江、常州、南通、常熟等地进行调查研究。

10月29日 下午，在南京会见并宴请由议长英厄蒙德·本特松率领的瑞典议会代表团。

10月31日 下午，同姚依林等在南京出席许世友[1]遗体告别仪式。许世友于十月二十二日在南京逝世，享年八十岁。

11月1日 上午，同中共江苏省委常委同志谈话。主要内容有：（一）十二届三中全会作出经济体制改革决定一年来，发展顺利，势头很好。改革中也确实出现了一些问题，有些是被少数人钻了我们某些政策、制度不够完善的空子而造成的，有些是由于我们缺少经验或认识上的片面性而形成的。对于这些问题，要具体分析。只要领导头脑清醒，能够随时发现问题随时解决，就能够减少以至避免失误，保证改革的顺利进行。改革如同分娩，阵痛是难免的，新事物总是在克服困难中成长起来的。最近

---

〔1〕 许世友，逝世前任中共中央顾问委员会副主任。

有的大学有少数学生闹事，要重视，但也不要怕。领导同志要到群众中去，讲解形势，回答问题，不要回避矛盾。能解决的问题抓紧解决，不能解决的也要说清楚。我们的干部都要会做思想政治工作。（二）领导干部要带头端正党风。当前要特别注意几点：第一，领导班子要团结。要讲原则，顾大局，守纪律，树正气。第二，在选拔任用干部上要公道正派，光明正大，不搞小圈子、小宗派。坚持任人唯贤，不搞任人唯亲。对有不同意见的同志，要多看人家的优点，少看人家的缺点，绝不要抓住一点不及其余。要历史地、全面地看待一个同志，绝不要因一时一事的错误而否定一个人。第三，在领导工作中要多做实事，少说空话。无论办什么，都要坚持实事求是，量力而行。要深入群众，深入实际，调查研究，解决问题，力戒浮夸漂浮，华而不实，摆花架子，做表面文章。在生活作风上要勤恳俭朴，严于律己，重视对家属子女的教育。（三）坚持民主集中制。对一些问题有不同意见，经过民主讨论得到统一，是正常的。问题不在于有没有不同意见，而在于能否通过民主讨论得到解决。各级领导班子的成员间要多接触、多谈心，谈心就要交心，互相学习，互相帮助。办什么事情都要相信群众、依靠群众。功劳是群众的，不是个人的。我们共产党员，无论是谁，离开组织，离开群众，一事无成。

同日 在韩培信陪同下，到南京鼓楼医院看望九十三岁高龄的教育家吴贻芳博士。向医务人员详细询问吴贻芳的病情和治疗情况，嘱咐医务人员关心和照料好这位为教育事业奋斗了一辈子并作出突出贡献的老人。

11月7日—13日 在上海视察工作。听取芮杏文[1]、江

---

[1] 芮杏文，时任中共上海市委书记。

泽民[1]、杨堤[2]、黄菊[3]、吴邦国[4]等关于上海工作情况的汇报；分别同几位老同志谈话；看望巴金、曹禺和贺绿汀。

11月12日 上午，同中共上海市委常委和上海市副市长谈话。在谈到上海的改革建设问题时说：要结合实际情况，把上海的"七五"计划搞好。你们的初步设想是好的，但还要广泛征求意见，加以完善。在研究解决有关两个文明建设和广大群众实际生活中的重要问题时，不可要求太急，不可全面铺开，齐头并进，一定要把情况调查清楚，先抓住带关键性、又有条件解决的问题予以解决。像上海这样的大城市，一举一动，影响很大，处理问题既要从上海的实际出发，又要有全局观点；既要尽力而为，又要量力而行。诸如出口创汇、利用外资等问题，上海要研究，制定适合自己情况的具体政策和办法。处理带有全国性的问题，要特别慎重。在谈到加强团结，进一步把党风搞好时说：首先是市委特别是常委同志的团结要搞好，只要你们思想统一，行动一致，全市上上下下、方方面面的团结就能搞好。我们讲团结，是有原则的团结。一切都要按原则办事，对人对事都要有是非观念。这就要求我们认真学习马克思主义理论，提高思想觉悟，不断增强党性。要坚持理论联系实际，经常到基层、到生产第一线去，调查研究，指导工作，锻炼自己。我们的干部不是在一帆风顺中成长的，在各种挫折和困难中会把自己锻炼得更坚强。不能要求每个人事事都做得对，不犯一点错误。犯了错误只要能及时总结经验教训，坚决改正就好。市委和各区委、县委领

---

[1] 江泽民，时任中共上海市委副书记、上海市市长。
[2] 杨堤，时任中共上海市委副书记。
[3] 黄菊，时任中共上海市委副书记。
[4] 吴邦国，时任中共上海市委副书记。

导班子要坚持民主集中制,健全民主生活,经常开展自我批评和互相批评。重大问题要集体决定,不能少数人说了算。在任用干部上要搞五湖四海,不要搞亲亲疏疏。表扬人批评人都要留有余地,不要说过头话。工作中要坚持实事求是,坚持群众路线。领导干部要带头端正党风,要一身正气,一刻也不能脱离群众。现在有些人专爱给领导干部吹喇叭抬轿子,这个风气很不好。我们的同志特别是新上来的同志,对此要保持警惕,千万要站稳脚跟,不受别人的吹捧逢迎,不坐他的轿子。否则,自己就难免有一天要摔筋斗。

11月14日 早晨,到达南昌。参观南昌起义纪念馆、革命烈士纪念堂和工艺美术馆,看望杨尚奎、方志纯等老同志,听取中共江西省委、省政府关于当前工作和贯彻全国老区工作会议情况的汇报,听取省委对兴国、瑞金、石城、广昌等老区调研情况的汇报。

11月15日 在万绍芬[1]陪同下,前往井冈山考察。在听取万绍芬关于江西老区的情况汇报后说:江西是毛泽东同志领导创建的革命根据地,是二万五千里长征的出发地,走农村包围城市的道路、最后夺取全国胜利,也是从江西开始的。江西老区人民为革命作出了重大贡献和牺牲。江西老区的经济搞得好不好,群众生活状况如何,对国内国际都有重大影响。你在汇报的时候,有一句话我印象很深。你说:"解放三十多年了,在埋着烈士忠骨的土地上还存在目前这种贫困状态。每个共产党员、每个干部,特别是各级领导干部都应当感到不安!"对,应该感到不安。要加快老区建设的步伐,不抓紧改变老区的贫困落后面貌,我们对不起老百姓啊!

---

[1] 万绍芬,时任中共江西省委书记。

11月16日 参观井冈山革命历史博物馆、红军烈士墓、黄洋界哨口、茅坪八角楼、砻市朱毛会师地、三湾改编等革命旧址，看望老红军、老赤卫队员和烈士家属，召开座谈会。其间，嘱咐万绍芬："我们一定要把烈士家属的疾苦放在心上。把老红军、老赤卫队员和烈士家属的生活安排好，让人民放心，让党中央放心，让烈士在天之灵得到安慰。"在井冈山，还向中共吉安地委负责人建议，有计划地组织一些同志到浙江、江苏两省的适当地方，定期兼职学习，但去的人要少而精，要真正学回东西来。随后，到宁冈、遂川、赣州、兴国、瑞金考察。在兴国考察期间，对万绍芬说："你们如实汇报情况，这是对的。在出发前，我已经讲过，这次下来，希望能够真实地了解老区的现状，一定要坚持实事求是，不回避矛盾，不掩盖矛盾，有一说一，有二说二，有喜报喜，有忧报忧。只有这样，才能弄清老区贫困落后的原因究竟是什么？我们在工作中还存在哪些问题？情况明，决心大，办法也就多，步子才会快。"在瑞金，参观中华苏维埃共和国临时中央政府旧址和苏维埃代表大会会址以及当年中央政府各部的办公室。

11月22日 经广昌、南城、抚州，于晚上回到南昌。在八天时间里，经过二十多个县市，行程一千二百八十公里。听取吉安、赣州、抚州三个地委及所属的井冈山、宁冈、遂川、兴国、瑞金、广昌、南城等七个县市委同志和一些乡镇同志的情况汇报，访问乡村和农户。视察途中，多次发表谈话。主要内容有：（一）关于经济工作。只有改革才能搞活，把经济搞上去。一切经济工作都要讲究质量、效益，要看看左邻右舍，信息要灵通。发展地方工业和乡镇企业，要立足本地，一切从实际出发。要对外开放，外引内联。要勤俭持家，勤俭建国，勤俭办一切事业。搞旅游业主要不是靠画册，关键是要把工作做好，让来的人吃好、住好、参观游览好。要珍惜土地，加强土地管理，这是个大问题。搞建设不能齐头并进，四面出击，要抓重点。（二）关于老区建设。改变老区面貌，主要靠自力更生。国家给的钱不可能很多，一定要管好用好，要用在发展经济上。用作发展生产的资金，不要撒胡椒面，不要吃掉了、消费了。老区不能光靠"输血"，要靠本身"生血"，增强自身发展能力。我们是社会主义国家，要共同富裕。先富的要帮助别人后富，使大家逐步都富裕起来。（三）关于干部作风。干部心里要装着群众，要有群众观点，关心群众的疾苦，党和人民的利益是第一位的。（四）关于领导方法。要实行科学领导。对人对事都要一分为二，具体分析、具体对待。要有务实、创新精神，多干实事，讲求社会效益、经济效益，不做表面文章，不摆花架子，要量力而行。（五）关于精神文明建设。要组织老红军、老同志做思想政治工作，讲党史，讲革命史，对青年人进行革命传统、共产主义、爱国主义教育。井冈山博物馆要恢复历史本来面貌。历史人物有一份功劳就写一份功劳。（六）关于老区农村教育。老区要开发智力，发展教育，培养人才。要办夜校，让群众学点文化。要采取集中、分散、流动的办法来组织少年儿童上学。（七）关于精简机构。现在机构层次多，官僚主义害死人。各级机构都要精干，减少层次，提高工作效率，充分发挥职能部门的作用。

11月25日 出席中共江西省委常委汇报会。在讲话中说：（一）要千方百计地把老区的经济搞上去，使老区人民尽快富裕起来。江西老区还有很大一部分群众的温饱问题没有完全解决，少数群众的生活还相当贫困，我们看了心里很难过。这是值得江西省委及各级党委同志认真深思和特别重视的。要认真总结经验，实行对症治理。把党的方针政策同当地的实际情况紧密结合起来，制定治穷致富的办法和措施，创造自己的经验，走自己的路。动员和组织老区人民治穷致富，既要看到困难，又要看到有利条件。要正确处理好国家支援同自力更生的关系。（二）认真搞好农村整党，领导带头端正党风。农村整党也要促进生产的发展，促进改革的进行，促进党风的根本好转。既要解决问题，又不能搞乱。要向党员和党员干部进行群众观点和群众路线的教育，进行坚持实事求是的思想路线和发扬扎扎实实的工作作风的教育，进行革命传统的教育。（三）加强省委和各级领导班子的建设，努力提高领导工作水平。一要加强团结，增强党性，根除派性。二要加强集体领导，坚持民主集中制原则。三要把革命热情和科学态度、求实精神结合起来。领导同志特别是主要领导同志要善于抓大事，抓关键性的问题。还要善于发挥组织的作用，发挥职能机构的作用。四要精简机构，搬文山，填会海，反对官僚主义，提高工作效率。五要加强学习。要认真学习和掌握马克思主义理论，运用它的基本原则和基本方法，研究解决新的实际问题，增强工作中的原则性、系统性、预见性和创造性。六要一切从上边做起，领导干部要严格要求自己，谦虚谨慎，戒骄戒躁，自觉抵制别人的吹捧逢迎，干实事而不图虚名。二十七日，离开江西。

11月26日 中国第一届国际麻风学术会议在广州召开，宣布成立中国麻风病防治协会、中国麻风病福利基金会、中国麻风病防治研究中心。习仲勋被推举为中国麻风病防治协会名誉理事长。

12月5日 晚上，同邓力群、马文瑞等在人民剧场观看前来北京参加一九八五年全国戏曲观摩演出的陕西省戏曲研究院秦腔团的新编历史剧《千古一帝》。

12月5日、9日 上午，出席中共中央书记处会议。会议听取并讨论中国社会科学院党组《关于如何发挥社会科学在我国社会主义精神文明建设中的作用问题》的汇报。

12月10日 为洛阳耐火材料厂题词：牢记历史经验，加强团结向前看，为建设两个文明而奋斗！

12月11日 下午，在中南海勤政殿主持人事安排问题会议，讨论中共中央统战部领导班子调整问题。

12月12日 上午，出席中共中央书记处会议。会议讨论并原则同意《中直党委关于机关党的工作向中央书记处的汇报提纲》。

12月15日 下午，在人民大会堂出席一九八五年全国戏曲观摩演出闭幕大会。在讲话中说：戏曲是我国优秀民族文化遗产中最有民族性和群众性的传统艺术形式之一。戏曲艺术要振兴，要发展，必须紧紧跟上时代的步伐，加强同群众的密切联系，不断改革，不断创新。希望戏曲工作者们振奋精神，立志改革，百折不挠，开拓前进，努力创作和演出无愧于我们伟大时代的戏曲作品。戏曲艺术要振兴，要发展，必须进一步加强戏曲队伍的建设和人才培养。希望戏曲工作者们努力学习马克思主义理论，不断加强自身的精神文明建设和职业道德修养，真诚地搞好团结和合作，积极投身到四化建设的沸腾生活中去，深入扎根到广大群众中去。我相信戏曲艺术一定会出现百花争艳、欣欣向荣的新局面，一定会更好地为社会主义服务，为人民服务。

12月16日 上午，出席中共中央书记处会议。会议听取中央国家机关党委关于端正中央国家机关党风的汇报，讨论并原则同意《中央国家机关党委关于端正中央国家机关党风的汇报提纲》。

同日 上午，同彭冲、谷牧、杨静仁等在全国政协礼堂出席中国民主建国会成立四十周年纪念大会。

同日 致信西安市秦腔二团（三意社）。信中说：欣闻秦腔二团（三意社）成立七十周年，谨向你们致以热烈的祝贺！希望你们进一步认真贯彻"百花齐放，推陈出新"和现代戏、传统戏、新编古代戏"三并举"的方针，坚持改革，不断创新，多演好戏，多出人才，团结起来，为振兴秦腔，建设社会主义的物质文明和精神文明作出更大的贡献。

12月17日 下午，在中南海勤政殿主持人事安排碰头会。

12月18日 在新华社《国内动态清样》（第三〇一四期）十二月十五日刊载的《内蒙古职工教育中不正之风严重，群众要求尽快纠正》一文上批示："要大加整顿，并要刹住'办学热'中出现的几股不正之风。请兆国[1]同志办。"该文反映，内蒙古职工教育"办学热"中出现的几股不正之风有：不顾实际条件，盲目办学，搞形式主义；一些单位和个人办学目的不正，趁机捞钱，发办学之财；一些党员干部依仗职权，将不符合入学条件的子女塞进高等院校混文凭。一九八六年二月四日，内蒙古自治区党委办公厅报告了纠正职工教育中不正之风的情况。

12月19日 上午，出席中共中央书记处会议。会议听取杜润生关于全国农村工作会议情况的汇报，讨论并原则通过《中共中央、国务院关于一九八六年农村工作的建议》。

同日 下午，在全国政协礼堂出席中国中医研究院成立三十周年庆祝会。在讲话中说：中医药学在我们国家有着悠久的历史。几千年来，它为中华民族的生存繁衍，作出了宝贵的贡献。在漫长的历史进程中，我们的祖先不断地总结同疾病作斗争的经验，逐步建立了中医药学的理论体系，形成了中医所独具的特点与优势，成为人类防病、治病的重要手段，深受广大人民群众的喜爱。它的奇特疗效和科学价值也已被世界医药学界所公认。希望中医药战线的同志们把振兴中医、为民造福的光荣任务承担起来。全

---

[1] 兆国，指王兆国，时任中共中央书记处书记、中共中央办公厅主任、中共中央直属机关委员会书记。

党的同志们和各界的朋友们都要关心中医工作，重视中医事业的发展。那种歧视中医、丢掉中医的思想是错误的，应当纠正。

同日 为中国中医研究院成立三十周年题词："不断提高中医医疗水平，热情为病人服务。""发展中医事业，造福人民大众。"

12月21日 上午，在中南海勤政殿主持工作会议，讨论政协统战工作。

12月23日 上午，出席中共中央书记处会议。会议讨论并原则同意《北京市委关于党风和社会风气问题的汇报提纲》。

12月24日 在新华社《国内动态清样》（第三〇七期）十二月二十二日刊载的《参加城市土地规划管理座谈会同志认为，城市规划区内的土地管理应集中统一》一文上批示："这个问题很大，只能一支笔批，加强统一管理，时不宜迟，否则将会造成很大损失。请纪云同志过问一下。"文章反映，国务院颁发《城市规划条例》虽已近两年，但依然存在多家争当城市"土地爷"的混乱局面，许多城市规划区的土地管理权不在法定的城市规划部门手里，致使城市规划的实施遇到困难。

12月25日 同胡启立在中南海勤政殿听取尹克升[1]等汇报青海省工作，并共同作出指示。主要内容有：（一）中共中央对青海省委是信任的，是支持的。这是一个新班子。刚上台就遇到严峻考验，从生产到救灾，任务繁重。在救灾过程中，省委表现是好的，有战斗力的，是作出了成绩的。希望青海的各级党组织和全体共产党员团结在省委的周围，增强党性，顾全大局，同心同德，做好工作。（二）要集中力量、全力以赴，抓好当前的救灾和明年的生产准备工作。明年的经济体制改革，从青海来讲，要结合实际来考虑，要有布局，有经济发展战略，有当前和

---

[1] 尹克升，时任中共青海省委书记。

长远的打算。在指导思想上要务实,不能急。经济工作要一步一个脚印,扬长避短,发挥本省的特长。究竟走什么路子,需要认真考虑。(三)精神文明建设要抓党风和社会风气,从自身抓起,从上面抓起,一层抓一层,不能空喊。(四)现在农民生产粮食的积极性不高,值得研究,要在生产资料供应上、价格上注意保护农民的积极性。大城市要关心群众生活,抓菜篮子,不然影响低收入人的生活。要重视解决温饱问题。

同日 在新华社《国内动态清样》(第三〇九三期)十二月二十四日刊载的《商品房供需矛盾亟待解决——四平市住宅商品化调查》一文上批示:"看了这个调查,我认为住宅出售是个解决住房问题的好办法,没有统一的严格管理,也会弄出很多弊端。应总结一下经验,在这项事业上开创个新局面,请城建部阅酌。"该文反映,吉林省四平市试行住宅出售三年来,一直是购者踊跃,供不应求,房源紧张问题亟待解决。

12月26日 下午,在人民大会堂出席民革中央举行的纪念熊克武[1]诞辰一百周年座谈会,代表中共中央讲话。在讲话中说:熊克武先生的一生,经历了我国近代历史上的一系列重大变革。在错综复杂的政治风云中,他能够一本初衷,坚持孙中山先生的遗教,以国家民族的利益为重,有所为而又有所不为,跟着时代的步伐不断前进,保持了一位卓越的爱国主义者的政治气节,从而得到了光荣的归宿,这是难能可贵的。熊克武先生持身严谨,生活俭朴,待人接物谦逊和蔼,有长者之风,给我们留下了深刻的印象。我们纪念熊克武先生,就是要不忘半个多世纪以来无数爱国仁人志士前赴后继、奋斗牺牲所取得的光辉业绩,珍

---

[1] 熊克武,曾任全国人大常委会委员、中国国民党革命委员会中央副主席等职。

惜今天来之不易的安定团结、欣欣向荣的大好局面，坚持改革，不断创新，团结奋斗，再展宏图，为建设具有中国特色的社会主义，为统一祖国，振兴中华，贡献自己的力量。

同日 在新华社《国内动态清样》（第三〇九八期）十二月二十五日刊载的《太原市委书记王茂林深入基层调查后提出结合整党对乡镇干部进行一次形势政策教育》一文上批示："这个清样所报道的问题，可供参考。可否收集几篇有关这方面的材料，经选择好加按语在《综合与摘报》上刊登。请兆国同志阅酌。"该文反映，乡镇一级党组织和党员干部中目前存在的主要问题有：理想观念淡薄，缺乏事业心和责任感；以权谋私，党风不正；业务指导思想不够端正；工作作风漂浮。

同日 在中共中央办公厅秘书局《每日汇报》（第五一二号）十二月二十五日刊载的《当前青年信教的一些情况》一文上旁注："这次全国宗教会议应列入主要题目。"

12月27日 上午，出席中共中央政治局扩大会议。会议听取杜润生关于一九八六年农村工作部署问题的说明，讨论并原则同意《中共中央、国务院关于一九八六年农村工作的部署》。

同日 下午，出席中共中央书记处会议。会议讨论并原则同意国家科委关于《职称改革工作汇报提纲》。

同日 在新华社《国内动态清样》（第三〇九六期）十二月二十五日刊载的《北京市私房高价交易情况日趋严重》一文上批示："这个清样中的几条意见都可取，私房高价交易之风不限期大力整顿，将给北京带来更严重的后果，请锡铭同志把它当作整顿党风和社会风气的一件大事来抓。"该文反映，近一年来，北京市私房高价交易情况日趋严重，不仅造成私房管理上的混乱，房价和租价严重失控，影响了国家税收，而且民事纠纷不断增多。北京市政府研究室建议：要严格控制私房的买卖和租赁，制定相互配套的措施与办法；工商、房管和司法等部门要互相配合，共同把好私房管理关；尽快调整私房现行价格；及早开放私房交易市场。

同日 在新华社《国内动态清样》（第三一〇八期）十二月二十六日刊载的《上海一些科研人员出国进修出现的问题》一文上批示："很值得重视，请李鹏[1]同志阅酌。"该文反映，科研人员出国进修出现几个新问题：科研骨干同期出国，在一定程度上影响所内科研工作；二次出国人数和带家属、子女出国的人增多；出国进修不能主动选择专业；一些研究生思想、学习不稳定，要求出国的呼声强烈。一些科学家建议：一方面加强爱国主义教育，另一方面应从政策上提高科研人员的地位和生活待遇，创造必要的工作条件，吸引这些人学成回国，为祖国四化建设服务。

12月28日 晚上，同田纪云、胡启立、班禅额尔德尼·确吉坚赞在民族文化宫接见以郑英[2]为团长的西藏上层人士参观团一行四十人。在讲话中说：很高兴能在首都同大家欢聚一堂。你们在成都、广州、桂林、深圳、天津和北京等地进行了参观访问，国内各地同西藏一样，形势大好。为什么会出现这样的大好形势？主要是团结，是党的十一届三中全会以来，全国进行了全面改革。讲话还说：只有团结，才能搞好各项工作。在西藏是汉族、藏族和其他少数民族的团结，各族干部之间的团结，西藏工作要发展，也要靠团结。西藏资源丰富，大有发展前途，大有希望。相信经过各族人民的共同努力，一定能够建设成一个人民富

---

[1] 李鹏，时任中共中央政治局委员、中共中央书记处书记、国务院副总理、国家教育委员会主任。
[2] 郑英，时任西藏自治区政协副主席、中共西藏自治区委统战部部长。

裕、各族人民团结的新西藏。

同日 在新华社《国内动态清样》（第三一〇六期）十二月二十六日刊载的《为什么陕北的财政赤字越来越大？》一文上批示："节省财政开支，既要从大处着眼，又要从小处着手。不能只抓西瓜，不捡芝麻。精简机构，减少冗员，压缩人头费，势在必行。另外，在其他开支方面也应严格控制，尽量节约。比如：征集党史资料、组织老干部参观，以及召开各种会议，如果精打细算，合理安排，完全可以收到少要钱、多办事的效果。陕北是革命老根据地，办任何一件事，更应发扬艰苦朴素的优良传统。注意节约，讲求实效，坚决克服大手大脚、铺张浪费的不良作风。"该文反映，陕北各地近几年行政开支增长过快，地方财政赤字越来越大，连中央支援不发达地区的部分专项资金，也被用来填了地方财政的"窟窿"。主要原因之一是各级机构不断膨胀，"人头费"吃掉了事业费。

12月29日 给白纪年打电话，询问陕西长安、铜川、泾阳等地发生的滑坡灾情，要求做好救灾抢险和群众安置工作。

同日 在中共中央办公厅信访局《群众反映》（第二六八期）十二月二十七日刊载的《改进机关作风应有切实措施》一文上批示："四点建议，切合实际，也很中肯，务必坚决这样办，才可立竿见影，请兆国同志阅酌。"该文认为，清除腐败现象光靠"三令五申"不行，必须采取切实措施。一是中央和各省应对当前影响广泛的各种歪风和腐败现象作专题调查研究。二是要"令行禁止"，必须"言出法随"。三是注意加强思想政治教育，不但要号召干部自觉执行，还要注意依靠和发动群众，切实从制度上、实际上给人民群众以监督之权。四是"不正之风"的提法太笼统，欠科学。建议对不同性质的问题，用不同概念加以表述，对严重败坏党风的问题应以法纪概念表述为宜。

同日 在新华社《国内动态清样》反映的青海省民和县妇女受虐待的材料上批示："即请尹克升同志批交政法部门，一一查清核实，依法严处并将结果见告。"一九八六年十月十六日，中共青海省委办公厅报告，已对民和县妇女受虐待和重婚等问题进行查处。

12月30日 下午，同胡启立等在全国政协礼堂出席中国民主促进会成立四十周年纪念会。

同日 在新华社《国内动态清样》十二月三十日刊载的《从政法公安人员犯罪案看从严治警的必要性》一文上批示：这个反映讲到要害上了，从严治警应当作综合治理的中心一环来抓。告乔石同志参考。

本年 为《渭北革命根据地》党史专题资料集作序。序言说："渭北是我曾经生活和战斗过的地方，也是我的家乡所在地。这里的党，这里的人民，这里的一山一水，我都有着深深的眷恋怀念之情。正是这个原因，我欣然答应为这本专集作序。""创建渭北这块革命根据地，原渭北特别是原武字区的党组织、广大党员和人民群众艰苦奋斗，历尽艰辛，承担过很大的牺牲，作出了巨大的贡献，有着光荣的革命传统。他们的英雄事迹和革命精神，永远激励着我们前进。总结历史，启迪后人。我们一定要运用党的历史来教育我们的党员、干部、知识分子和广大青少年，使他们焕发出旺盛的革命热情，树立起坚定的共产主义信念，为我们的伟大事业而努力奋斗。"